Ein Parkplatz für Johnny Weissmuller

Ein Parkplatz für Johnny Weissmuller

Kinogeschichten
herausgegeben von Günter & Ilse Ohnemus

Machwerk Verlag

Erste Auflage 1984

Umschlaggestaltung: Michael Krupp,
fotografiert von Reiner Diart
Satz: Siegfried Möllinger, München
Druck: Fuldaer Verlagsanstalt
Bindung: Fleischmann, Fulda
Printed in Germany 1984

ISBN 3 922524 17 6

Für George und Lucy
und für Aida
(die schon immer mal
ein Buch gewidmet haben wollte)

Inhalt

Ein unbegrenzter Vorrat an 35-mm-Film

Nachruf auf ein Vorwort

und einige andere gute Sachen

Dieses Buch wäre schon zu umfangreich geworden, hätten Verlag und Herausgeber auch nur einen Teil der vorhandenen Beiträge publizieren wollen. Die Auswahl war ziemlich schmerzhaft, und wir wollen uns hier nicht mehr an die Schmerzen erinnern. Deshalb nur ein paar kurze Bemerkungen:

1. *Ein Parkplatz für Johnny Weissmuller* erscheint zu einem Zeitpunkt, der den Herausgebern einigermaßen peinlich ist. Johnny Weismuller starb Anfang 1984, und ein Buch, das 1984 erscheint und seinen Namen im Titel trägt, kommt leicht in den Geruch von Leichenfledderei. Deshalb für alle die, die diesen Geruch in der Nase spüren; damit hat dieses Buch nichts zu tun:

Ursprünglich sollte es im Herbst 1981 – mehr oder weniger in der Form, in der es jetzt vorliegt – erscheinen. Dann gab es Schwierigkeiten, Engpässe, Blockaden; und jetzt erscheint der *Johnny Weissmuller* doch.

2. Die Idee, Kinogeschichten zu sammeln, entstand 1980 während der Produktion einer Sendung für die *Pop Sunday*-Serie des Bayerischen Rundfunks. Jemand sagte plötzlich: „Davon möchte ich eigentlich mehr hören", und jemand anders fand das eine gute Idee.

3. Zwei sehr unterschiedliche Autoren – Gore Vidal und Richard Brautigan – sind etwas überrepräsentiert. Um Spekulationen über die Interessenlage der Herausgeber vorzubeugen oder – genauer gesagt – um diese Spekulationen zu stützen: hier wird ganz unverhüllt Reklame gemacht für zwei Schriftsteller, für die hierzulande noch nicht genug Reklame gemacht worden ist (natürlich ist Reklame nicht alles: Richard Brautigan und Gore Vidal gehören

zu den Lieblingsschriftstellern der Herausgeber, die hier einmal mehr ihrer Zuneigung und der Originalität der Texte nicht widerstehen konnten).

4. Den Geschichten vorangestellt ist eine Art Vorprogramm, das nichts anderes sein will als eine lockere Collage zum Thema Kino und zum Thema Kino und Literatur. Eine Collage natürlich mit Lücken. Geplant waren Beiträge über das Lachen in alten und neuen deutschen Filmen, über Filme, deren Dialoge aus Teenagertagebüchern der 50er Jahre geklaut sind und in denen Dreißigjährige so reden wie Sechzehnjährige schreiben (oder geschrieben haben), und geplant war ein längeres Gedankenspiel zum Thema *Sex & Violence* – von Shakespeares *Titus Andronicus* übers prüde Hollywood bis zu den neueren Horrorvideos. Vieles davon wurde aufgegeben, weil es den Rahmen dieses Buchs gesprengt hätte. Das Vorprogramm wäre sonst vielleicht länger geworden als der Hauptfilm, eine Vorstellung, die jedem Kinogeher zuwider sein muß.

5. Leuten, die auf solche Dinge achten, mag es auffallen, daß fast alle Autoren dieses Buchs Männer sind. Man könnte lange darüber spekulieren, warum Frauen so wenig zum Thema Kino zu sagen haben, aber am Ende wären in diesem Buch immer noch genauso wenig Frauen wie vorher. Einer der Gründe für dieses Defizit liegt vielleicht in einem Umstand, der in einer der Geschichten so beschrieben wird: „Wir haben nicht mehr als vielleicht fünfhundert oder tausend Wörter mit ihr geredet, und sie ging nie ins Kino, wenigstens nicht in unser Kino. Es kamen überhaupt sehr wenig Mädchen in unser Kino, und die Mädchen in unserem Kino waren andere Mädchen als die Mädchen, die man auf dem Schlittschuhplatz sehen konnte.“

Wir sind sicher, daß wenigstens ein paar Geschichten im *Johnny Weissmuller* für diese Mädchen sind, die immer nur in die billigen Kinos gegangen sind, für die Slumspatzen mit den kurzen dünnen Kleidern und den aufgeschlagenen Knien. Sie sind jetzt ungefähr vierzig Jahre alt, und sie trinken vielleicht ein bißchen viel, aber sie halten ganz bestimmt Wim Wenders' mißglückten Zombiefilm fürs gebildete Teenagerpublikum *(Der Stand der Dinge)* nicht für einen großen Film, und sie finden bestimmt nicht, daß eine so mühsam zusammengestoppelte Geschichte wie *Theo gegen den Rest der Welt* eine geglückte Komödie ist. Das ist alles sehr beruhigend.

Die Herausgeber

Von Holzhäusern, Schriftstellern, Schauspielerinnen und natürlich vom Kino

HOLLYW

Scheiße hat ihre eigene Integrität . . .

„Scheiße hat ihre eigene Integrität.“ An der Tafelrunde der Autoren in der Kantine von MGM wiederholte der Große Weise Lohnschreiber dieses Axiom in regelmäßigen Abständen, um uns integre Exoten aus der Welt der Literatur an unsere Aufgabe zu erinnern. Da wir nur nach Hollywood gekommen waren, um Geld zu verdienen, lag es für ihn (wenn auch nicht für die Geschäftsleitung) auf der Hand, daß unseren Filmen genau dieses fade Ingrediens abginge, das allein weltweiten Erfolg und hohe Einspielergebnisse garantiert. Er wußte, daß die überschwengliche Unbedarftheit, die so oft ungeheure Popularität erreicht, nicht imitiert werden kann, obwohl sich, wie er sofort einräumte, die Intelligenz des amerikanischen Publikums kaum noch unterschätzen läßt. Er war zynisch (das waren wir auch); und doch war er der festen Überzeugung, daß Kinder in Gefahr das Publikum *immer* mitreißen, daß Lana Turner sehr überzeugend war, als sie die Annäherungsversuche Edmund Purdoms in *The Prodigal* zurückwies, „weil ich eine Priesterin Baals bin“, und er hielt Irving Thalberg für ein Genie in der Größenordnung eines Leonardo, weil er so kultivierte Dinge wie *The Barretts of Wimpole Street* und *Marie Antoinette* produziert hatte.

In meiner Zeit an der Tafelrunde (Mitte der fünfziger Jahre) hatte das Fernsehen die Filmindustrie ins Wanken gebracht, und die Leute, die die Scheiße produzierten, die der Große Lohnschreiber meinte, konnten jetzt ihre Produkte in alle Häuser und Wohnungen ... naja, *spülen,* ohne daß sie sich vorher Gedanken um den Verleih machen mußten. Vor lauter Verzweiflung verlegte sich die Geschäftsleitung darauf, integre Exoten einzustellen, deren Mangel an Respekt für die Industrie den Großen Alten Lohnschreiber zur Verzweiflung brachte. Er hielt uns Vorträge, während wir an unserem langen Tisch saßen und die Spezialität des Hauses aßen, die großartig als *Louis B. Mayer Chicken Soupwith Matzoh Balls* angepriesen wurde (ja, und unvermeidlich kam immer wieder die Frage des dämlichen Starlets: Was machen sie denn mit dem Rest von dem Matzoh?). Christopher Isherwood und ich saßen an einer Seite des Tischs; John O'Hara an der anderen. Aldous Huxley arbeitete zu Hause. Dorothy Parker trank zu Hause.

Als ich Dorothy Parker zum letzenmal sah, brannte Los Angeles gerade seit drei Tagen. Ich stieg am Studio in ein Taxi und fragte den Fahrer: „Was macht denn das Feuer?“ „Sie meinen“, sagte der Hollywoodianer, „den Holocaust.“ So locker und natürlich muß der Stil Hollywoods seinen Ausdruck finden. Dorothy stand vor ihrem Haus und starrte in den Himmel hinauf, der voller Rauchwolken hing; in einer Hand hielt sie einen Drink und in der anderen einen Kamm, mit dem sie sich geistesabwesend durch ihr kurzes glattes Haar fuhr. Als ich auf sie zukam, flog ein leises Lächeln über ihr Gesicht. „Ich kämme mir“, sagte sie leise, „Los Angeles aus dem Haar.“ Aber das war natürlich nicht möglich. Die Asche Hollywoods klebt immer noch ziemlich fest in unserem Haar ...

Gore Vidal

Die Holzhäuser in Amerika

Gertrude Stein

Das Foto auf dieser Seite zeigt das Haus von William Carlos Williams in Rutherford, New Jersey. Dr. Williams hatte so seine Probleme mit Gertrude Stein. Als er sie in den zwanziger Jahren in Paris besuchte, zeigte sie ihm die Manuskripte, die sich in ihrer Wohnung häuften: „Sie fragte mich, was ich an ihrer Stelle mit all diesen unveröffentlichten Büchern anfinge . . . Wenn ich so viel geschrieben hätte, sagte ich, würde ich aussuchen, was ich für das Beste hielte, und das übrige in den Ofen werfen . . . Meine Bemerkung rief augenblicklich ein entsetztes Schweigen hervor. Miss Stein brach es mit den Worten: Ich verstehe. Freilich ist es nicht Ihr métier, zu schreiben.“

Sie weiß es jetzt besser. Wie Dr. Williams einmal so schön geschrieben hat: *Denn dann bist du im Himmel und hörst mich.*

Die Holzhäuser in Amerika fand ich so aufregend wie ich nichts sonst in Amerika aufregend fand, die Wolkenkratzer und die Straßen natürlich und daß jeder einen kennt natürlich, aber nicht so wie die Holzhäuser überall. Die Holzhäuser habe ich immer aufregend gefunden. Sie gefielen mir alle. Fast am besten gefielen mir die bei den Bahnhöfen, alte nicht schon immer alte aber trotzdem alte mit langen glatten hölzernen Außenflächen, manchmal ohne Anstrich und viele in der Nähe von Autofriedhöfen. Sie gefielen mir alle. Ich mag glatte Oberflächen sehr und deshalb mag ich auch Bilder und keine Skulpturen und ich mag Farbe auch wenn sie gar nicht gemalt ist und Holz macht bemalt oder nicht den Eindruck von Farbe und es nimmt Farbe soviel besser auf als Putz. In Frankreich und Spanien mag ich Kasernen weil sie so viele glatte Flächen haben aber fast am liebsten mag ich die amerikanischen Holzhäuser und es gibt so viele eine unendliche Anzahl und es gibt sie in unendlich vielen verschiedenen Formen. Und das ist so ganz anders in Amerika, jedes hat irgendetwas und dafür wird wirklich gut gesorgt oder es hilft auch daß nicht dafür gesorgt wird, hilft ihnen sie selbst zu sein jedes von ihnen. Jeder muß sie gernhaben und dann die Fenster die eingesetzt sind. Das ist etwas was jeder Amerikaner kann er kann Fenster in ein Haus einsetzen und wo immer man sie sieht sind sie sehr interessant. Fenster in einem Haus sind das Interessanteste in Amerika. Es ist schwer sich an sie zu erinnern weil sie so interessant sind. Jedes Holzhaus hat Fenster und die Fenster sind auf eine interessante Art eingesetzt. Natürlich ist Wolkenkratzer ein falscher Name weil es keine Wolken und keinen Himmel gibt in Amerika es gibt Luft aber keinen Himmel was natürlich eine Menge damit zu tun hat daß es in Amerika keine Malerei gibt keine wirkliche Malerei aber das ist nicht nötig wenn es Häuser und Fenster und Luft gibt. Es gibt immer weniger Vorhänge und Läden an den Fenstern, bald wird es überhaupt keine Läden und Vorhänge mehr geben und das hat mir Sorgen gemacht und ich habe überall deswegen gefragt. Aber der Grund ist wirklich einfach. Jeder in Amerika ist freundlich und jeder ist ehrlich, außer denen die einbrechen wollen. Wenn sie einbrechen wollen halten die Läden sie nicht davon ab also weshalb soll man sie dann haben und andere Leute nicht reinschauen lassen, denn jeder ist irgendwie eine öffentliche Sache und jeder kann alles über jeden wissen, weshalb also die Läden zumachen und die Vorhänge und keinen reinschauen lassen, alle wissen doch was sie da sehen also warum hinschauen. Das alles wurde mir langsam immer klarer.

***

In Amerika will man immer alles so machen daß jeder es beim Anschauen schon sehen kann. Das ist sehr interessant, deshalb gibt es keine Zäune dazwischen keine Mauern die etwas verbergen keine Vorhänge die etwas verdecken und das Kino kann alles zu etwas machen das jeder beim Anschauen schon sehen kann. So ist das eben.

Landwirtschaft in den USA

Gerd Holzheimer

Wie wir früher Erdkunde gehabt haben, hat es der Lehrer immer so gehalten, daß er reingekommen ist und gefragt hat:

„Kennts Ihr schon den Film: ‚Die Landwirtschaft in den USA'?" Worauf alle gebrüllt haben: „Waaas?! Landwirtschaft in –, den USA? – naa, den hamma noch ned gesehn!"

Auf diese Weise haben wir dann solche Filme wie ‚Landwirtschaft in den USA' bis zu zehnmal gesehen.

Es ist aber ein ganz übler Propagandaschinken aus dem kalten Krieg gewesen, eins dieser üblichen Abfallprodukte des US-Imperialismus und seiner Lakaien. Diese Erkenntnis an den Mann zu bringen, habe ich mir zu Ehr und Pflicht gemacht und einen entsprechend scharfsinnigen Artikel für die Schülerzeitung geschrieben:

„... Wie erhebend ist es doch immer wieder, aus den Bänken des verdunkelten Biologiesaals über die wogenden Weizenfelder von Arkansas zu schauen, als wär man selber der Farmer, der sich, an einen Pfosten seines meilenweiten Zaunes gelehnt, zufrieden seine Hände in die Latzhosen schiebt: ‚That's my country, mähn!'"

Dann tritt im selben Moment die Farmersfrau mit einem Mordstablett auf die hölzerne Veranda des Farmhauses, und alle klatschen begeistert in die Hände, nur der Vater gibt ihr einen kleinen Klaps auf den Hintern: ‚Deine Kirschtorte is aber wieder echt ne Wucht, Ma!' Und alle Schüler freuen sich, daß es unserem mächtigen Freund jenseits des Ozeans so gut geht. . . ."

Kaum aber hatte der betreffende Lehrer diesen Artikel gelesen, bin ich jede Stunde zum Ausfragen nach vorne zitiert worden, und jedesmal hat er mich wieder mit einem Sechser auf meinen Platz zurückgeschickt. Das erstemal, weil ich wirklich blank war, das zweitemal, weil ich nicht gedacht habe, daß ich noch einmal drankomme, das dritte- und viertemal noch weniger, ebenso das fünftemal, worauf ich mich beim Chef beschwert habe. Dann ist eine Ruh gewesen.

Inzwischen geb ich, wie's der Teufel will, selber Erdkunde, fachfremd zwar und abenteuerlich, aber immerhin. Jetzt weiß ich auch, daß ich in der Schule wirklich etwas gelernt habe, nämlich, wie man als Lehrer am bequemsten die Zeit herumkriegt, und die Schüler trotzdem zufrieden sind. Man klemmt sich einfach einen Stapel Filmrollen untern Arm, geht in die Klassen rein und fragt:

„Kennts Ihr schon den Film: ‚Die Landwirtschaft in den USA?‘ “ Worauf alle brüllen: „Waaas?! ‚Landwirtschaft in den USA?‘ – naa, den hamma noch ned gesehn!“

Dann sitzen alle schön brav in den Bänken des verdunkelten Biologiesaales und schauen über die wogenden Weizenfelder von Arkansas, als wären sie selber der Farmer, der sich, an einen Pfosten seines meilenweiten Zaunes gelehnt, zufrieden seine Hände in die Latzhosen schiebt: „That's my country, mähn!“

Dann tritt die Farmersfrau mit einem Mordstablett auf die hölzerne Veranda des Farmhauses, und alle klatschen begeistert in die Hände, nur der Vater gibt ihr einen kleinen Klaps auf den Hintern: „Deine Kirschtorte is aber wieder echt ne Wucht, Ma!“

Und alle Schüler freuen sich, daß es unserem mächtigen Freund jenseits des Ozeans so gut geht . . .

In den billigen Kinos

Albert Camus

In den billigen Kinos werden Pfefferminzbonbons verkauft, auf denen steht: „Werden Sie mich einmal heiraten?" – „Lieben Sie mich?" Und dazu die Antworten: „Heute abend" – „Von Herzen", usw. Man gibt sie der Nachbarin, die auf dieselbe Weise antwortet. Ein ganzes Leben wird auf den Austausch von Pfefferminzbonbons gegründet.

Kleine Oranierin

Albert Camus

Die kleine Oranierin, die mit ihrem Mann im Kino sitzt, vergießt heiße Tränen über das Mißgeschick des Helden. Ihr Mann bittet sie, doch aufzuhören. Unter Schluchzen: „Laß mich doch, ich will auch etwas davon haben!"

Monster im Dunkeln

Bernhard Lassahn

Ich gehe gern ins Kino, will die Filme eben auch mal gesehen haben und kann es kaum erwarten, daß das Licht langsam ausgeht, schön langsam. Der Vorhang sieht noch richtig wertvoll aus. Die Tapeten sind meist so schlimm wie in den Wohnzimmern der Eltern ganz früher Freundinnen von mir. Endlich geht das Licht langsam aus, na endlich, damit auch keiner das Buch mitlesen kann.

Eines Tages werde ich mir noch eine Wasserspritzpistole mitnehmen. Ich kann es nämlich nicht haben – macht mich kribbelig sowas –, wenn Leute zu spät kommen, manche sogar erst nach der ersten Leiche. Psss, Psss, die kriegen alle was übergespritzt. Sollen die sich ruhig merken! Besonders die, die sich noch durch die Vorderreihe wursteln. Eines Tages werden auch anonyme Briefe beim Süßwarenverkauf an der Abendkasse eintreffen, daß Gummibären nur noch in festen Behältern verkauft werden dürfen. Die Knisterer kriegen auch was ab. Ich will Ruhe haben, schön allein sein, Bilder angucken.

Zuerst Dias. Man erfährt die genaue Quadratmeterzahl der Ausstellungsfläche von Möbelhäusern; man erfährt, wo man noch individuell beraten wird, und man sieht junge Leute unbefangen modische Jeans einkaufen. Man erfährt auch, daß Kinowerbung erfolgreich ist. Happykirsch. Wenn der Cowboy kommt zu der Musik aus „Die glorreichen Sieben“, muß ich jedesmal grinsen, aber das sieht keiner. Früher gab es noch die Wochenschau; damit wurden die Leute ideologisch auf Vordermann gebracht. Heute sagt an der Stelle ein Kerl: O.k. buddy, let's go west.

Jetzt kommt das Schönste: Programmvorschau. Wehe, wenn da noch einer stört. Pssst. Hier sieht man schon die besten Szenen aus andern Filmen, hintereinanderweg, toll. Von mir aus könnte der ganze Abend aus Programmvorschau bestehen. Wenn im Titel Lederhose oder Dirndl vorkommt, kann man damit rechnen, daß eine angelehnte Leiter umkippt. An Titeln kann man sich leicht orientieren, die verraten schon alles und werden ja oft genug wiederholt.

So, jetzt aber. Ist doch nicht zu fassen: da kommen immer noch Leute, wenn schon längst der Löwe brüllt oder das Matterhorn von Sternen umkränzt . . . Ich werde echt noch mal eine Spritzpistole mitnehmen, wirklich wahr. Im Film weiß man sofort, wer zu wem gehört. Merkt man doch gleich. Ein großer Teil der Zeit geht allerdings immer dafür drauf, daß die Beteiligten selber das nicht so schnell merken und sich teilweise ganz schön zieren. Am Schluß sind aber doch alle so gepaart, wie man gleich gedacht hatte. Na bitte. Je länger man einen anguckt, desto mehr hält man zu dem. Wenn er sterben muß, ist es nur dann schlimm, wenn man ihn schon vorher lange angucken konnte. Auf die Stars kann man sich verlassen. Die sterben erst am Schluß oder kurz vorher. Meist gar nicht. Ausnahme: „Psycho“ und „Little Murders“. Wenn man Leute lange anguckt, verbringt man viel Zeit mit ihnen und sitzt so seine Sympathie mit dem eigenen Leben ab. Wenn der Kommissar zuerst erscheint, hoffen alle, daß er den Mörder fängt. Erscheint der Mörder zuerst, hoffen alle, daß er noch mal davonkommt. Je länger man einen anguckt, desto lieber mag man ihn eben. Ausnahme: Neil Young in „Rust Never Sleeps“. Wenn die Stars auftreten, wird immerhin nicht geklatscht. Ruhe, jetzt endlich! Man kann sich leicht nach dem richten, was über die Helden schon vorher gesagt wurde. Umgekehrt kann man sich auf das, was über die Bösewichter so geredet wird, nicht immer verlassen.

Die Helden haben leuchtende Augen und breite Schultern, die in der Sonne glänzen. Sie waren vorher bei einem amerikanischen Frisör. Die passenden Frauen dazu sind gerade so groß, daß ihr Kopf gut auf den Schultern der Männer liegt. Es geht doch

ziemlich nach Schönheit im Kino, ehrlich gesagt. Männer in Smokings geleiten Damen in Abendkleidern zu ihrer Hausbar, schenken Drinks ein und drehen die Flasche dabei so geschickt, daß man das Etikett nicht lesen kann. Die Bösen haben kleine, spitze Bärte und stechende Augen. Ritter tragen Strumpfhosen in Rot und Grün, vorzugsweise aber in Schwarz. Königinnen aus Kreta haben lange blonde Haare. Man macht sich keine Vorstellungen, wie pikobello sauber die Straßen im alten Pompeji waren. Da wohnten die Leute in geräumigen Hallen mit lustigem Mosaikfußboden, und es hat nie geregnet, und nachts wurde es nicht richtig dunkel. Große Gangster sind wahre Kindsköpfe, die einfach losballern, und nachher tut es ihnen sogar leid. Dann ist es aber zu spät. Kommissare sind sehr unglücklich mit ihrer Berufswahl. Die schönsten Frauen sind überraschend häuslich. Cowboys sind immer Verlierer. Deshalb sind sie so beliebt. Unbesiegbare Gladiatoren sind einfach Langweiler. Monster erweisen sich oft als sehr sympathisch. Trotzdem gibt es kaum Monster, die einen Film überleben. Schade. Ich halte immer zu den Monstern. Besonders zu Krokodilen und zu dem dreidimensionalen Schrecken vom Amazonas.

Frauen sind in der Minderheit, besonders bei Musikfilmen, aber sonst auch. Ausnahme: „Stadt der Frauen“. Dafür sind sie auch ausgesucht schön. Im Kino gilt eben: schöne Frauen oder keine. Sie müssen alle so aussehen, daß man sie gerne retten würde. Auch wenn sie gerade durch den Dschungel gerobbt sind, sind sie immer noch gut frisiert. Sie haben so eine rührende Art, die Männer zu lieben. Den Männern ist das eher lästig. In Western sind die Frauen besonders vollständig bekleidet. Filme, in denen die Leute meist angezogen sind, sind spannender. Bei Pornos kann man ja darauf achten, ob von oben ein Mikrofongalgen ins Bild hängt oder die Schatten der Kameramänner über die Bettdecke huschen. In solchen Filmen sieht es so aus, als hätten die Frauen viel Spaß, während sich die Männer eher leidend im Schlafzimmer umblicken. Hinterher könnte man gut „Lawrence von Arabien“ angucken. Der Film ist sehr umfangreich, und es kommt keine einzige Frau drin vor. Einfach keine. Auch keine verschleierte.

Schlechte Krimis sind solche, bei denen alles so kommt, wie man gleich gedacht hat; gute solche, wo es immer ein bißchen anders kommt. Es kann aber nicht viel passieren; wir sehen ja doch als erste, wie es weitergeht. Wir sehen den Revolver auf der Erde liegen, dann erst bemerken ihn die Kämpfenden und grapschen danach. Wir sehen als erste, daß sich die Türklinke bewegt. Das Radio wird gerade dann angeschaltet, wenn die Suchmeldung mit Personenbeschreibung durchgegeben wird. Wenn jemand lange zögernd ein Glas in der Hand hält, das wir ganz aus der Nähe sehen können, dann ist möglicherweise Gift im Getränk. Man muß natürlich immer vorher nachgucken, ob hinter dem Fahrersitz der Killer kauert, eh man in diese amerikanischen Straßenkreuzer einsteigt. Dafür braucht man die auch nie abzuschließen. Auf unvorhergesehene Dinge können wir gefaßt sein, wenn wir nachts in eine fremde Wohnung einsteigen und nach Beweisen suchen. Ausgerechnet jetzt steigt ein Krokodil ins Wasser. Oft verschätzt man sich allerdings gewaltig mit Entfernungen und Zeitabständen. Wenn man ein Opfer schon aufgeben will, wird es gerade noch gerettet. In letzter Sekunde.

Spätestens jetzt muß endlich der ewige Kommentator einen übergebrannt kriegen. Wenn der nicht augenblicklich still ist . . . Meistens geben die nach ungefähr zehn Minuten von selber auf, jede Inschrift vorzulesen und dumme Bemerkungen zu machen. Im Kino will ich keinen neben mir. Früher konnte ich noch Filme mit Überlänge durchschmusen. „Doktor Schiwago“: alles, was ich davon noch weiß, sind Küsse, Balaleikas, Küsse, Pferde und Küsse. Aber heute will ich keinen neben mir. Ich will nicht mitraten müssen, an wen aus deinem Bekanntenkreis die Schauspieler erinnern. Wenn einer nackt ist, wird es plötzlich still im Kino. Bei Schlägereien wird es lebhaft unruhig; dann brechen Tische genau in der Mitte, Fässer werden angeschossen, aus den Löchern spritzt es, Kronleuchter stürzen ab. Da kann ich doch nicht Händchen halten. Wenn es endlich zum Kuß kommt, geht die Kamera näher ran, und man sieht viel Kinn. Soll ich da etwa mitküssen? Ich will alleine sein im Dunkeln. Vor allem nicht Händchen halten bei Horrorszenen; da will ich selber Angst haben. Ich will auch nicht durchsagen müssen, wann das Schlimme vorbei ist und du wieder gucken kannst.

Im Film scheuen sich die Leute nicht, zu töten oder zu küssen. Wenn sie sich doch scheuen, ist es ein langweiliger Film. Allerdings töten die Leute in solchen sozialen Zusammenhängen, wo das eher üblich ist als bei uns. Filme, in denen man nicht heulen muß, sind rausgeschmissenes Geld. Bei 50er-Jahre-Filmen muß man schnell heulen, besonders bei „Salz der Erde“ oder „Verbotene Spiele“.

Wenn die Leute nachdenklich in die Gegend starren, dann ist das ein anspruchsvoller Film. Dann darf man nicht lachen. Dann reden auch alle, als würden sie Selbstgespräche führen. Keiner geht auf den anderen ein, das ist realistisch. Plötzlich sagt einer: Heute habe ich wieder so ein Unwirklichkeitsgefühl, das mir schwer auf die Augenlider drückt. Der andere antwortet viel zu spät: Immer, wenn ich den Mond sehe, muß ich an den Tod denken. In solchen Filmen wird auch mal gar nicht geredet, nur geguckt. Dann wünscht man sich manchmal, daß doch plötzlich ein Hai auftaucht oder die Zombies kommen und alles fressen.

Cowboys reden besonders wenig. Dafür kann man sich auf sie verlassen. Im Kino verspricht sich keiner oder bringt den Satz nicht richtig zu Ende, es sei denn, er stirbt mitten im Satz. Im Wilden Westen reden sich die Leute mit Sie an. Indianer und Cowboys sprechen fließend deutsch. Die Landschaft da wimmelt nur so von guten Verstecken. Die Pferde brauchen kaum Futter. Die Bevölkerung von kleinen Dörfern kann sich blitzschnell zu guten Gruppenfotos aufstellen. Wenn Frauen innere Kämpfe durchstehen, blasen sie gefährlich ihren Busen auf. Männer lassen in solchen Fällen die Muskeln an ihren Backenknochen zucken. Auf keinen Fall schrecken sie auf oder lassen sich zu ruckartigen Bewegungen hinreißen, auch dann nicht, wenn plötzlich direkt neben ihrem Kopf ein Messer im Balken zittert.

Das Wichtigste im Film sind die Symbole. Filme sind voll davon. Deshalb muß auch nicht so viel geredet werden. Wenn beispielsweise die Fenster dauernd offenstehen, auch und gerade bei Regen, oder wenn ständig das Radio im Hintergrund läuft, dann heißt das, daß Innenwelt und Außenwelt ineinander verschränkt sind. Wenn es viel Schatten gibt, haben die Helden ein kompliziertes Seelenleben. Dann gibt es auch viele Nahaufnahmen von Gesichtern und eine sehr aufgeräumte Wohnung, die ganz schön was gekostet haben muß. Wenn Szenen langsam ausgeblendet werden, soll das bedeuten, daß wir noch mit längeren Nachwirkungen rechnen müssen. Wenn wir eine nette Kleinigkeit zum zweiten Mal sehen, ist es schon eine liebgewonnene Kleinigkeit. Beim dritten Mal, spätestens, sind alle gerührt. Wenn Bäume umstürzen oder überhaupt viel von oben nach unten fällt, dann weist das auf die Schicksalshaftigkeit des menschlichen Lebens im allgemeinen hin. Kurze Schnitte bedeuten Hektik. Lange Einstellungen bedeuten künstlerischen Anspruch. Wenn ein Film schwarzweiß ist, ist es ein alter Film. Ausnahme: „Manhattan".

Wenn viel Skyline und U-Bahn bei Nacht und Neon zu sehen ist, zeigt das, wie sehr die moderne Großstadt den Menschen zermürbt, und der Held ist entschuldigt. Witzige Filme erkennt man daran, daß die Helden entstellte Gesichter haben und in einer nervtötenden Stimmlage reden. Sie haben aber auch immer Pech. Wenn sie in möglichst viel Verbandzeug und Gips eingepackt sind, finden es alle sehr witzig. Wenn ein Film böse endet, heißt das noch lange nicht, daß es ein realistischer oder sozialkritischer Film war. Im Film geht eben unheimlich viel kaputt. Einfach so. Kampfmaschinen, Hauptquartiere, Hubschrauber und Schiffe explodieren. Autos brennen und liegen auf dem Dach. Brücken stürzen ein. Die ganze Bar-Einrichtung wird zerdeppert. Oft kriegen Männer derartig einen verpaßt, daß sie glatt durch eine Bretterwand fliegen.

Richtig dramatisch wird es aber erst, wenn im allgemeinen Kaputtgehen auch Kleinigkeiten beachtet werden: Wenn zum Beispiel der Kapitän auf der untergehenden „Titanic" noch schnell seinen Kanarienvogel freiläßt. Das geht voll auf die Tränendrüsen und ist außerdem sehr symbolisch. Manche Filme sind erst dann zu Ende, wenn alles kaputt ist und alle tot sind, alle, auch die Helden. Wenn der Haupt-Gute auf den Haupt-Bösen trifft, ist der Film bald zu Ende. Inzwischen kann man auch alle Bilder abhaken, die man vorher draußen angeguckt hat, und alle Szenen, die man aus Vorschauen kennt.

Es ist doch immer wieder überraschend, wie viel echte Treue es noch gibt. Sollte man nicht meinen. Echte Kameradschaft. Sogar im Weltall sind das gebliebene Werte. Man hat dabei so ein Gefühl, als würde einem jemand auf die Schulter klopfen. Klar, ich kann auch treu sein, wenn ich will. Die guten Roboter haben Kulleraugen, die bösen einfach nur Schlitze, aus denen Strahlen zischen.

Es gibt einen Riesenunterschied zwischen dem Helden und allen andern. Wenn man am Schluß zusammenrechnet, wie viele Menschenleben der Held gerettet oder getötet hat, dann kommt eine Statistik raus, die eine klare Sprache spricht. Man braucht sich auch bloß mal zu überlegen, wie oft der Held im Bild war und wie wenig die andern. Es gibt einfach einen Riesenunterschied zwischen einem und allen andern. Das ist die Botschaft.

Ich will alleine sein im Dunkeln. Elend und Armut sind schön anzusehn. Im Kino sollte es nicht zu kühl sein. Die Gummibären sind jetzt aufgegessen. Die Helden haben es oft wirklich schwer. Landschaften, alte Städte, wilde Tiere, wogende Musik und stille Frauen stimmen einen besonders wehmütig.

Jetzt schiebt sich der Vorhang wieder vor. Wenn es nach mir ginge, könnte der Film noch weitergehen. Wortlos drängeln sich alle raus. Erst draußen gehen die Gespräche los. Also gut, den Film haben wir nun auch gesehen. Wenn man etwas enttäuscht ist – wie meistens –, versucht man sich damit zu trösten, daß doch immerhin ein enormer technischer Aufwand getrieben wurde und daß doch vielleicht schon die Trickaufnahmen ganz sehenswert waren. Ausnahme: „Das schwarze Loch", da gibt es einfach keinen Trost. Nach James-Bond-Filmen bin ich ein Verkehrsrisiko. Nach Sexfilmen weiß ich nicht, wohin. Nach Cowboyfilmen gehe ich allein nach Hause und finde das gut so. Nach Filmen wie „Uhrwerk Orange" muß ich erst mal einen Verdauungsspaziergang machen.

Ein bißchen Gedankenaustausch macht sich aber ganz gut, so nachher. Man erzählt noch mal, welche Stellen man besonders schön fand, besonders bei witzigen Filmen. Diskussionen sind leicht. Bei Fellini-Filmen genügt es, wenn sie dir gefallen. Bei Pasolini-Filmen sollte man lieber nachdenklich in die Gegend starren. Godard-Filme kann man heute getrost schlecht finden, auch Bertolucci, Kubrick und alle deutschen Filmemacher. Bei Science-Fiction-Filmen müßte man vor Dunkelheit brummen. Außer bei „2001: Odyssee im Weltraum", aber dafür wird keiner schlau draus.

Oder einfach so: Man sucht sich einen Schauspieler, eine Schauspielerin oder einen Regisseur als Kultfigur und tut, als würde man alles von denen gut finden, einfach alles. Bei manchen Filmen – besonders bei „Casablanca" – drängt sich die Frage auf, wie oft der andere da schon drin war. Am besten kommt man bei solchen Diskussionen weg, wenn man sich nur für das Künstlerische interessiert, aber andererseits gerade das Populäre an diesem Medium so schätzt.

Dann kommen die Nachwirkungen. Nach „Aguirre, der Zorn Gottes" hatte ich tagelang das Gefühl, aus dem Hinterhalt würde mit vergifteten Pfeilen auf mich geschossen. Nach Filmen mit Diane Keaton, Geraldine Chaplin oder Nastassia Kinski habe ich es noch schwerer, eine geeignete Frau zu finden. Nach „Week End" wollte ich mir ernsthaft eine Netzkarte für die Bundesbahn kaufen. Nach „Themroc" bin ich brüllend durch die Straßen gerannt. Nach einer Stunde zu Hause Rumsitzen, der Tag ist sowieso noch nicht so richtig zu Ende, will ich unbedingt wieder ins Kino.

C.C. ODEON Corso

Die riesigen Küsse auf der großen Leinwand

Friederike Hassauer

Kinos hießen „Lichtspiele". CORSO. CC. O-LI. ODEON. Nachts grünes Neon in den Straßen neben dem Schulweg. Ruchlos, verworfen, verboten, exotisch.

EINSCHULUNG 1957

Kino war nichts für Kinder. Wenige Ausnahmen, wenige saubere Filme. Der Sonntagnachmittag, Kindervorstellung. Der Abend, mit dem Vater, unter lauter Erwachsenen. Kino, das Außerordentliche, Besondere. Der magische Wechsel von Licht zu Dunkelheit. Kino, genauso selten wie Weihnachten und Geburtstag.

Im CC lief „Traumstraßen der Welt". Im CC lief „Goldrausch". Im O-LI lief „Der Hofnarr des Königs" mit Danny Kaye. Vor Beginn des Films die bunten Reklamedias, Musik. Ich soll dem Vater laut die Werbetexte vorsprechen. Wie gut kann das Kind schon lesen? Ich kann nichts lesen. Ich bin kurzsichtig. Seit dem Abend im „Hofnarr" eine Brille.

Im Hauptfilm, in jedem Hauptfilm muß ich weinen. Das Kind ist zu nah am Wasser gebaut. Das Kind schluchzt ja schon, wenn es „muß i denn, muß i denn zum Städele hinaus" singen hört. Kino hieß Tränen, feuchtes Taschentuch, Brille putzen, Nase putzen, Geräusche vermeiden, so tun, als hätte ich nicht geweint. Charlie Chaplin ißt vor Hunger seine Schnürsenkel wie Spaghetti. Tränen lachen, Tränen weinen.

MITTLERE REIFE 1968

Zur Vorbereitung auf den 17. Juni wurde die gesamte Mittelstufe des Mädchengymnasiums ins PASSAGE geschickt, morgens, zur Unterrichtszeit. „Lok 333 wagt den Durchbruch". Keine richtige Kino-Zeit, kein Kino-Gefühl. Schulfilm-Mief in schwarzweiß, es ging um Deutschland, um hüben und drüben. Brüder und Schwestern. Ostzone . SBZ. Russenzone. Flüstern, Kichern Kneifen, Gaudi, Fez. Kein Blinzeln, als wir nachher wieder ins Tageslicht gehen.

Die Oberstufe wurde ins CORSO geschickt, flankiert von Deutschlehrerinnen. „Faust" mit Gustaf Gründgens. Die Bilder kamen groß und bunt und übermächtig auf uns herab. Der Ton dröhnte. Nach zehn Minuten flüsterte keine mehr. So wie Gretchen durfte es keiner von uns ergehen.

Erwachsenwerden war gefährlich. Tanzstunde war gefährlich. Allein ins Kino zu gehen, ohne Eltern, ohne Schulklasse – gefährlich. Auf dem Schulweg der Kasten des katholischen Filmdiensts, rechts und links daneben in den Schaufenstern ausgestellt die aufgeschlagene Tagesnummer des „Volksblatts". Im Kasten hektographierte Schreibmaschinenschrift, die Filmkommentare. Die kleinen Fünfzeiler der freiwilligen Selbstkontrolle. Der Refrain der Sternchen: Bedenklich. Nicht empfehlenswert. Jugendgefährdend. Der Religionslehrer nahm sich den Existenzialismus vor. Sartre hieß Satter. Satter freute sich in Paris, wenn seine Schüler Selbstmord begingen. „Das Schweigen" war dasselbe. Kino und Existenzialismus und Lidstrich und Rauchen und rote Fingernägel und SchmutzundSchund und uneheliche Kinder.

Zuvor hatte es „Winnetou I" und „Winnetou II" gegeben und „Der Schatz im Silbersee". Die Eltern sagten Mußdassein aber Naja. Wenn das Kind zusammen mit dem Bruder geht. Träume von Lex Barker, Pierre Brice, Stewart Granger. Pierre Brice starb am schönsten. Blaugrüne Filmheftchen mit Starbildern. In den Sommerferien, bei der Tante, durfte ich den Karl-May-Film nicht sehen. Das Kind ist zur Erholung hier. Das Kinogebäude lag flach und grau in der Sonne, Brunnen und Rosenrabatten in der Mitte des Kleinstadtplatzes, Halbstarke, an Motorräder gelehnt, auf den flachen grauen Stufen. Zwei Wochen lang der Blick über Rosen, Brunnen, Stufen, Motorräder auf das Plakat: Old Surehand.

ABITUR 1971

Allein ins CITY: „My Fair Lady". Ball, Lichter, Brillanten im Haar. Betäubt vor dem Ausgang auf dem Straßenpflaster gestanden. Nicht heimgehen wollen, nie mehr. Niemandem davon erzählt. Abendkleider, rauschende Musik, Lidstrich. Erwachsensein. Schön sein. Einmal nur so schön sein. Die Männer müssen mich über das schimmernde Parkett führen. Das war kein Film mehr, bei dem nebenan der Vater saß, kein Film, bei dem wir zusammen über das HB-Männchen lachten und Eiskonfekt aßen. Das war kein Spaß mehr, es wurde Ernst. Warum will das Kind allein ins Kino?

Das war das wirkliche Leben, wirklicher als Latinum und Parallelverschiebung und bald kommt das Abitur und räum deinen Pullover auf. Wirklicher auch als die Tanzstundenfreunde und die Heimwege vom Ball nachts im Winter, die kalten Finger in den Abendhandschuhen und Händchenhalten mit Michael und Wolfgang.

Wieder allein ins CITY. „Doktor Schiwago". Rauschende rote Seide, schwarze Abendmäntel, Décolltés. Schwarzhaarige Männer mit tiefen Schatten unter den Augen. Omar Sharif. Küsse, diese riesigen Küsse auf der großen Leinwand, exaltierte Violinen, Umarmungen, weiße Betten. „Und reden wir uns nicht ein, daß das eine Vergewaltigung war." Stumm die Bilder nach Haus getragen, die Dialoge. Im Unterricht den Film ablaufen lassen, quälend langsam. Monika verwechselt wieder die drei Einheiten im Drama mit den drei Motti der französischen Revolution. Liberté, Egalité, Fraternité. Alle lachen. Was ich denke, weiß keiner. Wenn ich allein bin, heut abend, mache ich mir mein eigenes Kino.

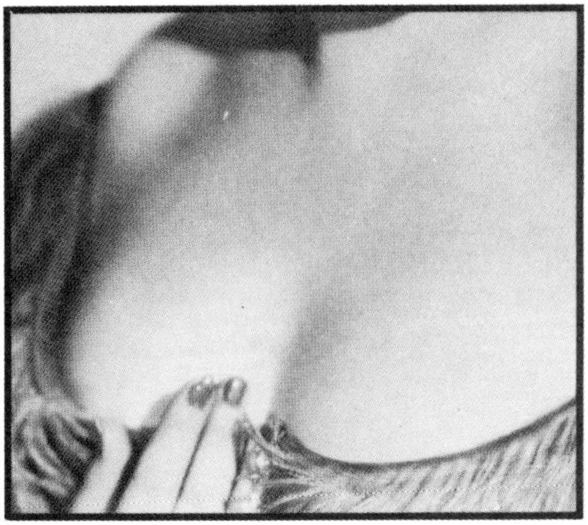

Murray holte tief Luft . . .

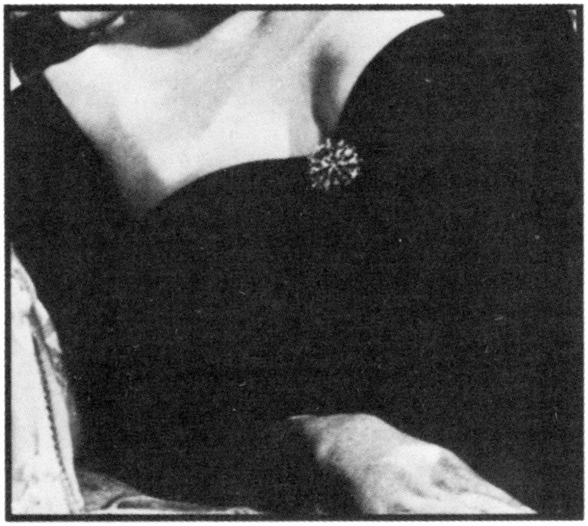

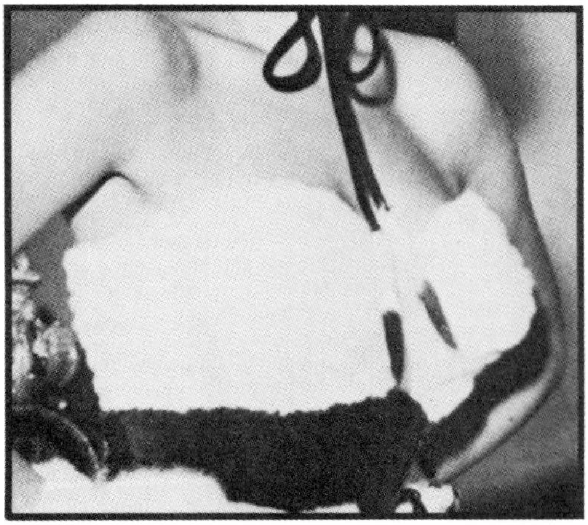

Murray holte tief Luft, beruhigte sich wieder; der klagende Elefantentenor rutschte um eine Oktav auf Murrays üblichen Gaunerbariton herunter, gute Wiener Schule. ,,Baby, ich bin nicht prüde. Das weißt du ja auch. Und weiter: ich versuche immer, die Grenzen des Kinos so weit wie möglich zu öffnen, Realität hereinzulassen, mit einem populären Medium das zu erreichen, was Künstler wie James Joyce und Franz Werfel in ihren klassischen Büchern erreicht haben, die zugegebenermaßen für ein sehr kleines Publikum geschrieben wurden, aber deswegen nicht weniger gültig sind. Es war ein Murray-Morris-Film, in dem zum erstenmal das Wort „Urning" auf der Leinwand verwendet worden ist. Es war ein Murray-Morris-Film, in dem zum erstenmal – und das nicht einmal, sondern zweimal – das Wort „verdammt" fiel, und ich habe nicht mit einem klassischen Stoff wie *Vom Winde verweht* gearbeitet. Es war ein Murray-Morris-Film, in dem zum erstenmal die linke Hinterbacke einer Frau gezeigt wurde, und zwar in der Szene, in der die französische Schauspielerin Micheline Auclair in *Paris We Love You* aus ihrem Bett stieg. Ich glaube, ich kann mit einigem Stolz sagen, daß ich — obwohl ich innerhalb der erstickenden Grenzen unserer Branche arbeite — daß ich es geschafft habe, neue Gebiete zu erschließen, alte Barrieren zu durchbrechen, der Sinnlichkeit Bereiche zu öffnen, von denen sich niemand etwas hätte träumen lassen."

Leidenschaft begann Murrays virtuosen Umgang mit Klischees zu beeinträchtigen, aber um nichts in der Welt hätte ich mich über ihn lustig gemacht. Wie immer war ich gebannt von der Rede, die er mir jedesmal hält, wenn wir uns treffen; es ist immer dieselbe Rede, aber immer um ein neues Detail bereichert (diesmal Micheline Auclairs linke Hinterbacke), ein neues nachdenkenswertes Detail, eine mutige Tat, die Murrays einsamen Rang in einer Wüste voll hoffnungsloser Mayers und Zanucks nur noch erhöhte.

„Aber", und seine Stimme schwoll zu rabbinischer Feierlichkeit, „in keinem Murray-

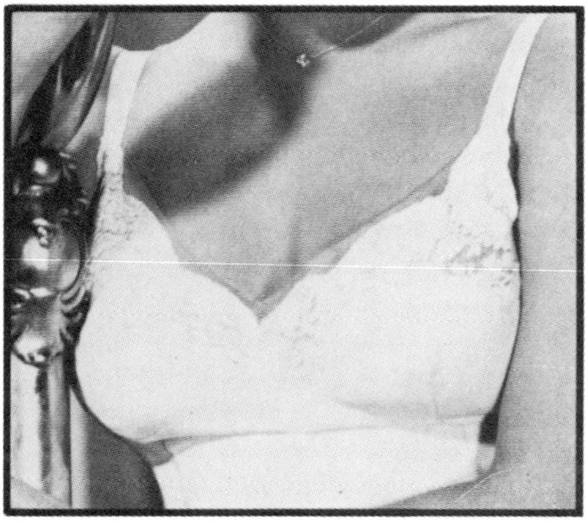

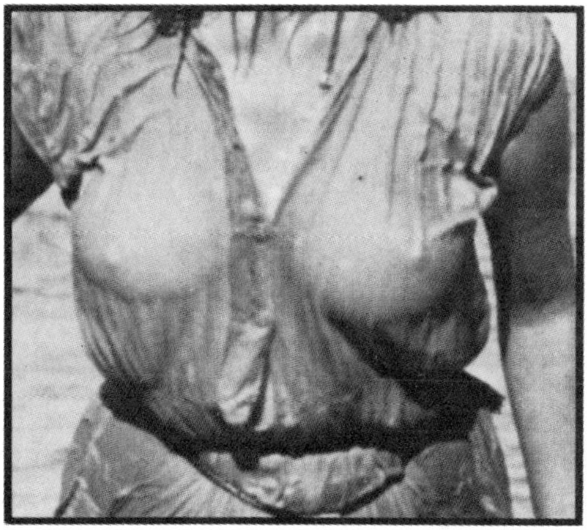

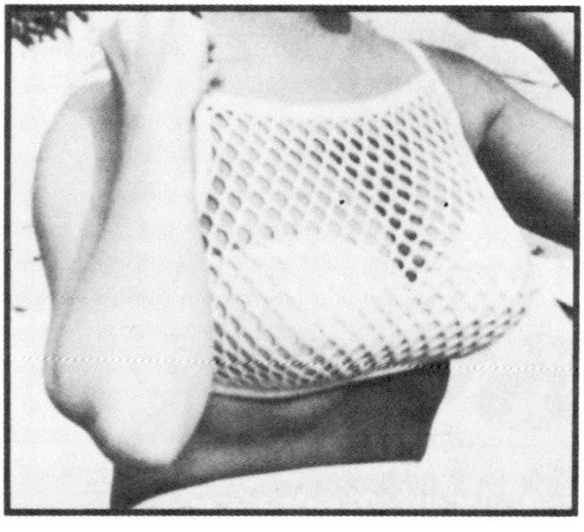

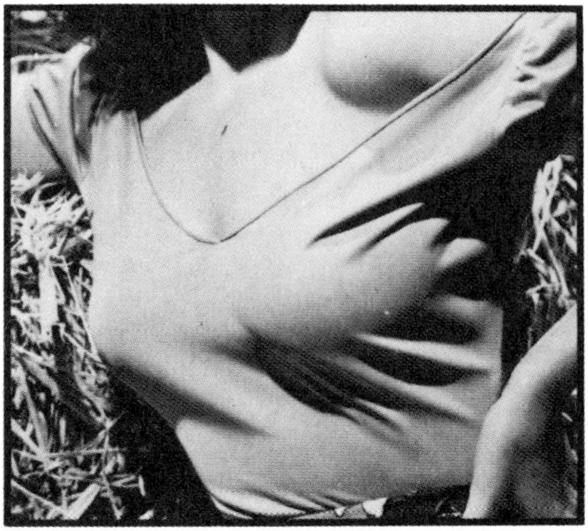

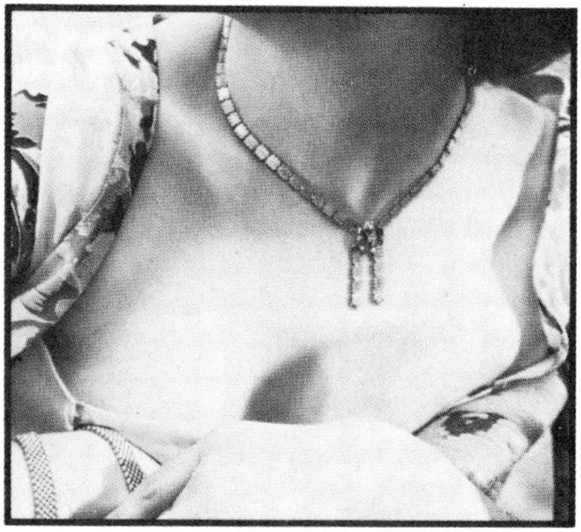

Morris-Film – ob gestern, heute oder morgen – wird je ein Grieche seine eigene Schwester vögeln."

„Halbschwester." Ich versuchte einzulenken.

„Sehr witzig", sagte er. „Ich kann den Film nicht machen. Niemand kann den Film machen."

„Naja, wir müssen ja nicht direkt zeigen, wie sie vög –"

„Darauf kannst du Gift nehmen. Der Film würde nirgendwo laufen, außer in Bel-Air, wo sich meine Freunde aus der Branche an Sexreißern hochziehen."

„Vielleicht lassen wir sie einfach nur *sagen*, daß sie schwanger ist –"

„Von ihrem Halbbruder? Vielleicht machst du sie noch halbschwanger, ist das besser?" Tief verschlossen in Murray Morris' Künstlerbusen steckt ein echter jüdischer Komödiant.

„Ich glaub, wir können das ändern."

„Er *glaubt* es, sagt er!" Murray Morris richtete seine Worte an eine imaginäre Versammlung des Verbands amerikanischer

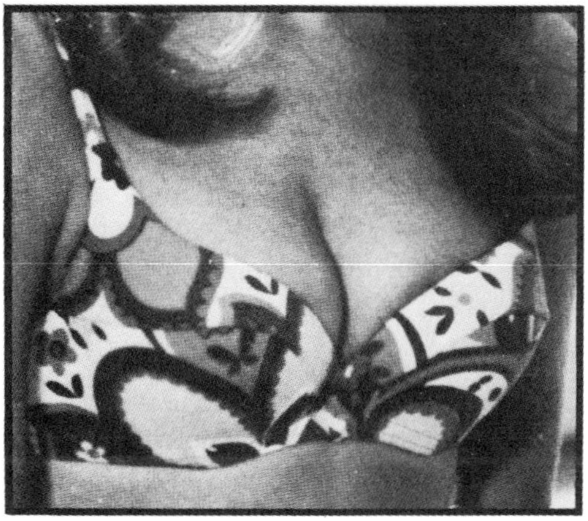

Drehbuchautoren. „Es muß alles weg. Wir fangen neu an. Ich hab eine ganz andere Idee für die erste Einstellung. Ein anmutiger Teich. Orchideen auf dem Wasser. Das ist ein Farbfilm, vergiß das nicht, und wir haben einen ziemlich umfangreichen Etat. Man sieht die beiden Schwestern zusammen. Sie baden und sind umringt von ihren Sklavinnen, die nicht so gut aussehen wie Lana und Ava, aber immer noch ziemlich sexy. Dann eine ganz heitere, unbeschwerte Unterhaltung zwischen den beiden. Wir sehen, wie sehr sich die Schwestern mögen. Plötzlich taucht ein Mann auf. Die Mädchen sind zuerst verwirrt. Schließlich haben sie keine Badeanzüge an. Aber der Mann ist ein Eunuch, er arbeitet im Harem."

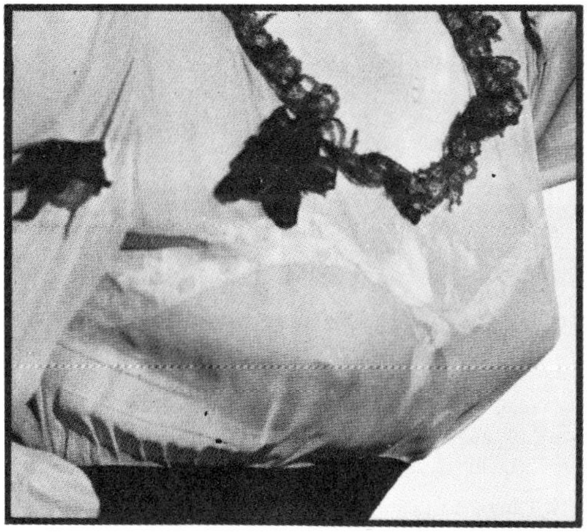

„Wie willst du denn das den Zuschauern erklären?"

„Lana sagt zu Ava: ‚Fürchte dich nicht, Liebes, es ist nur der Eunuch, der für mich arbeitet' – oder sowas Ähnliches. Vergiß nicht, Baby, ich *schreib* den Dialog ja nicht. Es sind erstmal nur Ideen, die einem so aus dem Kopf schießen . . ."

Wer macht das Kino?

Gore Vidal

Letzten Oktober vor neunundvierzig Jahren hinterließ Al Jolson nicht nur sein gräßliches Gesinge auf der Tonspur eines Films mit dem Titel *The Jazz Singer,* er sagte auch etwas. Mit den Worten „Youain't heard nothin' yet" (sicherlich die bedrohlichste Textstelle in der Geschichte des Dramas) ging das Zeitalter des Filmregisseurs zu Ende und das Zeitalter des Drehbuchautors begann.

Bis 1927 war der Regisseur der König, der Meilen um Meilen von „Formen aus Licht" (in André Bazins hübscher Wendung) produzierte. Aber als die Filme zu sprechen begannen, trat der Regisseur als schöpferische Kraft, als Urheber, hinter dem Autor zurück. Auch heute noch – abgesehen von einzelnen Regisseuren, die sich wie Ingmar Bergman* ihre eigenen Drehbücher schreiben – ist bei der Produktion eines Films der Regisseur das Element, das am ehesten austauschbar (wenn schon nicht gänzlich entbehrlich) ist. Schließlich gibt es Tausende von Filmtechnikern, die das können, was man von einem Regisseur erwartet, und genau gesehen machen sie schon gemeinsam (und manchmal auch alleine) seine Arbeit hinter der Kamera und im Schneideraum. Andererseits gibt es keinen Film ohne ein geschriebenes Skript.

Als ich in den fünfziger Jahren als Vertragsautor zu MGM kam und in der Kantine meinen Platz an der Tafelrunde der Autoren einnahm, verkündete der Große Weise Lohnschreiber uns Neuen immer: „Der Regisseur ist bloß der Schwager." Es war ganz offensichtlich so, daß die Ehrgeizigen Produzenten wurden (da lag das Zentrum der Macht). Die Talentierten wurden Autoren (da lag die eigentliche Produktivität). Und die schönen Männer wurden Stars.

* Ein paar Fragen, die ich hier gleich entschärfen möchte: Wie steht es mit so echten *auteurs du cinéma* wie Truffaut? *Jules et Jim* war, wie jeder weiß, ein Roman von Henri-Pierre Roché. Hat Truffaut das Drehbuch selber bearbeitet? Nein, er hat mit Jean Gruault zusammengearbeitet. Hat Buñuel El Angel Exterminador (Der Würgeengel) geschrieben? Nein, der Film wurde durch ein unveröffentlichtes Stück von José Bergamin „angeregt". Hat Buñuel das Stück selber umgeschrieben? Nein, er hatte Luis Alcorisa als Mitautor. So geht das eben.

Noch bevor Jolson seinen berühmten ersten Satz sagte, war der Regisseur schon langsam vom Produzenten verdrängt worden. Regisseur Lewis Milestone sah die Schrift auf der Leinwand schon 1923, als „baby producer“ Irving Thalberg den legendären Regisseur Erich von Stroheim während der Dreharbeiten an *Merry Go Round* feuerte. „Das“, schrieb Milestone voller Trauer in *New Theatre and Film* (März 1937), „war der Anfang des Sturms und das Ende der Herrschaft des Regisseurs ...“ Noch 1950 versicherte der Filmstar Dick Powell dem Cutter Robert Parrish, daß „jeder bei einem Film Regie führen kann, sogar ich könnte das. Ich mache es aber nicht, weil es zu lange dauert. Ich verdiene mehr Geld, wenn ich als Schauspieler arbeite, Grundstücke verkaufe und an der Börse spekuliere.“ Das beschreibt ziemlich genau das Bild, das man in den dreißiger und vierziger Jahren, in der sogenannten klassischen Zeit des Tonfilms, vom Regisseur hatte.

Obwohl der entscheidende Urheber des klassischen Hollywoodfilms der Autor war, lag doch die eigentliche Macht beim Produzenten. Scott Fitzgerald hat das sehr gut erkannt, als er Irving Thalberg zum Protagonisten seines letzten Romans machte. Obwohl Thalberg selber ein miserabler Filmemacher war, hatte er es doch bis zum Produktionsleiter bei MGM gebracht; und damals war MGM eine Art Vatikan, in dem der Produktionsleiter der Papst war, der Schenks goldene Schlüssel in seinen Fäusten hielt. Der Stab der Produzenten war das Kardinalskollegium. Die Filmstars waren die heiligen und wertvollen Kultgegenstände, die man kaufen, ausleihen und stehlen konnte. Sie wurden wie Ikonen von Atelier zu Atelier gebracht, von Studio zu Studio, von Film zu Film und brachten Glück und Gold.

Mit einigen Ausnahmen (Alfred Hitchcock zum Beispiel) waren die Regisseure – im schlimmsten Fall – bloß die angeheirateten Schwäger; und wenn es hoch kam, waren sie intelligente Techniker. Alles in allem waren sie ein unbeschwerter, unkomplizierter Haufen, und wenn ihnen jemand gesagt hätte, sie seien *auteurs du cinéma*, dann hätten die meisten von ihnen kaum etwas mit diesem Gedanken anzufangen gewußt, und noch viel weniger mit dem Französisch. Sie waren Techniker; stolze Kaufleute, die glücklich waren, daß sie in einer Branche arbeiten durften, die damals optimistisch *Die Industrie* genannt wurde.

Dieser Zustand dauerte an, bis das Fernsehen die Rolle des Films als Amerikas Hauptproduzent von Massenunterhaltung übernahm. Über Nacht verloren die Produzenten Macht und Einfluß auf das, was von der Industrie noch übriggeblieben war, und die Ikonen übernahmen – überraschenderweise – das Kommando.

Offensichtlich waren die Ikonen in all den Jahren, in denen wir in ihnen nicht mehr als schöne, geschminkte Bilder unserer Träume und Lüste gesehen hatten, nicht nur sehr lebendig gewesen, sondern hatten auch heimlich nach Macht und Gold gegiert.

„Die Irren leiten das Tollhaus“, stöhnte der Große Weise Lohnschreiber an der Tafelrunde der Autoren, aber er machte tapfer weiter. Inzwischen begannen die Ikonen zu produzieren, Regie zu führen, sogar zu schreiben. Eine Zeitlang gelang es ihnen, die Tatsache zu übersehen, daß mit dem Aufstieg des Fernsehens kein Filmstar mit Quizsendungen wie der „64 000 Dollar Question“ konkurrieren konnte. In diesem Jahrzehnt des Übergangs war der Regisseur immer noch bloß der Schwager. Aber statt danach zu sehen, daß er bei einem Produ-

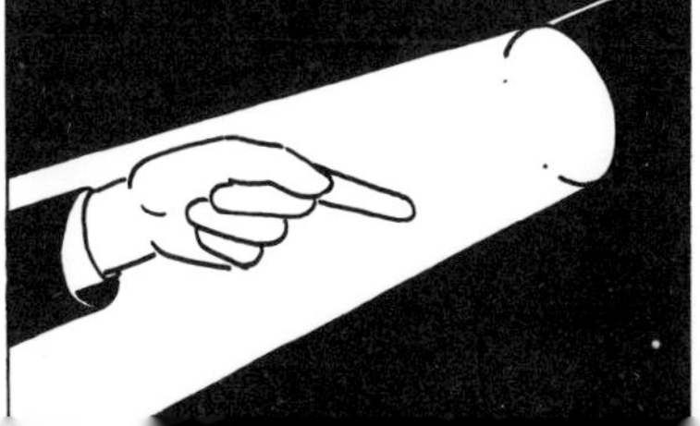

zenten unter die Haube kam, ließ er sich sozusagen auf ein sündiges Konkubinat mit einer Ikone ein. Eine Zeitlang hatte jede Ikone, jeder Schauspieler und jede Schauspielerin, ihren oder seinen Lieblingsregisseur, und die Industrie war bald schwer ramponiert.

Da kam aus Frankreich die schreckliche Kunde: alle diese angeheirateten Schwäger der klassischen Ära waren in Wirklichkeit autonome und eigenwillige Künstler. Anscheinend hatte jeder von ihnen seinen eigenen Stil, der sich an jedem einzelnen Bild der Filme, an denen er gearbeitet hatte, ablesen ließ. Beweis? Da der Regisseur von Film zu Film immer derselbe blieb, mußte auch jede Einstellung seines Œuvres den Stempel seiner Autorschaft tragen. Diese Überlegung war ein Zirkelschluß, aber das tat ihrer Wirkung keinen Abbruch. Giraudoux' ebenso feierliche wie hirnverbrannte Sentenz wurde oft zitiert: „Es gibt keine Werke, es gibt nur *auteurs*".

André Bazin, der ja oft gescheite Dinge gesagt hat, machte sich schließlich in *La Politique des Auteurs* über diese Vorstellung lustig, aber der Schaden war schon angerichtet, und zwar auf den Seiten der Zeitschrift, die er gegründet hatte, *Cahiers du cinéma*. Die Tatsache, daß unabhängig vom Regisseur jeder Film der Warner Brothers, der in der klassischen Periode gedreht wurde, düster und dunkel wirkte, weil die Brothers eine Leidenschaft fürs Stromsparen und für einen knappen Ausstattungsetat entwickelt hatten, konnte die ambitionierten Kritiker nicht beeindrucken, die auf der Suche nach hoher Kunst waren auf einem Gebiet, das einmal als absolut seicht gegolten hatte.

1948 schrieb Bazins Schüler Alexandre Astruc das provokante *La Caméra-stylo*. Das Manifest vertrat die These, daß der Regisseur der wahre und einzige Schöpfer eines Films ist oder doch sein sollte, derjenige, der seinen Film auf Zelluloid „schreibt". Astruc glaubte, der *caméra-stylo* könne jedes beliebige Thema und jede beliebige Form meistern... Besser noch sagen wir, daß das Denken und die Weltanschauungen dergestalt sind, daß heute der Film ihnen Rechnung tragen und über sie Rechenschaft ablegen kann. Maurice Nadeau sagte in einem Artikel in *Combat*: „Wenn Descartes heute lebte, würde er Romane schreiben." Bei allem Respekt für Nadeau, aber heute würde Descartes sich bereits mit einer 16-mm-Kamera und Film in sein Zimmer einschließen und den *Discours de la Methode* als Film schreiben, denn sein *Discours* würde heute so ausfallen, daß nur der Film ihn, wie es sich gehörte, ausdrükken könnte.

Bei allem Respekt für Astruc: der Film hat viele bestrickende Möglichkeiten, aber er kann nicht komplexe Ideen durch Wörter vermitteln oder auch nur – paradoxerweise – Dialog im sokratischen Sinn. *Le Genou de Claire* ist wahrscheinlich die größte Annäherung an die Dialektik, die wir je in einem Film erreichen werden, und obgleich Rohmers Werk durchaus Vergnügen bereitet, wird der Geist Descartes' wohl kaum die durchdachte Ordnung von Wörtern auf einer Seite aufgeben für die flimmernden Schatten sprechender Köpfe auf einer Leinwand. Wie dem auch sei, der Descartes, der ja auch Astrucs Zeitgenosse ist, hat jedenfalls keinen Film gemacht; er hat den Roman *La Nausée* geschrieben.

Aber die Möchtegernschriftsteller mit der Kamera in der Hand interessieren sich nicht für Philosophie, Geschichte oder Literatur. Sie wollen lediglich für das Kino das Prestige alter Formen einheimsen, ohne sozusagen zuerst den Code knacken zu müssen.

„Machen wir uns nichts vor“, schreibt Astruc:

> Zwischen dem *cinéma pur* der zwanziger Jahre und dem verfilmten Theater gibt es immerhin noch Raum für einen Film, der neue Horizonte aufreißt.
> Was natürlich voraussetzt, daß der Drehbuchautor seine Filme selber macht. Besser noch, daß es keinen Drehbuchautor mehr gibt, denn bei einem solchen Film hat die Unterscheidung zwischen Autor und Regisseur keinen Sinn mehr. Die Regie ist kein Mittel mehr, eine Szene zu illustrieren oder darzubieten, sondern eine wirkliche Schrift.

Es ist merkwürdig, daß Astruc – trotz seiner wilden Entschlossenheit, den Drehbuchautor auszuschalten (und vielleicht die Literatur selber) – sich gezwungen sieht, mit Begriffen genau der Kunstform zu arbeiten, die er abschaffen möchte. Für ihn benutzt der Regisseur einen *Federhalter,* mit dem er *schreibt,* um – höchster Ruhm – ein *Autor* zu werden.

Als die französischen Theorien den Atlantik überquert hatten, sahen sich unsere verblüfften Schwäger plötzlich von seltsam aussehenden französischen Jünglingen hofiert, die mit Tonbändern angerückt kamen. Einzelheiten aus längst vergessenen Western wurden rekapituliert und expliziert. Jedes Wort, und wenn es noch so stockend über die Lippen des *auteurs* kam, wurde notiert und ehrfürchtig nach Bedeutung abgeklopft. Die verachteten Schwäger der dreißiger Jahre waren jetzt Künstler. Mit neugewonnenem Selbstvertrauen machten sich die Regisseure an die Arbeit und schlossen Schutzbündnisse mit berühmten Mimen, mit Superstars, die sie dann quasi als Schutzmacht und in ihrer neuen Funktion als *hyphenates,* als Bindestrichexistenzen dominieren konnten: das heißt, als Regisseur-Produzent oder sogar als Autor-Regisseur-Produzent. Obwohl die Ikonen auch weiterhin angebetet und überbezahlt wurden, machten jetzt die Regisseure das wirklich große Geschäft. Und auch der Ruhm fiel ihnen zu. In der Praxis ist der Produzent jetzt entweder gänzlich von der Bildfläche verschwunden (das „package“ wird jetzt von einer „Talent“-Agentur zusammengestellt) oder der Regisseur hat seine Aufgaben mit übernommen. Inzwischen ist der Drehbuchautor weiterhin die bestimmende produktive Kraft hinter einem Tonfilm, und obwohl er im allgemeinen sehr gut bezahlt und sein Name in den Filmkritiken von *Time* gleich hinter dem des Regisseurs aufgeführt wird, steht er doch ganz im Schatten des Regisseurs, so wie der Regisseur einmal im Schatten des Produzenten und des Stars stand.

Was eigentlich machen Regisseure? Was machen Drehbuchautoren? Das ist jemandem, der noch nie etwas mit der Produktion eines Films zu tun gehabt hat, schwer zu erklären. Es ist besonders schwer, wenn französische Theoretiker die Konfusion noch verstärken, indem sie falsche Hypothesen aufstellen (der Studioregisseur als *auteur* in den dreißiger Jahren), aus denen sie dann überflüssige und irreführende Theorien entwickeln. Wenn Astruc und Bazin wirklich radikal und störrisch hätten sein wollen, dann hätten sie verkündet, daß der Kameramann der *auteur* eines Films ist (und damit hätten sie den Nagel fast auf den Kopf getroffen). Sie hätten dann James Wong Howe in eine Reihe mit Dante, Braque und Gandhi stellen können. Kameraleute haben oft ihren eigenen Stil, genau wie die besten Schriftsteller ihren eigenen Stil haben und die meisten Regisseure nicht – Stil im Gegensatz zu Beflissenheit. Gregg Tolands Arbeit mit der Kamera läßt sich von Film zu Film deutlich verfolgen; sie

stellt einen Zusammenhang her zwischen *Citizen Kane* und Wylers *The Best Years of Our Lives*, einen Zusammenhang, den man zwischen *Citizen Kane* und beispielsweise Welles' *Confidential Report* nicht herstellen kann. Im Unterschied zur Vorbereitung einer Produktion ist bei der täglichen Arbeit an einem Film im allgemeinen der Kameramann ganz gewiß wichtiger als der Regisseur. Ist der Film einmal gedreht, wird der Cutter zum wichtigsten Interpreten des Autors und seiner Erfindung.

Da es nur wenige Berichte über die Entstehung der klassischen Tonfilme gibt, ist Pauline Kaels Buch über die Entstehung von *Citizen Kane* ein wertvolles Dokument. Sie belegt wohldetailliert die Dominanz des Drehbuchautors Herman Mankiewicz bei diesem Unternehmen. Die Geschichte, wie Orson Welles dafür sorgte, daß Mankiewicz nach außen hin als Schöpfer seines eigenen Films praktisch unkenntlich wurde, erfüllt einen mit grimmiger Faszination und ist gleichzeitig sehr typisch für die Art von Trickbetrug, mit der so viele Regisseure das Werk eines Schriftstellers für sich reklamieren. Nur wenige Regisseure sind so bescheiden wie Kurosawa, der kürzlich einmal sagte: „Mit einem sehr guten Skript kann sogar ein zweitklassiger Regisseur einen erstklassigen Film machen. Aber mit einem schlechten Skript kann auch ein erstklassiger Regisseur keinen wirklich erstklassigen Film machen."

Einen nützlichen, wenn auch zwangsläufig oberflächlichen Einblick in die Art, wie in der klassischen Periode Filme geschrieben wurden, gibt ein Buch mit dem Titel *Some Time in the Sun*. Der Autor, Tom Dardis, untersucht die Filmkarrieren von fünf berühmten Schriftstellern, die für den Film geschrieben haben. Es sind Scott Fitzgerald, Aldous Huxley, William Faulkner, Nathanael West und James Agee.

Tom Dardis' Haltung diesen Autoren und dem Kino gegenüber ist die Haltung eines bierernsten und tiefbesorgten Simplizius, eine Gattung, die jetzt überall im akademischen Leben Amerikas zu Amt und Würden kommt. Er schreibt von „beredtem" Dialog und „wuchtigen" Biographien. Selbstbewußt zitiert er Henry James zum Thema Gold, und er zitiert ihn falsch. Aber was schlimmer ist: *er zitiert Joan Crawford falsch.* Sie hat zu Fitzgerald, als er einen Film für sie vorbereitete, nicht gesagt: „Work hard, Mr. Fitzgerald, work hard!" Sie sagte: „*Write* hard . . ." Das Buch enthält viele Ungenauigkeiten, die dem Kinofan die Haare zu Berge stehen lassen. Tom Dardis glaubt beispielsweise, daß das Hotel am Sunset Boulevard, das einmal unter dem großartigen Namen *The Garden of Allah* bekannt war, „jetzt abgerissen worden und zu einem großen Parkplatz heruntergekommen ist . . ." Nein, ein Parkplatz ist es nicht. Hollywood hat seine ganz besondere Art, die Vergangenheit in Ehren zu halten. *The Garden of Allah* wurde durch das Gebäude einer Bank ersetzt, das auf sehr feinsinnige Weise in Glas und Metall an die pseudosarazenische Fassade des Hotels erinnert, das einmal Scott Fitzgerald beherbergt hat. Tom Dardis glaubt außerdem, daß das Hotel während des zweiten Weltkriegs abgerissen worden ist. Ich habe in den fünfziger Jahren noch in diesem Garten Allahs gewohnt, direkt neben dem lebenslustigen und ständig betrunkenen Errol Flynn.

Von Fehlern und großäugiger Biederkeit einmal abgesehen, hat Tom Dardis doch einiges interessante Material darüber zutage gefördert, wie damals Filme geschrieben und produziert wurden. Einmal gelingt es ihm sehr gut, die Zwiespältigkeit der Autoren darzustellen, die von den Höhen der Literatur (wenn auch nur vorübergehend) auf den sumpfigen Marktplatz herniedergestiegen waren. Man spielte damals gern den Luzifer. Schließlich hielten einen alle für einen Verräter. „Lieber der erste in der Hölle als Schuhputzer im Himmel" – das wurde an der Tafelrunde der Autoren mehr als einmal zitiert, genauer gesagt: umschrieben und variiert. Wir wußten, daß wir nach Feuer und Schwefel rochen. Es braucht wohl nicht eigens gesagt zu werden, daß die meiste Zeit alle ihren Spaß dabei hatten, vorausgesetzt, sie ertränkten sich nicht im Alkohol.

Für den Autor, der aus den Höhen der Literatur kam, war das Kino nicht bloß ein Weg, zu schnellem Geld zu kommen; noch unter den schlechtesten Bedingungen war es wirklich interessant, Filme zu schreiben. Tom Dardis ist da am besten, wo er zeigt, wie ernst seine Autoren ihre diversen „Aufträge" nahmen. Der Drang, gute Arbeit zu leisten, ist eben schwer auszurotten.

Faulkner hatte es von den fünfen am besten erwischt, und er war der zynischste. Zum einen arbeitete er meistens mit Howard Hawks, einem Regisseur, den man vielleicht wirklich als *auteur* bezeichnen könnte. Hawks schrieb ja auch selber, und er hatte eine ausgesprochene Begabung dafür, die Klischees, die er am besten beherrschte, geschickt zu manipulieren. Faulkner und Hawks produzierten zusammen zwei ansehnliche Filme: *To Have and Have Not* und *The Big Sleep*. Aber wer von ihnen hat was gemacht? Anscheinend existiert nicht mehr genug Material (oder wenigstens Material, das Tom Dardis zugänglich wäre), um die Autorschaft zu klären. Und Faulkner äußerte sich in der Öffentlichkeit mehr oder weniger lakonisch: Ich bin bloß ein Lohnarbeiter, der tut, was ihm gesagt wird.

Nunnally Johnson (die von Dardis zitiert wird) erscheint Hawks Beziehung zu Faulkner ziemlich rätselhaft. „Vielleicht wollte er einfach, daß sein Name zusammen mit Faulkners Namen genannt wurde. Oder es war so, daß Faulkner der ideale Partner für ihn war, weil Hawks gerne schrieb und Bill sich nichts daraus machte, ob es nun so oder so lief ..." Wir werden wahrscheinlich nie erfahren, wieviel sich Bill wirklich aus den Skripts gemacht hat, an denen er mit Hawks zusammen arbeitete. Aber es ist doch interessant, festzuhalten, daß es für Nunnally Johnson eine absolute Selbstverständlichkeit ist, daß der Regisseur die ganze Anerkennung für einen Film einheimsen will – und daß sie ihm auch zusteht.

Problem für den Regisseur: Wie bekomme ich ein Skript ohne seinen Autor? Teillösung des Problems: Von allen Autoren ist derjenige, dem Anonymität nichts ausmacht, der Autor, der einem ehrgeizigen Regisseur am ehesten zusagen wird. Als der Studioproduzent noch König war, hat er die Rolle des Autors heruntergespielt, indem er ein Dutzend Autoren auf ein Skript angesetzt hat. Heute stehen keinem Regisseur die Mittel der alten Studios zur Verfügung. Aber er kann einen Autor engagieren, der sich „nichts daraus macht, ob es nun so oder so läuft." Er kann auch im Vorspann seinen Namen als Co-Autor unterbringen (Standardlösung in Italien und Frankreich). Sogar der noble Jean Renoir hat dieses Spielchen gespielt, als er nach Amerika kam und *The Southerner* drehte. Faulkner schrieb nicht nur das Drehbuch, sondern er hatte auch großen Spaß an dem ganzen Projekt. Zachary Scott, der in dem Film die Hauptrolle spielte, sagte, daß das Skript voll und ganz Faulkners Werk war. Aber dann

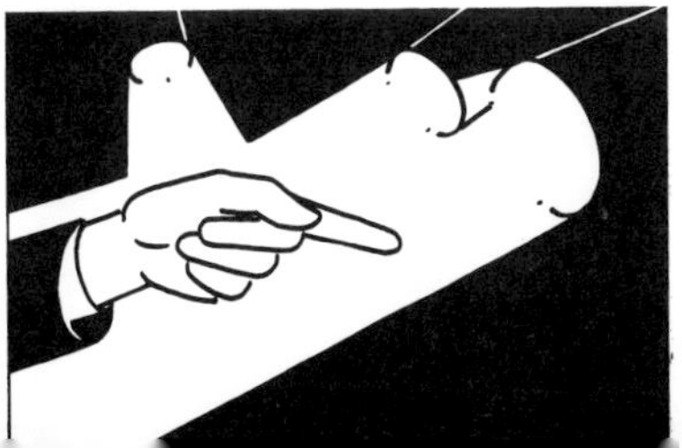

wurden andere Leute engagiert, und „die ganze Frage, wer was gemacht hat, wurde“ – wie Tom Dardis uns sagt – „endgültig dadurch gelöst, daß Renoir die alleinige Autorschaft am Drehbuch sich selber zuschrieb – die bestmögliche Art für einen *auteur* und Regisseur, seine Filme für sich zu reklamieren“.

Im Unterschied zu Faulkner machte Scott Fitzgerald sich sehr viel aus Filmen; er wollte als Drehbuchautor Erfolg haben, und – alles in allem – wenn man Tom Dardis glauben darf (und so wie es aussieht, deckt sich sein Bericht von Fitzgeralds Zeit an der Sonne mit den Dingen, die man so gehört hat), ist er in Hollywood sehr viel besser und angenehmer gefahren, als allgemein angenommen wird.

Methodisch wie er nun einmal war, schaute Fitzgerald sich im Studio eine ganze Menge Filme an (im Unterschied zu Faulkner, der sich den Anschein gab, als könne er nur mit Mickey Mouse und den Wochenschauen von Pathé etwas anfangen). Fitzgerald machte sich Notizen. Und er tat das, was ein ehrgeiziger Autor tun muß, wenn er die Art von Film schreiben will, die er sich selber anschauen möchte: er suchte die Freundschaft von Produzenten. Ziemlich beckmesserisch hält sich Dardis bei Fitzgeralds „klar zum Ausdruck gebrachter Absicht“ auf, „lieber mit Filmproduzenten zu arbeiten als mit Regisseuren, die hier in den Rang von bloßen ‚Mitarbeitern‘ herabgestuft werden. Genaugenommen scheint Fitzgerald für Regisseure als solche keinerlei Verwendung gehabt zu haben.“ Aber das hatte auch sonst niemand.

Damals war Howard Hawks beispielsweise in erster Linie ein Regisseur, der mit kleinem Budget arbeitete und dafür bekannt war, daß er sein Handwerk verstand und saubere Arbeit leistete. Bis die Franzosen ihm zwanzig Jahre später den Kranz aufs Haupt setzten, hatte niemand ihn für einen eigenwilligen Künstler gehalten, sondern eben nur für einen Techniker, der für bestimmte Aufgaben engagiert worden war. Es stimmt, das Hawks mit Autoren zusammenarbeiten durfte, aber schließlich war er bei Warner Brothers, einem Vorposten, einer Trutzburg gegen das barbarische Burbank. Bei MGM, der heiligen Metropole, hatten Autoren und Regisseure nicht viel Gelegenheit zur Zusammenarbeit. Hier arbeitete der Produzent mit dem Autor, und Scott Fitzgerald war ein MGM-Autor. Noch zu meiner Zeit bei MGM (1956–1958) war das endgültige Skript das Werk des Autors (das unter der Aufsicht des Produzenten entstanden war). Der Autor nahm auch schon die wichtigste Funktion des Regisseurs vorweg, indem er jede einzelne Kameraeinstellung beschrieb: Totale, Halbtotale, Großaufnahme, und der Regisseur hatte sich strikt an die Partitur des Autors zu halten.

Einer der erfolgreichsten Regisseure, die damals bei MGM arbeiteten, war George Cukor. In einem Aufsatz mit dem Titel *The Director* (1938) beschreibt Cukor, wie das Spiel damals lief. „In den meisten Fällen“, schreibt er, „tritt bei der Entstehung eines Films der Regisseur schon sehr früh in Erscheinung.“ Ich bin sicher, daß das bei Cucor oft so war, aber es ist bezeichnend, daß er es für nötig hält, das „frühe“ Auftreten des Regisseurs zu erwähnen.

> Es gibt Fälle, wo die gesamte Idee für einen Film vom Regisseur kommt, aber in der Regel verhält es sich so, daß der Regisseur dann auftritt, wenn er von einem Produzenten gerufen wird und man ihm vorschlägt, eine geplante Geschichte zu verfilmen.

Das war nicht nur die Regel, sondern sehr oft hatte der Regisseur, wenn er aus seiner

Audienz beim Produzenten entlassen wurde, das fertige Skript unterm Arm. Cukor beschreibt seine eigene Erfahrung in der Zusammenarbeit mit Autoren, aber Cukor war im Studio so etwas wie ein Star. Die meisten Regisseure wurden vom Produzenten „herbeizitiert“ und erfuhren dann, was sie zu tun hatten. Es ist übrigens seltsam, wie sehr die Rolle des aktiv mitarbeitenden Produzenten aus unserer Vorstellung verschwunden ist. Niemand erinnert sich mehr an ihn; er kommt nicht mehr vor, außer als Witzfigur in ein paar bekannten Geschichten: empfindsamer Künstler wird von unsensiblem zigarrenrauchendem Produzenten grausam gequält — oder Fitzgerald wird einmal mehr von Joe Mankiewicz zerfetzt.

Von Tom Dardis' fünf Autoren ist James Agee, um es milde zu sagen, der mit dem geringsten literarischen Gewicht. Aber er war ein leidenschaftlicher Kinogeher und Kritiker. Er war ein Kind des Kinos, so wie Huxley ein Kind Meredith' und Peacocks war. Mit einem anderen Temperament begabt, mit etwas mehr Glück und einem anderen Geburtsdatum, wäre Agee vielleicht der erste amerikanische Film-*auteur* geworden: ein Autor, der seine Drehbücher so schrieb, daß sie, wie die Partitur einer Symphonie, nur noch der Interpretation des Dirigenten bedurften, ... einer Interpretation, die er selber hätte realisieren können und vielleicht auch realisiert hätte, wenn er nicht so jung gestorben wäre.

Agees Drehbücher waren bemerkenswert detailliert. „Alle Einstellungen“, schreibt Dardis, „waren mit so extremer Präzision beschrieben, wie es bis dahin noch kein Drehbuchautor getan hatte ...“ Das ist eine Übertreibung. Die meisten Drehbuchautoren der klassischen Periode schrieben äußerst detaillierte Skripts, um den Regisseur am kurzen Zügel zu halten, aber die Beispiele, die Tom Dardis von Agees Drehbüchern gibt, verraten zweifellos eine bemerkenswerte Visualität. Die meisten von uns *hören* Geschichten. Er *sah* sie auch. Aber ich bin nicht sicher, ob das, was er sah, das Spiegelbild einer lebendigen Wirklichkeit in seinem Kopf war. Wie bei vielen unserer heutigen jungen Regisseure war auch Agees Gedächtnis überladen mit Erinnerungen, die nicht Erinnerungen ans Leben waren, sondern an alte Filme. Wenn es bei Agee regnete, war der Regen nicht eine Erinnerung an den April in Exeter, sondern an eine Szene bei Eisenstein. Das ist besonders deutlich in Agees Bearbeitung von Stephen Cranes *The Blue Hotel*, deren sich — wie Tom Dardis uns mitteilt — „bis jetzt noch kein Regisseur angenommen hat, obwohl sie schon zweimal fürs Fernsehen produziert worden ist, jedesmal mit einem anderen Regisseur und anderen Schauspielern, wobei Agees Skript so zusammengestrichen wurde, daß es nur noch eine Art Wegweiser durch die Story war.“ Das ist Unsinn. 1954 bekam ich von CBS den Auftrag, *The Blue Hotel* zu bearbeiten. Ich habe direkt nach Stephen Cranes Erzählung gearbeitet, und ich wußte nicht — bis ich jetzt *Some Time in the Sun* las —, daß James Agee je eine Filmfassung davon geschrieben hat.

Wenn an der Tafelrunde der Autoren der Name irgendeines Regisseurs erwähnt wurde, bellte der Große Weise Lohnschreiber immer einen Prozentsatz in die Gegend: zu wieviel Prozent seiner Schätzung nach ein bestimmter Regisseur vom Potential des Drehbuchs, das er gerade verfilmte, profitieren würde. Der Gedanke, daß ein Regisseur irgend etwas Nennenswertes *beitragen* könnte, kam dem guten Lohnschreiber nicht in den Sinn. Und ganz gewiß hätte er

David Thomsons *A Biographical Dictionary of Film,* dessen planlos zusammengestoppelte Seiten von Komplimenten für Regisseure geradezu strotzen, höchst amüsant gefunden.

Thomson hat sich sein eigenes wunderliches Pantheon aufgebaut, in dem Autoren fast überhaupt nicht vorkommen. Der unbedarften Micheline Presle ist eine ganze Spalte gewidmet, aber der beste aller Drehbuchautoren, Jacques Prévert, wird übergangen. Man findet eine lange dämliche Eloge auf Arthur Penn; aber man findet keine Biographie von Paddy Chayefsky, der gleichzeitig mit Penn bei NBC-Television war und dessen Filme in den fünfziger und frühen sechziger Jahren um vieles interessanter waren als alles, was Penn gemacht hat. Möglicherweise wurde Chayefsky deshalb nicht ins *Dictionary of Film* aufgenommen, weil er nicht nur seine eigenen Filme schrieb, sondern sich dann auch noch einen Regisseur holte, so wie man sich einen Klempner holt – oder einen Kameramann. Eine Zeitlang war Chayefsky der einzige amerikanische *auteur,* und sein Federhalter war der Regisseur. Auf jeden Fall widerlegen die Anfänge von Chayefskys Karriere beim Film Nicholas Rays Diktum (das Thomson zustimmend zitiert) ganz eindeutig: „Wenn schon alles im Skript stehen würde, warum dann noch einen Film machen?" Wenn nicht alles im Skript steht, dann gibt es keinen Film, den man machen könnte.

Vor zwanzig Jahren waren wir uns an der Tafelrunde der Autoren alle mit dem Großen Weisen Lohnschreiber darüber einig, daß William Wyler nicht mehr als 10 Prozent von einem Drehbuch profitierte. Einige der reizvollsten und vernünftigsten Seiten, die Bazin geschrieben hat, befassen sich mit Wylers Werk in den vierziger Jahren. Mr. Thomson seinerseits schätzt ihn überhaupt nicht (weil Wyler alle diese überflüssigen Fehler nicht macht, die die Illusion eines *Stils* schaffen?). Was immer in einem Skript stand, Wyler realisierte es werkgetreu: Wenn man ihm ein schlechtes Skript gab, machte er nicht nur einen schlechten Film daraus, sondern seine Realisation brachte auch die ganze spezielle Dürftigkeit des Skripts so zum Vorschein, daß sie fast unweigerlich auf ihn, den allzu geschickten Regisseur, zurückfiel. Aber wenn das Skript gut war (wenn es gut geschrieben war, gut *geschrieben*!), wie beispielsweise *The Letter* oder *The Little Foxes,* dann gab es keinen besseren Interpreten.

Ich habe in meiner Zeit bei MGM ausschließlich mit dem Produzenten Sam Zimbalist zusammengearbeitet. Er war ein bemerkenswert integrer und anständiger Mann in einer Branche, in der diese Eigenschaften selten sind. Und er war ein Produzent der alten Schule. Das hieß, daß das Skript für ihn und mit ihm vorbereitet wurde. War das Drehbuch fertig, wurde der Regisseur herbeizitiert; er konnte dann sagen: ja, er wolle den Film machen, oder nein, das sei nichts für ihn. Wenn der Regisseur seinen Auftrag einmal hatte, wurde am Buch nur noch wenig geändert. Das war allerdings bei Zimbalists letztem Film nicht der Fall.

MGM hatte schon einige Jahre lang ein Remake von *Ben-Hur* geplant, dem erfolgreichsten Stummfilm des Studios. Ein Vertragsautor schrieb ein Skript; es wurde verworfen. Dann kam Zimbalist damit zu mir. Ich sagte nein, und mein Name tauchte eine Zeitlang nicht mehr auf der Gehaltsliste auf. Während der nächsten zwei Jahre schrieben unter anderem S.N. Behrman und Maxwell Anderson ganze Meter von bombastischen Dialogen in ein Drehbuch, das immer dicker wurde und sich dauernd veränderte. Das Ergebnis war nicht berauschend. 1958 geriet MGM in die roten Zahlen. Plötzlich erschien allen das Remake von *Ben-Hur* als die letzte Chance, das Massenpublikum zurückzugewinnen, das man ans Fernsehen verloren hatte. Zimbalist fragte mich noch einmal, ob ich den Auftrag übernehmen wolle. Ich sagte ihm, wenn mich das Studio aus meinem Vertrag entließe, würde ich für zwei oder drei Monate nach Rom gehen und das Buch umschreiben. Das Studio war einverstanden. In der Zwischenzeit war Wyler als Regisseur verpflichtet worden.

An einem kühlen Tag im März nahmen Wyler, Zimbalist und ich in New York eine Nachtmaschine und flogen nach Italien. Wyler las im Flugzeug das neueste der vielen Drehbücher zum erstenmal. Als wir zusammen vom Flughafen nach Rom fuhren, sah Wyler grau und ziemlich beklommen aus. ,,Das ist ja fürchterlich", sagte er und zeigte auf das riesige Drehbuch, das ich zwischen uns auf den Rücksitz gelegt hatte. „Ich weiß", sagte ich. „Was machen wir also jetzt?"

Wyler stöhnte: „Diese Römer ... Wissen Sie irgendetwas über die?" Ich sagte, ja, ich hätte mich ein bißchen in die Materie eingelesen. Wyler schaute mich groß an. „Also", sagte er, „wenn sich ein Römer hinsetzt und es sich ein bißchen gemütlich machen will, was schnallt er dann auf?"

Ich schrieb in diesem Frühjahr mehr als die Hälfte des Drehbuchs neu (und Wyler studierte jeden „Römerfilm", den es gab). Wenn ich mit einer Szene fertig war, gab ich sie Zimbalist. Wir arbeiteten sie zusammen durch. Dann gaben wir sie an Wyler weiter. Wyler ist eigentlich ein langsamer Mensch und entschließt sich ganz bewußt immer erst sehr spät zu etwas; aber das Jerusalem des ersten Jahrhunderts war mit enormen Kosten aufgebaut worden; der erste Drehtag rückte immer näher. Dieser Zeitdruck war der Grund, warum ich Wylers berühmten Ausruf nicht allzuoft zu hören bekam, den Verzweiflungsschrei, den er immer ausstieß, wenn er einem das Skript wieder zurückgab: ,,Wenn ich wüßte, was damit nicht stimmt, würde ichs selber in Ordnung bringen."

Die Handlung von *Ben-Hur* ist im Grunde absurd, und jeder Versuch, diesem Plot ein bißchen Sinn und Verstand einzublasen, würde die schreckliche Integrität der Geschichte zerstören. Aber damit ein Film halbwegs sehenswert ist, muß die Psychologie der Figuren einigermaßen stimmig sein. Wir hatten folgende Schwierigkeit: Der Jude Ben-Hur und der Römer Messala waren als Kinder Freunde gewesen. Dann wurden sie getrennt. Jetzt kommt Messala nach Jerusalem zurück; trifft Ben-Hur; bittet ihn, ihn bei der Romanisierung Judäas zu unterstützen. Ben-Hur weigert sich; es gibt Streit; sie trennen sich unter Racheschwüren. Diese eine Szene ist der alleinige Motor, der eine sehr lange Geschichte in Schwung halten muß, bis plötzlich und ganz unmotiviert Jesus auf den Plan tritt und automatisch ein paar der besonders ungeschickt geknüpften Handlungsknoten löst. Wyler und ich waren uns darüber einig, daß eine einzige politische Meinungsverschiedenheit schwerlich eine lebenslange Vendetta begründen kann.

Ich überlegte mir eine Lösung, die ich Wylers aufgeklärtem Ohr anvertraute. ,,Die beiden waren in ihrer Jugend ineinander verliebt. Messala will jetzt die Affäre fortsetzen. Ben-Hur weist ihn zurück. Messala ist rasend vor Wut. *Chagrin d'amour,* das klassische Motiv für Mord."

Wyler schaute mich an, als wäre ich übergeschnappt. „Aber das können wir doch nicht *machen*! Ich meine, das ist schließlich Ben-Hur! Mein Gott . . .“

„Wir machen es ja auch nicht wirklich. Wir deuten es nur an. Ich schreibe die Szenen so, daß diejenigen, die Bescheid wissen, begreifen, was los ist. Und die anderen spüren dann immer noch, daß Messalas Wut emotional irgendwie logisch ist.“

Ich glaube nicht, daß Wyler besonders viel für meine Lösung übrig gehabt hat, aber er gab zu, daß „alles besser ist, als das, was wir haben. Also versuchen wir's.“

Ich löste die ursprüngliche Szene in zwei Teile auf. Charlton Heston (Ben-Hur) und Stephen Boyd (Messala) lasen sie uns in Zimbalists Büro vor. Wyler kannte seine Schauspieler. Er warnte mich: „Sagen Sie ja Chuck nichts davon, was hier eigentlich gespielt wird, oder er dreht uns durch.“* Ich habe den Verdacht, daß Heston noch heute nicht weiß, was für entsetzliche Sachen wir uns für ihn ausgedacht hatten. Aber Boyd wußte es: Jedesmal, wenn er Ben-Hur anschaute, war sein Blick wie der Blick eines Hungernden, der durch eine Glasscheibe einen Blick auf eine reich gedeckte Tafel erhascht. Und so kommt es, daß sich unter den donnernden Hufen und Klischees des (bis jetzt) letzten *Ben-Hur* etwas seltsam Authentisches in einer Beziehung verbirgt, die ansonsten nicht weiter definiert ist.

Wie vereinbart, ging ich im Sommer von MGM weg, und Christopher Fry schrieb den Rest des Drehbuchs. Bevor der Film noch abgedreht war, starb Zimbalist an einem Herzinfarkt. Später, als es darum ging, wer von den Autoren des Films im Vorspann genannt werden sollte, schlug Wyler vor, Fry als Drehbuchautor anzugeben. Fry bestand dann darauf, daß wir zusammen genannt würden, weil ich die erste Hälfte des Films geschrieben hatte. Wyler befand sich in einem Dilemma. Nur Zimbalist (und Fry und ich – zwei befangene Zeugen) wußte, wer was geschrieben hatte, und Zimbalist war tot. Die Sache wurde der Schlichtungskommission der *Screenwriters Guild* vorgelegt, die, unerklärlicherweise, die Urheberschaft dem Vertragsautor zusprach, zwischen dessen Skript und unserem wenigstens noch zwei andere abgelehnte Drehbücher standen. Der Film kam 1959 in die Kinos (nicht 1959–1960, wie es in meiner Ausgabe von Leslie Halliwells *The Filmgoer's Companion* heißt) und rettete MGM vor dem finanziellen Zusammenbruch.

Ich habe diese unwichtige Geschichte hier deswegen einigermaßen ausführlich beschrieben, um zu zeigen, daß es fast unmöglich ist, genau zu sagen, wie ein Film eigentlich gemacht wird. Wäre *Ben-Hur* von jenen französischen Kritikern ernst genommen worden, die beispielsweise *Johnny Guitar* bewundern, dann wäre Wyler die ungewöhnlich subtil angedeutete Beziehung zwischen Ben-Hur und Messala zugeschrieben worden. Von mir wäre andererseits nicht die Rede gewesen, weil mein Name im Vorspann nicht erscheint; und genausowenig wäre von dem offiziellen Drehbuchautor die Rede gewesen, weil ja nach der Theorie vom *auteur* alles und jedes an einem Film das Werk des Regisseurs ist.

Das zwanzigjährige Interregnum, in dem der Produzent der absolute Herrscher war, ist jetzt nur noch eine Erinnerung. Die Vor-

* Wyler bestreitet heute, daß ich ihm je gesagt hätte, was ich plante. Es ist möglich, daß ich die Unterhaltung, die ich hier wiedergegeben habe, mit Zimbalist geführt habe, aber ich bezweifle das. Wie dem auch sei: der Beweis ist auf der Leinwand zu besichtigen.

machtstellung der Stars war nur von kurzer Dauer. Jetzt haben die Regisseure ihre ursprüngliche Dominanz wiedergewonnen, und Milestones Sturm ist nur noch ein Echo. Die Transparente an den Kinos stellen heute die Namen von Regisseuren und Journalisten groß heraus („*Ein Kunstwerk*“, J. Crist); die anderen Mitarbeiter erscheinen in kleinen dürren Lettern.

Diese Situation wäre vielleicht erträglicher, wenn die Filmregisseure wirkliche *auteurs* geworden wären. Aber die meisten von ihnen sind weiter als je von Kunst entfernt – vom Leben einmal ganz zu schweigen. Sie sind in ihrer Mehrheit einfach Techniker. Einige sind vom Theater gekommen; viele haben als Cutter angefangen, als Kameraleute, als Fabrikanten von Fernsehserien und Werbespots; in letzter Zeit besteht eine bedrohliche Mehrheit der Regisseure aus Absolventen von Filmschulen. Es gibt ja im Grunde nichts gegen eine gründliche Kenntnis der technischen Mittel einzuwenden, mit denen ein Bild auf Zelluloid gebannt wird. Aber Filme sind genausowenig bloße Formen aus Licht wie ein Roman nicht bloß beschriebenes Papier ist. Ein Film reagiert auf eine bestimmte Weise auf die Wirklichkeit, und diese bestimmte Weise muß zuerst von einem Autor gefunden werden. Leider kann keiner unserer heutigen Filmregisseure den Gedanken ertragen, daß man ihn für einen bloßen Interpreten hält. Er muß der alleinige Schöpfer und Urheber sein. Das führt dazu, daß er meistens lediglich ein Plagiator ist, der Geschichten erzählt, die nicht seine Geschichten sind.

Mit den Jahren sind eine ganze Anzahl Autoren Regisseure geworden, aber von so seltenen Ausnahmen wie Cocteau und Bergman abgesehen, war die literarische Produktion der Autoren, die sich aufs Regieführen verlegt haben, im Allgemeinen nicht viel besser als ihre Arbeit als Regisseure. Auch wenn man es nur rein wirtschaftlich sieht, gibt es für jeden Joe Mankiewicz oder Preston Sturges ein Dutzend X und Y, von dem deprimierenden Z ganz zu schweigen.

Filme sind heute mehr als je zuvor Produkte aus Licht, lichtbildnerische Veranstaltungen. Autos jagen auf belanglosen Freeways stupide hintereinander her. Es sieht so aus, als hätte Gewalt nur noch die Funktion, die Bilder auf der Leinwand am laufen zu halten; sie hat keinen Bezug mehr zu irgendeiner menschlichen Situation, die vor diesen Bildern liegt. Genau gesagt, verhält es sich so, daß die menschliche Situation zum Verschwinden gebracht worden ist, und zwar nicht aus irgendeiner philosophischen Absicht heraus, sondern weil die, die zuviel Zeit mit Kameras und Maschinen verbracht haben, sich selten besonders viele Gedanken um die Wirklichkeit, die lebendige Welt, machen, ohne deren Gegenwart es keine Kunst gibt.

Ich glaube, es ist jetzt an der Zeit, Astruc ernst zu nehmen ... wenn man zuerst seine These ein wenig ändert. Astrucs *caméra-stylo* erfordert, daß „es keinen Drehbuchautor mehr gibt ... Der Autor schreibt mit seiner Kamera wie ein Schriftsteller mit seinem Federhalter.“ Gut. Aber laßt uns nicht den Drehbuchautor abschaffen, sondern diesen geschäftigen Techniker – den Regisseur (auch bekannt unter der Bezeichnung *auteur du cinéma*). Solange er nicht durch jemanden ersetzt wird, der mit einem Federhalter die Wirklichkeit, das Leben, für die Leinwand übersetzen kann, solange wird nicht viel Sehenswertes produziert werden. Und man braucht kein Genie zu sein, um im Film große Wirkungen zu erzielen. Verglichen mit den Werken seiner Mentoren aus dem neunzehnten Jahrhundert, ist Ingmar Bergman ein zweitklassiger

Schriftsteller. Aber wenn er direkt durch ein Blatt Papier auf die Leinwand schreibt, gewinnt sein Talent eine neue Qualität und das Ergebnis ist oft erstklassig.

Als Lyriker gehört Jacques Prévert nicht in dieselbe Kategorie wie Valéry, aber Préverts Filme *Les Enfants du Paradis* und *Lumière d'été* sind außerordentliche Leistungen. Die Filme wurden von den französischen Theoretikern der vierziger Jahre verachtet, die sehr genau wußten, daß die Regisseure Carné und Grémillon den Vergleich mit ihrem Drehbuchautor nicht aushielten; aber da die Theorie vorschreibt, daß nur ein Regisseur einen Film hervorbringen kann, kann kein Film, der ganz offenkundig das Werk eines Schriftstellers ist, wahres Kino sein. Diese Haltung hat bei einigen Kritikern zu einigen überaus komischen Überlegungen geführt. Kürzlich hatte ein Filmkritiker Schwierigkeiten damit, sich die plötzlichen Qualitätsveränderungen im Werk des Regisseurs Joseph Losey zu erklären, nachdem Losey nach England gegangen war. Lag es an der unterschiedlichen Kultur? Am Licht? Am Wasser? Oder war – und der Kritiker zögerte unsicher –, war es möglich, daß Loseys Filme sich vielleicht veränderten als er ... als er – oh nein! – Harold Pinter als Drehbuchautor gewann? Der Kritiker verwarf diesen Gedanken unverzüglich. David Thomson druckt in seinem *Dictionary* keine Biographie Pinters.

Ich habe die Filme Pier Paolo Pasolinis nie besonders gemocht, aber ich finde die Leichtigkeit sehr aufschlußreich, mit der er sich nach zwanzig Jahren als Lyriker und Romanautor dem Film zuwandte. Er hätte in Amerika keine Filme machen können, weil da die Kosten zu hoch sind; außerdem haben die geschäftigen Techniker alles völlig in der Hand. Aber im Italien der fünfziger Jahre war es möglich, daß ein wirklicher *auteur* die Kamera als Federhalter benutzte (jemand, der vorher die Erzählung, die illuminiert werden sollte, selber geschrieben und nicht gestohlen hat).

Da der Tonfilm dem Roman formal am nächsten ist („der Roman ist ein Text, der sich selber in der Welt organisiert, während der Film eine Welt ist, die sich selber in einen Text organisiert" – Jean Mitry) liegt es nahe, sich zu überlegen, ob nicht die kommende Schriftstellergeneration im Film ihre ganz besondere Form von Roman sehen könnte, einen Roman, der in Zusammenarbeit mit Technikern produziert wird – aber ohne Einmischung des Regisseurs, dieses geschäftigen Plagiators, der seit zwanzig Jahren eine Kunstform dominiert, ausgebeutet und (gelegentlich) erneuert hat, eine Kunstform, die immer noch nach ihren wahren Autoren sucht.

Lieber Hitch

An Alfred Hitchcock 6. Dezember 1950

Lieber Hitch,
obwohl Sie meine Kommentare bezüglich des Skripts zu „*Strangers On a Train*" ausgiebig und großmütig ignorieren und jede Stellungnahme dazu vermissen lassen, und obgleich ich noch kein Wort von Ihnen gehört habe, seit ich begann, das eigentliche Drehbuch zu schreiben – weswegen ich Ihnen nicht gram bin, da solches Verhalten zur normalen Verderbtheit Hollywoods zu gehören scheint –, trotz alldem und trotz dieses außerordentlich schwerfälligen Satzes, fühle ich mich veranlaßt, Ihnen nur mal so ein paar kritische Anmerkungen zu dem zu übermitteln, was da als Endfassung bezeichnet wird. Ich hätte Verständnis dafür, wenn Sie im einen oder anderen Punkt mit meinem Skript nicht zu-

frieden wären, weil Ihrer Meinung nach die und die Szene zu lang und der Mechanismus zu sperrig seien. Ich könnte verstehen, wenn Sie bei den Dingen, auf die Sie besonderen Wert legten, Ihre Auffassung geändert hätten, weil Ihnen möglicherweise einige Änderungen von außen aufgedrängt wurden. Was ich nicht verstehen kann, ist, wie Sie es zulassen können, daß ein Skript, das schließlich Saft und Kraft hatte, verflacht zu so einem müden Haufen Klischees, einer solchen Ansammlung gesichtsloser Typen und zu Dialogen, die man jeden Filmautor zu vermeiden lehrt – diese gewisse Sorte, die alles zweimal sagt und dem Darsteller und der Kamera zum Ausdrücken nichts übrig läßt. Sicher hatten Sie Ihre Gründe, aber – um einen Ausspruch zu benutzen, den Max Beerbohm einst prägte – diese zu erraten, gelingt auch einem „weit weniger genialen Kopf als mir".
Gleichgültig, ob mein Name im Vorspann erscheint oder nicht, ich befürchte kaum, daß irgend jemand glauben wird, ich hätte dieses Zeug geschrieben. Man wird sehr wohl erkennen, daß ich es nicht war. Es hätte mir nicht das Geringste ausgemacht, wenn Sie ein besseres Skript verfaßt hätten – glauben Sie mir das bitte. Aber wenn Sie etwas mit Magermilch Geschriebenes haben wollten, warum um Himmelswillen machten Sie sich dann überhaupt die Mühe, zu mir zu kommen? Was für eine Geldverschwendung! Welch eine Vergeudung von Zeit! Zu sagen, ich sei gut dafür bezahlt worden, ist keine Antwort. Niemand kann angemessen dafür bezahlt werden, daß seine Zeit vergeudet wird.

Es gibt da geringfügige Änderungen in der Konstruktion oder im Handlungsablauf oder sonstwo, die mich überhaupt nicht stören, – wie der betrunkene Professor im Zug, obgleich die Idee nicht originell ist und ich einfach keinen Moment lang glaube, daß sich der Professor, als er wieder nüchtern ist, noch nicht einmal der Existenz des Liedes bewußt ist, das er sang, als er betrunken war. Der Gedanke, in Eisenbahnzügen mehr geschehen zu lassen, ist auch in Ordnung. Aber diesen Hennessy-Unfug hätte ich Ihnen bestimmt ausgeredet – die Idee, daß die Polizei von Washington oder sonst eine Polizei 24 Stunden lang einen Mann überwacht, gegen den es keine Beweise, wo es nur ein Motiv gibt, und die das ohne ersichtlichen Grund tut, höchstens mit dem, daß, wenn Guy einen Mord begangen hatte und man ihn gut genug überwachte, man ihn vielleicht bei einem weiteren ertappen könnte. Die Mühelosigkeit, mit der er sich dieser Überwachung entzieht, macht den ganzen Vorgang absurd. Weiterhin halte ich die Umstellung in der Abfolge der Szenen zwischen Guy und Bruno und zwischen Guy und der Familie Burton gleich nach Miriams Ermordung für einen schwerwiegenden Fehler. Das große Problem der Geschichte war es immer, dem Publikum glaubhaft zu machen, daß Guy so idiotisch handeln soll, wie es der Fall ist. Um wenigstens in die Nähe einer Lösung zu kommen, war es nötig, die Szene mit der Familie Burton zuerst zu bringen, auch, daß erkannt wird, was das für Leute sind und wie ihre Beziehungen zu Guy, als auch untereinander, beschaffen sind, – damit, wenn Guy entdeckt, daß Bruno der Mörder ist, dem Publikum klar ist, daß er nicht nur aus Angst um sich selbst nicht zur Polizei geht. Ich könnte noch anfügen, daß die bei Guy und Anne zum Ausdruck kommende Erkennt-

---

* Chandler bekam die Endfassung des Skripts zu *Strangers on a Train* (nach dem Roman von Patricia Highsmith. Dt. Titel: *Der Fremde im Zug*) zugesandt. Dieser Brief wurde nie abgeschickt.

nis, daß jetzt, wo Miriam ermordet ist, sie nichts mehr vom Heiraten abhalten kann, wahrscheinlich ausgepfiffen wird. Nehmen Sie außerdem solche Stellen wie Szene 134 auf Seite 47. Die kommt nach der Szene zwischen Guy und Bruno. Denken Sie mal über die Wirkung nach, wenn Guy am Telefon zu Anne sagt: „Aber du klingst so durcheinander. Ist was nicht in Ordnung?“ Sie streichen das besser ganz schnell, wirklich, Hitch.

Eine andere Sache, die mir in dramatischer Hinsicht falsch erscheint, liegt in dem Versäumnis, Bruno genau erklären zu lassen, warum er nach Metcalf zurückkehrt. Sie folgern es – und erwarten das auch vom Publikum – aus der Tatsache, daß er sagt, er habe eine Verabredung mit dem Mond – eine derart verrückte Idee, daß nur Bruno darauf verfallen könnte. Allerdings stellen sich solche Dinge auf der Leinwand oft weniger irrational dar, als wenn man das Skript liest. Möglicherweise sind Sie einer jener Regisseure, die annehmen, daß Kamerawinkel, Dekoration und Stückchen einer interessanten Nebenhandlung jede Menge Ungereimtheiten in der unterliegenden Geschichte wettmachen. Ich glaube, damit liegen Sie ziemlich falsch. Ich glaube ferner, die Tatsache, daß Sie damit durchkommen, beweist nicht, daß Sie im Recht sind, denn ein solide fundierter Film erzeugt eine Empfindung, die sich nur dann einstellt, wenn der Film eben solide fundiert ist. Ein Schweinsohr wird immer wie ein Schweinsohr aussehen, auch wenn man es rahmt und an die Wand hängt und es als moderne französische Kunst ausgibt. Als Freund und Ihnen wohlgesonnen, beschwöre ich Sie ein einziges Mal während Ihrer langen und glänzenden Karriere – oder vielleicht sollte ich sagen: nur einmal noch –, eine gesunde und kräftige Story in das Skript zu bringen und nichts von dieser Gesundheit einer interessanten Kameraeinstellung zu opfern. Opfern Sie eine Kameraeinstellung, falls nötig. Es findet sich immer wieder eine Einstellung, die ebenso gut ist. Es findet sich nie mehr eine ebenso gute Motivierung.

Den Figuren ist einiges zugestoßen. Anne hatte immer etwas von einem Stecken an sich, aber nun ist sie ein Spaghetto. Mrs. Anthony ist Nichts. Mr. Anthony existiert kaum. Und ich finde es schade, daß man Senator Burton um seine Motivation fürs Tennis gebracht hat – die Vorstellung von ihm als einem verhinderten Champion, der will, daß ein anderer den Titel holt, den er selbst nie gewinnen konnte. Ich glaube, das ist in etwa alles. Die Schlußszene hatte ich in meinen Notizen festgehalten, doch habe ich sie nicht in mein Skript übernommen. Ich sprach sie mit meiner Sekretärin durch, und wir einigten uns gewissermaßen darauf, daß es eine ziemlich finstere Geschichte sei, die man finster halten sollte und nicht mit einem Witz enden lassen könnte. Jedenfalls wünsche ich Ihnen allen viel Glück. Niemand kann das Schicksal eines Films vorhersagen, weil es oft von einem Detail abhängt, das bei der Herstellung des Films relativ unwichtig erschien. Gute Filme scheitern und schlechte sind erfolgreich. Auch die klügsten Köpfe wissen nie genau, warum. Zuweilen scheint es so, als müsse ein guter Film scheitern (Beispiel „*Night Must Fall*“), damit eine ganze Filmrichtung hinterher zum Erfolg kommt, gemäß der Formel, nach der ein Gauner oder Mörder aus dem gemacht wird, was vordem ein Glamourstar war. Schließlich hat ein Hitchcock-Film noch immer etwas Besonderes gehabt.

Mit vorzüglicher Hochachtung
Raymond Chandler

Dallas Beardsley – Ein großes Haus am Meer –

Joan Didion

Palms, Kalifornien, ist ein Teil von Los Angeles, durch den viele Leute auf ihrem Weg von der 20th Century-Fox zur Metro-Goldwyn-Mayer fahren, und umgekehrt. Es ist eine Gegend, die von denen, die durchkommen, im großen und ganzen nicht weiter beachtet wird, eine unsichtbare Prärie aus weiß verputzten Bungalows und zweistöckigen „Wohneinheiten", und ich erwähne es überhaupt nur, weil hier in Palms eine junge Frau namens Dallas Beardsley wohnt. Dallas Beardsley hat ihre ganzen zweiundzwanzig Jahre auf dieser unsichtbaren Rückseite des Los Angeles-Komplexes verbracht, hat mit ihrer Mutter an Orten wie Palms und Inglewood und Westchester gewohnt: sie hat die Airport Junior Highschool besucht, draußen beim Flughafen von Los Angeles, und die Westchester Highschool, in der sie mit keinem Jungen ausging, sich aber als *Cheerleader* bewarb. Sie erinnert sich, daß es zu ihren „entmutigendsten Erfahrungen" gehörte, als sie nicht zum *Cheerleader* gewählt wurde. Danach beschloß sie, Schauspielerin zu werden, und eines Morgens im Oktober 1968 kaufte sie die fünfte Seite der *Daily Variety*, um eine Anzeige aufzugeben, die sich teilweise so anhörte: „Auf der ganzen Welt ist niemand wie ich. Ich werde ein Filmstar."

Es schien eine anachronistische Ambition zu sein, Filmstar werden zu wollen; 1968 erwartete man von den Mädchen nicht, so etwas zu wollen. Man erwartete von ihnen, ihr *karma* perfektionieren zu wollen, gute Vibrationen, wie man es nannte, zu geben und zu empfangen, und persönliche Ambitionen als Egospiel von sich zu weisen. Man erwartete von ihnen, zu wissen, daß es im allgemeinen nur Ärger bringt, sich Dinge zu wünschen, und daß insbesondere der Wunsch, Filmstar zu werden, direkt in die Neuropsychiatrische Uniklinik führte. So sind unsere Bräuche. Aber da war Dallas Beardsley und sagte der Welt, auf einer achtmonatigen Vertragsbasis mit *Variety*, für 50 Dollar Anzahlung und 35-Dollar-Monatsraten, was sie wollte. *Ich werde ein Filmstar.*

Ich rief bei Dallas an, und an einem sehr heißen Nachmittag fuhren wir in den Hügeln von Hollywood spazieren und redeten. Dallas hatte lange blonde Haare, trug ein Strandkleid und machte sich wegen einer Laufmasche in ihrem Strumpf Sorgen, und sie zögerte keine Sekunde, als ich fragte, was es bedeute, ein Filmstar zu sein. „Es bedeutet, in der ganzen Welt bekannt zu sein", sagte sie. „Und daß ich meiner Familie zu Weihnachten einen ganzen Haufen Geschenke mitbringen kann, Päckchen und so, wissen Sie, die ich dann unter den Baum lege. Und es bedeutet, daß man glücklich ist und in einem riesigen Haus am Meer wohnt." Sie machte eine Pause. „Aber *bekannt* zu sein. Es ist wichtig für mich, *bekannt* zu sein." An dem Morgen war sie bei einem Agenten gewesen, und sie war froh, daß er ihr gesagt hatte, seine Entscheidung, sie nicht zu betreuen, sei „nicht persönlich" gemeint. „Die großen Agenten sind nett", sagte sie. „Sie beantworten Briefe, und wenn man sie anruft, rufen sie zurück. Die kleinen, die sind eklig. Aber ich versteh das, ich versteh das wirklich." Dallas glaubt, daß alle Menschen, sogar Agenten, „im Grunde gut" sind, und „wenn sie einem weh tun", dann tun sie das nur, weil ihnen selbst jemand weh getan hat, und überhaupt, vielleicht will Gott das so, daß einem weh getan wird, damit es später erst richtig schön werden kann. Dallas geht in die Unity Church in Culver-City, die darauf vertraut, daß alles zum besten geschieht, und sie beschreibt sich als „ziemlich religiös" und „politisch nicht ganz so liberal wie die meisten Schauspieler".

Ihre Hingabe an die Zukunft ist unverfälscht. Die Jobs, die sie annimmt, um sich durchzubringen – sie war schon mal Kelly-Girl und hat in Restaurants gearbeitet –, stören ihre Ambitionen in keiner Weise. Sie geht nicht auf Partys und trifft keine Verabredungen. „Ich arbeite bis halb sieben, dann habe ich eine Stunde Tanzunterricht, dann Probe im Workshop – wann soll ich da noch Zeit haben? Und überhaupt, es interessiert mich nicht." Als ich an jenem Tag durch die schläfrigen Nebenstraßen von Hollywood nach Hause fuhr, hatte ich ganz deutlich das Gefühl, daß jeder, den ich kannte, von irgendeinem Fieber erfaßt war, das die unsichtbare Stadt noch nicht angesteckt hatte. In der unsichtbaren Stadt waren die Mädchen noch immer enttäuscht, weil sie nicht zum *Cheerleader* gewählt worden waren. In der unsichtbaren Stadt wurden die Mädchen noch immer bei Schwab entdeckt und lernten später ihre große Liebe im Mocambo oder dem Troc kennen, träumten noch immer von großen Häusern am Meer und Bergen von Geschenken unter dem Weihnachtsbaum, beteten noch immer darum, bekannt zu werden.

Jimmy Stewart und Henry Fonda und Greta Garbo

Als Stewart und Fonda nach Hollywood kamen, wohnten sie eine Zeitlang im selben Haus. Stewart erzählt: „Wir waren alle beide zu dürr . . . und irgendwann mal haben wir uns vorgenommen, daß wir ein bißchen was auf die Rippen kriegen sollten . . . und irgendwer hat uns geraten, daß wir jeden Tag zum Frühstück einen Eierflip mit Brandy trinken sollten. Aber die Kur hatte einen Haken und . . . irgendwann merkten wir jedenfalls, daß der Flip immer dunkler und dunkler wurde – und um elf waren wir alle zwei sturzbesoffen! Also . . . haben wir uns gesagt, es muß ne bessere Methode geben . . . Ich bin ja schon immer ein großer Fan der Garbo gewesen – wir haben für dasselbe Studio gearbeitet – für MGM – aber ich hab sie nie kennengelernt . . . nie . . . Dann ist sie in das Haus direkt neben uns eingezogen, und ich hab gedacht: jetzt aber . . . jetzt vielleicht – aber sie ist eingezogen und hat so eine zwei Meter fünfzig hohe Mauer um ihr Grundstück gebaut! Wir waren natürlich . . . ziemlich sauer darüber – und eines Nachts sind wir . . . eines Nachts haben wir uns betrunken und den Plan ausgeheckt, daß wir . . . daß wir einen Gang unter der Mauer zu ihr hinüber graben . . . und uns dann direkt . . . direkt in ihrem *Vorgarten* nach oben buddeln! Wir haben dann zu graben angefangen, bis wir auf die Wasserleitung gestoßen sind, ich meine, wir haben die *Haupt*leitung erwischt . . . und . . .“

(Nach Peter Bogdanovich, *Pieces of Time*)

Ich hab' versucht, dich jemandem zu beschreiben

Richard Brautigan

Vor ein paar Tagen hab ich versucht dich jemandem zu beschreiben. Du siehst keinem der Mädchen ähnlich, die ich kenne.

Ich konnte nicht sagen: „Naja, sie sieht genau so aus wie Jane Fonda, außer, daß sie rote Haare hat und einen anderen Mund, und natürlich ist sie kein Filmstar.“

Ich konnte das nicht sagen, weil du überhaupt nicht so aussiehst wie Jane Fonda.

Und so hab ich dich schließlich als einen Film beschrieben, den ich als Kind in Tacoma, Washington, gesehen habe. Es muß 1941 oder '42 gewesen sein: so um den Dreh herum. Ich glaube, ich war sieben oder sechs. Es war ein Film über die Elektrifizierung in der Landwirtschaft und ein tadelloser New Deal-Aufbaufilm aus den 30er Jahren, ein Lehrstück für Kinder.

Der Film handelte von Bauern, die auf dem Land wohnten und keinen elektrischen Strom hatten. Sie brauchten nachts, zum Nähen und Lesen, Laternen und sie hatten keine Haushaltsgeräte, Toaster oder Waschmaschinen, und sie konnten nicht Radio hören.

Dann wurde ein Stauwerk mit großen elektrischen Generatoren gebaut, und sie stellten überall in der Gegend Masten auf und spannten Drähte über Felder und Weideland.

Es lag etwas unglaublich Heroisches einfach im Aufstellen der Masten, an denen die Drähte entlanglaufen konnten. Sie wirkten gleichzeitig altertümlich und modern.

Der Film zeigte dann die Elektrizität als einen jungen griechischen Gott, der zum Bauern kam und für immer die Finsternis aus seinem Leben schaffte.

Plötzlich, mit dem Umlegen eines Schalthebels, hatte der Bauer auf wunderbare Weise elektrisches Licht, in dessen Schein er in den dunklen Morgenstunden im Winter seine Kühe melken konnte.

Die Familie des Bauern konnte Radio hören, und sie hatten einen Toaster und viele helle Lampen, in deren Licht sie Kleider nähen und die Zeitung lesen konnten.

Es war wirklich ein toller Film, der mich so erregte, als würde ich „The Star-Spangled Banner“ hören oder Fotos von Präsident Roosevelt sehen oder ihn am Radio hören.

„. . . Der Präsident der Vereinigten Staaten . . .“

Ich wollte, daß es überall auf der Welt Elektrizität gäbe. Ich wollte, daß alle Bauern auf der Welt Präsident Roosevelt am Radio hören könnten.

Und das ist die Art, auf die ich dich sehe.

Die Postämter im östlichen Oregon

Richard Brautigan

Eine Fahrt durchs östliche Oregon: Herbst und die Gewehre auf dem Rücksitz und die Patronen in der Ramschlade oder im Handschuhfach oder wie man es nun nennen will.

Ich war noch ein Kind, und wir gingen hier in diesem bergigen Land auf Rehjagd. Wir hatten einen weiten Weg hinter uns. Wir waren schon losgefahren, bevor es dunkel wurde, dann die ganze Nacht durch.

Jetzt schien die Sonne im Auto, heiß wie ein Insekt, eine Biene oder so, die nicht mehr hinausfindet und immer wieder gegen die Windschutzscheibe brummt.

Ich war sehr schläfrig und erkundigte mich bei Onkel Jarv, der neben mir in den Fahrersitz gequetscht war, über das Land und die Tiere. Ich schaute Onkel Jarv an. Er saß gefährlich dicht am Lenkrad. Er wog gut über zwei Zentner. Der Platz im Auto reichte kaum für ihn allein.

Im Halbdunkel des Schlafs saß Onkel Jarv da und kaute Copenhagen-Kautabak. Er hatte immer etwas Copenhagen im Mund. Copenhagen war damals sehr beliebt. Überall waren Schilder, die einen zum Kauf aufforderten. Heute sieht man diese Schilder nicht mehr.

Als Onkel Jarv noch auf die Highschool ging, war er ein berühmter Sportler in seiner Stadt und später ein legendärer Honky-Tonker. Er hatte einmal gleichzeitig vier Hotelzimmer, und in jedem Zimmer stand eine Flasche Whiskey, aber sie hatten ihn alle verlassen. Er war älter geworden.

Onkel Jarv führte jetzt ein ruhiges, beschauliches Leben, las Wildwestromane und hörte sich jeden Samstagmorgen Opernkonzerte am Radio an. Er hatte immer etwas Copenhagen im Mund. Die vier Hotelzimmer und die vier Flaschen Whiskey waren verschwunden. Copenhagen war sein Schicksal und seine Lebensgrundlage geworden.

Ich war noch ein Kind, und bei dem Gedanken an die zwei Schachteln 30:30er-Patronen im Handschuhfach überkam mich ein wohliges Gefühl. „Gibts hier eigentlich Berglöwen?" fragte ich.

„Du meinst Pumas?" sagte Onkel Jarv.

„Ja, Pumas."

„Klar", sagte Onkel Jarv. Er hatte ein rotes Gesicht und dünnes Haar. Er hat nie besonders gut ausgesehen, aber das hat die Frauen nicht davon abgehalten, ihn zu mögen. Wir fuhren immer und immer wieder über denselben Bach.

Wir kreuzten ihn mindestens ein dutzendmal, und es war immer wieder eine Überraschung, den Bach zu sehen: das Wasser war seicht von den langen Hitzemonaten, und es sah irgendwie sehr hübsch aus, wie der Bach durch das teilweise gerodete Gelände floß.

„Gibts hier eigentlich Wölfe?" fragte ich.

„Ein paar. Wir kommen jetzt bald in die Stadt", sagte Onkel Jarv. Ein Bauernhaus kam in Sicht. Es war unbewohnt. Es stand verlassen wie ein Musikinstrument in der Gegend.

Neben dem Haus war eine ganz hübsche Menge Holz gestapelt. Heizen denn Gespenster mit Holz? Das müssen sie wohl selber wissen, aber das Holz hatte die Farbe von Jahren.

„Wie ist es mit Wildkatzen, für die gibts doch eine Prämie?"

Wir fuhren an einem Sägewerk vorbei. Hinter dem Bach war ein kleiner Stausee für die Baumstämme. Auf den Stämmen standen zwei Männer. Einer von ihnen hatte einen Henkelmann in der Hand.

„Ein paar Dollar", sagte Onkel Jarv.

Wir kamen jetzt in die Stadt. Es war ein kleiner Ort. Die Häuser und Geschäfte sahen ziemlich verludert aus, als hätten sie schon jede Art und jede Menge Wetter mitgemacht.

„Und Bären?“ sagte ich als wir gerade um eine Kurve bogen, und genau vor uns stand ein kleiner Laster, bei dem zwei Männer standen und Bären ausluden.

„Die Gegend wimmelt von Bären“, sagte Onkel Jarv. „Gleich da drüben sind schon ein paar.“

Und wirklich . . . als wäre es eingeplant, hoben die Männer die Bären aus dem Auto, als wären die Bären riesige Kürbisse mit langen schwarzen Zotteln. Wir hielten neben den Bären und stiegen aus.

Es standen schon einige Zuschauer um die Bären herum. Sie waren alle alte Freunde von Onkel Jarv. Sie sagten alle Hello zu Onkel Jarv und wo hast du dich denn rumgetrieben?

Ich hatte noch nie so viele Leute auf einmal Hello sagen hören. Onkel Jarv war schon viele Jahre zuvor aus der Stadt weggegangen. „Hello, Jarv, hello.“ Ich rechnete damit, daß auch die Bären hello sagen würden.

„Hello, Jarv, du alter Gauner. Was trägst du denn da für ein Ding um den Bauch? Ist das ein Autoreifen?“

„Ho-ho. Kommt, wir schaun uns mal die Bären an.“

Die beiden Bären waren noch jung, sie wogen etwa fünfzig oder sechzig Pfund. Sie hatten sie oben beim Old Man Summer's Creek geschossen. Die Mutter war entwischt. Als ihre Jungen tot waren, rannte sie ins Dickicht und versteckte sich da mitten unter den Zecken.

Old Man Summers' Creek! Da wollten wir ja auf die Jagd gehen. Oben am Old Man Summers' Creek! Ich war noch nie dagewesen. Und Bären!

„Sie ist jetzt unberechenbar“, sagte einer der Herumstehenden. Es war der Mann, bei dem wir bleiben wollten und der auch die Bären geschossen hatte. Er war ein guter Freund von Onkel Jarv. Sie hatten während der Wirtschaftskrise in der Schulmannschaft zusammen Football gespielt.

Eine Frau kam vorbei. Sie trug eine Tüte Lebensmittel im Arm. Sie blieb stehen und schaute sich die Bären an. Sie ging sehr nahe ran, beugte sich über die Bären und steckte ihnen Sellerieblätter in die Schnauze.

Sie nahmen die Bären und brachten sie auf die Veranda eines alten zweistöckigen Hauses. Das Haus hatte einen hölzernen Zuckerguß an allen Ecken und Rändern. Es war ein Geburtstagskuchen aus einem vergangenen Jahrhundert. Und wir würden wie Kerzen hier über Nacht bleiben.

Am Gitter der Veranda rankten sich seltsame Schlingpflanzen mit noch seltsameren Blüten hoch. Ich hatte die Pflanzen und die Blüten schon mal gesehen, aber noch nie an einem Haus. Es war Hopfen.

Es war das erste Mal, daß ich Hopfen an einem Haus wachsen sah. Das verriet einen interessanten Geschmack in punkto Blumen. Aber es dauerte eine Weile, bis man sich daran gewöhnte.

Die Sonne schien auf die Veranda, und der Schatten des Hopfens lag auf den Bären, als wären sie zwei Gläser mit dunklem Bier. Sie saßen da, mit dem Rücken an die Wand gelehnt.

„Tag die Herren. Was möchten Sie denn trinken?“

„Zwei Bärenbiere.“

„Ich schau mal im Kühlschrank, ob sie schon kalt sind. Ich hab vor ner Weile ein paar reingetan . . . ja, sie sind schon kalt.“

Der Mann, der die Bären geschossen hatte, erklärte, daß er sie nicht haben wollte. Jemand sagte: „Gib sie doch dem Bürgermeister. Der mag Bären.“ Die Stadt hatte dreihundertfünfundzwanzig Einwohner, einschließlich des Bürgermeisters und der Bären.

„Ich geh zum Bürgermeister und sag ihm, daß hier Bären für ihn sind", sagte jemand und machte sich auf die Suche nach dem Bürgermeister.

Oh, würden die Bären gut schmecken: gebacken, gebraten, gekocht oder als Spaghetti, Bärenspaghetti wie die Italiener sie machen.

Jemand sagte, er hätte ihn drüben beim Sheriff gesehen. Vor etwa einer Stunde. Vielleicht war er noch dort. Onkel Jarv und ich gingen in ein kleines Lokal und aßen zu Mittag. Die Tür war mit Fliegendraht bespannt, und sie war dringend reparaturbedürftig. Sie ging auf wie ein verrostetes Fahrrad. Die Bedienung fragte uns, was wir wünschten. Neben der Tür standen ein paar Spielautomaten: wir befanden uns in einem Bezirk, der dem Laster Tür und Tor geöffnet hatte.

Wir aßen Roastbeef-Sandwiches mit Kartoffelbrei und Soße. Es gab Hunderte von Fliegen in dem Lokal. Eine größere Gruppe von ihnen hatte ein paar Streifen Fliegenpapier gefunden, die wie Lassoschlingen herumhingen, und da machten sie sichs gemütlich.

Ein alter Mann kam herein. Er sagte, er möchte ein Glas Milch. Die Bedienung brachte ihm eins. Er trank es aus, und beim Hinausgehen steckte er eine Münze in einen Automaten. Dann schüttelte er den Kopf.

Nach dem Essen mußte Onkel Jarv zum Postamt rübergehen und eine Postkarte schreiben. Wir gingen rüber; es war nur ein kleines Gebäude, eher ein Schuppen als irgendwas anderes. Wir machten die Tür auf und gingen hinein.

Drinnen gab es eine Menge Postamtsachen: einen Schalter und eine alte Uhr, deren großer Zeiger schlaff herunterhing wie ein Schnurrbart unter Wasser und leise hin und her schwang und den Takt mit der Zeit hielt.

An der Wand hing ein großes Aktfoto von Marilyn Monroe, das erste, das ich in einem Postamt sah. Sie lag auf einem großen Stück rotem Tuch. Es nahm sich an der Wand eines Postamts sehr seltsam aus, aber ich war natürlich fremd in der Gegend.

Die Amtsvorsteherin war eine Frau in mittleren Jahren, und in ihrem Gesicht befand sich die Kopie eines der Münder, die man in den zwanziger Jahren getragen hatte. Onkel Jarv kaufte eine Postkarte und füllte sie am Schalter aus als würde er ein Glas mit Wasser füllen.

Es dauerte ein paar Augenblicke. Als die Postkarte halb beschrieben war, machte Onkel Jarv eine Pause und warf einen Blick zu Marilyn Monroe hinauf. Es war nichts Lüsternes in seinem Blick. Es hätte genausogut ein Foto von Bergen und Bäumen sein können.

Ich weiß nicht mehr, wem er geschrieben hat. Vielleicht einem Freund oder einem Verwandten. Ich stand da, starrte das Aktfoto Marilyn Monroes an und schaute mir die Augen aus dem Kopf. Dann gab Onkel Jarv die Postkarte auf. „Komm, wir gehn", sagte er.

Wir gingen zu dem Haus mit den Bären zurück, aber sie waren weg. „Wo sind sie denn hin?" fragte jemand.

Eine Menge Leute hatten sich versammelt, und sie redeten alle über die verschwundenen Bären und sahen sich überall nach ihnen um.

„Sie sind ja tot", sagte jemand beruhigend, und ziemlich bald schon durchsuchten wir das Haus, und eine Frau schaute in den Kammern und Schränken nach Bären.

Nach einiger Zeit kam der Bürgermeister

an und sagte: „Ich hab Hunger. Wo sind denn meine Bären?"

Jemand sagte dem Bürgermeister, daß sie sich in Luft aufgelöst hätten, und der Bürgermeister sagte: „Das gibts doch nicht", und er bückte sich und schaute unter der Veranda nach. Da waren keine Bären.

Ungefähr eine Stunde verging, und dann gaben alle die Suche nach den Bären auf, und die Sonne ging unter. Wir saßen draußen auf der Veranda, wo es einmal, vor langer langer Zeit, Bären gegeben hatte.

Die Männer sprachen über die Footballspiele der Schulmannschaft während der Wirtschaftskrise und machten Witze darüber, wie alt und dick sie geworden waren. Jemand fragte Onkel Jarv nach den vier Hotelzimmern und den vier Flaschen Whiskey. Alle lachten, außer Onkel Jarv. Er lächelte. Es war gerade dunkel geworden, als jemand die Bären fand.

Sie saßen auf dem Vordersitz eines Autos, das in einer Seitenstraße stand. Einer der Bären hatte Hosen und ein kariertes Hemd an. Er hatte eine rote Jagdmütze auf und eine Pfeife im Maul und hielt mit zwei Pfoten das Lenkrad wie Barney Oldfield.

Der andere Bär hatte ein weißes Seidenneglige an, eins von der Sorte, die auf den hinteren Seiten von Männerjournalen angezeigt werden, und an seinen Füßen steckten Filzpantoffel. Eine rosa Haube war um seinen Kopf gebunden, und auf seinem Schoß lag eine Handtasche.

Jemand machte die Handtasche auf, aber es war nichts drin. Ich weiß nicht, was sie erwartet hatten, aber sie waren enttäuscht. Was soll denn ein toter Bär schon in der Handtasche haben?

* * *

Etwas sehr Seltsames ruft mir das alles wieder ins Gedächtnis zurück: die Bären. Es ist ein Zeitungsfoto von Marilyn Monroe, sie ist tot, Selbstmord mit Schlaftabletten, jung und schön, wie es heißt, mit allen Gütern des Lebens gesegnet.

Die Zeitungen sind voll davon: Artikel und Fotos und dergleichen – ihr Körper wird auf einer Bahre weggefahren, und er ist in eine dunkle Decke gehüllt. Ich frage mich, welche Wand in welchem Postamt im östlichen Oregon dieses Bild von Marilyn Monroe tragen wird.

Ein Wärter schiebt die Bahre durch eine Tür, und Sonnenlicht fällt unter die Bahre. Jalousien sind auf dem Foto und die Äste eines Baums.

Pornogewalt

Tom Wolfe

„*Schwiegermutter in Ketten gefangengehalten*, darf ich Ihnen *Sohn getötet und Leiche Schweinen verfüttert* vorstellen?"

„Nett Sie kennenzulernen."

„*Teenager reißt Leiche den Kopf ab ... um an Goldzähne zu kommen*, darf ich Ihnen *Freundin den Hals umgedreht und in Stücke gehackt* vorstellen?"

„Wie geht es Ihnen?"

„*Hilfsschwester sieht abgehackte Finger im Fleischwolf*, darf ich Ihnen *Ich steckte meine Babys in den Tiefkühlschrank* vorstellen?"

„Es ist mir ein Vergnügen."

Es ist mir ein Vergnügen! Daran besteht kein Zweifel! Während all der Jahre, in denen ich als Journalist arbeitete, habe ich über mehr Tagungen berichtet als mir lieb ist. Fußärzte, Theosophen, Zahnärzte, die sich hauptberuflich ihrer Geldanlage widmeten, Austernzüchter, Mathematiker, Lastwagenfahrer, Reinigungsbesitzer, Briefmarkensammler, Esperantoanhänger, Nudisten und Zeitungsherausgeber – ich habe sie alle miteinander auf riesigen Versammlungen gesehen, wie sie in ihren glänzenden, stahlgrauen Anzügen (Nudisten ausgenommen) und ihren breitgestreiften Hemden mit den weißen plastiküberzogenen Namensschildern auf der Brust Tausende von Hotelhallen belagerten. Ich habe ihre Reden und Seminare (Nudisten eingeschlossen) über mich ergehen lassen und geduldig Ohrenqualen ausgestanden, wie Sie sie nicht für möglich halten würden. Aber nichts kann der Tagung der Berichterstatter des *National Enquirer* das Wasser reichen.

Der *Enquirer* erscheint wöchentlich, und Millionen Amerikaner kennen wahrscheinlich eher seine Aufmachung als seinen Namen. Keiner, der den *Enquirer* in seiner besten Zeit je an einem Zeitungskiosk gesehen hat, wird den Anblick so leicht vergessen: ein billiges Blättchen mit großen, fetten Schlagzeilen auf der Titelseite, etwa in der Preislage von: *Mann sticht Frau die Augen aus, um sie häßlich zu machen – Vater schüttet heißes Fett in Gesicht der Tochter – Frau begeht Selbstmord, nachdem sie zwei Jahre vergeblich versuchte, ihren Mann zu vergiften ...*

Diese Geschichten werden von Berichterstattern aus dem ganzen Land, ja der ganzen Welt geliefert. Die meisten sind Re-

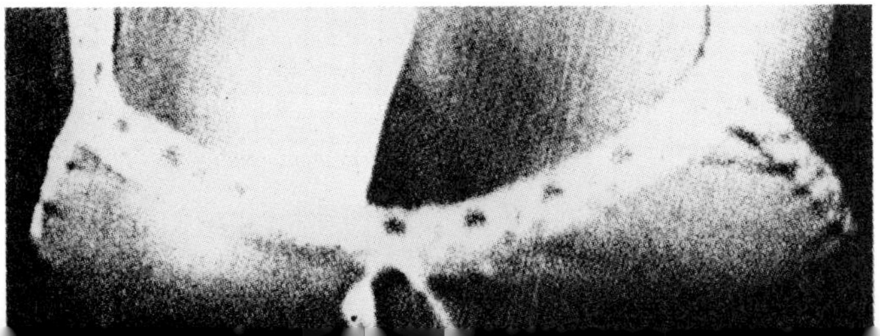

dakteure und Reporter von Lokalzeitungen. Ab und zu stoßen sie auf einen Vorfall, meistens auf dem Polizeirevier, der so grotesk ist, daß ihn ihre Zeitung ablehnen oder in einer weitgehend entschärften Version bringen würde, um ihre Leser nicht vor den Kopf zu stoßen. Die Berichterstatter reservieren ihn gewöhnlich für den *Enquirer*, der sie jedesmal zuvorkommend und großzügig entlohnt.

Einmal lud sie der *Enquirer* alle ein und bewirtete sie festlich in einem Hotel auf Manhattan. Diese Festlichkeit war in jeder Hinsicht ein Erfolg. Die einzige peinliche Situation ergab sich zu Beginn, als alle Berichterstatter eintrudelten, und keiner irgend jemanden kannte. Die Gastgeber lösten das Problem, indem sie die Leute mit den Titeln der von ihnen gelieferten Geschichten einander vorstellten. Das klang dann so:

„Harry, ich möchte ihnen Frank vorstellen. Frank hat eine Geschichte geschrieben, an die sie sich sicher erinnern: *Mörderzwerg wirft Mädchen von Klippe, weil sie nicht mit ihm tanzte.*"

„Freut mich, Sie kennenzulernen. Das war eine tolle Geschichte."

„Und Harry lieferte die Geschichte *Drei Tage in dreizehn Meter tiefem Schacht gefangen und von Fliegenschwarm gerettet!*"

„Angenehm."

Und *Mörderzwerg wirft Mädchen von Klippe* gibt *Drei Tage in dreizehn Meter tiefem Schacht gefangen* die Hand und *Baby lebendig beerdigt* begrüßt *Zwölfjähriger Junge erdrosselt zweijähriges Mädchen* und *Sohn getötet und Leiche Schweinen verfüttert* macht die Bekanntschaft von *Alte Frau erwürgt und Leiche mit Sirup, Ketchup und Haferschleim beschmiert* . . . und . . .

. . . Die ganze Angelegenheit war recht witzig. Diese Männer bildeten tatsächlich die Avantgarde eines neuen Genres, das inzwischen im ganzen Land zu einer festen Institution geworden ist, ohne daß es jemand beim Namen nennen könnte. Ich spreche von einer neuen Pornographie der Gewalt.

Pornographie kommt von dem griechischen Wort „porne", was soviel wie Hure bedeutet, und Pornographie ist wörtlich die Darstellung der Hurerei. Das Thema der neuen Pornographie ist jedoch nicht die Sexualität. Die neue Pornographie zeigt Spezialisten, die einen anderen, undurchsichtigeren Trieb ausleben: Leute, die Zähne einschlagen, Eingeweide aufreißen, Köpfe zerschießen und es all diesen Hunden heimzahlen . . .

Der Erfolg des *Enquirer* rief viele Nachahmer auf den Plan, Zeitungen wie *Midnight, The Star Chronicle, The National Insider, Inside News, The National Close-up, The National Tattler, The National Examiner.* Es entstand eine um jeden Marktanteil kämpfende freie Presse, und bald konnte ein Leser zur Zeitung seiner Wahl greifen und sich Geschichten zu Gemüte führen wie *Weg mit den Behinderten! (Wollen Sie sich nicht meiner Bewegung anschließen?)* und *Seitensprünge der Frau? Verbrennen Sie ihr Bett! – Harembesitzer von Geliebter mit Machete in Stücke gehackt – Baby beißt Jungen die Zunge ab – Geschäft und Verlobte weggenommen, da zerschnitt er Freund das Gesicht.*

Als ich jedoch das letztemal diese Presse der Gewalt durchblätterte, fiel mir etwas Seltsames auf. Diese bahnbrechenden Zeitschriften haben sich anscheinend gemäßigt. Sie scheinen jetzt auf die servierfertige Lustkonserve des durchschnittlichen Amerikaners, den reinen Sex, zurückzugreifen. *Die Ekstase und ich (von Hedy Lamarr)* verkündet der *National Enquirer. Ich führe eine Sexkunstgalerie* tönt es aus dem *National Insider.* Was ist geschehen? Ich glaube, nichts anderes als das, was vielen Avantgardisten von William Morris und seinen Kunsthandwerkern, die die Kunst vom Handwerk her erneuern wollten, bis zur Bauhausgruppe widerfahren ist. Ihre Entdeckungen sind einfach vom Establishment aufgegriffen und so gründlich von der Kulturindustrie aufgesogen worden, daß ihre ursprüngliche Form nicht mehr ersichtlich ist.

Robert Harrison, der zunächst den *Confidential* und dann die zuvor erwähnten *Inside News* herausgab, erkannte vielleicht als erster die neue Entwicklung. Anfang Januar 1964, ungefähr sechs Wochen nach der Ermordung Präsident Kennedys, machte ich für *Esquire* ein Interview mit Harrison. Wir fuhren in einem Taxi durch Manhattan Westside und hielten gerade an einer Ampel bei einem Zeitungsstand, als Harrison plötzlich auf den Stand deutete und sagte: „Schauen Sie sich das an. Die machen das gleiche wie der *Enquirer.*"

Auf dem Zeitungsstand befanden sich eine Reihe von Glanzpapierpublikationen im Zeitschriftenformat, die in der Branche als Sonderausgaben geführt werden. Ihre Titel lauteten: *Vier Tage, die die Welt erschütterten; Der Tod des Präsidenten; Eine amerikanische Tragödie* oder einfach *John Fitzgerald Kennedy (1921–1963).* „Wollen Sie wissen, warum das von den Leuten gekauft wird?" fragte Harrison. „Die Leute kaufen das, weil sie sehen wollen, wie jemandem der Kopf weggepustet wird."

Und er hatte natürlich recht. Nur daß hinter diesen Publikationen jetzt renommierte amerikanische Verlagshäuser standen. Diese Sonderausgaben anläßlich des Attentats, wurden alle ohne Ausnahme durch ehrfürchtige Gedächtnisreden auf den toten Präsidenten eingeleitet. Sie ermahnten die amerikanische Nation, in einer Zeit der Krise Einigkeit und Stärke zu beweisen, und drängten auf größere Wachsamkeit und verstärkte Sicherheitsvorkehrungen für den neuen Präsidenten. Sie warfen sogar die nett gemeinte, metaphysische Frage nach der kollektiven Schuld in „einem Zeitalter der Gewalt" auf.

In den folgenden Jahren gab es natürlich mit jedem neu entdeckten klinischen Detail ein unaufhörliches Durchspielen dieser nicht einmal fünf Sekunden, in denen jemandem der Kopf weggepustet wird. Und bei dieser ganzen Flut von Worten, Bildern und Filmausschnitten war ich von einem Gedanken absolut fasziniert: Die Perspektive, der Blickwinkel, ist fast nie die des Opfers, das in dem Lincoln Continental, dem Dienstwagen des Präsidenten, fährt. Was man geliefert bekommt ist ... der Blick durch Oswalds Zielfernrohr. Man tritt heran, schaut direkt durch das Fadenkreuz von Lee Harvey Oswalds japanischem Militärzielfernrohr mit vierfacher Vergrößerung und verfolgt Bild für Bild, wie der Kopf dieses Manneszerfetzt wird. Ein Stück Zeitgeschichte zum Anfassen?

Die Fernsehanstalten haben uns mit dem Blickwinkel von Oswalds Gewehr vertraut gemacht, der Blick durchs Zielfernrohr erscheint als ganz gewöhnlicher Zeitvertreib. Die Perspektive im Fernsehen ist fast immer die des Täters. Als ich das letztemal eine Folge aus den *Rauchenden Colts* anschaute, eine Serie, die an Fernsehansprüchen gemessen als nicht besonders gewalttätiger Western gilt, lief auf dem Bildschirm folgendes ab: Die Leute von Wellington und der Postkutscher richten Gewehre auf die Tochter des Bandenchefs aus den Badlands und die gutmütige Kneipenwirtin Kitty und

entführen sie beide. Dann erschießen die Banditen aus den Badlands zwei der Wellington-Leute. Sie fesseln fünf weitere und beraten, ob sie sie erschießen sollen. Sie tun es schließlich doch nicht, weil sie sonst vielleicht, wenn es sich herumspräche, in der nächsten Stadt kein Hotelzimmer bekommen würden. Dann versucht ein schießwütiger Bandit, Kitty zu vergewaltigen, während die jüngere Tochter des Bandenchefs zuschaut. Als sich Kitty wehrt, versetzt er ihr einen Kinnhaken. Dann verprügelt der Bandenchef zunächst ihn, dann Kitty. Dann schüttet Kitty einem der Bandenmitglieder einen Topf mit heißem Gulasch ins Gesicht und zieht ihm mit dem Revolver eins über den Hinterkopf. Dann schlägt er sie mit einem Stein nieder. Dann überfallen die Banditen eine Bank. Jetzt tritt der Marshal Matt Dillon auf. Er erschießt einen Banditen und vereitelt den Überfall. Dann erschießt der Bandenchef den Burschen, der seine Tochter und Kitty bewacht. Dann erschießt der Marshal den Bandenchef. Der Einschlag der letzten Kugel ist zugleich das Ende des Films.

Doch nicht diese Anhäufung von zerschmetterten Knochen und erschlagenen Menschen macht die Pornogewalt aus, sondern die Tatsache, daß in fast jedem Fall die Einstellung der Kamera – und damit der Blickwinkel des Betrachters – die des Gewehrs, der Faust und des Steines ist. Die Pornographie der Gewalt kennt keine Erzählperspektive wie wir sie vom Roman gewohnt sind. Man erlebt die Handlung nicht durch die Augen des Helden. Man erlebt sie durch den Angreifer, egal wer es ist. In einem Augenblick ist man der Held, im nächsten Augenblick der Bösewicht. Egal, welcher Seite man sich zurechnen mag, man steht unweigerlich auf der Seite der Muskeln, und man ist es selbst, der alle zerstückelt, seien sie Bösewichter, Männer des Gesetzes oder Frauen. In den seltenen Fällen, in denen sich ein Gewehr in Richtung Kamera entlädt – und somit in das eigene Gesicht – ist der Effekt so erschreckend, daß die Pornographie der Gewalt fast ihre verführerische Anziehungskraft verliert. Es gibt lange nicht so viele Masochisten wie Sadisten unter diesen kleinen Teufeln, die uns ins Ohr flüstern.

Genau betrachtet spielt Sex – „Sadomasochismus" – nur eine begrenzte Rolle bei der Pornographie der Gewalt. Gewalt ist sicher viel mehr mit gesellschaftlichem Status verknüpft. Gewalt ist ebenso die einfache und endgültige Lösung für das Problem des gesellschaftlichen Aufstiegs wie das Glücksspiel die einfache und endgültige Lösung für das wirtschaftliche Fortkommen darstellt. Die alte Pornographie war der Wunschtraum leicht zugänglicher sexueller Vergnügungen in einer Welt, in der Sex als unerreichbar galt. Die neue Pornographie ist der Wunschtraum eines leichten Erfolges in einer Welt, in der der Kampf um den gesellschaftlichen Status so kompliziert und frustierend geworden ist.

Die alte Pornographie verliert wegen des Überangebots bereits ihren Nervenkitzel. In den späten dreißiger Jahren veröffentlichte Nathanael West seinen letzten Roman, der auch als sein bester gilt – *Der Tag der Heuschrecke*. Das Buch war ein katastrophaler wirtschaftlicher Mißerfolg, und Wests Verleger sagte, wenn er je ein weiteres Buch über Hollywood herausbringen würde, „müßte es *Neununddreißig Arten der Liebe von Hedy Lamarr* sein". Er wollte einen Witz machen, weil er das Erscheinen eines solchen Buchs eigentlich für ausgeschlossen hielt. Doch weniger als dreißig Jahre später kam Hedy Lamarrs *Die Ekstase und ich* auf den Markt. Ob sie neununddreißig Arten der Liebe erwähnt, weiß ich nicht, aber sie legt gleich richtig los: „Die Männer in meinem Leben reichen von einem klassischen Fall von Impotenz bis zu einem peitschenschwingenden Sadisten, der Sex nur genießen konnte, wenn er mir mit dem Gürtel seines Bademantels die Arme hinter dem Rücken zusammengebunden hatte. Ein anderer vergnügte sich – während ich daneben lag – mit einem Mädchen in meinem Bett, weil er dachte, ich sei eingeschlafen."

Aber ihr Buch kam zu spät. Es ging fast spurlos unter. Die Sünde verliert langsam ihre Anziehungskraft. Es gibt keine Pornographie ohne wirkliche Tabuverletzung. Und heute ist die Unkeuschheit wie die anderen Todsünden – Hoffahrt, Trägheit, Neid, Geiz, Zorn und Unmäßigkeit – zu einem eher kleinen Laster geworden. Und schließlich sind die sieben Todsünden nur Sünden gegen die eigene Person. Aus theologischer Sicht ist die Unkeuschheit nicht deshalb verwerflich, weil man beispielsweise ein kleines Mädchen aus Akron verführt und es damit zugrunde richtet, die Unkeuschheit ist vielmehr deshalb eine Sünde, weil man seine Zeit und Energie verschwendet und seinem eigenen Geist Schaden zufügt. Dies geht zurück auf die alte Arbeitsethik, als man die Vorstellung hatte, alle Manneskraft für die Pflugscharen bewahren zu müssen. In einem Zeitalter allgemeinen Wohlstands bildet sich ungefähr folgende Moral heraus: Jeder kann tun, was ihm gefällt, solange er mir nicht in die Quere kommt. Und wenn er mir in die Quere kommt, oder sogar wenn er mir nicht in die Quere kommt ... nun ... wir haben *neue* Mittel und Wege dafür. Wir blasen ihm den Kopf weg, *daß seine Haare an der Wand kleben.*

„Haare an der Wand" ist der unsichtbare Untertitel von Truman Capotes Buch *Kaltblütig.* Das Buch fragt weder, wer es getan hat noch ob sie geschnappt werden, weil beide Antworten von Anfang an bekannt sind. Es fragt allerdings danach, warum sie es getan haben, aber das Rätsel ist bald gelöst. Die Spannung des Buches beruht zum großen Teil auf einem neuen Konzept des Kriminalromans: dem Versprechen blutrünstiger Details und deren Aussparung bis zum Schluß. Gleich am Anfang verspricht einer der beiden Mörder, Dick, daß er mit seiner Schrotflinte „viele Haare auf sie (diese Wände) schmieren werde". Lest also weiter, geneigte Leser, immer weiter. Ihr werdet auf Seite sechzig bis zu dem Augenblick vor dem Verbrechen geführt – aber was genau passierte, wird nicht enthüllt, die blutrünstigen Einzelheiten hängen bis Seite zweihundertvierundvierzig als grausige Ahnung über den Lesern.

Aber Dick und Perry, Capotes Killer, sind nur zwei arme Kerle. Mit James Bond erreicht die neue Pornographie genau die richtige Zielgruppe, die Schicht der mittleren Angestellten. Bonds Anziehungskraft wurde erklärt als die Anziehungskraft eines einzelnen Mannes, der ungeheuer komplizierte Aufgaben lösen, ja sogar Gefahren für die Welt durch seinen Mut und seine Entschlossenheit abwenden kann. Aber Bond steht natürlich nicht allein. Er ist nicht der „Lone Ranger", er ist kein Einzelgänger. Er ist vielmehr leicht zu identifizieren, denn er ist ein bezahlter Angestellter in einer hierarchisch aufgebauten Organisation. Er ist ein Playboy, aber er wirkt glaubwürdig – kein Millionär, sondern ein Angestellter mit einem Spesenkonto. Er ist noch nicht einmal ein Angestellter in einer Führungsposition. Er führt Aufträge aus. Dieser Punkt wird immer wieder sorgsam herausgestellt, wenn seine Vorgesetzten ihn

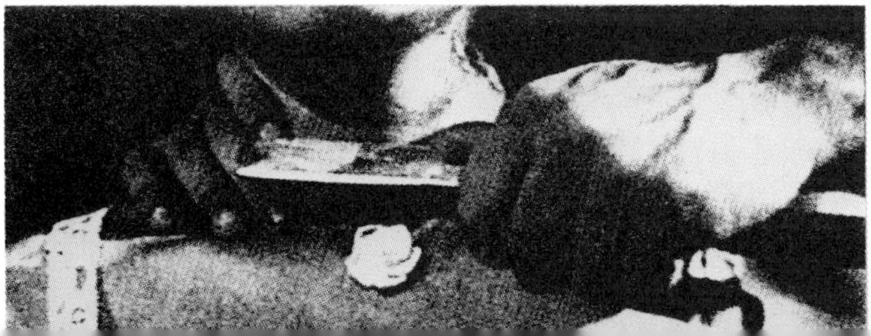

wegen einer Überschreitung seiner Kompetenzen rügen. Bond löst wie der „Lone Ranger“ die Probleme mit Fäusten und Pistolen. Ist jedoch die Arbeit getan, hinterläßt der „Lone Ranger“ eine silberne Patrone und Bond schreibt, wie wir alle, einen Bericht in dreifacher Ausfertigung.

Marshall McLuhan sagt, daß wir in einer Zeit leben, in der es immer schwerer wird, mit Wörtern und Bildern Lust zu erzeugen, – er meint die alte Pornographie. Die neueste Entwicklung der Pornofilme zeigt, daß die Produzenten es für nötig hielten, Gewalt, Versklavung, Folter und Totschlag in einem außergewöhnlichen Ausmaß darzustellen. Die gleiche Art der blutigen Eskalation kann sehr leicht der noch unverfälschten Pornographie der Gewalt widerfahren. Sogar so geschickte Kunstproduzenten wie Truman Capote, Ian Fleming, NBC und CBS sind einer solchen Aufgabe vielleicht nicht gewachsen. Zum Glück gibt es historische Vorbilder, die uns aus dieser Ratlosigkeit retten könnten. In der Spätzeit des Römischen Reichs wurde Kaiser Commodus auf den Ruhm seiner großen Gladiatoren eifersüchtig. Er begab sich selbst mit seinem Schwert in die Arena und führte den Brauch ein, sorgfältig ausgesuchte Krüppel und hinkende Krieger ins Jenseits zu befördern. Die Teilnahme der Zuschauer an den Gladiatorenkämpfen wurde so beliebt, daß bald mehrere Illuminati, etliche ausgewählte Knaben und Mädchen aus der Sippe des Commodus, in die Arena stiegen. Entsprechend ausgerüstet hackten sie fröhlich eine Reihe von Liliputanern und Krüppeln in Stücke. Ahh, ihr swingenden Generationen, was für Freuden erwarten euch noch?

Der Fall F. Scott Fitzgerald

Gore Vidal

Francis Scott Fitzgerald wurde 1896 in St. Paul, Minnesota, geboren; er starb 1940 in Hollywood, Kalifornien, im Haus 1443 North Hayworth Avenue, von wo aus man leicht zu Fuß Schwab's Drugstore erreichen konnte, damals wie heute ein Treffpunkt für die Aufsteiger und Absteiger eines Gewerbes, das in dieser Weltregion immer noch unter der Bezeichnung *Die Industrie* bekannt ist und anderswo als der Film.

Zwischen 1920 und 1940 veröffentlichte Fitzgerald vier Romane, 160 Kurzgeschichten und ein paar autobiographische Fragmente. Er arbeitete an einem Dutzend Drehbücher. Außerdem schrieb er einige Tausend Briefe und bewahrte Durchschläge der Briefe auf, die besonders geeignet waren, der Nachwelt seinen Standpunkt zu überliefern; seine Ansichten über eine Anzahl von Dingen, die er für wichtig hielt. Obwohl nur wenig von dem, was Fitzgerald geschrieben hat, von großem literarischen Wert ist, versorgt sein trauriges Leben nach wie vor nicht nur Literaturseminare, sondern auch den Film mit Stoff für ein moralisches Lehrstück erster Ordnung. Man braucht nicht eigens zu erwähnen, daß die Produktion von Fitzgeraldiana heute ein wichtiger akademischer Industriezweig ist. Gegenwärtig kann man in den Buchhandlungen zwei neue Modelle besichtigen, die beide von Professor Matthew J. Bruccoli herausgegeben worden sind. *The Notebooks of F. Scott Fitzgerald* enthält alle 2078 Einträge der Notizbücher; in *Correspondence of F. Scott Fitzgerald* sind nicht nur Briefe von, sondern auch an Fitzgerald aufgenommen worden.

Eine kurze Rekapitulation von Fitzgeralds literarischer Laufbahn: 1920 veröffentlichte er *This Side of Paradise* und heiratete die schöne Zelda Sayre. 1921 brachen sie ins verheißene Land auf — und das war damals Europa. Aber das Europa der Fitzgeralds hatte kaum Ähnlichkeit mit dem Europa von James' „The Passionate Pilgrim". Die Fitzgeralds kamen nie dazu, sich die Sehenswürdigkeiten anzusehen, weil sie selber — als Berühmtheiten des Jazz Age — die Sehenswürdigkeiten waren. Sie wollten das Leben genießen, und für kurze Zeit genossen alle das Leben. Dann fiel alles auseinander. Börsenkrach von 1929. Zeldas Geisteskrankheit. Scotts Alkoholismus. Zelda ging von einer teuren *clinique* zur anderen, und das Geld wurde knapp. Scotts dritter und bester Roman, *The Great Gatsby*, brachte kein Geld. Roman Nummer vier kam nur zäh und mühsam zustande. 1931 Rückkehr nach Amerika: Baltimore, Wilmington. Fitzgerald ging zweimal nach Hollywood, wo er Drehbücher schrieb, um Geld zu verdienen; er bekam das Geld, aber die Filme wurden nicht gedreht.

Der — für Fitzgeralds Verhältnisse — ziemliche Mißerfolg von *Tender Is the Night* kam zu einem Zeitpunkt, als die Zeitschriften für seine Kurzgeschichten nicht mehr die hohen Summen bezahlten, die das Leben in den zwanziger Jahren so leicht gemacht hatten. Mit viel Geschiebe und Taktieren ergatterte Fitzgerald einen Halbjahresvertrag als fester Autor bei MGM. Er verdiente 1000 Dollar die Woche und war damit einer der höchstbezahlten Drehbuchautoren. Fitzgerald schrieb von 1937 bis 1940 Filme, um seine Schulden zu bezahlen; um Zeldas Sanatoriumsaufenthalt und die Schule seiner Tochter zu finanzieren; um sich Zeit zu kaufen, in der er einen Roman schreiben konnte. Trotz eines kranken, todmatten Herzens machte er ziemlich genau das, was er sich vorgenommen hatte.

In gewisser Weise waren Fitzgeralds letzte Tage genauso heroisch wie die letzten Tage

General Grants, die in *General Grant's Last Stand* beschrieben werden, einem Buch, das Maxwell Perkins, der Lektor bei Scribner's war, taktloserweise Fitzgerald schickte, nachdem er die drei depressiven autobiographischen Skizzen in *Esquire* gelesen hatte (die nach Fitzgeralds Tod von Edmund Wilson in *The Crack-Up* nachgedruckt wurden).

„Ich habe *General Grant's Last Stand* mit großem Genuß gelesen", antwortete Fitzgerald mit – bedenkt man die Umstände – ungewöhnlicher Fassung, „und war mir der besonderen Gründe, die Sie bewogen haben, mir das Buch zu schicken, durchaus bewußt. Es ist überflüssig, meine und General Grants Charakterfestigkeit miteinander zu vergleichen, die Zahl der Wörter, die er in einem Jahr schreiben konnte" (während er an Krebs starb und völlig bankrott war) „und das absolute Neuland, das er erschlossen hat, als er über die Erfahrungen berichtete, die er in vier harten Jahren und unter den dramatischsten Umständen gemacht hatte." Es war auch überflüssig, zu erwähnen, daß Grant trotz seines Scheiterns als Präsident, trotz des Zusammenbruchs seiner Finanzen und trotz seiner jahrelangen Alkoholsucht so große Siege aufzuweisen hatte wie Shilo, Vicksburg, Appomattox, während Fitzgerald nur einen Sieg hatte – *The Great Gatsby*, ein kleines, aber vollkommen geglücktes Unternehmen, das sich etwa mit Grants Belagerung von Fort Donelson vergleichen läßt.

Als Fitzgerald 1940 starb, war er schon so etwas wie ein Stück Zeitgeschichte, ein Relikt des Jazz Age, eine Erinnerung an die kessen, selbstbewußten Mädchen der zwanziger Jahre und an Gin in der Badewanne. Fitzgeralds letztes Lebensjahrzehnt begann mit der Weltwirtschaftskrise und endete mit dem II. Weltkrieg; Mitte der dreißiger Jahre politisierte der Spanische Bürgerkrieg die meisten jungen und viele alte Autoren. Wie vorauszusehen war, überstand natürlich Hemingway den Sturm in großer Manier und wurde von einem Erfolg zum anderen getragen, von dem schlechten Theaterstück *The Fifth Column* zu dem schlechten Roman *For Whom the Bell Tolls* (Fitzgeralds Kommentar: „ein durch und durch oberflächliches Buch mit dem ganzen Tiefgang von *Rebecca*"). Trotzdem gelang es dem großen Karrieristen, sich mit charakteristischem Elan ganz oben zu halten, während Fitzgerald sich jetzt für immer in den geräumigen unteren Etagen der amerikanischen Literatur eingerichtet hatte.

Aber das Scheitern kann, wenn es geschickt in Szene gesetzt wird, durchaus Vergnügen bereiten, wie Fitzgerald in den autobiographischen Stücken gezeigt hat, die seinen alten Freund John Dos Passos so in Rage brachten, daß er schrieb: „Mein Gott, Mann, woher nimmst Du denn die Zeit, Dich mitten in der allgemeinen Feuersbrunst um dieses ganze Zeug zu kümmern?" Aber dieses ganze Zeug war alles, was Fitzgerald hatte, und er bot seiner ganz persönlichen Feuersbrunst die Stirn, bis sie ihn endgültig an einem Wintertag, nicht weit vom Sunset Boulevard entfernt, verschlang, als er gerade Schokolade aß.

Fitzgerald und Edmund Wilson lernten sich in Princeton kennen; sie wurden Freunde und blieben es bis zum Ende, obwohl Wilson ein Intellektueller reinsten Wassers war, neben dem Fitzgerald sich fast wie ein Analphabet ausnahm. Aber es muß außer der gemeinsamen Jugend und der Gemeinsamkeit von Zeit und Ort etwas gegeben haben, das sie verband, und ich glaube, dieses Etwas war der überschwengliche Romantizismus, den Fitzgerald verkörperte und von

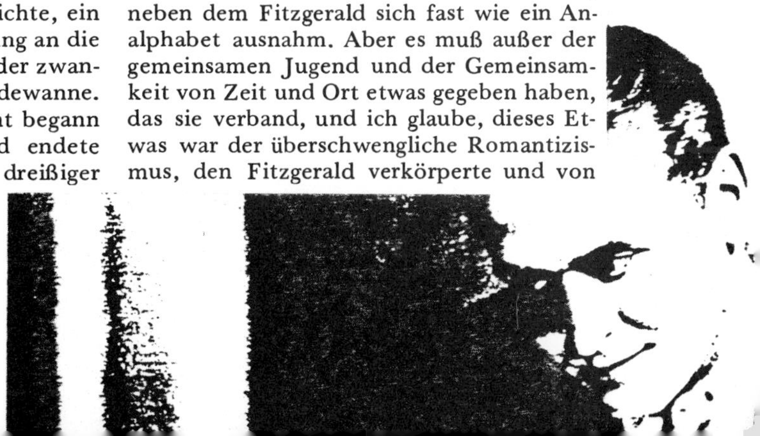

dem Wilson nur träumen konnte, während er sich vor Sehnsucht nach Daisy verzehrte.

Als Wilson einen Band mit Fitzgeraldiana zusammenstellte und ihm den Titel *The Crack-Up* gab, war der Augenblick der Auferstehung gekommen; der gescheiterte Autor war von den Toten auferstanden, und er war jetzt wieder ganz, wenn auch vielleicht nicht für immer, unter uns. Seit 1945 sind Hunderte, vielleicht sogar Tausende von Biographien, kritischen Studien und Dissertationen über Fitzgerald geschrieben worden. Ironischerweise hat das Kino, das Fitzgerald so fasziniert und so enttäuscht hat, ihn und Zelda zu riesigen mythischen Fabelwesen gemacht, die sich bis zur letzten Filmspule im Walzertakt drehen und dann wie Goldregen an einem verregneten Unabhängigkeitstag verlöschen – ernüchterte, geliebte Ungläubige.

Für Amerikaner ist das Werk eines Schriftstellers fast immer von sekundärer Bedeutung im Vergleich zu seinem Leben – oder Lebensstil, wie man heute sagt. Das führt dazu, daß der Biograph eines Autors sehr leicht in Versuchung gerät, aus dem Leben eines Schriftstellers mehr zu machen (und zwar in jeder Hinsicht) als der Autor selber. Natürlich ist Fitzgeralds Lebensgeschichte ein immer wieder faszinierendes Lehrstück. Die beiden erfolgreichen Romane, die er schrieb, waren ziemlich unbedeutende Bücher, deren Themen – von den Titeln einmal ganz abgesehen – die abergläubischen Vorstellungen und die Vorurteile der Mittelschicht aufs schönste bestätigten: *This Side of Paradise* und *The Beautiful and Damned* – wenn dieser letzte Titel nicht immer noch eine der Lieblingsnummern in diesem neckischen Wanderzirkus der Wiedergeborenen ist, in dem die Cleavers und Colsons ihre zweite Karriere machen, dann werde ich das Buch noch einmal lesen. Aber als Fitzgerald endlich einen bemerkenswerten Roman schrieb, zeigte das Publikum kein Interesse. Was war denn die *Moral* des Gatsby? Da das Buch anscheinend keine Moral hatte, wurde *The Great Gatsby* ein Mißerfolg, und das war das Ende von F. Scott Fitzgerald, dem bezaubernden Bestsellerautor von gestern, dem verwegenen Chronisten küssender Mädchen. Und es war der Anfang einer Entwicklung, die inzwischen zu einer monströsen Legende geführt hat: der „archetypische" Schriftsteller, von dem Cyril Connolly in seiner Totenklage (in *The New Yorker,* 10. April 1948) sagte, er sei „auf dem Höhepunkt seines Ruhms dahingerafft" worden. Das vierundvierzigjährige menschliche Wrack, das im Laurel Canyon tot zusammenbrach, war allerdings weder jung noch auf dem Höhepunkt seines Ruhms. Aber fünf Jahre später, als Wilson die Trümmer auflistete und spezifizierte, ließ er für eine neue Generation den strahlenden, blonden Jüngling wieder auferstehen, dessen Ruhm für alle Zeit leuchtete und der für immer verloren war.

Professor Bruccolis Ausgabe der *Notebooks* ist mit ausgezeichneten Referenzen ausgestattet. Der Lyriker und Romanautor James Dickey meint, „sie sollten zur Pflichtlektüre für Schriftsteller gemacht werden. Aber man muß kein Schriftsteller sein, um sich von ihnen angesprochen zu fühlen – diese *Notebooks* machen uns alle zu Schriftstellern." Wenn das so ist, dann haben wir es tatsächlich mit einer bahnbrechenden literarischen Sensation zu tun. Warum noch auf ein Bread-Loaf-Stipendium warten, wenn man (jeder von uns) schon durch die Lektüre eines einzigen Buchs gutes Geld verdienen kann und zu Amt und Würden kommt? Der Romanautor Budd Schulberg sagt: „Von allen großen Tagebuchschreibern steht – unserer Ansicht nach – Fitzgerald über Butler und Bennett und sogar noch über Jules Renaud *(sic);* er ist nicht nur der gründlichste und gewissenhafteste, sondern auch der unterhaltsamste und der mit der größten Kraft zur Beschwörung und Vergegenwärtigung.“ Das ist schon eine atemberaubende Feststellung. Besser als Butler? Besser als Jules Renard? Nichts wie in die Buchhandlung! Endlich ein Aphoristiker, der noch bedeutender ist als der Mann, der in seinem *Cahier* schrieb: „Ich stelle fest, daß ich, wenn ich nicht über mich nachdenke, überhaupt nicht denke.“

Professor Bruccoli ist verständlicherweise von den *Notebooks* völlig hingerissen, die „(Fitzgeralds) Werkstatt und private Chronik waren. Sie waren sein literarisches Kapital. Und sie waren sein Beichtstuhl.“ Das steht im Widerspruch zu Edmund Wilsons Aussage. In der Einführung zu *The Crack-Up* bemerkt Wilson, daß Fitzgerald schon in Princeton Butlers *Notebooks* so sehr bewunderte, daß er seine eigenen Notizbücher führte, „als bereite er ein Buch vor, das veröffentlicht werden sollte, und als lege er gleichzeitig seine ganz private Schatzkammer an ... Ich glaube, er hat sie eigentlich selten benutzt.“

Die Einträge reichen von beiläufigen Notizen, Eigennamen und Witzen bis zu ausgedehnten Beschreibungen und Klagen. Ich fürchte, ich muß Wilson widersprechen, der diese Schnipsel für „außerordentlich gute Lektüre“ hält. Einmal sind viele Einträge nur kryptisch und unvollständig. „Hobey Baker.“ Das ist alles. Ja, man weiß – oder einige von uns wissen – daß Hobey Baker zu Fitzgeralds Zeit einer der großen Footballspieler in Princeton war. Na und? Der Name alleine ist bloß ein Name und mehr nicht. Was die längeren Stücke betrifft, so bringen sie lediglich noch einmal in Erinnerung, daß Fitzgerald auch in seinen besten Arbeiten wenig Witz und noch weniger Humor zeigt. Obwohl er in seiner Jugend oft ausgelassen und guter Laune war (ein Zustand, der im Heimatland der Freiheit oft mit Humor verwechselt wird), haben die Einträge in den Notizbüchern doch einen Hang zur Traurigkeit; und ganz gewiß ist der Autor voller Selbstmitleid, Selbstrechtfertigung, Selbst ... nicht so sehr Selbstliebe als einer tiefen und beständigen Aufmerksamkeit für das eigene Selbst.

Im allgemeinen sind Fitzgeralds Notizen bloß Notizen oder Gedächtnisstützen. Hier eine Auswahl; die Numerierung stammt wohl von Professor Bruccoli:

12 Sgt. Este
137 Ogden und Jesus
375 Laßt uns alle zusammen leben.
975 Paul Nelson von School Play Onward
1058 Schließe mich an Faulkner-Lord Fauntleroy an (Wenn er das nur getan hätte!)
1128 De Sano schlägt den Stuhl in Stücke
1270 Schauspieler der Hinweis auf vieles
1411 Bunny Burgess Episode mit Glas und Frau.
1443 Die Absagen
1463 Erinnerung an die Nacht nach der Abschlußfeier und daß ich damals gepinkelt habe
1514 Im Theater Mantel ausgezogen

Ich bin mir absolut nicht darüber klar, wie diese kleinen Notizen uns alle oder auch bloß Fitzgerald zu Schriftstellern machen können. Und in ihrem gegenwärtigen Zustand sind sie weder unterhaltsam noch können sie irgend etwas beschwören und vergegenwärtigen. Man kann nur hoffen, daß Professor Bruccoli eines Tages einen

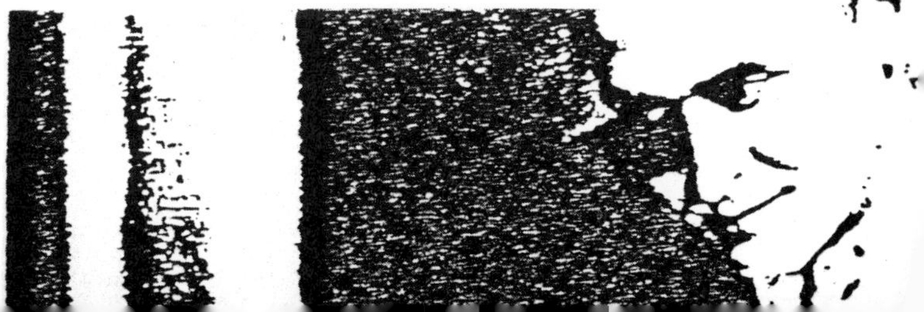

Dietrich für uns anfertigt, der uns den Zugang zu diesen Notizen ermöglicht, damit wir endlich erfahren, was Bunny B. denn nun mit seiner Frau und dem Glas angestellt hat. In der Zwischenzeit werde ich persönlich Artikel Nummer 1069 ausarbeiten: „Der Skandal des ‚Literaturunterrichts' an unseren Universitäten."

Es gibt in den *Notebooks* einen Abschnitt, in dem Ortsbeschreibungen gesammelt sind, die ja auch zu den Glanzlichtern von Fitzgeralds Romanen gehören. Nummer 142 ist eine hübsche Beschreibung von Los Angeles, „einer Stadt, deren Bevölkerung sich in fünfzehn Jahren verdreifacht hat", in der Kinder „an den grünen Rändern der modernen Boulevards" spielen ... Kinder, „deren Knie von den roten antiseptischen Flecken der Mercurochrom-Ära gezeichnet waren und die mit nützlichem Spielzeug spielten – mit Hebeln und Balken, die sie zur Technik erzogen, Soldaten, die sie zur Männlichkeit erzogen, und Puppen, die sie zur Mütterlichkeit erzogen. Wenn die Puppen so abgestoßen waren, daß sie nicht mehr wie echte Babys aussahen, sondern wie Puppen, entwickelten die Kinder Zuneigung zu ihnen." Das ist sehr schön beobachtet. Aber allzu viele dieser Beschreibungen sind einfach unausgegoren oder überanstrengt. Die Beschreibung eines Ortes oder einer Stimmung ist völlig sinnlos, wenn sie nicht irgendwie mit Aktion und Handlung verbunden ist.

Tagebücher und Notizbücher, die zur Lektüre gedacht sind, müssen sich mit Dingen befassen, die in sich eine gewisse Geschlossenheit haben. Montaigne schreibt nicht: „Das Haus des Kardinals in Lucca" und beläßt es dann dabei. Aber Montaigne hat schließlich auch beständig über das, was er im Lauf eines Lebens gelesen und beobachtet hat, nachgedacht. Er war ein Mensch, der ganz in dieser Welt lebte. Fitzgerald scheint wenig von dem, was außerhalb der romantischen Tradition steht, gelesen zu haben, und obwohl er scharf und genau beobachten konnte, wenn es um die Details ging, die ihn interessierten (Klassenunterschiede, Erinnerungen an gewisse Lichteinfälle), lebte er nicht wirklich in der Welt. Er entschloß sich schon früh dazu, eine romantische Legende zu leben, die zu nichts Bezug hatte außer zu ihm selber, zu Zelda und dem Kind.

Als ich die Notebooks las, fiel mir der Mangel an literarischen Bezügen auf (einmal abgesehen von einer Anzahl scharfsinniger Kommentare über Fitzgeralds Zeitgenossen). Obgleich die meisten Autoren, die Notizbücher führen, oft beiläufige Dinge notieren, lassen sie sich doch gerne über ihre Lektüre aus. Fitzgerald behält die Konkurrenz im Auge, und das ist schon ungefähr alles. Als ich zu dem Abschnitt „Epigramme, Bonmots und Witze" kam, fragte ich mich, ob er jemals Gide gelesen hatte. Wir werden es nie erfahren. Aber er hat gewiß von ihm gehört. „André Gide hat sich sozusagen selber an seinem eigenen Suspensorium aus dem Sumpf gezogen – und man sähe ihn gern an seiner eigenen Päderastie *(sic)* baumeln." Epigramm? Bonmot? Witz?

In diesen *Notebooks* finden sich etwas zu viele nervöse Anspielungen auf Schwule und Schwuchteln. Aber schließlich war Fitzgeralds Haltung den niederen Arten gegenüber ein ziemlich genaues Spiegelbild der damals herrschenden Einstellung: „1719 die brabbelnden Schnorrer auf den Bürgersteigen; 1921 Arthur Kober der Typ Jude, der keinerlei Geschmeidigkeit kennt ... und sich selber außerhalb des Judentums verwirklichen möchte; 1974 *Native Son* – ein gut geschriebener Groschenroman mit der offensichtlichen Moral, daß es der Sache dient, wenn ein schwachsinniger Neger Amok läuft."

Es gibt Zeilen in den *Notebooks,* die in Biographien Fitzgeralds oft zitiert werden; dennoch rühren sie einen immer noch an: „1362 Ich habe meine Kraft zur Hoffnung auf den kleinen Straßen gelassen, die zu Zeldas Sanatorium führen." Aber die meisten der persönlichen Einträge sind einfach nur traurig und nicht besonders interessant. Er erzählt seine Geschichte wieder und wieder: es hat einmal eine Zeit gegeben, da war er ein erfolgreicher Mann; er war jung, und jetzt ist er ein Mann in mittleren Jahren.

Unter den 2078 Einträgen finde ich nur eine einzige Zeile, die den Vergleich mit Jules Renard aushält: „Um die Revolution herbeizuführen ist es vielleicht nötig, innerhalb der kommunistischen Partei zu arbeiten." Das ist lustig. Ansonsten erinnern Fitzgeralds Beobachtungen nicht an Jules Renard, sondern — wie Budd Schulberg bemerkt hat — an Jules Renaud.

Es war eigentlich anzunehmen, daß schon Andrew Turnbulls Sammlung von Fitzgeralds Briefen alles enthielt, was ein einigermaßen vernünftiger Bewunderer Fitzgeralds brauchte. Fitzgerald gehörte nicht gerade zu den Briefschreibern, deren *pensées* einen dazu bringen, daß man sozusagen jeden Morgen zum Briefkasten sprinted, um zu sehen, ob sie geschrieben haben. Wenn er nicht um Geld bittet, dann gibt er Erklärungen ab und beklagt sich. Aber Professor Matthew-J.-„Forschung-zeugt-Forschung"-Bruccoli ist anderer Ansicht. In *Correspondence* präsentiert er uns eine allzu umfassende Kollektion von Fitzgeralds Briefen und beschenkt uns gleichzeitig mit den erstaunlichen Rechtschreibfehlern des Meisters; zum Glück war er so klug und hatte so viel Erbarmen mit dem Leser, daß er eine Anzahl interessanter Briefe *an* Fitzgerald mit in das Buch aufgenommen hat. Wenn die wunderbaren Briefe Zeldas das Unternehmen vielleicht auch nicht voll und ganz rechtfertigen, so sorgen sie doch für einige literarische Vergnügen in einer Korrespondenz, die — soweit sie Fitzgerald betrifft — ziemlich deprimierend ist.

Es gab sicher eine Menge Dinge, die Fitzgerald an die Nieren gingen, und bis zu einem gewissen Punkt sind diese Hilferufe in der Nacht wirklich bewegend. Aber sie wiederholen sich auch in schöner Monotonie. Da Fitzgeralds Korrespondenz gegenwärtig für eine Anzahl Doktoranden in Amerika von Interesse ist, sollten die Briefe für diese Interessenten zugänglich sein, aber sie müssen deswegen nicht gleich gedruckt werden. Man kann die Briefe Lord Byrons oder Virginia Woolfs mit Vergnügen und Gewinn lesen, ohne daß man über besondere Kenntnisse ihres Werks oder auch ihrer Zeit verfügt. Aber Fitzgerald hat weder ihren Zauber noch ihre brutale Wucht. Wenn er allerdings einmal — was selten genug passiert — nicht in den Spiegel schaut, kann er sehr interessant sein. „Ich will Dir etwas über Steinbeck erzählen", schrieb er einen Monat vor seinem Tod an Wilson. „Er ist ein ziemlich gerissener Plagiator. Er schreibt ab. Die meisten von uns fangen ja als Plagiatoren an, aber es ist etwas ganz anderes, wenn ein Mann seines Alters und seines Rufs eine ganze Szene stiehlt, wie er es in ‚Mice and Men' gemacht hat. Ich schicke Dir ein Exemplar von Norris' ‚McTeague', in dem ich einiges angestrichen habe, damit Du siehst, was ich meine. Außerdem verdankt er Norris' ‚The Octopus' ungeheuer viel, und wenn er seine Samendatteln einmal in Aktion treten läßt, dann sind es mei-

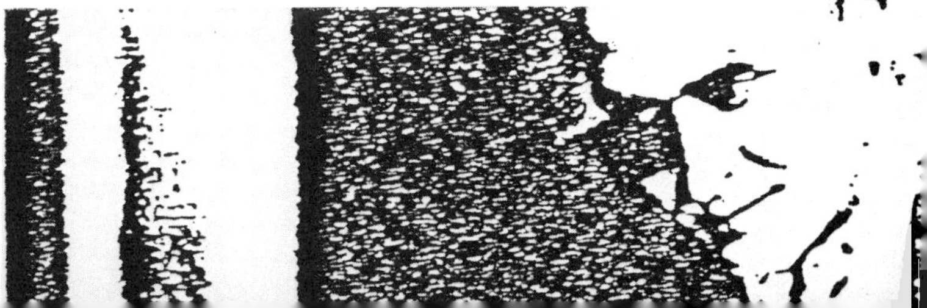

stens die Eier, die er Lawrence' ‚Kangeroo' abgeschnitten hat."

Frühreife Talente entfalten sich, falls sie sich überhaupt voll entwickeln, nur langsam. Trotz seines frühen Erfolgs haben Fitzgeralds Anfänge, wie er es einmal ausgedrückt hat, etwas „Hastiges". Etwas Hastiges und etwas seltsam Bedrohliches: der Soldat, der nie im Gefecht stand (er diente einmal unter Captain Dwight D. Eisenhower – worüber haben sie geredet?), und der Sportler, der nie an einem Wettkampf teilnahm. Und doch schrieb Fitzgerald mit zweiundzwanzig an Wilson: „Gott! Wie mir meine Jugend fehlt – natürlich ist das alles nur relativ, aber ich sehe, wie *bei anderen* die Gesichtszüge langsam härter werden, und das ist ein sicheres Zeichen. Ich glaube, Dir ist in Princeton nie aufgefallen, wie kindlich ich eigentlich war, und Dir ist die kindliche Naivität entgangen, die hinter meiner ganzen lächerlichen Kultiviertheit und meiner Humorlosigkeit stand." Noch bevor Fitzgerald eine Vergangenheit hatte, nach der er suchen konnte, hielt er Ausschau nach der verlorenen Zeit. Er war jemand, der „unaufhörlich in die Vergangenheit zurückgezogen" wurde.

Das seltsamste Ereignis im Leben des jungen Fitzgerald war seine Beziehung zu Monsignore Sigourney Webster Fay an der Newman School. Fitzgerald war ein ungewöhnlich intelligenter und hübscher Junge, und der Ton der Briefe, die Fay ihm schrieb, deutet darauf hin, daß ihre Beziehung von Päderastie zumindest nicht allzu weit entfernt war. 1917 sollte Fitzgerald den Monsignore auf einer Reise nach Rußland begleiten, deren Zweck es war, die griechisch-orthodoxe Kirche wieder zu Rom zurückzuführen. Aber die Bolschewiken verhinderten die Mission. Trotzdem ist dieses Projekt, das in seiner Verstiegenheit an den exzentrischen Baron Corvo erinnert, ein sehr sympathisches Unternehmen, und man fragt sich, wie weit Fitzgerald das Wesen seines liebevollen Freundes begriffen hat, dessen Assistent an der Newman School, Pater William Hemmick („mit Silberschnallen an seinen Lackschuhen und maßgeschneiderten Soutanen aus Paris"), sein Erdendasein inmitten wohlgestalter Epheben in Rom beendete – eine praktizierende Tunte, deren großer Augenblick an jenem wunderbaren Tag kam, als Monsignore Hemmick mit allem Glanz und allem Prunk, den man in Talaren von Lavin entfalten kann, sozusagen unter den Augen des Stellvertreters Christi auf Erden und vor den Kameras der Welt, Tyrone Power und Linda Christian im Sakrament der Ehe vereinigte. Eines ist sicher: Scott hatte von Anfang an eine Schwäche fürs Showgeschäft. Fay erscheint in *This Side of Paradise* als Pater Darcy. Fitzgeralds Briefe an Fay sind verschollen. Professor Bruccoli teilt uns mit, daß „sie vermutlich von Fays Mutter nach dessen Tod vernichtet worden sind."

Da viele dieser Briefe sich mit Fitzgeralds Persönlichkeit befassen (seinem Trinken, seiner Ehe, seinen Freundschaften), ist es nicht ganz und gar überflüssig – aber doch ziemlich überflüssig – sich über Fitzgeralds Sexualleben Gedanken zu machen. Es gibt nur sehr wenig junge Männer, die so gut aussehen wie Fitzgerald und die an der Art von Schulen, die er besucht hat, nicht von erwachsenen Männern oder Mitschülern verführt werden. Zeldas gelegentliche Vorwürfe, Fitzgerald sei homosexuell gewesen, werden meistens damit abgetan, daß sie entweder nicht alle beisammen hatte, oder daß sie – wenn sie doch einmal alle beisammen hatte – Fitzgerald verletzen wollte, Blut sehen wollte. In einem Positionspapier, das vielleicht nie abgeschickt wurde und das er an Zelda schrieb, als sie in der Klinik war, schrieb er: „Ich war nie näher daran gewesen, Dich zu verlassen, als damals in der Rue Palatine, als Du mir sagtest, Du hieltest mich für schwul . . .“ Die Antwort darauf heißt natürlich: bleibt weg von der Rue Palatine.

Unglücklicherweise besaß die Straße für beide eine starke Faszination. Zelda fühlte sich zu Madame hingezogen, ihrer Ballettlehrerin, und Fitzgerald machte die Bekanntschaft eines Pariser Desperados (in der Rue Palatine?) und nahm ihn als Butler und ,,Sparringspartner“ mit nach Amerika. Jedenfalls kam Zelda immer wieder auf dieses Thema zurück und setzte ihrem Mann so zu, daß er eines Tages in Paris, als er einmal Morley Callaghan am Arm faßte, plötzlich wieder losließ. „Ich hatte das Gefühl, einen kalten Fisch anzufassen. Du hast mich für schwul gehalten, nicht wahr?“ In seinem Buch *That Summer in Paris* schreibt Callaghan, es tue ihm leid, daß er ,,damals nicht auf Scotts Probleme eingegangen war und ihm seine Zweifel nicht ausgeredet hatte.“

Wie immer es um Fitzgeralds sexuelles Gleichgewicht bestellt war – es gibt keinen Zweifel, daß er völlig in Zelda aufging. Und es gibt wenig Zweifel, daß er ziemlich oft impotent war, weil jeder, der so viel trinkt wie Fitzgerald, zumindest zeitweilig keine Erektion haben kann. In *Papa: A Personal Memoir* bemerkt Hemingways Sohn, der Arzt ist, einiges zu diesem Thema, das ja auch seinen trinkenden Vater betraf.

,,Eine der vielen Ironien, von denen Fitzgeralds schriftstellerische Laufbahn voll ist, liegt in dem Umstand, daß ausgerechnet der Schriftsteller, der 1940 als ‚Vergessener‘ starb, der amerikanische Autor unseres Jahrhunderts ist, dessen Leben und Werk am besten dokumentiert sind.“ Man hört bei der Lektüre der Einführung zu Fitzgeralds Briefwechsel förmlich das genußvolle Schmatzen Professor Bruccolis. „Wir wissen mehr über Fitzgerald als irgendeiner seiner Zeitgenossen, weil er selber das Material aufbewahrt hat . . . Der beste Fitzgeraldspezialist von uns allen war F. Scott Fitzgerald.“ Während ich diesen Satz in die Maschine tippe, habe ich das Gefühl, als hätte ich ein Stück reinen, unverfälschten Wahnsinns vor mir. Ein *Wissenschaftler*, ein Spezialist für Fitzgerald? Man sieht ja ein, daß es Spezialisten für Dante, Rabelais oder Shakespeare geben muß. Aber einen Spezialisten für einen populären zeitgenössischen Schriftsteller, der nicht erst vorgestellt werden muß? Ist das nicht alles ein bißchen sehr übertrieben? Ist die wissenschaftliche Verwertungsmaschinerie denn jetzt schon so riesig und geistverlassen, daß jeder Schriftsteller von bescheidenem Talent und einiger Bekanntheit auch gleich schon verwurstelt werden muß? Die Zeit, die damit vertan wird, auch noch das kleinste Papierfitzelchen zu sammeln, das Fitzgerald bekritzelt hat, ließe sich vielleicht besser nutzen, wenn man sie beispielsweise darauf verwendete, die Natur der Gesellschaft zu verstehen, die den Fitzgerald hervorgebracht hat, der diese Briefe geschrieben hat. Aber die heutigen Literaturwissenschaftler sind im Grunde bloße Faktensammler, akademische Eichhörnchen, für die es das ganze Jahr über Mai ist.

Trotzdem muß man diesem ganz speziellen akademischen Eichhörnchen dafür dankbar sein, daß er zweiundsechzig von Zeldas Briefen an Fitzgerald veröffentlicht hat. Wie auch alles andere, was sie geschrieben hat, sind die Briefe gleichzeitig sehr schön und von beschwörender Kraft. Nach einem verzweifelten Versuch, Ballerina zu werden, wurde Zelda verrückt. Ein klinischer Fall.

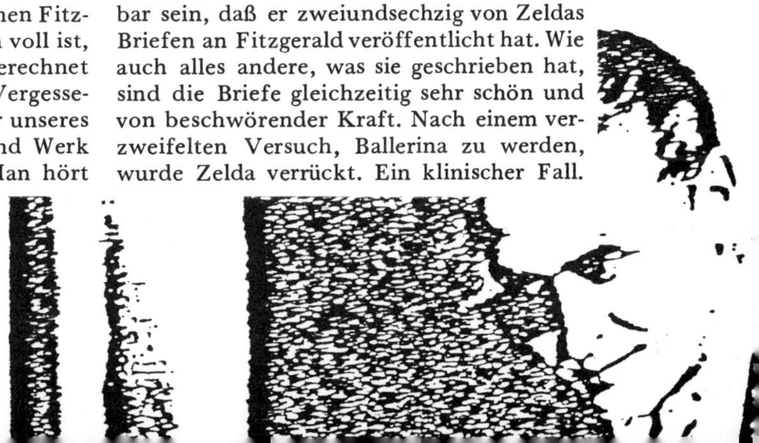

Ihre Briefe aus verschiedenen Kliniken zeigen, daß sie ihr Bestes tat, um Fitzgerald zu beschreiben, wie das ist, wenn man verrückt wird: „Von Tag zu Tag scheint alles öder und leerer zu werden – In Paris, bevor ich merkte, daß ich krank war, hatte alles eine neue Bedeutung bekommen: Bahnhöfe und Straßen und Häuserfassaden – die Farben waren grenzenlos, Teil der Luft, nicht auf bestimmte Konturen beschränkt, und die Konturen hatten sich von der Substanz, die sie umschlossen, gelöst . . . Dann, in Afrika, wurde die Welt rudimentär – und die Verständigung war nicht mehr nötig. Die Araber, verfließende Konturen in der unendlichen Weite: der merkwürdige Ausdruck ihrer Augen und der Geruch nach Ameisen; ein Losgelöstsein, als stände man auf der anderen Seite eines dünnen schwarzen Vorhangs – ein Hauch von Furchtlosigkeit, und dann, an Ostern, alles vorbei . . ." (Dieses Zitat stammt aus Nancy Milfords *Zelda.*) „Ich hätte im kommenden Herbst gern in New York getanzt, aber wo kann ich die Monate wiederfinden, die jetzt auf die Rüben im Klinikgarten hinabtröpfeln?" Und „ich habe an nebelhaften Orten voller eindimensionaler Figuren und schwankender Gebäude gelebt und weiß nicht mehr, was optische Täuschung und was Wirklichkeit ist . . . War es schön in Paris? Wen hast Du denn alles getroffen, und war die Madeleine um fünf Uhr richtig schön rosa, und sind die Fontänen der Springbrunnen auf der Place de la Concorde mit dieser schönen leeren Geste nach unten gesunken, und ist das Blau zwischen den Kolonnaden der rue de Rivoli hervorgekrochen und durch die Gitter der Tuilerien geschlüpft, und stand der Louvre wieder grau und metallisch im Sonnenlicht, und hingen die Bäume wieder brütend über den Cafés, und hast Du die Lichter in der Nacht gesehen und das Scheppern von Untertassen gehört und Autohupen, die de Bussey spielen . . ."

Zelda konnte meisterhaft Landschaften und Wetterlagen beschreiben, aber sie war fast ebenso gut, wenn es um Menschen ging. Sie gehörte zu den ersten, die merkten, daß Hemingway „soviel wert ist wie ein geplatzter Scheck." Als sie das Manuskript von *A Farewell to Arms* las, sagte sie, daß diese Prosa „ganz verdammt biblisch" klinge, während *The Sun Also Rises* nichts war als „Stierkampf, Stierkämpfer und Stuß." Über Edmund Wilson schrieb sie: „Bunnys Denken ist zu spekulativ. Nichts als Zukunft: die Zukunft der Rasse, die Zukunft einer Idee, die Zukunft der Politik, die Zukunft der Geburtenkontrolle. Immer nur permanentes Plänemachen und nörglerische Entwürfe und keine Erfüllung. Er trinkt so viel, daß er sich um diese Dinge mehr Gedanken macht, als er sich eigentlich machen würde." Fitzgerald war zweifellos von diesen Briefen genauso bezaubert wie wir. Aber er verstand Zelda fast so gut wie er das Kardinalthema seines Lebens verstand – sich selber. „Ihre Briefe", schrieb er, „sind auf eine tragische Weise in allen Belangen brillant, außer wenn sie über Dinge schreibt, die im Augenblick von Wichtigkeit sind. Wie seltsam das ist, wenn man als Gesellschaftswesen scheitert – nicht einmal Verbrecher scheitern auf diese Weise – sie sind sozusagen die ‚loyale Opposition' des Gesetzes. Aber die Verrückten sind immer bloß Gäste auf der Welt, ewige Fremdlinge, und sie tragen Blätter mit Dialogfragmenten mit sich herum, die sie nicht lesen können."

Zelda und Scott. Auf eine seltsame Weise waren Zelda und Scott dazu bestimmt, sich – ganz in Platos Sinn – vollkommen zu ergänzen. Da uns das nicht möglich ist, wurde der eine zum Schatten des anderen, und obwohl beide dieses Ganze mit ihrer ganzen

Kraft wollten und darum kämpften, blieb es doch unerreichbar.

Im Juli 1922 wurden Mr. und Mrs. Fitzgerald die Hauptrollen in der Filmversion von *This Side of Paradise* angeboten. Andrew Turnbull teilt uns mit, daß sie das Angebot ablehnten. 1927 hielten sich Mr. und Mrs. Fitzgerald zwei Monate in Hollywood auf, weil Scott einen Autorenvertrag abgeschlossen hatte und ein Originaldrehbuch für Constance Talmadge schreiben mußte. Das Drehbuch wurde zwar nicht verwendet, aber Fitzgerald bekam einen ersten Eindruck der Stadt, in der er später leben und sterben sollte. 1931 kam er wieder nach Hollywood zurück und arbeitete fünf Wochen an *Red-Headed Woman* bei MGM. Fitzgeralds Skript wurde zwar nicht verwendet, aber er lernte den genialen Jungen Irving Thalberg kennen, dessen „kultivierte" Filme (*The Barretts of Wimpole Street*) damals sehr bewundert wurden. Als Fitzgerald einmal (der Vorfall wird in der Geschichte „Crazy Sunday" beschrieben) auf einer Gesellschaft bei den Thalbergs schon etwas angetrunken war, unterhielt er die Gäste mit einer lustigen Klamauknummer. Filmstars lassen sich nicht gerne von irgendwelchen Schriftstellern die Schau stehlen, und schon gar nicht von betrunkenen Schriftstellern. Aber am nächsten Tag schickte die Gastgeberin, die ungeheuer liebenswürdige Norma Shearer, ein Telegramm an Fitzgerald (zweifellos als Reaktion auf eine überschwengliche Entschuldigung, die nicht mehr erhalten ist): „Sie waren einer der liebenswürdigsten Gäste bei unserem Tee." In Hollywood bedeutet das, daß man gefeuert ist; er war gefeuert.

Alle Amerikaner, die zwischen 1890 und 1945 geboren sind, wollten irgendwann in ihrem Leben einmal Filmstars werden. Bei Fitzgeralds erstem Besuch in Hollywood wurden Probeaufnahmen mit ihm gemacht (wo ist das Material?). Und schon 1920 berichtet er, daß „wir draußen in Griffiths Studio auf Long Island, in der Gegenwart der Gesichter, die wir aus *Birth of a Nation* kannten, vor Erregung gezittert haben ... Die Welt der Filmschauspieler war insofern unsere eigene Welt, als sie in New York lag, aber sonst war sie aus einem ganz anderen Stoff." Und später dann war Zeldas leidenschaftlicher Wunsch, Ballerina zu werden, im Grunde nichts anderes als die Sehnsucht danach, ein *Star* zu sein. Aber wie so viele Romantiker damals und heute wollten die Fitzgeralds nicht den harten, langwierigen und langweiligen Weg gehen, auf dem allein man ein Filmstar wird. Sie wollten lieber gleich so leben, als spielte sich ihr Dasein *in* einem Film ab. Schnitt auf Antibes. Überblendung auf das Ritz in Paris. Abblende und dann Hollywood. Sie lebten beide lange genug und hatten genug zu leiden, daß sie begriffen: solche Filme kann man machen und anschauen, aber man kann sie nicht leben. Aber als sie das erkannten, war sie schon Dauergast in einem Sanatorium, und er war Lohnschreiber beim Film.

In „Pasting It Together" (März 1936) beschrieb der vierzigjährige Fitzgerald eine Veränderung im kulturellen Klima, die anscheinend sonst niemandem aufgefallen war.

> Ich sah, daß der Roman, der in der Zeit, als ich erwachsen wurde, das stärkste und geschmeidigste Medium war, mit dem ein Mensch anderen Menschen seine Gedanken und Gefühle mitteilen konnte, allmählich von einer mechanischen und auf ein breites Publikum zugeschnittenen Kunst verdrängt wurde, die – gleichgültig, ob sie von Kaufleuten aus Hollywood oder von russischen Idealisten produziert wurde – nur die abgedroschensten Gedanken und die alleroberflächlichsten Ge-

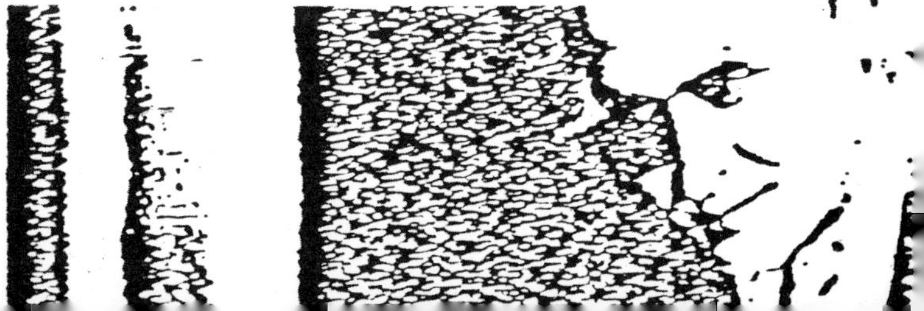

fühle widerspiegeln konnte. Es war eine Kunst, in der die Wörter von Bildern verdrängt wurden und in der die Persönlichkeit des einzelnen in den ewigen Kompromissen, die die Zusammenarbeit mit sich bringt, aufgerieben wurde. Ich hatte die Vermutung, daß der Tonfilm sogar noch die berühmten und vielgelesenen Autoren zu so etwas Vorsintflutlichem machen würde wie es jetzt die Stummfilme sind.

Fitzgerald hatte recht. Vierundvierzig Jahre später zieht es die intelligenten jungen Leute an die Filmschulen, während in Literaturund Schriftstellerseminaren Leute bedient werden, die keine literarische Zukunft vor sich haben, sondern eine Universitätslaufbahn. Es ist ganz sicher, daß heute kein neuer Roman – gleichgültig, wer ihn geschrieben hat – die Art von weltweiter Aufmerksamkeit erregt, die einem neuen Film automatisch zuteil wird. Trotzdem wiederholen Romanautoren, aus mir unerfindlichen Gründen, immer noch Glenway Wescotts Ansicht, daß Fitzgeralds Vermutung „für einen Romanschreiber eine grundverkehrte Überlegung“ sei. Verkehrt ist sie wohl nicht; sie ist nur unausweichlich.

Ein Jahrzehnt später, als ich schrieb, daß der Film den Roman als die zentrale Kunstform unserer Zivilisation ersetzt habe, wurde ich angegriffen, weil ich den Roman für tot erklärt hatte, und ich bekam lange Listen mit den Titeln großer neuer Romane zugeschickt. Natürlich wird der anspruchsvolle Roman oder der Kunst-Roman, oder wie immer man den literarischen Roman bezeichnen mag, auch in Zukunft noch geschrieben; schließlich floriert ja auch die Lyrik, obwohl der Durchschnittsleser schon längst nicht mehr zu ihrer Kundschaft zählt. Trotzdem bleibt die Tatsache bestehen, daß wohl kaum jemand außerhalb öffentlicher Bildungseinrichtungen je einen Blick auf diese literarischen Kunstprodukte werfen wird. Schlimmer noch: wenn sich die Gattung des akademischen Eichhörnchens weiter ausbreitet, wird man sich an Schriftsteller nicht mehr erinnern, weil sie ein Werk hinterlassen haben, sondern nur noch wegen der Lehrstücke, die ihre Biographien hergeben. Inzwischen schauen sich die Dummen und die Klugen Filme an; diskutieren über Filme; träumen Filme. In Klassenzimmern und Seminarräumen werden heute Filme gezeigt, weil es einfacher ist, sich Pabst anzuschauen, als Dreiser zu lesen. Wenigstens *war* es einfacher. Es gibt Anzeichen, daß die gegenwärtige Fernsehgeneration, die mit Filmen-cum-Fernsehwerbung aufgewachsen ist, nicht mehr fähig ist, sich einigermaßen konzentriert einen Zwei-Stunden-Film anzuschauen, der nicht von Werbespots unterbrochen wird. Und so wird Pabst vom Dreißig-Sekunden-Spot für Oil of Olaz verdrängt.

In unserer Zeit gibt es nur ein paar gute Autoren, die so vielseitig talentiert sind oder in so günstigen Umständen leben, daß sie mit Film genauso gut arbeiten können wie mit Prosa. Jean Cocteau, Graham Greene ... wer noch? Gewiß nicht Faulkner, Sartre, Isherwood, Huxley. In der Glanzzeit der Hollywoodstudios kam keiner der ernstzunehmenden Autoren mit dem System zurecht. Aber schließlich wollten das auch nur wenige. Sie kamen in die Stadt, um Geld zu verdienen; Geld, mit dem sie sich die Zeit kauften, in der sie Bücher schreiben konnten. Aber Fitzgerald sah weiter als viele seiner Zeitgenossen. Er begriff, daß der Roman vom Film abgelöst wurde; und er begriff auch, daß der Film dem Roman als Kunstform in jeder Hinsicht unterlegen ist – wenn man überhaupt eine kollektive Produktionsform wie das Filmemachen als Kunst bezeichnen will. Trotzdem war Fitzgerald so sehr Künstler oder romantischer Egotist, daß er einen Film machen wollte. Wie mußte man das anstellen?

Damals war der Produzent allmächtig, und jeder andere war einfach bloß ein Techniker, den der Produzent für seine Zwecke einsetzte. Natürlich gab es in den einzelnen Kategorien von Technikern wieder „Stars". Ein Lohnschreiber der Superklasse wie Ben Hecht konnte die Produktion eines Films in einer Weise beeinflussen, wie es dem Techniker, der als Regisseur fungierte, oft nicht möglich war, oder wie Fitzgerald das in einem Brief an Matthew Josephson (vom 11. März 1938) ausdrückte:

> Früher, als das Filmemachen noch darin bestand, die Einfälle, die ein halbes Dutzend betrunkener Exjournalisten in ihren lichten Augenblicken hatte, miteinander zu verbinden – früher also traf es noch zu, daß alles am Regisseur lag. Er hat das Material koordiniert und ihm Leben eingehaucht – er hatte die Geschichte im Kopf. Es ist schon noch eine Menge von damals geblieben, aber die Situation bei *Three Comrades* (nach *Drei Kameraden* von Erich Maria Remarque; Anm. d. Übers.), wo es für Frank Borzage kaum mehr zu tun gab, als eine Art besseren Kameramann abzugeben, ist für heutige Verhältnisse typischer. Ein Film von Bob Sherwood zum Beispiel oder ein Skript von Johnny Mahin könnte von einem Regieassistenten oder einem Skriptgirl gedreht werden, und während früher ein Autor die Chance, Regisseur zu werden, sofort beim Schopf ergriffen hätte, gibt es heute viele, wie Ben Hecht oder Mahin, denen die ewige Warterei und die Monotonie, die das Regieführen heute bedeutet, widerstehen.

Obwohl Fitzgerald die Macht des Produzenten herunterspielt (im Fall von *Three Comrades* war der Produzent der witzige und außergewöhnliche Autor und Regisseur Joe Mankiewicz), beschreibt er doch ganz richtig die geringe Anerkennung, die der Regisseur damals fand, und die relative Wichtigkeit der Superautoren, die bei jedem Film sozusagen Vor-Regie führten, indem sie in ihre Skripts genaue Drehanweisungen einbauten. Das wurde noch ziemlich genauso gehandhabt, als ich ein Dutzend Jahre nach Fitzgeralds Tod als Autor bei MGM unter Vertrag stand. Man hatte Scott in Hollywood nicht vergessen. Er war allen noch in mehr oder weniger angenehmer Erinnerung.

„Aber", wie der Große Weise Lohnschreiber an der Tafelrunde der Autoren sagte, „es hätte diese ganze Fitzgerald-Renaissance nicht gegeben, wenn er so ausgesehen hätte wie Wallace Beery." Der Große Lohnschreiber hatte nur Verachtung übrig für Edmund Wilsons Bemühungen, Fitzgeralds Ruf wiederherzustellen. „Des Kaisers neue Kleider", bellte er. An der Tafelrunde der Autoren bellten wir alle oder schnappten uns an oder wurden sogar manchmal, wie Fitzgerald, schrill.

Als ich einmal sagte, daß mir Fitzgeralds Gesicht auf den frühen Photographien nie besonders sympathisch gewesen sei, daß mich aber die späteren Bilder immer seltsam angerührt hätten, weil er darauf so aussah, als bemühe er sich mit aller Kraft, nicht zu schreien, sagte der Große Lohnschreiber: „Nein. Nicht schreien, winseln. Der größte Jammerlappen, den man sich denken kann. Gott weiß, warum. Er hat's schließlich gut gehabt hier bei uns. Joe hat ihn bewundert. Hat ihm einen Kredit verschafft. Hat dafür gesorgt, daß sein Vertrag erneuert wird. Die ganze Geschichte hat mit Eddie Knopf angefangen, der immer hinter Schriftstellern her war. Er hat dem Studio eingeredet, sie sollten Fitzgerald einstellen – ein tolles Ding, wenn man bedenkt, daß er in *Esquire* wie zehn nackte Neger damit angegeben hat, was für ein großer Säufer er

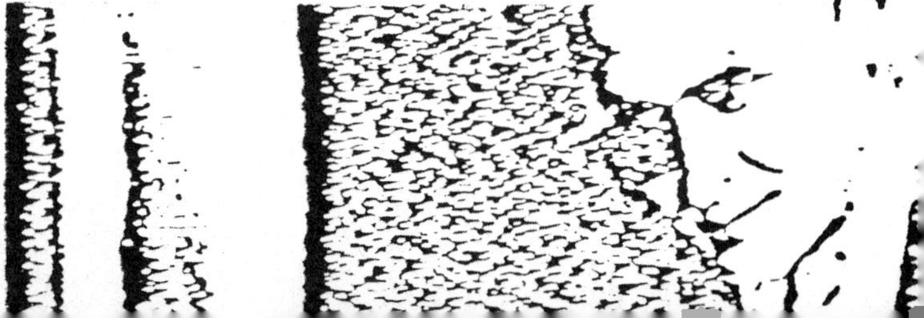

ist. Dann hat Joe ihm *Three Comrades* gegeben, weil er dachte, Fitzgerald könnte ein bißchen Zeitkolorit liefern. Dann, als das nicht funktioniert hat, hat Joe den alten Ted Paramore geholt, der das Skript wieder geradebiegen sollte. Aber das hat auch nicht funktioniert. Am ersten Drehtag sagt Maggie Sullavan: ‚Ich kann den Text hier nicht sprechen', und Joe mußte das ganze verdammte Ding umschreiben. Warum also sollte Scott sauer sein? Er hat schließlich genug gewußt, um zu begreifen, daß in unserem Geschäft der Autor immer die Rolle der Frau spielt."

Aber Scott war sauer über die Eingriffe, die Mankiewicz am Skript vorgenommen hatte; am Skript des einzigen Films, in dessen Vorspann Fitzgeralds Name erwähnt wurde, und eine Nennung im Vorspann bedeutete für ihn einen riesigen Schritt in Richtung Geld, Unabhängigkeit und Freiheit, oder, wie Fitzgerald (im Herbst 1937) an Zelda schrieb: „Wenn ich nach *Three Comrades* noch einen *wirklich erstklassigen* Film schreiben kann, dann kann ich wohl auch bessere Bedingungen aushandeln – mehr Ruhe *und* mehr Geld". An Beatrice Dance schrieb er (am 27. November 1937): „Ich arbeite an einem Skript nach *Three Comrades,* einem Buch (von Remarque), das nicht ganz erstklassig ist, aber immerhin sehr gut – man spürt ein bißchen den Einfluß von Hemingway und anderen, aber es erzählt eine schöne, tragische Geschichte." Vier Monate später schrieb ein deprimierter, wenn auch nicht klügerer Fitzgerald an dieselbe Adressatin: „*Three Comrades,* der Film, den ich gerade zu Ende geschrieben habe, wird jetzt produziert, und obwohl er meinen Namen trägt, konnte mein Produzent der Faszination des Bleistifts nicht widerstehen und hat es geschafft, das meiste von dem zu tilgen, was meine Handschrift trägt." Im darauffolgenden Monat schrieb er an seine Schwiegermutter (23. April 1938): „*Three Comrades* kommt wohl innerhalb der nächsten zehn Tage in die Kinos, und ein gutes Drittel des Films ist ganz und gar mein Werk." Aber ein paar Wochen später schrieb er an seine Schwägerin: „*Three Comrades* ist einfach gräßlich. Der Produzent hat den Film *vollständig* umgeschrieben. Es wäre mir lieber, wenn Zelda ihn nicht sähe."

Aber Zelda sah den Film und fand vieles darin sehr gut, auch wenn

> jede dramatische Kontinuität fehlt – wodurch dem Ganzen die Spannung genommen wird. Ich weiß, es ist schwer, auf der Leinwand einen philosophischen Gedankengang darzustellen, aber es wäre besser gewesen, wenn hinter den Personen ein zwingendes gedankliches Konzept spürbar gewesen wäre – oder wenn es die Personen unwiderstehlich auf ein bestimmtes Ziel zugetrieben hätte. Der Film treibt einfach so dahin; und die Kraft, die ihn wirklich vorantreiben könnte, ist zerstreut und scheint nur gelegentlich auf, wird nicht durchgehalten und kann sich nicht entfalten.

Noch im Irrenhaus hatte Zelda mehr kritischen Verstand als der unsägliche Frank Nugent von der *New York Times* (der den Film sehr schätzte) oder Fitzgerald, der eine hingeschluderte erste Fassung eines Films geschrieben hatte, die nicht nur in Zusammenarbeit mit einem gewissen Ted (*The Bitter Tea of General Yen*) Paramore geändert, sondern schließlich vom Produzenten Joe Mankiewicz neu geschrieben wurde.

Fitzgeralds erste Fassung des Drehbuchs wurde am 1. September 1937 abgeschlossen. Herausgegeben von dem allgegenwärtigen Professor Bruccoli, wurde Fitzgeralds Skript 1978 veröffentlicht; die Buchausgabe enthält außerdem verschiedene Briefe, die Fitzgerald an Mankiewicz schrieb, aber nicht immer abschickte, und ein Positionspapier, das er seinem Mitautor Paramore präsentierte. In einem Nachwort stellt Professor Bruccoli kurz die Produktionsgeschichte des Films dar; daneben vergleicht er das vorletzte Drehbuch mit Fitzgeralds erster Fassung.

Mir kam die alte Geschichte von Fitzgeralds gefährdetem Genie schon immer etwas seltsam vor, dieses Lehrstück vom Genius, der auf der Folterbank des Profitinteresses von „einem ungebildeten und ordinären Kerl" zerbrochen worden ist (Fitzgerald in einem Brief an Beatrice Dance, vier Monate, nachdem der Film in den Kinos angelaufen war). Animiert durch die Forschungsarbeit Professor Bruccolis, bin ich jetzt selber zu einem akademischen Eichhörnchen geworden. Es ist mir gelungen, in den sogenannten „Tresorraum" bei MGM vorzudringen, und ich bekam nicht nur die Erlaubnis, ein Exemplar des endgültigen Drehbuchs von *Three Comrades* (datiert vom 2. Februar 1938) zu lesen, sondern ich hatte auch Einblick in die Änderungen, die Mankiewicz während der Dreharbeiten vornahm. Und ich weiß jetzt auch die Antwort auf die Frage, die die anderen Eichhörnchen so sehr beschäftigt: Hat Mankiewicz je Fitzgeralds Protestnote bekommen, die vom 20. Januar 1938 datiert ist? Er . . . Aber wir wollen bei unserer Geschichte nichts überstürzen.

Am 5. November 1937 wurde das erste Fitzgerald-Paramore-Skript abgeliefert. Es gab eine Drehbuch-Konferenz: man kann sich vorstellen, wie das ablief. Mankiewicz schoß seine schnellen Sätze ab, riß die Augen weit auf, wenn er einer Bemerkung Nachdruck verleihen wollte, und der entkräftete Fitzgerald dachte an seinen letzten Drink — und an den nächsten; und Paramore tat, was die Paramores eben immer tun. Danach wurden noch zwei überarbeitete Skripts von Fitzgerald-Paramore abgeliefert. Dann, zwischen ihrem letzten Skript, das vom 21. Dezember datiert ist, und dem Skript vom 21. Januar, *geschah etwas.*

Am 20. Januar, am Tag, bevor die Matritzen des vorletzten Skripts abgezogen wurden, schrieb Fitzgerald an Mankiewicz einen wütenden Brief, in dem er schweres Geschütz auffuhr und die krassen Eingriffe kritisierte, die Mankiewicz am Drehbuch vorgenommen hatte. Obwohl Mankiewicz gesagt haben soll, daß „Scott Fitzgerald wirklich sehr schlechte Dialoge geschrieben hat, die sich kaum sprechen ließen", glaube ich nicht, daß er damit recht hat. Aber wir werden das nie genau wissen, weil nur sehr wenig von Fitzgeralds Dialogen in Filmen verwendet worden sind. Im Fall von *Three Comrades* schätzte Fitzgerald, daß „37 Seiten von mir sind, ungefähr 1/3." Es war wohl eher weniger.

In Fitzgeralds Originalskript sind die Dialoge des Liebespaars bezaubernd und seltsamerweise weit weniger langatmig als in der Schlußversion. Fitzgeralds Humorlosigkeit wäre in einem antinazistischen Rührstück wohl nicht so deutlich aufgefallen, wenn nicht gleichzeitig Mankiewicz einer der wenigen wirklich witzigen Köpfe gewesen wäre, die Hollywood je hervorgebracht hat. Fitzgeralds Dialoge klangen leicht ein bißchen übersüß, während die Dialoge Mankiewicz' oft ziemlich bissig waren; das war natürlich keine besonders glückliche Kombination. Jedenfalls blieben Fitzgerald die Witze Mankiewicz' immer fremd.

Fitzgeralds ursprüngliches Skript war zu lang und etwas verwirrend. Er hatte mit exzessiver Gewissenhaftigkeit so viele alte Filme studiert, daß er dabei kaum ein Klischee

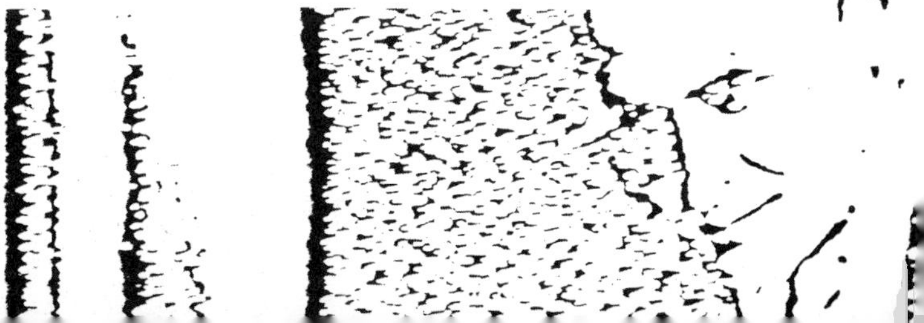

übersehen hatte. Wenn der Held das Sanatorium anruft, in dem die Heldin liegt, heißt es: „SCHNITT AUF: SCHNELLE SCHWENKS ÜBER TELEFONMASTEN IM WINTER – Die Telefonleitung führt über einen schneebedeckten Berg hinauf. SCHNITT AUF:“ ... Mel Brooks kappt die Leitung.

Remarques Geschichte von drei Freunden aus dem I. Weltkrieg, die während des Aufstiegs der Nazis eine Autowerkstatt aufmachen, war ganz einfach nicht der richtige Stoff für Fitzgeralds Talente, aber da er das Geld brauchte, machte er, was alle guten Schriftsteller machen, die irgendwo als Lohnschreiber anheuern: er verlagerte die Geschichte teilweise auf vertrautes Gelände. Er machte aus dem deutschen Mädchen Pat (ein verarmtes Mädchen aus reicher Familie) eine Fitzgeraldheldin, und er machte den jungen Mann Bobby (Erich im endgültigen Skript) zu einem Fitzgeraldhelden. Noch einmal überstrahlen Scott und Zelda wenn schon nicht den Himmel so doch die erste Drehbuchfassung. Erich hat jetzt Probleme mit dem Alkohol, die er sich allerdings nicht eingesteht – es gibt kaum eine Seite, auf der er nicht an Rumflaschen denkt oder einen doppelten Whisky bestellt (nicht gerade das Standardgetränk des Durchschnittsarbeiters in der Weimarer Republik). Die beiden Kameraden Erichs und sogar die Putzfrau finden reichlich Anlaß, „prosit“ zu sagen, wie es im Skript heißt.

Als Pat in einem Sanatorium an Tbc stirbt, ist Fitzgerald in seinem Element, und ein großer Teil des Dialogs ist bezaubernd und hinreißend. Aber noch in Culver City konnte Fitzgerald dem Schatten seines monströsen Freundes Hemingway nicht entkommen. „*Pat (zu sich selbst):* Es regnet. Es regnet schon zu lange. Manchmal, wenn ich nachts aufwache, stelle ich mir vor, daß wir unter all dem Regen begraben sind.“ Fans von *A Farewell to Arms* werden sich daran erinnern, daß Catherine, die bald sterben wird, sagt: „Schön. Ich hab Angst davor, weil ich mich manchmal tot im Regen liegen sehe.“ Als Frederic ihr sagt, daß das alles Unsinn sei, stimmt Catherine zu: „‚Es ist alles Unsinn. Ich hab keine Angst vor dem Regen. O Gott, ich wünschte, ich hätte keine Angst.‘ Sie weinte. Ich tröstete sie, und sie hörte auf zu weinen. Aber draußen regnete es weiter.“ Es regnete damals ziemlich viel. Glücklicherweise meistens draußen.

Fitzgerald hatte so seine Schwierigkeiten mit der Sprache junger Automechaniker. Und seine Arbeit wurde noch dadurch erschwert, daß Hollywood darauf beharrte, ein Film in englischer Sprache, der in Deutschland und unter Deutschen spielte, müsse von Sprachbrocken wie *ach* und *auf Wiedersehen* und *Herr* nur so strotzen. Mankiewicz behält diesen Unfug bei: das einzige *auf Wiedersehen* im Skript stammt von ihm. Da Flüche und Schimpfwörter in diesen züchtigen Zeiten nicht erlaubt waren, läßt Fitzgerald die Angehörigen der niederen Stände sich gegenseitig als „twerps“, „squirts“ und „greasepots“ beschimpfen, wo er heute zweifellos das knappere, wenn auch etwas rauhbeinigere Allerweltsschimpfwort „ass-hole“ verwendet hätte. Er packte auch Ausdrücke wie „Holy Cats!“ und „Great Snakes!“ ins Skript. Mankiewicz hat klugerweise Scotts Katzen und Schlangen durch Ellipsen ersetzt, die die emotionale Spannung steigerten.

Jetzt zu Fitzgeralds Brief vom 20. Januar. Nach Darstellung von Professor Bruccoli hat „Mankiewicz erklärt, daß er diesen Brief, von dem sich ein Durchschlag in Fitzgeralds Papieren gefunden hat, nie erhalten habe. Da der Brief ohne Grußformel endet, ist es möglich, daß Fitzgerald ihn nicht abgeschickt hat.“ Aber Fitzgerald hat den Brief abgeschickt; *und Mankiewicz hat den Brief gelesen.* Beweis?

In Fitzgeralds Skript stehen der junge Mann und das sterbende Mädchen auf einem Balkon und schauen zu einem Berg hinüber, der wohl Thomas Manns Zauberberg sein soll, aber eher so aussieht wie Sonja Henies Wunderland im Winter. „*Pat:* Ist das die Straße nach Hause? *Erich*: Ja. *Pat*: Wie weit ist es? *Erich:* Ungefähr fünfhundert Meilen. Im Mai fährst du auf dieser Straße zurück. *Pat*: Im Mai. Mein Gott, im Mai!" Fitzgerald hat es dabei belassen — und warum auch nicht? Der Dialog ist direkt aus Remarques Roman übernommen.

Mankiewicz hat den Dialog beibehalten. Aber dann zieht sich bei ihm das Paar vom Balkon in Pats Krankenzimmer zurück. Sie setzen sich — was für ein gewagter Einfall — zu einem wirklich tiefen und ernsten Gespräch aufs Bett. Nachdem Pat „(*ungläubig*): Im Mai. Mein Gott, im Mai!" gesagt hat, fügt Mankiewicz hinzu: „(*eine Pause, dann schaut sie ihn an*): Aber wir sagen nicht, was wir sagen sollten, jetzt, wo wir das erste Mal wieder zusammen sind. *(er sieht sie erstaunt an*) All diese Monate hindurch habe ich mir vorgestellt, was du sagen wirst, und was ich sagen werde — Wort für Wort. Willst du's hören? (*er nickt lächelnd*) Wir würden am Fuß des Betts sitzen, genau wie jetzt, und dann fragst du mich, wie spät es ist, und ich sage, daß das jetzt nicht wichtig ist. Unsere Liebe ist nicht mehr an Zeit und Ort gebunden. Und du sagst: Das stimmt. Gott ist in diesem Zimmer hier bei uns, der Blitz ist in diesem Zimmer, und das Meer und der Himmel und die Berge sind hier bei uns in diesem Zimmer. Und du küßt mich auf die Stirn, und ich sage: Wie kühl deine Lippen sind, geh nicht weg — (*er küßt sie auf die Stirn*). Und dann sagst du: Darf ich eigentlich hier im Zimmer sein? Ist das nicht gegen die Hausordnung? Und ich sage: Muß ich jetzt anfangen — mich an die Hausordnung zu halten — (*er schaut ihr in die Augen, lächelt nicht mehr*), ich sage es, weil ich dich nicht gehen lassen kann, und dann sagst du: Tschüß, Pat, und ich sage: Tschüß, Erich, und plötzlich ist alles so wirklich, daß es mich wie ein Messerstich mitten ins Herz trifft und — *Erich*: Aber — Liebling — " Sie umarmen sich „heftig", und der Blick der Kamera schweift aus dem Fenster auf der Suche nach dem Zauberberg, und in der Ferne hört man die Stimmen Settembrinis und Naphtas.

Als Fitzgerald diese Szene gelesen hatte, schrieb er an Mankiewicz, Pats große Ansprache sei „absolutes Geseiere direkt aus *True Romances* . . . Mein Gott, und ‚kühle Lippen', was immer das ist, und dann der Blitz und schwerfällige Wortspiele. Das kann nur *eine* Reaktion beim Publikum auslösen: ‚Oh, mach schon und stirb doch endlich'."

Wenn man den boshaften Mankiewicz überhaupt mit etwas nervös machen kann, dann damit, daß man ihn als Schmalznudel bezeichnet. Wie Billy Wilder hat er nichts für Szenen aus *True Romances* übrig. Zwischen dem 20. Januar und dem 2. Februar schrieb Mankiewicz die Szene um. Er strich „Gott", „kühle Lippen" und „Blitz". Hier ist Pats revidierte Arie: „Ja, wir sitzen hier am Fuß des Betts, genau wie jetzt, und ich frage: Ist das die Straße nach Hause? Und du sagst: Ja, es sind sechshundert Kilometer. Und ich sage, daß das jetzt nicht wichtig ist. Unsere Liebe ist jetzt nicht mehr an Zeit und Ort gebunden. Und du sagst: Das stimmt — und du küßt mich." Und fünf Monate später gab es in keinem Kino der Republik noch einen — wie man so schön sagt — trockenen Sitz, als Margaret Sulla-

van mit belegter Stimme Robert Taylor diesen Vortrag hielt.

Fitzgerald hatte nicht begriffen, daß ein Filmdialog zwei Voraussetzungen erfüllen muß: seine Qualität muß genau auf das Talent des Schauspielers zugeschnitten sein, und die Länge des Dialogs steht in einem direkten Verhältnis zur Gage des Schauspielers. Margaret Sullavan war ein Star, dessen Sterbeszenen zu den großen Wonnen des Goldenen Zeitalters der Kinomatographie gehörten. Die Sullavan gab nie einfach nur den Löffel ab. Sie hielt große Reden, wenn sie im Sterben lag; und sie tat das mit so unglaublichem Seelenadel, daß man sich wie ein seichter Lackaffe vorkam, der an seinem mickrigen Dasein klebte, während sie uns doch – unter den Klängen des dritten Satzes von Brahms' erster Symphonie – stolz und in Schönheit vorangegangen war.

Fitzgeralds Sterbeszene sah so aus: Erich betritt das Zimmer, in dem Pat zusammengesunken neben ihrem Bett liegt. „*Erich*: Pat – oh, Pat. (*Er richtet sie auf, stützt sie. Pats Kopf sinkt kraftlos von einer Seite zur anderen*) Hilfe – so hilf mir doch jemand! *Pat: (ganz leise)* Es ist schon gut – es ist schwer, wenn man sterben muß – aber ich bin ganz voll Liebe, wie eine Biene voll Honig, wenn sie abends in den Stock zurückkommt (like a bee is full of honey when it comes back to the hive in the evening)." Mit diesem grammatischen Schnitzer „schließt sie die Augen und stirbt". Joe bringt die Stelle schon in Ordnung, dachte ich, als ich Scotts Version auf die Seite schob und das endgültige Drehbuch in die Hand nahm. Aber nein, Pats letzte Worte bei Mankiewicz sind: „Es ist schon gut, wenn ich sterbe, Liebling – und es ist nicht schwer, wenn man so voller Liebe ist wie ich." Joe, sage ich leise vor mich hin, während sich mein ganzer Körper spannt, laß sie „as" sagen und nicht „like". Aber leider stirbt Miss Sullavan „like a bee is full of honey when it comes home in the evening." Wenigstens aber hat Mankiewicz Fitzgeralds Bienenstock weggelassen.

In seinem Roman läßt Remarque Pat sehr viel realistischer sterben – sie redet nicht soviel. Aber schließlich hat sie ihre große Rede schon ein paar Seiten zuvor gehalten und erklärt, daß es schon gut sei, jetzt zu sterben, weil sie ja Erichs Liebe besitze: „Jetzt ist es schwer; aber dafür bin ich auch ganz voll Liebe, wie eine Biene voll Honig, wenn sie abends in den Stock zurückkommt". In der englischen Übersetzung: „. . . *as* a bee is full of honey when it comes back to the hive in the evening" (Hervorhebung durch mich). Merkwürdige Beobachtung: *im Buch regnet es nicht.* Aber dafür weht der *Föhn*.

Mankiewicz' wichtigster Beitrag zu diesem Rührstück war eine gegen die Nazis gerichtete Nebenhandlung, gegen die das Breen Office Einwände erhob. Man wollte die deutschen Bösewichter zu Kommunisten machen. Als Mankiewicz mit Rücktritt drohte, gab das Breen Office nach; immerhin war der Film für seine Zeit politisch einigermaßen gewagt. Mankiewicz stattete die Rolle des Mädchens mit einem gewissen Maß an Witz aus, worüber sich Fitzgerald sehr ärgerte. Er fand, Mankiewicz habe Pat zu „einem gefühlsduseligen Mädchen aus Brooklyn" gemacht – ein kleiner antisemitischer Seitenhieb, der an der Sache vorbeiging: Mankiewicz' Witze waren meistens ziemlich gut und paßten genau in den Film wie alles andere auch. Kleine Nebenbemerkung für Anhänger der *auteur*-Theorie: Frank Borzage war in keiner Weise an der eigentlichen Gestaltung des Films beteiligt, den er bescheiden und zurückhaltend inszenierte.

Professor Bruccoli teilt uns mit, daß „Fitzgerald, als MGM 1939 seinen Vertrag nicht mehr erneuerte, als freier Autor in anderen Studios arbeitete, bevor er seinen Roman *The Last Tycoon* begann, der, auch in seinem unvollendeten Zustand, der beste Hollywoodroman ist, den wir haben. 1977 machte Hollywood aus *The Last Tycoon* den schlechtesten Film, der je gedreht wurde." Ich bin ja sicher, daß Professor Bruccoli sich nicht als Literatur- oder Filmkritiker betrachtet. Er ist ein emsiges akademisches Eichhörnchen, und es macht Spaß, die Nüsse zu knacken, die er in längstvergangenen Maientagen gesammelt hat. Zu behaupten, daß *The Last Tycoon* der beste Hollywoodroman sei, ist ungefähr dasselbe, wie *Edwin Drood* zum besten Kriminalroman aller Zeiten zu erklären. Da *The Last Tycoon* ein Fragment ist und sonst nichts, ist er nirgendwo und in keinem Genre das Beste. *The Day of the Locust, The Slide Area* und das primitiv geschriebene, aber gut beobachtete *What Makes Sammy Run?* sind sehr viel interessantere „Hollywoodromane" als das Fragment, das Fitzgerald hinterlassen hat, und die Behauptung, *The Last Tycoon* sei der schlechteste Film, den Hollywood je gemacht habe, ist schlichtweg albernes Eichhörnchengerede. Auch auf die Gefahr hin, ein persönliches Interesse zu verraten, möchte ich *einen* schlechten Film erwähnen, wenn auch nicht den schlechtesten Film der *je* gedreht wurde (Kritikern sind die Übertreibungen verwehrt, denen unsere akademische Eichhörnchen frönen), sondern einen Film, der ganz gewiß sehr viel schlechter war als *The Last Tycoon* und der (darf ich das sagen?) nach einer sehr viel besseren Vorlage gedreht worden ist: *Myra Breckinridge.*

Vor kurzem habe ich zufällig den Großen Weisen Lohnschreiber getroffen. Er stand gerade am Zeitungskiosk im Beverly Hills Hotel und kaufte die einschlägigen Branchenblätter. Er ist sehr alt, aber immer noch tadellos gekleidet (blauer Kaschmirblazer, auf Hochglanz polierte ochsenblutfarbene Halbschuhe mit Troddeln); er ist Besitzer eines Einkaufszentrums in Encino; er hat ein Emphysem. Obwohl er über die neuesten Geschäfte in der Branche immer auf dem laufenden ist, geht er nur noch selten ins Kino. „Zu viele Autos", ist sein etwas einsilbiger und unbestimmter Kommentar.

Als ich Fitzgerald erwähnte, seufzte er. „Wenigstens hat Ketti noch ein bißchen Geld mit ihm gemacht." Es dauerte ein bißchen, bis ich begriff, daß er die erfolgreiche Bühnenfassung von *Look Homeward, Angel* meinte, die Ketti Frings 1958 geschrieben hat.

„Kennst du schon den neuesten polnischen Witz?" Die kleinen Augen des Großen Weisen Lohnschreibers funkelten hinter seinen dicken Brillengläsern. „Den von der polnischen Schauspielerin, die nach Hollywood kommt, um einen Film zu machen und", der Atem des Großen Lohnschreibers rasselte vor Vergnügen, *„sie vögelt mit dem Drehbuchautor!"*

Armer Scott: „Er war weither an dieses blaue Gestade gekommen, und plötzlich schien ihm sein Traum so nahe gerückt, daß er nur zuzugreifen brauchte. Aber er wußte nicht, daß der Traum längst hinter ihm lag, weit zurück in dem unermeßlichen Dunkel jenseits der großen Stadt, wo die schwarzen Gefilde der Republik unter nächtlichem Himmel wogten." *Habent sua fata libelli.* Jeder Schriftsteller hat sein akademisches Eichhörnchen.

etwas mit seiner Blase nicht, aber wir konnten wirklich nicht alle Räume beheizen, wir waren schon zufrieden, wenn das Publikum nicht erfror.

Es sieht nicht gut aus mit unserem Kino. Die Glasscheibe des Kassenraumes hat einen zwei Meter langen diagonalen Riß, und aus den Sprechmuscheln ist das Cellophan herausgerissen und nur als schmutzigbrauner Rest an den Rändern stehengeblieben, der sich mit jedem Kunden verkleinert, der das Eintrittsgeld durch die Öffnung reicht. Die Wechselgeldkarussells haben schon lange den Geist aufgegeben, und in den Kojen mit den vergoldeten Kartenschlitzen stehen jetzt leere Bier- und Limonadekästen. Aber das ist kein Grund zur Klage, denn das Kino hat schon so ausgesehen, als ich es kennenlernte.

Es begann damit, daß ich mir Cleopatra noch einmal ansehen wollte, und die nackten Brüste der Taylor. Es war ein müder Dienstagabend, und das Kino war mit sieben oder acht ebenso müden Besuchern gefüllt, die sich unantastbar für jeden in die Mitte ihrer Stuhlreihen geflüchtet hatten. Ich beschlagnahmte die zweite Rasiersitzreihe und als das Licht ausging und der Vorhang sich öffnete und ich mich mit dem Knie am Stuhl vor mir abstützte, um so tief wie möglich in meinen Sessel zu gleiten, fiel die gesamte Reihe mit mir um.

Seit einer Woche spielen wir das Tal der Puppen, doch das scheint niemanden zu interessieren. Die Abende verlaufen sehr langweilig, aber das ist nach all dem, was in letzter Zeit geschehen ist, kein Wunder. Bis zur Vorstellung ist noch etwas Zeit. Ich werde Ihnen erzählen, welche Katastrophen der Winter uns gebracht hat. Lassen Sie sich durch die Kühltruhe nicht stören, sie ist nun einmal ein altes Modell.

„Ich wollte sie ja schon ein paarmal verkaufen, aber ..."

Berchle ist, wie Sie früher oder später feststellen werden, Alkoholiker, aber das macht ihn nicht unangenehmer als andere Menschen, mit denen man zusammenleben muß. Sie haben alle ihren Tick und gehen einem damit solange auf die Nerven, bis man eingesehen hat, daß er zur Person gehört wie die Ohrläppchen oder überflüssige Gesten. Ich kannte Berchle schon, bevor Bier einen Teil seines Kopfes beschlagnahmt hat, und wenn ich kurz und präzise sagen müßte, was sich mit dem Bierkonsum bei ihm verändert hat, so wüßte ich lediglich anzuführen, daß sein ängstliches Bestreben, die Kühltruhe mit Bier gefüllt zu haben, die einzige charakterliche Neuerung bei ihm ist. Ansonsten ist er ganz der alte, seine Marotten verstärken sich mit zunehmendem Alter, aber das ist eine normale biologische Reaktion, die Sie bei Ihrem Opa auch feststellen können. Ich gebe zu, daß er sehr unachtsam mit seiner Kleidung umgeht und die Hygiene etwas vernachlässigt, aber wenn er zu riechen beginnt, schicken wir ihn in seine Wohnung zum Duschen. Meistens jedoch lebt er im Kino, sitzt nach den Vorstellungen noch stundenlang im Kassenraum, trinkt Bier, hört Radio und liest in seinen Fußballzeitschriften, und wenn er müde genug ist, trägt er sein Bier ins Foyer und legt sich in eine Decke gehüllt auf das Kunstledersofa, das dort neben den Schaukästen steht. Er trinkt seine Flasche leer, schaut auf die verblichenen Fotos von Doris Day, Cary Grant, Willy Birgel und Hilde Knef und schläft irgendwann ein. So findet Hamsch ihn morgens, wenn er aus seiner Kammer hinter der Leinwand kommt, um aufs Klo zu gehen, und wenn der Postbote gegen neun die Briefe unter der Tür durchschiebt, steht Berchle auf, wäscht sich flüchtig am Waschbecken und geht zu *Tchibo* frühstücken.

Sie erinnern sich bestimmt noch an das letzte Weihnachtsfest mit seinen sternenklaren Nächten, den sibirischen Temperaturen, den steifgefrorenen Parkleichen und den Streusalzorgien auf den Straßen. Wir hatten *Mary Poppins* ins Programm genommen, und tatsächlich füllte sich das Kino mit weihnachtlich gestimmten Familien, einsamen Junggesellen, die wieder einmal jemand neben sich sitzen haben wollten, und mürrischen Halbstarken, die ihre Freundinnen ausführen mußten. Ich verkaufte die Eintrittskarten und Berchle führte die Besucher nach alter Tradition zu ihren Plätzen. Er schloß die Saaltür und betrat den Kassenraum, als ein junger Mann fünf Kästen Bier auf einer Sackkarre hereinrollte. Berchle lächelte, begrüßte ihn herzlich, quittierte und begann, die Flaschen in die Truhe zu räumen.

„Wo ist denn das Bier her?“ fragte ich.

„Von Getränke-Schmitz.“

„Und wer bezahlt das?“

„Ist schon bezahlt“, erwiderte Berchle.

„Und wo hast du das Geld her?“

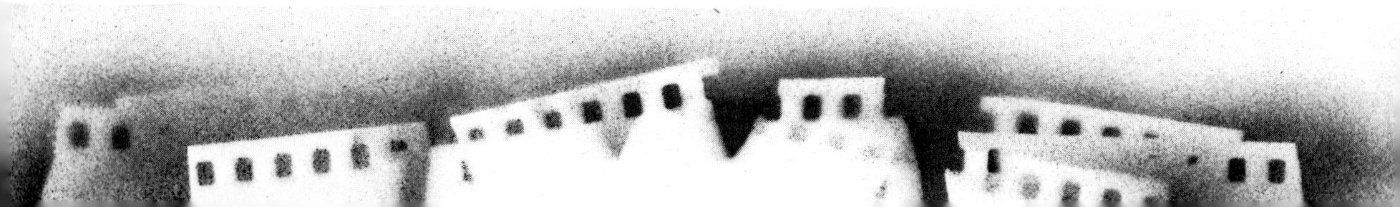

„Von unserem Konto."
„Welches Konto? Wir haben kein Konto, auf dem Geld ist, außer dem ..."
„Heizungskonto", ergänzte Berchle. „Ich habe den Thermostat im Keller heruntergestellt, um Energie zu sparen. Es ist nicht einzusehen, daß die Kellerräume überheizt werden, während in der Kühltruhe nichts gelagert ist. Schließlich ist sie oft unsere einzige Einnahmequelle. Jetzt sparen wir Energie und haben etwas zu verkaufen." Er zeigte auf die Truhe, die bis zum Rand mit Bierflaschen gefüllt war.

Plötzlich wurde die Tür aufgerissen und Hamsch schrie:
„Im Nordtrakt sind die Rohre geplatzt, irgend so ein Idiot hat die Heizung abgedreht!"

Ich sah mir die Bescherung an. Aus der geplatzten Heizung ergoß sich rostigbraunes, stinkendes Wasser auf den Kellerboden, Eisstückchen aus der Wasserleitung schwammen darin wie Miniatureisberge, und unser Kino war die *Titanic,* die in der Kälte versank.

„Ich habe das Wasser abgedreht und die gesamte Heizanlage stillegen müssen", sagte Hamsch. „Und drinnen läuft erst der Vorfilm. Hoffentlich gibt es keine Katastrophe. In spätestens zwanzig Minuten wird es eiskalt sein im Kino."

„Dann kann ich die Kühltruhe etwas wärmer einstellen", sagte Berchle.

Ich hielt Hamsch davon ab, ihn zu schlagen und schickte ihn zu seinen Maschinen.

„Laß die Vorschau und die Weltnachrichten weg. Nur noch Reklame und Hauptfilm", sagte ich.

„Daß du die Heizung abgestellt hast, ist unverantwortlich", schrie ich Berchle an. „Hör dir den Saal an. Mit dieser Einnahme wären wir bis Mitte Januar saniert gewesen, und jetzt sitzen wir auf einer Bombe."

Berchle nahm sich gelassen eine Flasche aus der Truhe.

„Muß wohl eine Eisbombe sein", kicherte er.

Im Saal wurde es unruhig, die ganze weihnachtliche Sanftmut verpuffte in Zwischenrufen. „Heizung an!" war zu hören, „Grönland!" und immer lauter und heftiger machte sich die Masse Luft. „Achtung, ein Eisbär!" schrie ein Witzbold. „Das muß Fürst Pückler sein."

Es wurde gepfiffen und geschrien, ein paar Jugendliche intonierten „Leise rieselt der Schnee...", und als Hamsch instinktlos die *Langnese*-Werbung ablaufen ließ, brach eine Revolte aus.

Stunden später saßen wir auf den Trümmern eines schönen Traumes. Die Besucher hatten alle das Eintrittsgeld zurückgefordert, und unsere jetzige Kassensituation erinnerte mich frappant an den legendären *Schwarzen Freitag*. Berchles Kunstledersofa lag mit gebrochenem Bein auf dem Boden, und immer wieder mußten wir Kinder hinauswerfen, die mit ihren Schlittschuhen auf dem Eis tanzen wollten, daß uns die Feuerwehr hinterlassen hatte, als sie ein Mädchen, dessen Hand sich in einem Sessel verklemmt hatte, befreien sollte, aber versehentlich mit C-Rohren eine Brandbekämpfung durchführte, weil ein Brandmeister die Adressen vertauscht hatte.

Der Keller stand unter Wasser, der Kinosaal war eine Rutschbahn, die Sitzgruppe war angeschlagen und mitten in Reihe sieben saß weinend das Mädchen, weil ihr Vater in der Aufregung den Sessel mit nach Hause genommen hatte. Berchle nippte zitternd an seinem Bier und konnte nicht verwinden, daß man seine Kühltruhe hatte schlagen wollen, und Hamsch weigerte sich, seine Kabine zu verlassen, nachdem ihn ein paar Halbstarke mit Eiswürfeln beworfen hatten. Ich nahm mir eine Tüte Streusalz und begab mich auf einen Rundgang.

Hamsch brauchte eine Woche, um die Heizungsanlage und die Wasserleitung notdürftig zu flicken, aber die Heizung durften wir nur noch stark gedrosselt fahren, wenn sie bis ins Frühjahr halten sollte. Wir beschlossen, nur noch die Kellerräume durchgehend zu beheizen und den Saal erst kurz vor den Vorstellungen aufzuwärmen. Alle anderen Räume wurden nicht beheizt. Die Polstergruppe im Foyer wurde klamm und feucht, und Berchle gewöhnte es sich an, wieder in seiner Wohnung zu übernachten. Hamsch versuchte, im Kassenraum zu schlafen, wurde aber durch die Kühltruhe immer wieder geweckt, so daß er sich in den Kellerräumen niederließ. Wir nahmen billige Filme ins Programm, von denen kein Mensch jemals etwas gehört hatte, und kein Mensch schien der Meinung zu sein, dadurch etwas verpaßt zu haben. Hamsch laborierte an einer Erkältung, die zu seinem Blasenleiden führen sollte, und Berchle trank sich immer näher an den eisigen Boden seiner Truhe heran. Er verlor zusehends das innere Gleichgewicht und zeigte mir immer

öfter Fotos aus der Glanzzeit des Kinos, als Willy Fritsch zu Uraufführungen gekommen war und nachts mit ihm im Foyer Bier getrunken hatte.

„Jetzt habe ich das kühlste und beste Bier weit und breit, aber das Kino sieht aus wie Pompeji zwei Stunden danach. Es hat keinen Sinn mehr. Fritsch ist tot, und manchmal glaube ich, daß es besser wäre, die Kühltruhe in gute Hände zu verkaufen und mich dann umzubringen."

Hamsch zitterte und hustete irgendwo im Kino, und Berchle öffnete trübsinnig die letzte Flasche aus der Truhe, als mir ein Paket *Hercules*-Filme angeboten wurde.

„Wovon sollen wir das denn bezahlen?" meinte Berchle resigniert. „Wir haben nicht mal die paar Mark, um Getränke in die Truhe zu packen."

„Wenn sowieso nichts mehr drin ist, können wir die Kühltruhe ja verkaufen", schlug Hamsch vor und grinste schadenfroh.

Berchle stellte sich schützend vor die Truhe.

„Nein. Wenn wir jetzt schon anfangen, die Einrichtung zu verkaufen, haben wir in wirklich schweren Zeiten keine Rücklagen mehr. Sicher, ich bin bereit, die Truhe zu verkaufen, wenn es nicht mehr anders geht, aber es kommen oft Kunden aus der Nachbarschaft, um Bier zu kaufen, und wieviele Kinder holen sich Eis. Das ist eine Einnahmequelle, auf die wir nicht einfach verzichten können. Hamsch, hast du nicht diesen schweren, teuren Koffer, den du sowieso nicht mehr brauchst?"

Wir einigten uns darauf, den Koffer zum Pfandleiher zu bringen und mit dem Erlös die *Hercules*-Filme zu bezahlen. Berchle nahm sich dieser Aufgabe an. Nach seinem Frühstück holte er den Koffer aus Hamschs Kammer, schleppte ihn zum Pfandleiher, und als ich nachmittags mit den Filmrollen unter dem Arm ins Kino kam und den Kassenraum betrat, nahm Berchle gerade strahlend eine Flasche Bier aus der Kühltruhe und stellte sie vor Hamsch, der dumpf in einer Koje saß und wie irr seine Hände knetete. Verblüfft starrte ich auf die Flasche Bier.

„Moment mal", sagte ich. „Wo ist denn das Bier her?"

Berchle strahlte mich an. Hamsch schlug die Hände über den Kopf und schrie:

„Ich will nichts mehr hören!"

Aber das störte Berchle nicht. Er streichelte glücklich seine Truhe, und ich sah Flasche neben Flasche liegen, in Zweierreihen und in ich weiß nicht wieviel Etagen bis zum Rand gestapelt.

„Siehst du", sagte Berchle. „Ich wollte die Truhe ja verkaufen, aber ihr habt mir davon abgeraten, weil die Nachbarn und deren Kinder immer Bier und Eis kaufen kommen und das zeitweise unsere einzige Einnahmequelle ist. Ich habe es mir nicht leicht gemacht, euren Argumenten zuzustimmen. Wir haben den Koffer als Ausweg gewählt, um die Filme finanzieren zu können. Aber, frage ich dich, was für einen Sinn hat eine gähnend leere Kühltruhe? Du wirst mir zustimmen: keinen! Darum habe ich ein paar von Hamschs Sachen, die er nicht benötigt, mit eingepackt, um das Kapital für die Getränke zu bekommen." Hamsch stöhnte auf.

„Meinen einzigen Wintermantel, meine Angorawäsche und meine neuen Stiefel hat er gestohlen."

„Nein, nicht gestohlen. In harten Zeiten muß man auch Opfer für die Gemeinschaft bringen, Hamsch, im Interesse aller. Du brauchst diese Dinge nicht. Du schläfst im warmen Keller, und für die anderen Räume reicht deine Jacke. Wie sähe es denn aus, wenn unser Vorführer im Wintermantel und schweren Stiefeln durch das Kino liefe? Die Leute müßten denken, wir würden nicht richtig heizen und sofort wieder gehen. Ich hätte lieber die Truhe verkauft, auch wenn die Nachbarn und deren Kinder immer..." Hamsch sprang auf und lief hinaus.

Ich holte ihn ein und überredete ihn, gemeinsam mit mir die *Hercules*-Filme zu begutachten. Nachdem wir alle betrachtet hatten, blickte Hamsch mich triumphierend an.

„Weißt du, daß wir damit..." Ich nickte. Jahrelang hatte Berchle sich gegen unsere Versuche, Jugendvorstellungen durchzuführen, erfolgreich zur Wehr gesetzt, doch mit seiner unbedachten Handlung hatte er uns einen moralischen Vorteil in die Hände gespielt, dem er sich nicht verschließen konnte. Und dieses Filmpaket barg in sich eine Erfolgsgarantie.

„Ihr wollt es nicht anders, aber ich warne euch, ich kenne diese kleinen Ungeheuer. Sie werden das Kino stürmen und den Saal verschmuddeln, überall werden die Wassereisblasen kleben, sie werden die Feuerlöscher abmontie-

ren und Kaugummis in die Schlösser pressen, und zu guter Letzt werden sie das Klo versauen. Sie grüßen nicht und haben keinen Respekt, und wenn sie bezahlen, mußt du aufpassen, ob sie keine ausländischen Münzen dazwischenschmuggeln oder sich unter der Theke hindurchschleichen. Sie sind laut, widerwärtig und schon verloren. Aber ihr wollt ja nicht auf mich hören."

Die Horden kamen. Die Türkenkinder entflohen ihren überfüllten Wohnungen, die Halbwüchsigen stolzierten lässig mit qualmenden Zigaretten herein und beschlagnahmten die besten Plätze, und hinterlistige Rotznasen schlugen und quälten alle, die schwächer waren als sie. Über allem hing der Geruch von Moder und Pisse, der hier im Viertel aus jedem Hausflur dringt. Sie jagten gierig die billigen Träume und übersahen wohlwollend die gepfuschten Szenen, in denen das Pappmaché der Felsbrocken gebrochen war und der Maschendraht durchschimmerte. Der Saal stank und tobte, und wenn das Licht ausging, begannen schon die ersten Schlägereien. Jede Vorstellung war ausverkauft, und Berchle hatte alle Hände voll zu tun. Er kassierte und rechnete ab, und manchmal warf er einen Blick in den Saal, um die Teufel zu betrachten, die soviel Reichtum bescherten. Sie begingen alle Missetaten, die er prophezeit hatte, aber sie bezahlten gut, und dafür war Berchle bereit, seine Abneigung für sich zu behalten.

Wir zeigten *Hercules, der Schrecken der Hunnen* und *Hercules, der Sohn der Götter, Hercules erobert Atlantis* und *Hercules, Rächer von Rom, Hercules, Samson und Odysseus* und *Hercules im Netz der Kleopatra,* und mit jedem Film wurde es schwerer, die Meute unter Kontrolle zu halten. In den ersten Filmen reichte ein Lichtstrahl aus der Stablampe, um Schlägereien abzubrechen, aber das machte inzwischen keinen Eindruck mehr. Alle hatten baumdicke Muskeln bekommen und kannten keine Angst, alle, selbst die Mädchen wurden zu Hercules persönlich, und Hercules hat keine Angst vor Platzanweisern. Als Hercules eine Gruppe von Soldaten erledigte, begann auf der rechten Seite eine kleine Schlägerei, und das Licht meiner Lampe wurde von den Prügelnden nur noch registriert, um besser zielen zu können. Sie stürzten von den Sitzen und krachten gegen die Wand, ein Heißsporn zog sich hastig an der Wandverspannung hoch, so daß die Rosetten abplatzten und bis in die Saalmitte flogen, die Wandverspannung rutschte herunter und begrub die gesamte äußere Sitzreihe unter sich. Hercules war inzwischen mit seinen Gegnern fertig, aber im Saal ging es erst richtig los. Kinder schrien, Sitze zerbarsten, und innerhalb von Sekunden war eine Saalschlacht im Gange. Flüchtende rissen die Foyertür aus den Angeln, zwischen den Sitzreihen wälzten sich verkeilte Gestalten. Es war hoffnungslos. Niemand reagierte auf meine Rufe; hatte ich zwei Kämpfer getrennt, stürzten sie sich sofort auf andere Kinder. Es wurde erst ruhig, als Hamsch die Seitentüren öffnete und mit einem Gartenschlauch zum Angriff überging. Die Zugluft und der harte, kalte Wasserstrahl ließen den Spuk ebenso schnell enden, wie er begonnen hatte, und in kürzester Zeit war das Kino menschenleer, nur hatten Hunderte von Metern Stoff und Wolken von Kalk es in eine staubige Ruine verwandelt, Stuhlreihen waren demoliert, und die große Tür lag gesplittert im Foyer.

„Ich habe euch gewarnt, aber ihr wolltet nicht auf mich hören. Diese Bastarde sind der Untergang unserer Zivilisation. Mit dem Kino fangen sie an, dann werfen sie Kioske um, und schließlich spucken sie auf das Auto des Präsidenten“, schimpfte Berchle. „Was habt ihr aus meinem Kino gemacht? Vor ein paar Jahren habe ich noch mit Willy Fritsch wilde Feste im Foyer gefeiert, und jetzt sieht es hier aus wie in einer Tiefgarage. Einen Weltkrieg und die Währungsreform hat es überstanden, und ihr laßt es euch in ein paar Minuten von einem Kindergarten dem Erdboden gleichmachen.“ Triumph und Genugtuung lagen in seiner Stimme, er kostete seinen Sieg genüßlich aus. Während Hamsch und ich die Seitentüren schlossen, die Wandverspannung über die Sitzreihen breiteten, um sie zu trocknen, und die Saaltür aufhoben, begleitete uns seine zeternde Stimme, die von früher erzählte, uns des leichtsinnigen Umgangs mit seinem Prachtstück bezichtigte, und es fehlte nicht viel, daß er uns vorgeworfen hätte, wir hätten den Saal eigenhändig auseinandergenommen. Als Hamsch das Wasser mit einem Abzieher zum Abfluß zog, stand Berchle mit einem Foto neben uns.

„Hier, bitte: so sah es einmal aus, der Stoff fiel in 28 Bögen und war an jeder Wand mit 130 Rosetten befestigt. Ich habe damals persönlich nachgezählt, als die Rechnungen kamen. Bei der Eröffnung war die gesamte Stadtprominenz zugegen, und die Presse sprach von einem Höhepunkt des Kulturlebens. Und was habt ihr daraus gemacht?"

Wütend riß Hamsch ihm das Bild aus der Hand.

„Du hast noch etwas vergessen!" zischte er. „Siehst du diese Lampen in Halbmondform? Sie galten damals als Meisterleistung deutschen Lampendesigns. Weißt du noch, was daraus geworden ist? Sie sind nicht heruntergefallen, der Zahn der Zeit hat sie nicht zernagt, nein, ein Schickeriatrödler hat sie abmontiert, und zwei Tage später hast du die wunderschöne Theke im Kassenraum zersägt und eine häßliche quietschende und vibrierende Kühltruhe dort untergebracht."

„Ich wollte sie ja schon ein paarmal verkaufen, aber ihr habt selbst gesagt, daß die Kundschaft aus der Nachbarschaft ..."

„Schweig", murrte Hamsch.

„Ich höre da etwas von verkaufen", meldete sich plötzlich eine fremde Stimme. Ein Herr in einem dunkelgrauen Anzug, der an den strapazierten Stellen speckig glänzte, kam durch den Gang auf uns zu.

„Ich spiele nicht gern den Unglücksboten, aber an verkaufen werden Sie im Moment nicht denken können", sagte er. „Jedenfalls nicht in diesem Zustand." Er lächelte mitleidig wie ein Beerdigungsunternehmer, wenn Kundschaft den Laden betritt. „Mein Name ist Seiferth, Ordnungsamt, und ich haben Ihnen mitzuteilen, daß aufgrund der Ereignisse, die sich heute hier abgespielt haben, Ihr Kino solange für den Publikumsverkehr gesperrt bleiben wird, bis wir die Wandbespannungen überprüft haben. Der schriftliche Bescheid geht Ihnen noch zu. Habe die Ehre", drehte sich um und trug seinen Anzug in erfreulichere Gefilde.

Bevor die Techniker des Amtes erschienen, rissen Hamsch und ich die Wandverkleidung vollends herunter. Unseren Plan, die Wand notdürftig zu verputzen und zu streichen, konnten wir mit den Tonnen Kalk, die uns entgegenkamen, in die Container stopfen. Mit Leiter, Dübeln, Bohrmaschine machten wir uns an die Aufgabe, die Wandverspannung wieder TÜV-sicher zu befestigen. Nach Beendigung unserer Hängung strahlte der Saal in neuer Eleganz, die Wandverspannung drückte Tempo und Erregung aus, und der eigenwillige Faltenfall und die experimentierfreudige Rosettenkombination entlockten sogar dem sonst so nüchternen Hamsch spontane Erschreckenslaute. Wir hatten es geschafft: von der lädierten Wandfläche war nichts mehr zu sehen, und unsere Dübeltechnik war so ausgefeilt, daß eher der Saal zerbersten als der Stoff hinabstürzen würde. Es war nicht leicht, den Verantwortlichen vom Ordnungsamt unseren neuen Stil auseinanderzusetzen, aber das ist ein Problem, mit dem jede neue Richtung zu kämpfen hat. Vielleicht waren die Techniker auch ein wenig über die unorthodoxe Dübelanbringung verärgert, wodurch die Prüfung mehr Zeit erforderte als die Montage. Das lenkte sie gottseidank vom Vorhang ab, der an der Aufhängung beängstigend mürbe geworden war. Daß er manchmal blockierte, brauche ich nicht extra zu erwähnen. Deshalb lassen wir ihn meistens offen. Es gibt heutzutage sowieso kaum noch Kinos, die sich dem traditionellen Spiel mit dem Vorhang widmen. Wir leben in einer schnellebigen Zeit, und es interessiert sich niemand dafür, ob der Vorhang zwischen Werbung, Vor- und Hauptfilm ständig auf- und zugezogen wird, erst recht nicht, wenn wir jedesmal mit einer riesigen Leiter kommen müssen, um ihn wieder in Gang zu bringen.

Wir durchlitten eine unserer üblichen Durststrecken. Mir wollte keine Marktlücke einfallen, in die wir hätten stoßen können, und der Niedergang vollzog sich nach bewährtem Muster. Hamsch hustete und zitterte irgendwo im Kino oder war auf dem Weg zur Toilette, die er nunmehr immer öfter aufsuchen würde. Berchle sah wiederholt nur eine einsame Flasche auf dem frostigen Boden der Kühltruhe liegen, aber es gelang ihm immer wieder, Nachschub zu beschaffen, ohne daß wir seinem Finanzierungsgeheimnis auf die Spur kamen. Nachdem wir ihn aus geruchsästhetischen Gründen wieder einmal zum Duschen in seine Wohnung geschickt hatten, konnten wir ihn entlarven. Hastig versuchte er, ein Handtuch der Städtischen Badeanstalten in der Kühltruhe zu verstecken, als wir überraschend den Kassenraum betraten, und wenig später gestand er, daß er seine Wohnung an ein paar junge Rockmusiker abgegeben hatte, die bereit waren, für sein Gerümpel noch 300 Mark zu bezahlen.

„Sie sollen talentiert sein, sagt man. Ich kenne mich in der neuen Musik nicht aus, aber sie haben mir ein Band vorgespielt, das sie aufgenommen hatten, und ich konnte tatsächlich Lautstärkeschwankungen unterscheiden. Ich habe mir sagen lassen, daß dies mit den modernen Instrumenten und den riesigen Lautsprecheranlagen nicht leicht zu erreichen ist. Sie haben Schwierigkeiten, Auftritte zu bekommen, die Tanzlokale sind zu klein für die Geräte und mittlere Säle gibt es kaum noch."

„Wie wäre es mit unserem Kino?" fragte ich.

„Unser Kino?" lachte Berchle. „Hier ist doch kein Platz zum Tanzen."

„Tanzen. Wer will denn heutzutage noch tanzen? Ihre Musik wollen sie hören, und das laut, und dafür haben wir den idealen Raum. Zu Hunderten werden sie hereinströmen, Berchle, sie werden Eintritt bezahlen und dein Bier trinken."

Zu unserem ersten Konzert kamen 150 Besucher. Sie fühlten sich wohl, unsere Sitze knirschten und krachten, wenn sie im Rhythmus mitwippten, und ein paarmal konnte ich beobachten, wie sie sich zärtlich Koseworte ins Ohr brüllten. In der Pause kauften sie Berchles gesamten Biervorrat, und als er für zwei Minuten in den Saal kam, ignorierte er großzügig die rauchenden Besucher und den eigenartigen Duft ihrer Zigaretten.

„Ich habe immer gesagt, eine Kühltruhe ist nicht genug!" schrie er mir ins Ohr, schlug mir lachend auf die Schulter und ging wieder hinaus. Der Geruch, den er hinterließ, erinnerte mich an Wannenbäder im Hallenbad.

Von Konzert zu Konzert nahmen die Zuschauerzahlen zu, Hamsch mußte Berchle beim Bierverkauf helfen, wenn er nicht gerade auf dem Weg zur Toilette war. Berchle gewöhnte sich an die Umsätze und begann, die Unarten der Besucher stirnrunzelnd zu betrachten. Trotz der Verbote der Veranstalter glommen Zigaretten im Dunkel, die einen süßlichen Duft verbreiteten, die Besucher spuckten auf den Boden und nahmen keine Rücksicht auf die Bitten der Veranstalter. Die Zerstörungen nahmen zu, und die Auswirkungen waren verheerend. Unser Foyer hatte den Glanz der Bully-Buhlan-Ära zwar schon lange verloren, der Teppich war an den Laufwegen abgewetzt und durchgetreten, von den fünfzig möglichen Lichtquellen funktionierten nur noch acht, aber nach drei Konzerten hatte man die genoppte und gepolsterte Kunstlederdecke mit Messern aufgeschlitzt und die Füllung herausgezerrt, an den Schaukästen waren die Scheiben eingeworfen und die Fotos zerknüllt, und der falsche Marmor, der die Wände bedeckte, war mit Sprüchen verschandelt und mit Rauchfäden übersät, die man mit dem Feuerzeug daran gezogen hatte. Von den Sitzen war jede Spur von Textil restlos entfernt worden, und ein großer Teil der Sitzflächen lag nach den Konzerten unter den Stühlen. Feuerlöscher wurden von der Wand gerissen und betätigt, und was nach den Veranstaltungen an Unrat und zertrümmerten Flaschen auf dem Boden lag, ließ Berchles Nachsicht sehr schnell schrumpfen.

„Da zündet sich schon wieder jemand eine Zigarette an!“ rief er eines Abends entrüstet, als der Geruch von Haschisch und Räucherstäbchen zu uns herüberwehte. Er stürzte ins Dunkel, um den Täter zu fassen, plötzlich klirrte etwas, und er versank für Sekunden zwischen den Sitzen. „Chiantiflaschen! Verlassen Sie den Saal, das ist verboten!“ Er erntete keine Reaktionen. Weiterhin wurden Literflaschen an die Lippen gehoben, immer wieder flammten Streichhölzer auf. Über allem lag der Lärm der Rockgruppe, zwei Reihen von Berchle entfernt konnte man sein Geschrei nicht mehr hören. Aus der hinteren Abteilung kamen lediglich „Hinsetzen!“-Chöre, als Berchle durch die Reihen hetzte.

Ich versuchte vor der Bühne auf die andere Seite zu wechseln, aber die Fans standen dichtgedrängt vor der Rampe und wehrten mit Ellbogenhieben jeden Konkurrenten ab. Plötzlich flammte die Saalbeleuchtung auf. Blitzschnell verschwanden die Zigaretten unter den Sitzen, die Fans vor der Bühne wirbelten herum, starrten in den Saal, um dort die Erklärung für dieses schreckliche Ereignis zu finden. Die Musiker, Pannen gewohnt, spielten weiter, das Publikum pfiff und brüllte, und unter den erbosten Blicken der Zuschauer, die wußten, welche Funktion ich hier innehatte, die immer noch im taghellen Saal saßen und ihre feine Stimmung immer mehr verloren, eilte ich nach hinten. Ich sah Berchle auf der anderen Seite armrudernd, Verbote brüllend auf die Bühne zulaufen, aber die Feindseligkeit der Zuschauer ließ ihn schon nach der Hälfte des Weges umkehren. Mit herabhängenden Armen, wie ein aus der Kontrolle geratener Roboter lief er hinaus. Sekunden später versank der Saal im Dunkel, die Jubelrufe erstarben aber ebenso plötzlich wie die Musik, kurz, einen Atemzug lang, drang noch aus dem Foyer Lichtschein und Stimmengewirr herein, dann wurde es auch dort dunkel, und über das Kino legte sich eine Welle wilden und zornigen Protestes. Ich betätigte einige

versteckte Lichtschalter, aber Berchle hatte den gesamten Strom abgedreht. Die Menschen verließen die Sitzplätze und blockierten die Gänge, der Lärm schwoll an und schien eine Katastrophe anzukündigen. Mühsam tastete ich mich ins Foyer hinaus. Ich traute meinen Augen nicht. Ein Menschengewimmel staute sich vor dem Kassenraum, ich konnte Berchle erkennen, in warmes Licht getaucht, an seine Kühltruhe gelehnt und bereit, sie gegen die Horden zu verteidigen, die den Raum stürmen wollten. Er stand dort wie der Feldherr vor der aussichtslosen Schlacht, und so schien er sterben zu wollen, an sein Heiligtum gelehnt die letzten Worte stöhnend: „Mich könnt ihr töten, aber meine Truhe wird Strom haben bis zuletzt, Vandalen!"

Hamsch hockte in seiner Kabine und verhielt sich ganz ruhig, um kein Interesse an seiner Person aufkommen zu lassen; als ich die Tür aufschloß und ihn herauszog, schien er dem Kollaps nahe.

„Bist du wahnsinnig?" bellte er.

„Wo können wir den Strom einschalten?" fragte ich.

„Im Kassenraum."

„Der ist umzingelt. Wir müssen eine andere Möglichkeit finden, sonst stirbt Berchle den Heldentod."

Fünf Minuten später flammte das Licht wieder auf. Die Veranstalter sprachen klugerweise von einer technischen Panne, und die Gruppe spielte ihren Part mit drei Zugaben zu Ende. Wir wußten, daß dieses Konzert das letzte in diesem Theater gewesen war, und auch das Publikum schien das zu ahnen. Als der Saal sich leerte, hinterließen die Fans ein Schlachtfeld.

„Dünkirchen", murmelte Berchle bleich.

Ein Drittel der Stühle war demoliert, überall waren Zigarettenkippen und Glasscherben verteilt, Plastiktüten, angebissene und halbzerkaute Brote, an mehreren Stellen Erbrochenes, Tablettenpackungen, Colabüchsen, Streichholzdosen, undefinierbarer Schmutz. Hamsch bemerkte einen Schwelbrand, der gerade auf den Vorhang übergriff.

„Das ist dieselbe Schule", sagte Berchle müde. „Die Kinder haben kein Benehmen und die Jugendlichen saufen sich kaputt, bevor sie einen Charakter haben. Mit Peter Kraus fing das alles an, und das ist das Ende."

Er verbrachte Tage damit, die Böden wieder und wieder naß zu reinigen,

Hamsch und ich besserten das Foyer aus und entfernten die zerstörten Stühle. Wir lösten einige Reihen auf, um die Lücken zu ergänzen, und erhielten zwischen den Reihen so große Abstände, daß man mit ausgestreckten Beinen darin sitzen konnte. Das brachte mich auf eine Idee.

Eines Montags hielten vor unserem Kino drei Reisebusse, und eine halbe Stunde später saß ihr Inhalt auf unseren Stühlen und verfolgte fasziniert einen Farbfilm über die Höhenlagen Kenias, den dort geernteten hervorragenden Kaffee und die ausgezeichneten Handelsbeziehungen Kenias zur internationalen Import-Export-Firma *Impex*. Darauf folgte ein Streifen über die Anden und ihre Alpaka-Tiere, aus deren Wolle die neuartige Rheumadecke hergestellt wird, deren Vertrieb die Firma *Impex* übernommen hatte, und ein sehr informativer Film über spanische Wunderquellen, deren Wasser so unterschiedliche Krankheiten wie Verstopfung, Durchfall, Schlaflosigkeit, Antriebsschwäche, Fußpilz, Hämorrhoiden und Kopfschuppen heilen konnte. Glücklicherweise war es durch den Einsatz der Firma *Impex* gelungen, einige Flaschen mit diesem Heilwasser zu füllen, und nachdem Hamsch das Licht angedreht hatte, begann ein sympathischer Herr mit zurückgekämmtem Haar und einem feinen blauen Nadelstreifenanzug sowohl diese Wasserproben als auch die anderen im Film angepriesenen Produkte anzubieten. Er entfaltete ein vorzügliches Talent, die Vorteile zu schildern und auf die hervorragenden Konditionen der Firma *Impex* hinzuweisen, und viele der Besucher unterschrieben Verträge mit Sammelkonditionen.

Wenn man sich dann im Foyer traf, um Berchles Getränke zu verzehren, alte Erinnerungen auszutauschen, die Berchle mit einer ganzen Menge von Fotos auffrischen konnte, und auf den Film mit Ausschnitten aus großen deutschen Leinwandproduktionen wartete, der als Hauptattraktion der Busfahrten ausgeschrieben war, herrschte stets eine ausgelassene Stimmung, und zahlreiche Dialekte der Umgebung vermischten sich zu einem fröhlichen Singsang alter Leute, die hier ein Gefühl von Gemeinsamkeit erlebten, das sie schon lange verloren geglaubt hatten. Berchle schwebte im siebten Himmel. Voller Interesse lauschte man seinen Erzählungen von Saufgelagen mit Willy Fritsch und Johannes Heesters, die Besucher verhielten sich außerordentlich sittsam und bezahlten ohne Murren die leicht erhöhten Preise für das Bier,

das sie ihm wegtranken. Wir hatten eine der ruhigsten und einträglichsten Phasen unseres Geschäftslebens, unsere Kundschaft verfügte über ausgesuchtes Benehmen und die Finanzen, die es ihnen erlaubten, den dargebotenen Verlockungen nachzugeben. Berchle sah es als seine Verpflichtung, das Kino zu fegen und zu pflegen wie nie zuvor, er führte nur noch edle Biersorten in seiner Truhe und wußte immer, in welcher Gaststätte guter Mittagstisch angeboten wurde.

Natürlich präsentierten wir auch weiterhin ein mehr oder weniger normales Abendprogramm, aber es ließen sich kaum Besucher blicken. Vielleicht lag das an Berchles Verhalten, das er an den Tag legte, wenn mehr als eine Person erschien, die unter 38 Jahre alt war. Er ging ihnen aufdringlich nach und ließ auch während des Films seine Anwesenheit niemals vergessen, indem er mehrmals die Reihe, in der die Verdächtigen saßen, mit seiner Stablampe ableuchtete. „Die einzige Möglichkeit, sie unter Kontrolle zu halten." Bei Jugendlichen ging er so weit, kurz nach ihnen die Toilette zu untersuchen, wobei er dies so auffällig tat, daß es ihnen nicht verborgen bleiben konnte. Der Erfolg seiner Methoden ließ nicht lange auf sich warten, der Besuch pendelte sich bei drei bis vier Personen ein, gegen die er nichts einzuwenden hatte, die aber nur schwer zu wecken waren, wenn der Film zuende war.

Vormittags jedoch war unser Kino ausverkauft. Dreimal wöchentlich quollen die Buttertouristen aus den Bussen, brachen schwätzend und ausgelassen in die Stille unseres Saales ein, standen plaudernd und Bier trinkend im Foyer. Während der Filme trank der Nadelstreif Nescafé im Kassenraum, und wenn Hamsch das Zeichen gab, stolzierte er in den Saal und hielt einen seiner glänzenden Vorträge. Wenn er Ende der Woche Miete und Reinigungsausgleich bezahlte, blätterte er lässig in den großen Banknoten im Fach seiner Brieftasche.

Eines Tages gab Hamsch unerwartet früh das Zeichen. Nadelstreif sah uns verdutzt an, trank hastig seinen Kaffee aus und eilte in den Saal. Kurz darauf stürzte Hamsch in den Kassenraum.

„Nadelstreif ist verhaftet worden."

Der Saal war hell erleuchtet, aber immer noch lief der Film, und auf der

Leinwand waren in blassen Farben die sprudelnden Quellen Spaniens zu erkennen, unterlegt von sanfter Gitarrenmusik. Vor der Bühne hatten einige Polizisten Nadelstreif eingekeilt, und um sie herum ballten sich die alten Menschen und schimpften auf ihn ein. Zwei Herren kamen auf uns zu.

„Herr Berchle?“ Berchle trat zögernd vor. „Können Sie bitte diesen Mist abdrehen?“ fragte der Kleinere, wobei er mit dem Kopf zur Leinwand nickte. „Und packen Sie Ihre Papiere ein, sie müssen mit ins Präsidium kommen.“ Berchle erbleichte.

„Darf ich vielleicht erfahren, was hier los ist? Sie stürmen herein, verhaften meinen Geschäftsfreund und verlangen darüber hinaus, daß ich mit zur Wache komme.“

„Sie dürfen. Sie und Ihr sauberer Geschäftsfreund werden uns jetzt begleiten. Sie sind wegen dringenden Betrugsverdachtes festgenommen.“

„Wegen Betrug festgenommen?“ stammelte Berchle. „Mitkommen? Das geht nicht, meine Kühltruhe wird heute mittag generalüberholt, ich kann jetzt nicht fort.“

Der Beamte lächelte müde. „Sie spielen hier in einem harten Spiel mit, lieber Mann, aber wenn Sie Glück haben, sind Sie in zwei Jahren wieder zu Hause. Ihr neues Heim dürfte nicht kleiner sein als ihr Kassenraum, und wenn Sie sich gut führen, darf Sie Ihre Kühltruhe ab und zu besuchen. Also vorwärts, bitte sehr.“

„Sie sollten sich schämen“, zeterte eine weißhaarige Dame. „Arme alte Menschen um ihr bißchen Geld zu betrügen.“ Ein feiner Speichelregen sprühte aus ihrem Mund und näßte ihren Nerzkragen. Es kam zu einem Handgemenge, als Nadelstreif einem Herrn auf die Finger schlug, der sich in seine Jacke krallte, und Berchle schrie im Kassenraum, wo er mit den Beamten seine Ausweise holen wollte.

„Man hat meine Getränkekasse gestohlen. Herr Kommissar, alle müssen durchsucht werden, einer dieser Herrschaften muß die Kasse gestohlen haben, der Schuft.“

Er war nicht zu beruhigen. Die Alten johlten, als sie von dem Diebstahl erfuhren, woraufhin Berchle völlig außer Fassung geriet. Energisch führten die Beamten den zeternden Berchle ab.

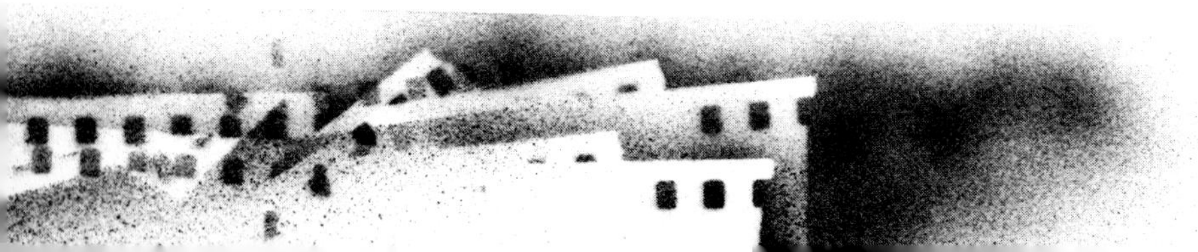

Eineinhalb Tage später war er wieder da. Die Polizei sah ein, daß wir ebenso blind in Nadelstreifens Falle getreten waren wie die Butterfahrer, aber die Seniorenclubs der Stadt überzeugte das nicht. Wochenlang klirrten draußen im Aushang die Scheiben, wenn kleine Trupps von Senioren mit ihren Spazierstöcken vorbeizogen, und immer wieder wurden Parolen an die Außenwand gesprüht. *„Nieder mit dem Kinobetrüger!“* *„Hier werden Senioren bestohlen“* und *„Weg mit dem Altendieb!“* war dort zu lesen.

Seit dem Diebstahl seiner Getränkekasse traute Berchle niemandem mehr. Er zog sich zu seiner Kühltruhe im Kassenraum zurück, sprach nicht mehr, und ich hatte das Gefühl, daß er uns die Schuld an all den Niederschlägen gab. Nur den Getränkelieferanten begrüßte er mit großem Hallo.

Wenn jemand bei ihm kaufte, zählte er mißtrauisch die Münzen nach, in immer kürzeren Abständen überprüfte er die Temperatur der Truhe, wobei er uns seltsam aus den Augenwinkeln ansah. Mitte März machten sich die ersten verdächtigen Anzeichen bemerkbar, am 22. März versagte die Kühltruhe ihren Dienst. Sie gab nur noch ein kurzes Quietschen von sich, das Vibrieren erstarb und Berchle brach zusammen. Hamsch räumte geschwind die Flaschen aus, während ich Berchles Beine hochlegte, dann drehten wir die Truhe auf den Rücken, Hamsch öffnete die Verkleidung und überbrückte provisorisch ein paar Schaltungen, bis der schnell herbeigerufene Mechaniker neue Teile einsetzte. Berchle fieberte zwei Tage auf dem Kunstledersofa aus dem Foyer, doch als der Frühling mit warmen Temperaturen einzog, genas auch Berchle wieder. Er schien uns wieder in seine Welt hineinzulassen und zeigte allmählich Interesse an der Außenwelt. Am 3. April fegte er zum ersten Mal den Saal, ein paar Tage später empfing er uns strahlend an seiner Truhe und spendierte eine Flasche Bier.

„Man muß den Tiefpunkt allen Seins erreicht haben, um wieder Vertrauen schöpfen zu können“, sagte er rätselhaft und tätschelte die Truhe.

Das ist ein paar Monate her. Berchle baut schrittweise seine Ressentiments gegenüber Besuchern ab, und das macht sich in den Zuschauerzahlen bemerkbar. Die Tageseinnahmen sind zwar noch alles andere als berauschend, aber wir werden uns irgendwie durchbeißen. In dem Film über spanische Heilquellen wurden die Bewohner Gran Canarias erwähnt, die nach jeder wirtschaftlichen Katastrophe etwas Neues entwickelten, das sie am Leben halten sollte, vom Bananenanbau über Zuckerrohr, Wein, dem Farbstoff der Schildlaus zum Tourismus. Immer haben sie sich erhoben, wenn sie am Boden zerstört schienen. Irgendwie entdecke ich Parallelen zwischen ihnen und uns, auch wenn ich nicht gerne durch Nadelstreif auf so etwas gestoßen werde.

Jetzt steht Hamsch wieder auf, um zur Toilette zu gehen.

„Nun bleib doch einmal ruhig sitzen", sagt Berchle.

„Du weißt doch, daß meine Blase nicht in Ordnung ist seit letztem Winter."

„Ich sage dir immer, du sollst besser auf dich achtgeben!"

Schon nähert sich der erste Besucher. Ich verkaufe ihm eine Eintrittskarte, und während er das Wechselgeld einstreicht, springt die Kühltruhe an und quietscht und vibriert wie jedesmal.

Der Mann schaut auf.

„Verkaufen Sie eigentlich auch Getränke?" fragt er.

Berchle lächelt, erhebt sich und geht zur Kühltruhe. Triumphierend hebt er den Deckel und fragt den Besucher:

„Was hätten Sie denn gern? Alt, Kölsch, Export oder ein Urquell?"

„Das genügt", antwortet der Mann und greift in seine Tasche. „Seiferth, Ordnungsamt. Sie wissen, daß Ihnen der Ausschank alkoholischer Getränke verboten ist? Ich muß die Truhe versiegeln."

Er zieht eine kleine Mappe mit Amtssiegeln aus der Tasche und betritt den Kassenraum. Berchle lächelt wie ein aus der Kontrolle geratener Roboter.

Erfolgsgeschichte

Tom Clark

Dennis Ackroyd ist irgendwie ein verschrobener Einzelgänger; ein Vietnamveteran. Er hat eine unehrenhafte Entlassung aus der Armee, eine kaputte Ehe und einen ganzen Rattenschwanz von verpaßten Gelegenheiten hinter sich. Als völlig unbekannter Schriftsteller verfaßt er unter dem Namen „Carla Speer“ (sein toter Kumpel aus dem Vietnamkrieg kannte einmal ein Mädchen, das so hieß) – Boulder – postlagernd, einen recht wirren, schwer verständlichen Roman über seine Erfahrungen im Amerika der Zeit nach dem Vietnamkrieg, und schickt diesen an einen Verleger in New York.

Wegen des Zustandes, in dem sich das Manuskript befindet, drückt sich der Verleger monatelang davor, es zu lesen. Schließlich aber überwindet er sich und ist von dem Roman begeistert. Der einzige Haken ist, daß er den Antwortumschlag des Autors verloren hat. Er erinnert sich nur daran, daß die Antwortadresse ein Postfach in Boulder ist. Das Manuskript ist lediglich mit „Carla Speer“ unterschrieben. Deshalb schreibt er einen Brief an

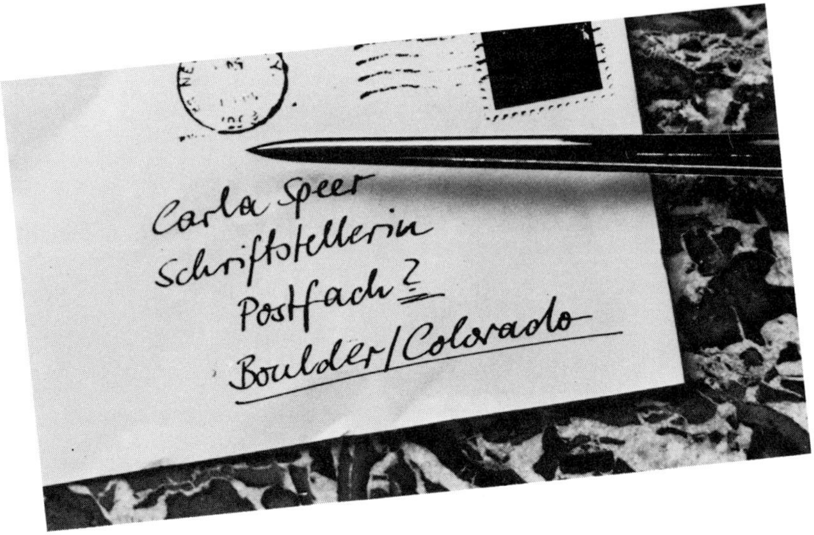

In Boulder gibt es eine Frau, die Carol Steen heißt und die als freie Mitarbeiterin Kurzgeschichten für Zeitschriften schreibt. Eines Tages öffnet sie ihr Postfach und findet einen an „Carla Speer" adressierten Brief des Verlegers.

In dem Brief wird Carla Speer mitgeteilt, daß der Verleger an ihrem Manuskript sehr interessiert sei, auch wenn er es noch für recht holprig und unfertig halte, und daß er gerne etwas mehr über sie und ihr bisheriges Leben wissen wolle; sozusagen „als Auftakt zu unserer gemeinsamen Arbeit an Ihrem Buch."

Carol Steen arbeitet schon seit Jahren an einem Roman. Mit verschiedenen Kapiteln davon ist sie bei Verlegern hausieren gegangen – aber ohne jeglichen Erfolg. Die Post hat Unmengen von ihren Kurzgeschichten – einige wurden sogar angenommen – an Zeitungsredaktionen befördert. Folglich ist es für die Postbeamten nichts Neues, große wie kleine Pakete von New Yorker Verlagen in Carols Postfach zu legen. Es ist ganz offensichtlich menschliches Versagen, daß einer dieser Beamten den an Carla Speer gerichteten Brief des Verlegers in Carols Postfach legt.

Carol nimmt den Brief aus dem Fach, öffnet ihn, überfliegt ihn, stopft ihn in ihre Handtasche und verläßt das Postgebäude. Sie steigt in ihren weißen VW, den sie draußen geparkt hat und fährt weg.

Dennis Ackroyd marschiert mit starrem Blick in seinem Zimmer in Boulder auf und ab. Hin und wieder stößt er ein bösartiges, meckerndes Gelächter aus. Er scheint ernstlich verrückt zu sein. An einer Wand des möblierten Zimmers hängt eine große amerikanische Fahne. In unterschiedlichen Abständen unterbricht Dennis seinen Marsch durch das Zimmer, um vor der Fahne zu salutieren.

Zu Hause angekommen steckt Carol Steen den Brief in einen Stapel von unerledigter Post und geht an ihre Arbeit. Sie macht Kaffee, zündet sich eine Zigarette an, setzt sich an ihre Schreibmaschine und spannt ein neues Blatt ein. Hinter ihrer Hornbrille runzelt sie nachdenklich die Stirn. Sie fängt zu tippen an.

In seinem Zimmer pilgert Ackroyd wie ein Irrer auf und ab. Es klopft. Er bleibt stehen. Seine Schultern sinken herab, er sieht jetzt fast wieder so aus wie ein ganz normaler Mensch. Er ruft: „Herein!" Es ist eine Frau, Ende zwanzig. Sie trägt Jeans und einen Pullover. Sie hat lange, schwarze Haare und tiefliegende Augen in einem stumpfen Gesicht, das auf Drogenabhängigkeit hindeutet. Es ist die Frau von Dennis. Sie haben sich seit sechs Monaten nicht mehr gesehen. Sie bittet Dennis um 50 Dollar. Er gibt sie ihr nicht; er behauptet, er habe kein Geld. Sie geht wieder. Sie ist wütend. Dennis geht zu seiner Kommode und holt einen abgegriffenen, braunen Umschlag hervor, der mit schönen, grünen Dollarnoten vollgestopft ist. Er nimmt die Scheine heraus, zerreißt sie in kleine Schnipsel und spült sie die Toilette runter.

Carol sitzt an ihrer Schreibmaschine und raucht. Sie hat den Kopf aufgestützt. Sie starrt auf die Wörter auf dem Blatt vor ihr, stöhnt leise und steht von der Schreibmaschine auf. Sie geht zum Eisschrank und holt sich eine Dose Bier. Sie gießt sich ein Glas ein, setzt sich an den Küchentisch und trinkt. Dabei raucht sie und denkt nach. Nachdem sie das Bier ausgetrunken hat, steht sie auf, geht wieder in ihr Arbeitszimmer, gräbt den Brief des Verlegers hervor und liest ihn nochmal. Dann setzt sie sich hin, spannt ein neues Blatt in die Schreibmaschine und beginnt wieder zu tippen. Wenn wir ihr über die Schulter schauen, können wir sehen, daß sie an den Verleger in New York schreibt. In dem Brief dankt sie dem Verleger für sein Interesse, erkundigt sich nach seinen Vertragsbedingungen und bittet ihn, ihr eine Photokopie ihres Manuskripts zu übersenden. Sie brauche die Kopie zur Überarbeitung, erklärt sie. Sie unterschreibt den Brief mit „Carla Speer“, aber in einem Postskript teilt sie dem Verleger mit, daß ihr wirklicher Name Carol Steen sei, und daß er von nun an über ihre Privatadresse in Boulder mit ihr Verbindung halten solle. „Ich glaube, ich kann bald auf mein Pseudonym verzichten“, beendet sie das Postskript.

Eine Woche später erhält Carol aus New York per Luftpost und Eilboten die Kopie des Manuskripts. Sie liest es und ist völlig überwältigt. Sie sieht, daß die Geschichte literarisch betrachtet nur teilweise überzeugt, erkennt aber gleichzeitig das Produkt einer genialen Vorstellungskraft. Sie schreibt an den Verleger und schlägt Änderungen vor. Er schreibt zurück, bestärkt sie in ihrem Vorhaben und schlägt seinerseits Änderungen vor. Mit der einfühlsamen Hilfe des Verlegers macht Carol aus Ackroyds Arbeit ein ausgezeichnetes Buch, das unter ihrem Namen veröffentlicht wird. Sie erhält 10000 Dollar vom Verleger. Zwei Monate später – sechs Monate vor dem Erscheinungstermin – wird das Buch an eine Filmgesellschaft in Hollywood verkauft. Carol erhält 450000 Dollar. Sie zieht auf die Bahamas.

In Boulder schaut sich Dennis Ackroyd einen Film an, der ihm von seinem Hauswirt empfohlen worden ist. Der Filmtitel, es ist der Tiel eines kürzlich erschienenen Bestsellers, sagt ihm nichts, aber die Handlung des Films und viele Teile des Dialogs kommen ihm erschreckend bekannt vor. Als Dennis das Kino verläßt, dreht sich alles in seinem Kopf. Er geht in die nächste Buchhandlung, sucht sich das Buch heraus und blättert es durch. Sein Blick wird rasend. Er schleudert das Buch auf den Boden und rennt auf die Straße hinaus.

Am nächsten Morgen ruft Dennis den Verlag in New York an und will geltend machen, daß in Wirklichkeit er der Autor von Carol Steens Bestseller sei. Es dauert einige Minuten, bis er den Verleger am Telefon hat.

„Das ist mein Werk, Sie Mistkerl.“

„Wer spricht denn da?“

„Dennis Ackroyd. Dieses Buch von Carol Steen, das hab ich geschrieben. Erinnern Sie sich denn nicht? Ich hab es Ihnen unter dem falschen Namen ‚Carla Speer‘ zugeschickt.“

„Wollen Sie mich auf den Arm nehmen, Freundchen? Jeder Trottel auf der Straße weiß, daß Carol unter diesem Namen geschrieben hat."

„Was?"

„Tut mir leid, mein Freund. Der Trick ist alt. Wenn Sie eine Plagiatsklage gegen uns anstrengen wollen, setzen Sie sich mit unseren Rechtsanwälten in Verbindung."

Es knackt in der Leitung. Aufgelegt.

Dennis hat keine Möglichkeit zu beweisen, daß er der Autor ist, es sei denn, er kann nachweisen, daß *er* Carla Speer ist.

Er muß die echte Carla Speer finden.

Sein toter Kumpel war aus Chikago. Dennis fliegt dorthin, um Carla zu suchen. Die Familie und die Freunde seines toten Kumpels haben nie von ihr gehört. Sie sagen, daß sich Dennis' Kumpel nicht besonders für Mädchen interessiert habe. Zumindest habe er nicht von ihnen gesprochen. Aber einer von den Typen, mit denen Dennis spricht, ein Typ, dem eine Tankstelle gehört, bei der Dennis' Kumpel gearbeitet hat, sagt, daß Dennis' Kumpel ein Mädchen aus Kentucky hatte. Dennis' toter Kumpel habe sie in einer Bar kennengelernt. Sie haben eine Nacht zusammen verbracht, sagt der Typ von der Tankstelle. Dennis' Kumpel habe während der Arbeit manchmal von ihr gesprochen. Alles, was der Tankstellentyp von ihr weiß, ist, daß sie aus Kentucky stammt. Sie sei das einzige Mädchen gewesen, von der er Dennis' Kumpel jemals habe erzählen hören. An ihren Namen? Nein, da könne er sich nicht mehr erinnern. Dennis' Kumpel sei, nachdem er den Job bei der Tankstelle aufgegeben habe, direkt nach Vietnam gegangen.

Dennis nimmt einen Bus nach Kentucky. Mit Bus und Taxi fährt er durch Louisville und schaut aus dem Fenster. Er trampt durch die Gegend und kämmt ganz Kentucky ab. Er liest Telefonbücher und forscht in Bars nach. Aber Carla Speer findet er nicht. Nach einer Prügelei in einer Bar wird er schließlich festgenommen (seine Fragerei war zu aufdringlich), und er wird wegen Landstreicherei eingesperrt. Der Vorfall erscheint im Lokalteil der Zeitung. Ein Polizist erzählt dem Gerichtsreporter, daß so ein Spinner behaupte, er suche nach einem Mädchen, das ihm helfen könne, den Beweis zu erbringen, daß er ein Buch geschrieben habe, das inzwischen eine halbe Million Dollar wert sei. Der Reporter schreibt darüber eine Glosse in der Rubrik „Vermischtes“. Presseagenturen nehmen die Geschichte auf. Carol Steen, die gerade in Hollywood ist und gegen gutes Honorar eine Filmgesellschaft bei der Verfilmung ihres zweiten Romans berät, liest die Meldung in der *Los Angeles Times*. Sie zeigt sie ihrem Agenten, der sie begleitet.

Er lacht nervös.

„Scheint ein Spinner zu sein“, sagt er.

Sie sitzen gerade in einer recht teuren Bar in Hollywood. Der Agent räuspert sich. Carol scheint ihn nicht gehört zu haben. Sie antwortet nicht.

„Der Typ scheint irgendso ein Spinner zu sein“, wiederholt er.

Sie nippt an ihrem Apéritif.

„Reg dich nicht auf, Charlie“, sagt sie. „Es gibt nichts, worüber wir uns Sorgen machen müssen.“

„Was soll denn das heißen?“ Der Agent nimmt einen kräftigen Schluck Bourbon.

„Ich hab heute Morgen mit Dennis Ackroyd telefoniert.“

„Mit wem?“

„Ackroyd, das ist der Mann, der in Kentucky im Gefängnis sitzt.“

„Du hast mit ihm *gesprochen*?“

„Ich hab im Gefängnis angerufen. Sie ließen mich mit ihm sprechen.“

„Warum hast du denn das gemacht?“

„Würde es *dich* denn nicht interessieren, mit dem Mann zu sprechen, der das Buch geschrieben hat, durch das du reich und berühmt geworden bist?“

Der Agent schwitzt unglaublich – trotz der Klimaanlage.

„Hör mit dem Blödsinn auf, Baby. Das ist überhaupt nicht witzig.“ Argwöhnisch blickt er um sich. „Weißt du, jemand könnte uns zuhören.“

„Entschuldige. Ich mußte dich einfach ein bißchen hochnehmen. Du hast so verstört ausgesehen.“

Der Agent macht einen erleichterten Eindruck. Mit einem langen, kräftigen Zug kippt er seinen Drink runter. Er sucht den Blick der Bedienung und gibt ihr ein Zeichen, daß er nochmal dasselbe wolle.

„Ist schon gut, ich hab mich ein bißchen aufgeregt. Aber wir leben in einer Welt, Baby, in der einer den anderen übers Ohr hauen will. In unserem Geschäft kommt sowas täglich vor. Wart nur, wenn du eine Zeitlang hier draußen gewesen bist, wirst du's verstehen."

Carol lächelt und starrt über die vor ihr stehenden, hohen Gläser hinweg auf einen imaginären Punkt, der sich ein paar Zentimeter über dem Kopf ihres Agenten befindet.

„Ich muß los", sagt sie. „Im Studio warten sie auf mich."

„Ich fahr dich", sagt der Agent.

„Das ist nicht nötig. Die schicken einen Wagen. Wahrscheinlich wartet er schon draußen."

„Ist ja toll", sagt der Agent, und seinem Tonfall ist neue Anerkennung zu entnehmen.

Dennis taumelt in Boulder die Straße entlang. Es ist Winter, es schneit, Schnee fällt auf ihn nieder. Die Straße ist glattgefroren. Dennis rutscht auf dem Eis aus und fällt hin. Die Kamera fährt näher heran, und da sehen wir, daß sein schneebedeckter Umhang in Wirklichkeit die verschlissene amerikanische Fahne ist, die einst an der Wand in seinem Zimmer hing. Dennis hat anscheinend kein Zimmer mehr. Er trägt seine Fahne auf dem Rücken, so wie eine Squaw ihren Umhang. Er kniet am Boden und schüttelt den Kopf. Etwas Schnee fällt von ihm ab. Ein Teil des Schnees aber bleibt auf ihm liegen. Er schlurft die Straße entlang und schüttelt immer noch den Kopf.

Die Erprobung des Herzstichs

Ludwig Fels

Tarzan hat seine Äffchen gefressen. Eines Morgens schickte er sie zum Krokodileangeln, eilte während ihrer Abwesenheit ins nächste Kannibalendorf, wo er sich vom Häuptling den gußeisernen Kessel ausborgte. Als die Äffchen zurückkamen, köchelte er sie und ihren Fang in einem Sud aus Palmblättern. Kaum hatte er sein Verdauungsnickerchen hinter sich, veranstaltete er eine Tollerei in seiner nahen Umgebung, wobei er, bis zum Übermut gesättigt, ein paar arglosen Gorillas die Wirbelsäulen brach; jetzt sind sie querschnittgelähmt, bewegungsunfähig, liegen den herumstreifenden Raubkatzen im Weg und werden zu allem Überfluß von sämtlichen Ästen und Zweigen herab auch noch mit Bananenschalen beworfen, während sich Tarzan vor lauter Lachen das Rückgrat hält.

Liane lebt nicht mehr, brüllt Tarzan morgens und abends, und nachts schleudert er seine Tränen zum Mond empor. Unsre Kinder, schreit er weiter, konnten nicht klettern, sie stürzten ab beim ersten Schritt. Die Wipfel der Bäume nicken bekümmert dazu.

Es ist leider wahr. Bald vergaß Tarzan, an welcher Stelle der Baum, in dessen Krone sich seine Hütte befand, gestanden hatte. Eine Holzfällerabteilung hatte alle Stämme, die er zwecks Orientierung gekerbt hatte, abgesägt, so daß kurz darauf eine verhältnismäßig ausgedehnte Wüste entstanden war, übersät von Ameisenskeletten zwar, aber trotzdem prächtig geeignet zum Straßenbau. Und wiederum hatte Tarzan tagelang und nächtedurch wehklagend geheult, bis der ganze Urwald heiser war, bis die Trauer über die Liebe gesiegt hatte. Die Elefantenherden sprangen hoch in die Luft, daß es nach Böllerschüssen klang, trompeteten, posaunten, daß die afrikanischen Wolken in ungeahnte Höhen aufstiegen und Flugzeuge jagten.

Mein Kino hab ich im Kopf.

Die Leinwand hat die Farbe der Gehirnrinde.

Am liebsten schau ich mir Naturfilme an, dabei ziehts mir nämlich immer die Socken aus, da werden meine Zehen dann zu Spikes aus Horn, mit denen ich wieder die Bäume hochklettern kann. Ich hangel mich von Verkehrsschildern zu Fahnenmasten, suche eine Höhle im Himmel. Es ist Frühling, das letzte Laub fällt.

Aber ich träume, mich leider nicht auf und davon, sondern daß die Wüste ringsum lebt, die Autos plötzlich so lautlos vorbeigleiten wie Schlitten im Schnee. Ich höre den Wind im Beton, blecherne Atemgeräusche.

Mein Fensterkino zeigt mir einen Film aus Glas. Schön trübe.

Ich schließe ganz schnell die Augen und denke, Tarzan stand draußen unter einem Regenschirm. Der Saum seines Mantels hing in eine Pfütze. Er bettelte um Bananen, ich habe es genau gesehn.

Ach ja, die Helden! Wir brauchen sie, natürlich vorgeführt, um zu erkennen, daß wir das Gegenteil von ihnen sind. Dem spielen die Muskeln, dem spannt der Brustkorb, dessen Körperbehaarung steht aufrecht wie ein Dornenteppich, der da hat ein Loch im Helm, dort ein anderer eine schöne Frau am Sterbebett, sie halten Hiebe aus, die Ochsen fällten, fürchterliche Tiefschläge, und alle Küsse und ähnliche Niederlagen. Und wenn Tarzan schreit, wie in höchster Lebensgefahr, dann höhnen seine Feinde: hört nur, er onaniert. Und kühn sattle ich ein Bündel Dynamitpatronen, los geht die wilde Hatz, hinein ins verhexte Begnügen. Was man als Kind erfährt, verbildet nicht. Zum Beispiel die gefiederten Pfeilschäfte in blauen Röcken und Rücken. Ich habe die Stahlhelme nicht gezählt, deren Transpirationssiebe von Kugeln oder Splittern durchschlagen waren, auch nicht die Butterbrüste dieser adeligen Lebemänner; unvergeßlich sind mir ihre von Rüstungen entblößten Leiber ge-

blieben, wenn das Florett, das Papier eindrang, steckte, verhalten nachzitternd, Goldlamé näßte mit schwärzlicher Flüssigkeit, so daß der Hinsinkende das eben genossene Canapé nimmer verdaute. Jetzt, ein paar Jahre später, befriedigt sich Humphrey Bogart an John Travolta, und zwischen den Autoverfolgungsjagden prasseln blaue Bohnen voll Rauschgift wie Bleiampullen auf dem kürzesten Weg in die süchtigen Abnehmer, während auf gewissen Metallparketts getanzt, gelacht, gesoffen wird zur schnucklig geschniegelten Schrottmusik und nicht geweint oder wenigstens erst hinterm Steuer des Wagens auf dem Parkdeck oder im tiefsten Garagengewölbe, wo sich der rüde Lover wagemutig von Höchstgeschwindigkeit und Brückenpfeilern vorschwärmt. Unterwegs dorthin, kann es dann passieren, daß man Tarzan einen Zebrastreifen gerben sieht oder auch in eine rote Ampel beißen wie in einen Apfel. Ich gestehe, ich verehre Hans Moser. Er hatte das Alter, das lebt, war ein Draufgänger auch dann, wenn alle Leute ihre Hände über seinem Kopf zusammenschlugen, er, dieses Wohnküchensinnbild, dieser Reblausstimmenimitator, Nasensänger, dieser Mann, der sicher keiner Frau bis in die Tiefe wehtun konnte, dieser Grantler, Nörgler, dieser reizende Querulant mit dem Körperbau eines Knödelanarchisten. Selbst John Wayne wäre ein Nichts gegen Hansie, dessen Zierde sein nervöser Charme war und ist, der immerzu ein Heuriger, ein Jetziger, ein Bleibender sein wird, ein kleinbürgerlicher Winzling in all den mittelständischen Umtrieben nicht nur seiner Zeit, eine weiche Nachbarschaftsfigur, ein wahrer Typ, schmuck und komisch, Maul und Herz am harmlos rechten Fleck, in seiner Art wie Tarzans Opa, der in meiner Phantasie auf dem Kontinent der Zivilisation ein Dorf rodete und darauf ein paar Hektar Urwald ansäte.

Ärzte? Nur noch Ärzte! Wo kommen denn plötzlich so viele Ärzte her? Was tu ich in diesem fremden Bett? He, Sie, Doktor!

Nicht sprechen! Schonen Sie sich!

Wissen Sie, ich weiß nur noch, daß ich durch die Bäume flog, da wurde mir schwarz vor Augen, und ich stürzte in diese Schwärze hinein.

Aber, aber, Sie leben doch schon längst nicht mehr im Dschungel, mein Herr! Vor Ihrer Einlieferung beschäftigten Sie sich mit dem Vorhaben, nach

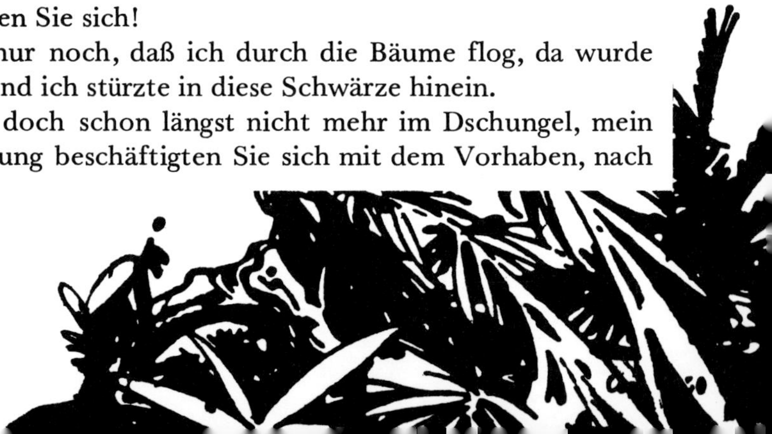

Acapulco zu ziehen, faßten den Entschluß, sich dort eine Villa errichten zu lassen. Acapulco liegt in Mexiko. Nicht im Kongo! Auch sind Sie inzwischen ein bißchen zu alt dafür geworden, um auf jene Bäume zu klettern, die Sie früher ausgerissen haben. Hier, Herr Tarzan, befinden Sie sich in der Intensivstation einer Privatklinik in Los Angeles! Sagen Sie mir bitte, was wäre geschehen, wenn ich in einem Sumpf oder gar in den Rachen eines besonders gefräßigen Krokodils gefallen wäre?

Ihre Freunde, die Elefanten, hätten Sie bestimmt gerettet! Und vergessen Sie nicht: Sie waren schließlich Weltrekordler und Olympiasieger, blond wie Siegfried der Recke im Hallenbad. Welchen Stil schwammen Sie? Hallo! Kraulen?

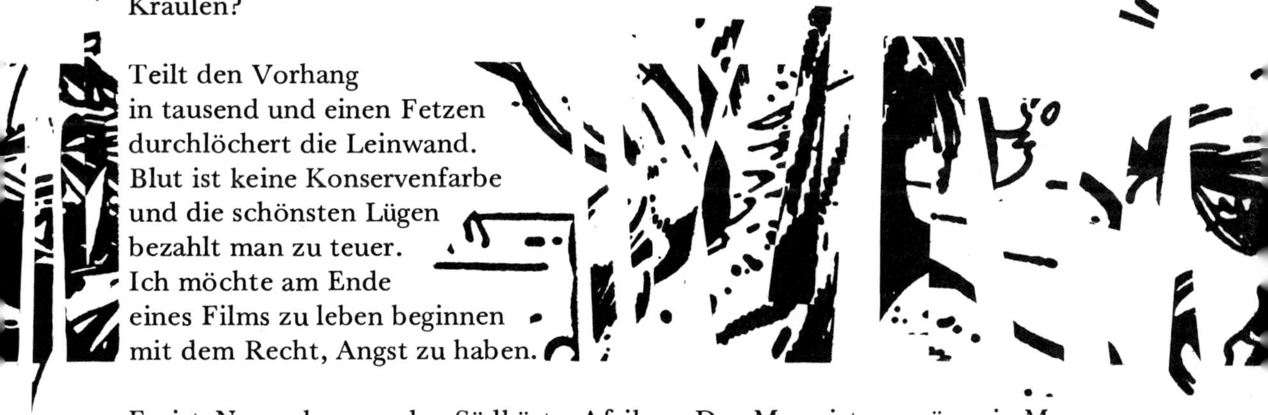

Teilt den Vorhang
in tausend und einen Fetzen
durchlöchert die Leinwand.
Blut ist keine Konservenfarbe
und die schönsten Lügen
bezahlt man zu teuer.
Ich möchte am Ende
eines Films zu leben beginnen
mit dem Recht, Angst zu haben.

Es ist November an der Südküste Afrikas. Das Meer ist so grün wie Moos. „Vier . . . drei . . . zwei . . . eins . . . Feuer!" sagt jemand in einem U-Boot, er spricht es in eine Luftblase, in der noch andere Wörter stehn. Und wir befinden uns mitten im Abenteuer Nummer 11. Die Rakete, der der Countdown galt, löst sich nicht, bleibt hängen. „Panik", heißt es weiter, „verbreitet sich in der Kommandozentrale." Die Männer dort, in weiße Hemden, blaue Schildmützen und schwarze Cravatten gekleidet, fangen an zu tropfen, schwitzen wegen zweier Nuklear-Sprengköpfe, die sie an Bord haben. „Vorprogrammiert detoniert" im Bild eine Wassersäule. Als die Besatzung stirbt, färbt sich das Meer blau; dann ist „der Funkkontakt zu den übrigen Flottenverbänden abgebrochen." Admiral Quiller flucht: „Zum Teufel mit der Strömung!“ Fährt fort: „Ich setze mich mit der hiesigen Regierung in Verbindung!“ Tarzan eilt bereits zur Küste.

Ich nicht. Draußen ist alles ganz anders, nicht so wie im Kino, warum auch, aber das ergibt kaum Stoff für eine Frage. In meinem Leben spiele ich eine Nebenrolle.

Tarzan ist von hellbrauner Hautfarbe. Zotteln blauschwarzen Indinaerhaars wabbern ihm ums kantig gemeißelte Haupt. Wie ein dampfender Schatten bricht er durchs Blätterdach, springt vom Baum und geht in die Knie.

Mit Liane, dem Mädchen aus dem Dschungel, spazier ich über die Brücken, auch über die am Kwai, bin gut beieinander, herkulisch wie ein Gorilla, mindestens so samsonitisch wie ein Schimpanse, rufend, hallo, Akim, hallo, Tibor, qo vadis, Ben Hur, hurra, Stalingrad, du vergebliche Lehre, der Krieg gegen die Wildnis wird fortgesetzt: ein Enzian im Chevy oder im Caddy, im Rückspiegel das Alpenglühn der Wolkenkratzer, zweibeinige Büffel mit Blumenkohlohren vor der Kühlerhaube, Kleiderschränke mit Bügelfalten, Bambis, Oscars, Dracula, Frankenstein, THE HARDER THEY COME, Don Camillo und die Wild Angels und Dschingis Khan als Kapitän auf dem Panzerkreuzer Potemkin, es ist nicht alles unmöglich, letztendlich gerinnen uns die Träume zu einer Gehirnspiegelung.

Der Whisky, Mann, der Whisky! Gott, er hat mich aus dem Affennest geschmissen! Da wirst du alt und hast Geld und hast noch mehr Geld und wirst noch älter und dann säufst du dir die Kraft aus dem Herzen! Ach, Schwester, solch einen Pyjama würden nicht einmal Häuptlinge tragen, die zerkochtes Gehirnmus aus Tropenhelmen schlürfen. Ich bin kein weißer Mann mehr, meine Haut ist aschgrau. Ich behaupte, kein Moskito würde bei mir noch tanken wollen, selbst dann nicht, wenn ich frisch gebadet wäre. Schwester, schalten Sie diese Nacht aus.

Der Kaiser reitet ins Feld. Vielleicht in Deutsch-Ostafrika. Er trägt einen wehenden Federbusch, der aus der Schweißnaht seines Helms quillt. Er sprengt mit dem Gaul über Rübenäcker, daß überall die grünen Blätter aufstieben, reitet Pflüger und Sämänner nieder. Am Ackerrain wachsen Bajonetthecken,

Tambourtrommeln liegen wie Findlinge zwischen den Erdschollen. Die Kriegsberichterstatter haben den Frieden vergessen, erinnern sich nicht einmal mehr etappenweise an ihn. Der Zuschauer findet sich mit den aufsehenerregenden Tatsachen ab, genauso wie mit polierten Pickelhauben, Epauletten, Schärpen. Das ist dann scheinbar das Wesen der Historie, wenn die Arbeiter in Uniformen verschwunden sind und blütenweiße, schamlippenfeuchte Jungmädchentaschentücher im Spalier geschwenkt werden, hinein ins heisere Gebell der Wohlstandsinvaliden, deren Hurrageplärr die Zierstickereien mit Speichelbläschen einschäumt. Die Übermacht des Unverstands, die technokratischen Attacken: die Nation jodelt Ahoi im deutschen Geist. Das Publikum, der Konsumentenpulk, die Realitätsdarsteller, die Massenbesetzer der Hauptrolle, sie alle fühlen sich als erspielte Lebewesen, empfinden ihr Dasein erträglich, sobald es vergleichbar ist. Im Film ist mir zu wenig Platz. Vorne beißt einer ins Gras, wenn er Glück hat, und hinten beginnt das Schokokauen. Wenn ich es wage, mich in Tarzans Psyche zu denken, so sieht das für ihn aus, als würden Leute seiner Rasse braune, viereckig gequetschte, abgebrochene, abgebissene Heidendaumen lutschen. Tarzan wünscht in Gedanken Guten Appetit, eine Gesegnete Mahlzeit, kratzt sich an den Zähnen und springt dorthin zurück, wo der Reichtum der Natur Bilder verbietet, die noch von keiner Planierraupe verzehrt worden sind.

„Meine Güte! Gibt es jetzt Krieg?“ denkt Tarzan, noch in der Hocke federnd, vor Augen Helikopter mit ventilatorischen Rotoren und einen Trupp Marinesoldaten, die Waffen griffbereit vor der Brust. Nur der Kommissar ist in Zivil, Tarzan fast nackend, der Admiral verrät, daß alles, auch ihre Unterredung, streng geheim sei. Tarzan zeigt ein geschnitztes Gesicht, wendet sich zum Gehn, ganz wie ein Wilder, der vorhat, zum Zeitungslesen ins nächste Dorf zu marschieren. Aber gleich darauf taucht er in sonnengesprenkeltes Wasser, schwimmt auf das versunkene U-Boot zu, das hinter einem rosa Riff liegt, unbeweglich auf Korallenbänken. Die beiden Sprengköpfe befinden sich noch an Ort und Stelle, doch wurde inzwischen ein Stück aus der Bootshülle herausgeschnitten. Tarzan stößt sich ab nach oben. Kaum schaut er aus dem Wasser, blickt er auch schon in einen Gewehrlauf. Drei zerlumpte, bärtige

Männer hocken in einem Holzkahn und bitten ihn an Bord. Tarzans aufgeweichter Rücken hat tausend Muskeln und Rippen.

Uns schmerzt nur der Arsch, die Wirbelsäule, das Steißbein, die Lider vom Starren auf die künstlichen Projektionen. Und die cineastische Ästhetik, naja, oft eine neue Form geschmäcklerischer Sklaverei, zum Kotzen oder Naschen, je nachdem, für vieles gut, gut für Herzverfettung, für Hirnverkalkung und das grandiose, bombastisch-pompöse, gigantische Anschwellen der Tränendrüsen, und gut, gut, gut für Schläfenschauer, Mastgänsehäute und modsich moderne Power-Massage. Astrein! und ...

Zelluloid als Wunderdroge?

Es ist die Menge der Menschen, die Menge der Filme, die Menge der Menschen in den Filmen, die Menge der Menschen in den Kinos, aufgehaltenen, in Reih und Glied ausgerichteten Flüchtlingen gleich.

Ich? Ich im Rollstuhl? Sagen Sie das nochmal, sagen Sie das nur auch noch ein einziges Mal, dann schneide ich Ihnen die Kehle durch, eiskalt, gerade und glatt! Aber ein Messer trugen Sie doch nur im Film!

Ach, überall diese Dornen!

Es sind Nadeln!

Warum rasselt es so laut in mir?

Der Smog, nichts als der Smog über Hollywood! Keine Malaria oder ein anderes Tropenfieber! Darf ich vermuten, daß Ihr Lendenschurz damals von jenem Leoparden auf dem schneeigen Gipfel des Kilimandscharo abstammte? Hören Sie mir auf mit diesen verlogenen Schriftstellern!

War ihr Name Tarzeela gewesen? Hatte sie Jane geheißen? Täuschte er sich jetzt oder nie? Hatte sie blonde Haare gehabt? Einen Krauskopf? Dreadlocks? War sie rasiert gewesen, kahl? Oder war es, vielmehr sie, ein Junge ein Jüngling gewesen, vom Volk der Nubier, vom Stamm der Massais, ein Zulukaffer? Warum wußte er nichts mehr? Hatte er eine Äffin begehrt, damals, als sich seine Lenden hoben und senkten, war sie weiß, blond, jung, hübsch, schlank und rank, nackt und trotzdem wie eine wohlhabende Göttin aufgetreten. Vor dem ersten Kuß nannte sie seinen Stolz Pygmäe, dann jedoch Chamäleon. Bevor er sie begattete in wilder Urwaldehe, riß er noch schnell

ein Gnu, trank einen flüchtigen Schluck heißen Bluts und aß das Filet roh. Derart gestärkt, umschlang er sie auf dem modrigen Erdboden. Obschon er Bewunderung einheimste, stöhnenden, schluchzenden Beifall gezollt bekam, versteinte er hinterher. Ermattet schlief er ein. Als er wieder erwachte, war das schöne Fräulein längst weitergezogen und frische Abdrücke von Pantherpfoten folgten ihrer Fährte, die sie ihm wie zu einem Andenken hinterlassen hatte. Aber da er keine Angst kennen durfte, so fürchtete er auch nicht um sie.

In der Umlaufbahn des Mondes befinde ich mich tagtäglich, auf der Erde schmilzt das Grün. Oben sind die Wolken noch weiß.

Ich bringe alles zum Abschluß. Ich bring mich zum Abschuß. Mein kleiner Finger, ohne Ring, schlängelt sich davon wie ein Wurm. Ach, schrei doch! Ich merke mir Schränke voller Krawatten, ich merke mir tote Ehepaare in frühlingshaften Grüften, aber auch, was nicht im Kino zu sehn ist, die andern Folienfilme, die ganz andern, die meine Phantasie als Nackttänzerin anheuern. Ach, Zirkus, wo die Kunst nach Schweiß riecht, ich will gütlich fertig werden. Jetzt gleich!

Die Musik des Todes ist in mir. Drehorgeln, Leierkästen, uralt. Komm, sag ich, zu mir, präge dir das Sandkorn ein, das Felsstück, das Palmblatt, irgendeine beeindruckende Wolke mit Flügelkörpern davor; nur im Kino versinkt die Sonne im Wasser, ohne vom Klicken der Photoapparate begleitet zu werden. Dann geh ich unter in meinem Sitz, lausche dem Kaugummigemurmel, und die überaus seltene, seltsame Frage nach der Kultur, wo sie sei, wie sie wäre, demütigt mich. Kino ist eine Kur, Urlaub vom Ich, dem zu deutlichen, Erholung vom Wir, dem zu schwachen. Ich möchte ein Jahrtausend Zeit haben, gerade soviel, ein Haar von der Wurzel bis zur Spitze streicheln zu können.

Tarzan knallt man einen Gewehrkolben auf den ungelichteten Schopf, dann wird ihm ein Anker an die Füße gebunden. Die Handgelenke gefesselt, so fliegt er über Bord, gleitet aufrecht in die Tiefe, wo er neben einer Riesenmuschel landet, die Hunger hat. Er schleudert ihr den Anker in den klaffenden Schlund, der zuschnappt, folgerichtig den Strick kappt. Ich kann jetzt nicht anders, muß an diese zentnerschwere Perle denken, die den Hals einer Waldame schmücken könnte. Wieder aufgetaucht, beobachtet Tarzan die finsteren Gesellen, die sich eben Taucheranzüge anlegen. Sofort schwimmt Tarzan unter Wasser hinter ihnen her, dann wieder davon, als er feststellen muß, daß es am Grund des Meeres „brenzlig" wird, nach einem schnellen Dauerlauf an Land erreicht Tarzan den Treffpunkt, der jetzt ins Spiel kommt, weil die Story doch stimmen muß. „Der Admiral ist erst einmal sprachlos . . . dann brüllt er seine Befehle . . ."

Wo bin ich? träumt der Kranke. Unaufhörlich brandet das schartige Geklirr von Eis und Gläsern an sein Ohr. Er öffnet weit den Mund und zieht eine schäumende, blasensprudelnde Bahn durch den haiverseuchten Swimmingpool. Am gekachelten Ufer reibt ihn ein amerikanischer Negerboy trokken. Nach diesem Training mixt Tarzan Scotch und Bourbon und tröpfelt einen winzigen Schuß Kokosnußmilch hinzu, hebt zuguterletzt ein Quantum Gin sowie einen Spritzer weißen Rums unter. Johnny, träumt er, das ist ein Leben, das ist das Leben, Palmen vor der Haustür, Jaguar in der Garage, bei Autowetter den Papageienhimmel. 71, einundsiebzig, und acht, 8 Stunden am Tag auf den Beinen, wer macht mir das nach? oder vor? Wenn ich mich bloß so stark und kräftig wie ein Säugling fühle, dann marschier ich unter Wasser um ganz Amerika und spiele dabei Trompete!

Doktor, das Medikament wirkt! Durch den Schädel des Patienten schimmern rosige Gedanken!

Senken Sie die Dosis, Schwester!

Es gab eine Zeit, die gestern war, da sah ich Köpfe, Häupter, Schädel, ernsthaft lächelnde, die sich auf Rumpffortsätzen über ein Parkett bewegten, das ich mit andächtig erhobenen Blicken auf der Unterseite bohnerte. Ich sah keinen Gönner, nur meine Neider, zwei Bundeskanzler, die voller Freude darüber waren, daß die Prominenz der Intelligenz, wobei sie den Begriff Deutsche Dichter wohlweislich und zaghaft unterließen, jetzt endlich einmal ihre Manuskriptkarten aufgedeckt hätten. Ich hörte so ihren Worten zu, die besagten, wie wichtig es sei, daß diese finanziell unterdrückten Existenzen

elend und schwach darniederlägen, ohne eine Ahnung vom materialistischen Tuten und Blasen, während die um sich greifende Enthirnung Zuwachsraten verzeichnete in dieser hiesigen Kulturnation wider Willen, wo gottseidank nur noch die Medienspekulanten als Feindbilder betrachtet würden. Also hob ich meine Blicke von Baumrinde und Glaswolle und betrachtete aufmerksam die rohen Bretterstücke meiner Zimmerdecke, die ungefähr der eines Saals in einer Kellerwohnung glich, dachte unentwegt ans Hochkommen, das Durchbrechen nicht vergessend, an Dächer, von oben gesehn, aber auch das war dann letztlich doch nur ein niederschmetternder Anblick. Erst recht für Tarzan. Zwar ein anderer. Aber immerhin. Und Tarzan wünschte sich in oder neben mir, ich weiß nicht mehr wo, Wanderstiefel zum Himmelfahrtsfest, hatte Sonderwünsche zu vermelden, nämlich solche wie Taubenschnäbel als Benagelung der Sohlen, Schnürsenkel aus Schlangenzungen und einen Rucksack aus Igelhaut. So machte er sich auf den Weg, so ging er davon.

Er starrte, vom Hubschrauber aus, in die faust- oder hufgroße Mündung eines Maschinengewehrs; dahinter standen die beiden Typen in ihren Gummischwarten, mit Taucherbrillen vor den Stirnen und gerippten Atemschläuchen vor der unrasierten Brust, dem schwarzen Herzen, ach so finster und stopplig, Zwillingen ähnlich, die fachkundig den unterscheidbaren Dritten im Bunde musterten, der mit verzerrten Lefzen und sabbergerahmten Lippen über die jähe Ladehemmung fluchte. Die Bordkanone hat die Farbe des Außenbordmotors. Der Admiral verhandelt, denn die Gangster haben bereits einen der Sprengköpfe in ihren Besitz gebracht, fordern Lösegeld. Doch Tarzan, wie sollte es anders sein, in Nukleartechnologien bestens versiert, mit Atomen vertraut, per Du fast, in Kernkraftwissensgebieten bewandert, erbietet sich, den Gefahrenherd zu entschärfen. Außerhalb der Sichtweite des Banditentrios macht er einen Kopfsprung vom Aeroplan in den Ozean, unterhält sich noch im freien Sturz mit dem Admiral, der nach einer kurzen Instruktion zum Megaphon greift und die Seite 13 zubläst.

Sie haben sich einfach zuviel zugemutet!
Ich mußte doch immer besonders tapfer sein!
Haben Sie viel geraucht?

Eigentlich nicht! Und wenn schon! Schließlich war ich Leistungssportler, mußte hundert werden können mit Leichtigkeit!

Freuen Sie sich lieber über jeden Tag!

Wenn die Zeitungen nach mir fragen, sagen Sie ihnen, ihm gehts prächtig!

Wird gemacht! Wir geben gleich ein Bulletin heraus, in dem wir für die Öffentlichkeit, die ein Anrecht darauf hat, zu erfahren wie es ihrem einstigen Idol ergeht, verlautbaren lassen, daß Sie ein Riese an Gesundheit sind! Einverstanden? Unverwüstlich, klar? Tarzan darf schließlich nicht an Altersschwäche eingehn! An Ihnen liegt es, Sie müssen Unsterblichkeit darstellen!

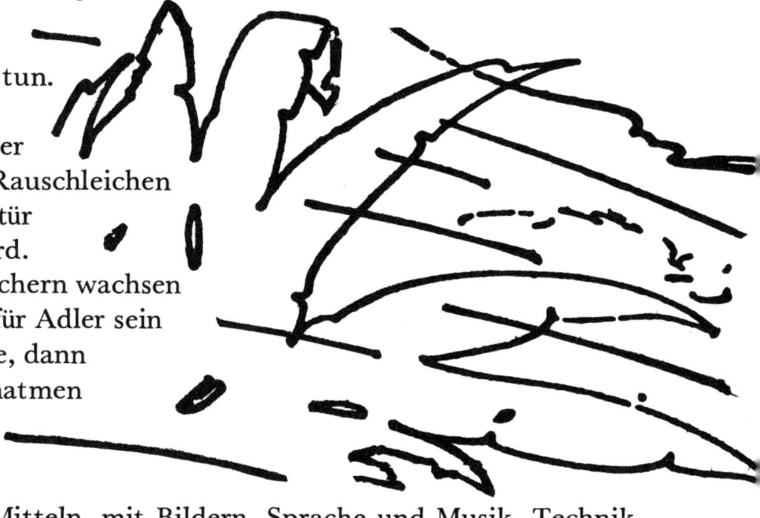

Scheiß auf die Sonne, ich
wollt, ich könnts, wirklich tun.
Scheiß auf sie, sag ich mir
hier hat sie keinen Wert, hier
wärmt sie nur den Dreck, Rauschleichen
lockt jeden vor seine Käfigtür
so daß das Freie zu voll wird.
Würden Wälder auf den Dächern wachsen
die Straßen Landebahnen für Adler sein
Storchennester die Balkone, dann
ja dann würde ich Licht einatmen
und die Wolken anbeten
weiterzuziehn.

Film ist Kunst mit allen Mitteln, mit Bildern, Sprache und Musik, Technik und Geld, und wenn auch ab und zu der Inhalt nicht stimmt, so stimmt doch öfters die Kasse.

Tarzan in seinem Park. Lustwandelnd.

Kein Löwe brüllt. Nicht in der Nähe. Auch in der Ferne nicht.

Der Rasen sprießt saftig.

Tarzans Gärtner versteht sein Handwerk.

Tarzans Haare sind schütter und weiß. Und oft beschwört er seinen Kosmetiker, menschenunmögliches zu vollbringen.

Für Ihr Alter, Mister Weissmüller, hört Tarzan jedesmal, sind Sie in einem prächtigen Zustand!

Er steht da und zählt seine Rippen, greift sich vorsichtig ans hängende Geschlecht. Dann wankt er ins Haus und bettelt seine Frau um einen Whisky an. Einmal an der Flasche riechen dürfen, so gäbe er sich schon zufrieden. Lady Maria, seine Frau, eilte rasch zum nächstbesten Telephonapparat und rief einen guten Freund des Hauses an, der nebenbei seelsorgerisch für die Familie T. tätig war. Madam, empfahl der Hausfreund am andern Ende der Leitung irgendwo in Santa Monica, Beverly Hills, Pasadena oder Pacific Palisades, hetzen Sie unverzüglich den Butler auf ihn!

Tarzan folgt einem Flußlauf, der in den Dschungel führt, sieht, durch Sumpfgewächse und Wasserpflanzen spähend, das Boot.

Einer der Taucher und sein Kumpan in zerschlissenem Zivil verabschieden sich gerade vom zweiten Taucher, um im Dschungel nachzusehen, „ob die Luft rein ist". Sie befehlen ihm: „Du behältst das Wasser im Auge!"

Der Zurückgebliebene, der das Boot bewachen soll, denkt mit einem geilen „Aaah" ans Geld. „Uuuh?" und „Aargh!", entfährt es seinem Gehirn, als Tarzan ihn packt, über Bord zerrt, unter Wasser drückt und ans Ufer schmeißt, wo er dann wie ein Kfz-Mechaniker im lichten Lindgrün liegt und vor sich hindämmert. Sofort macht sich Tarzan an der Bombe zu schaffen. „Ruhig Blut", sagt er sich. Angesichts dreier Schalter. Er entschließt sich, um die Bombe zu entschärfen, für den roten. Wo er diese außerordentlichen Kenntnisse erworben hat, verschweigt er mit gesenktem Kopf.

Ein Cowboy fährt im Straßenkreuzer vorbei. Ein Eskimo mit Turban regelt den Verkehr. Am Schlachthof wird eine Ladung Soldaten verladen. Ganz einfache Menschen tauchen plötzlich überall auf, manche wie aus dem Unglück gestürzt, lediglich mit ihrem eigenen Elend entkommen. Und die Häuser werden gespalten wie entlaubte Kloben. Irgend so ein Jemand weint in der Wüste und aus den Bergtälern quillt fruchtbarer Lehm. Auf einmal scheint wieder alles möglich geworden zu sein: Lachen wird erlaubt, Schläge sind verboten. Greise heiraten, auch gleichgeschlechtliche Ehen werden von ihnen geschlossen; Behinderte tanzen durch Konferenzsäle, Geschäftsleute gehn am Bettelstab. Wünsche und Träume, kreuz und quer, kunterbunt durcheinander, unabhängig voneinander und umso anhänglicher, und der Schmerz kommt ohne Verfolgungsjagden aus, und wenn es knistert und prickelt, dann in uns, wo wieder etwas ist, menschliches, lebendiges im Entseeltgewesenen. Die Augen offenhalten, im Kino und Draußen, daß es sich endlich vermischt, daß unser Bewußtsein fotogen wird und jeder zu seinem eigenen Star. Von nun an gibt es einen Unterschied zwischen Grün und Natur. Wir brauchen Phantasie, die in der Wirklichkeit spielt, keine bezahlten Namen, keinen abgestorbenen Ruf. Von uns muß man noch sprechen, wenn alle Bilder verfault sind. Tarzan hat weiße Lippen und schwarze Zähne.

Jetzt fällt es mir auch auf, daß in der Erinnerung ununterbrochen in Schußwunden nach Kugeln gebohrt, in Messerstichen gestochert, in der Vorstellung unablässig gefoltert wird; in diesen Nachtaufnahmen fliegen keine Geier unter der Kerkerdecke.

Tarzan schnellt sich ins Gehörn rasender, schnaubender Büffel, ist ein Hirte der wilden Tiere.

Für mich bedeutet jedes Lichtspieltheater, jedes Fernsehzimmer einen von Realitäten umzingelten Hort, von wo aus das Auge in Landschaften abschweift, während ringsumher die Steine wachsen. Ich weiß, die Schönheit hat tausend Namen. Ich kenne keinen einzigen. Ich will Gleichheit, Vergleiche, ich will sehen, was sich meinem Blick nicht darbietet, will, daß sich alles gleicht, daß die Unterschiede aufhören, die Möglichkeiten zunehmen, sich in windumbrandeten Ebenen zu bewegen, Eheberingte zu lieben, aber ach, ich träume mich aufwärts und nicht davon. Wie sagen: bin voll Gift und Kot, komm, liebe mich trotzdem, damit ich weiterziehn kann, irgendwohin, vielleicht nur ins nächste Autokino? Mit dem Schiff fahre ich hin, setze die Pelzsegel im kalten Sturm, weine Eis: die Klippen sind betoniert, die Riffe asphaltiert. Ich behaupte, der Schlaf sei ein Filmriß und das Wort Leben wäre hinter einen dicken schwarzen fetten Balken genagelt worden. Ja, du reitest im Polstersessel, auf der Straße fehlt das Stroh, nein, ich spiele mich selbst, und zwar in sämtlichen Rollen, vom Heldenkind bis hin zum greisen, unsterblichen Schurken, vom Liebhabersäugling bis zum vergewaltigenden Leichnam.

Tarzan ist ein freilebendes Geschöpf. An den Rand der Wildnis wurde ein Schild genagelt, worauf sein Spitzname geschrieben steht: Johnny. Man streitet sich noch wie gelehrt darüber, ob es die Apartheid, John Rowlands alias Sir Henry Morton Stanley, David Livingstone, ein Großwildjäger oder ein Kleinviehhalter von einer der Kolonistenfarmen dort anbrachte.

Die meisten Abenteuer sind Märchen, übelst erlogen. Und ich trinke Wein, saufe Tränen, erkühne mich, eine Schallplatte kreisen zu lassen, auf der künstliche Vögel pfeifen, bin so verwegen, eine Brille aufzuhocken, um den Verlauf der Blutbahnen besser verfolgen zu können, aus denen irgendwann später Blitze zucken, Flammen schlagen. Bin ich aber ganz und gar von allen feigen Geistern verlassen, so bedauere ich es, daß da kein Meer vor der Haustür liegt, damit ich den Haien entgegenschwimmen könnte, daß sich da leider auch kein Sumpfgebiet erstreckt, aus dem mitunter nächtens freundlich blickende Wolfsschädel auftauchen würden.

Wir wohnen alle unter einem Dach, wir stecken alle unter einer Decke, es entwickelt sich nichts zurück.

Maria, ruft Tarzan und kann sich nicht mehr entsinnen, wo er seine Frau namens Jane verlor, ja, ob er sie überhaupt hatte kennen können. Maria ...

Johnny, fragt sie, hast du etwas?

Der Tod, sagt Tarzan, ist das letzte Unglück, ist der einzige Kampf, den ich nicht überleben werde.

Zeit seines Lebens, fährt er nach einer Weile fort, sei er von den mannigfaltigsten Gefahren bedroht gewesen, zum Beispiel von explodierenden Quarzlampen, irre feiernden Studioteams, engagierten Regisseuren, oh, er wisse noch genau, wie er sich mit Lex Barker geschlägert hatte, daß dem Typen Winnetou zu Hilfe kommen mußte, ganz besonders aber, wie der undurchdringliche Wald nach Plastik und Chemie gestunken habe, so daß er in den Drehpausen unter einer Gasmaske gerastet hätte.

Gib mir ein Messer, fordert er, ich muß die Bombe entschärfen!

Ich erbe keine Bombe.
Ich trage keinen Colt. Kann keinen tragen.
Kein Gedicht!
Nicht schon wieder!
Ich bin für alles zu schwach.

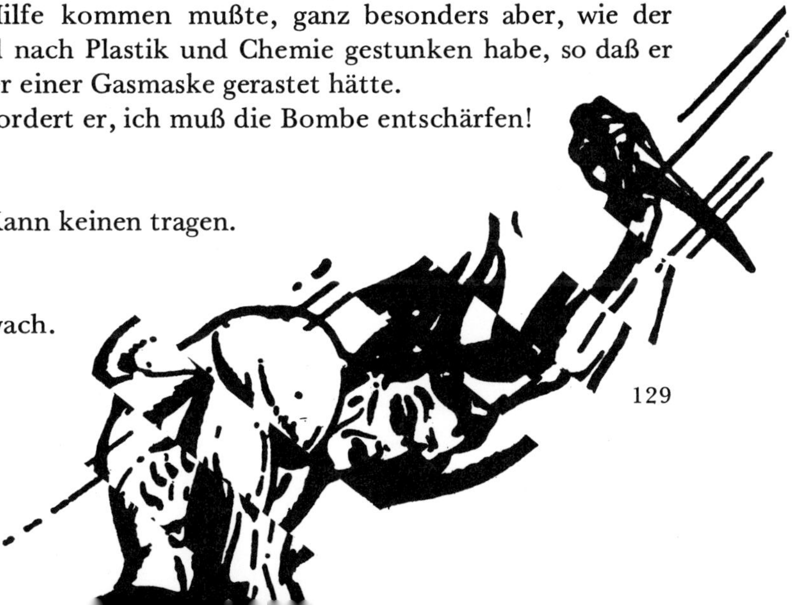

Besonders für Blei und Eisen.
Waffen sind mir nur noch eine Last.
Nirgends stirbt es sich
so leicht als in der Langeweile.

Es wird turbulent. Die zwei Burschen stürzen aus dem Grün, verweigern jede Auskunft darüber, ob sie nun reine Luft gesehen haben oder nicht, sondern stürmen den Kahn, wobei Tarzan den Stahlkolben einer Maschinenpistole über den Hinterkopf gedonnert bekommt. Aber dann, gleichzeitig im allerletzten Augenblick, kreuzt die US-Navy-Flottille auf, begleitet von angreifenden Helikoptern. Der zivile Bandit dreht durch und will sich und alles in die Luft sprengen, doch sein Kumpan erklärt: „Ich hab keine Lust zu sterben! So ein Wahnsinn!“ Zwischen „Ahhh“ und „Uuufff“ vereitelt Tarzan Plan und Tat. Die Bordkanone funktioniert natürlich, als er sich dahinterklemmt und losballert. AAAOOOH!

Ein Schrei wirkt nur dann, wenn sich Husten, Würgen, Röcheln dazwischenmengt, bis der Inhaber der Stimme endlich Blut spuckt, bereits mit einem entschlafenen Lächeln im Gesicht, so, als sei Gott für ihn schon vorher nur ein Bausch Watte gewesen, ein Tupfer aus Lämmerwolken, die in Gewittern zerbarsten, des Donners harten Gips ausstreuten über Leichenfelder. Steht auf, Eiskrem, Kaugummi, Kekse, Schokolade, zwischen Kuß und Tod ergebt ihr euch dem Appetit, dem gesunden Menschenverstand. Ich brülle durch die Wand, ich springe durchs Glas, ich überlebe dieses Leben nicht. Da ist meine angefressene, halbversoffene Eintrittskarte für die Sondervorstellung des Elends! Da! Hier habt ihr sie! Ich trete ab als der Statist eines Komparsen.

Braun und nackt meinetwegen
mindestens ohne Helm und Lendenschurz
möcht ich das Fleisch verlachen ohne Schmerz
den Leib, den edel bestrahlten
der sich verändert, verwechselt, Krankheit
spiegelt wie eine Wahrsagekugel voller Kompaßnadeln.

Bettbezug und Laken sind von einem irrsinnig grellen Weiß, so rauh und feucht wie der Sandstrand unter der afrikanischen Herbstsonne. Er weiß nun, daß der Tod, der kein Aufsehen erregen wird, nicht mit dem Winter, wie er in Kalifornien und Mexiko üblich scheint, verwandt ist. Vor Augen steht ihm das Bild des Tauchers, der bis zu den Schultern aus dem Wasserspiegel ragte; mit seiner Gummikappe sah er aus wie ein getaufter Mönch. Tarzan stellt die Schalter der Reihe nach auf Null. Der Admiral legt ihm seine Fingerspitzen auf die Schultern. Sie geheimniskrämern miteinander. Der Admiral meint, niemand bräuchte zu erfahren, daß hier beinahe ein Atomsprengkopf explodiert wäre. Oder? Tarzan ist der Ansicht, daß hier keine Manöver der Marine mehr stattfinden sollten, weil sonst die Öffentlichkeit etwas erfahren könnte . . . „wir verstehen uns doch?“ Am Ende steht er allein neben einer regenschirmumfanggroßen Blume, die purpurn ist, die einen lila Blütenkelch hat, aus dem Zungen hängen. Tarzan hält die Schenkel fest zusammengezwickt. Aus dem nächsten, folgenden Abenteuer röhrt ein mächtiger Kaffernbüffel herüber, daß sich die Grasnarben kräuseln, das Pflaster zu Staub zerfällt.

Ins Grab scheißen!
Sei doch nicht so!
Wie dann?

Meine Damen und Herren von der Presse, ich habe diese Verlautbarung zu verlesen: Er ißt und trinkt, alles, wieder, Kalb und Stier, wenig Schwein, nur Fruchtsäfte, ab und zu ein Bier, keinen Schnaps mehr, obwohl sein ganzes Tagwerk eigentlich nur noch darin bestünde, den Meerwind und die Palmen zu begrüßen. Notieren Sie mit? Er wird nicht mehr mit den Menschenaffen jenes Gorillastammes, der ihn großzog, bei Vollmond um die pochende, rumpelnde Trommel tanzen, nie wieder ein Baumhaus erbauen und bewohnen oder gar Besuch empfangen von Bomba, dem indischen Dschungelboy, der ebenfalls vom Elefantenrücken in den Jumbo-Jet umgesattelt hat. Irgendwelche zusätzlichen Fragen? Mein freiwilliger Bericht endet mit der Feststellung, daß die Ärzte, wie trotz Geheimhaltung leider doch durchgesickert ist, vor Monaten einen zweiten Luftröhrenschnitt vornehmen mußten. Dem Patienten wird es nach dieser Operation für den Rest seiner Tage unmöglich sein, jemals wieder seinen mehr berühmt als berüchtigten Schrei auszustoßen, insbesondere aber gegen Baumsägen anzuheulen. Die ihn behandelnden Koryphäen geben sich angenehm überrascht von seinen Gesundungsfortschritten, ebenso die extra angestellte Krankenschwester und der Privatpfleger, desgleichen die Haushälterin und das Hausmädchen, die allesamt unermüdlich seine Niederlage erfolgreich, wie ich betonen möchte, betreuen. Ich danke Ihnen für Ihr reges Interesse!

Ich sage: Kameras sind Instrumente der Weltwächter, mit denen sie uns entweder Angst oder Kraft in den Untergrund der Seele jagen, je nachdem, was die in ein Fadenkreuz umwandelbare Linse einfängt. Ringsum erklingt krankes Geschnarche, Brillengläser blinken und funkeln, blenden mich, Hornhautgeflimmer straft mich. Dann wird einhellig kommentiert: Krch!

Ach, Vorhang!

Ich erwache und halte mich so fest ich kann an. Tief unter mir dampft die Morgenröte. Ich habe die ganze Nacht über in einer Astgabel verbracht, hatte mir drei Blätter unter das Rückgrat gelegt. An den Wurzeln des Baumes erscheint ein seltsames Wesen, ein glattrasierter, kurzgeschorener Mann, der wie mir einfällt, zu einer längst ausgestorbenen Gattung gehört. Tarzan erklimmt den Stamm. Er stiert grimmig, fletscht seine falschen Zähne. Du Lügner! keucht er, während er sich emporstemmt, hochzeiht. Ich kreische wie verrückt. Kehr um! rate ich ihm. Warum gehst du nicht nach Lambarene ins Hospital? Da rutscht er auf den Boden zurück, läßt dort den Kopf auf die Brust sinken, die Schultern hängen, die Hände schleifen, so verschwindet er zögernd im Busch.

Dürfen wir nach Acapulco?

Sie dürfen, Frau Weissmüller!

Und er?

Er auch!

Wenn Du stirbst, schnallt man Dich auf einen Plastikelefanten und schiebt Dich ab in die Gefrierkammern des Kälteschlafmausoleums. Dort hockst Du aufrecht, so lange, bis Deine Mumie auf die Höhe eines Menschenaffen schrumpft. Später wirst Du im naturhistorischen Museum aufgebahrt, ehe Du auf einem Ewigkeiten entfernten Dschungelplaneten Auferstehung feierst.

(Quellenregister: Edgar Rice Burroughs' Tarzan, Heft 11, Nov. 1980, Titel: „Die U-Boot-Jagd! Explosion unter Wasser!“)

Elko

Dale Herd

„Das sind die Lieder: ‚Hey, What Did The Blue Jay Say?‘; ‚Oh, My Goodness!‘; ‚Animal Crackers in My Soup‘; ‚At The Codfish Ball‘; ‚Polly-Wolly-Doodle‘; ‚On The Good Ship Lollipop‘. Unter seinen Sachen trug er einen Büstenhalter und Höschen. Wenn er vom Spülwasser ganz durchnäßt war, konnte man es sehen. Er kam mit einem Hut zur Arbeit, aber er setzte ihn nie auf, er kam immer mit verschneiten Haaren herein, und der Hut steckte in seinem Mantel und schützte den Cassettenrecorder. Der Recorder war sein Baby. Niemand wußte, wo er wohnte. Jemand meinte, in einem der Motels.

Wir haben eine große automatische Spülmaschine, die das Geschirr gleichzeitig wäscht und nachspült. Nach dem Spülen dauert es ungefähr drei Minuten, bis sie abkühlt. In dieser Zeit kann man die Maschine nicht öffnen. Und er spielte seine Bänder immer dann, wenn die Maschine abkühlte. Nur Shirley-Temple-Bänder. ‚On The Good Ship Lollipop' war das Lied, das wir am häufigsten zu hören bekamen. Wir konnten schließlich den ganzen Text auswendig und machten unsere Späße damit. Er reagierte nie darauf. Alle dachten, sie wüßten schon, warum. Zum Spaß sagte mal jemand, er käme bestimmt aus New Schwuchtelyork. Aber obwohl wir uns über ihn lustig machten, versuchten wir ihn zu beschützen. Er lehnte das aber immer ab. Als er ums Leben kam, wußte niemand, wen man benachrichtigen sollte. Er wurde nach der Arbeit auf der Straße überfahren. Es war ein Uhr morgens, und in der Dunkelheit kamen ein paar betrunkene Burschen mit ihrem Lieferwagen beim Bremsen vor einer Ampel auf dem Schnee ins Rutschen und fuhren ihn zusammen."

Der Granitblock im Kino

Franz Hohler

Ein Granitblock aus einem öffentlichen Park hatte lange gespart und wollte mit seinem Geld ins Kino, und zwar hatte er von einem lustigen Film gehört, „Zwei Tanten auf Abenteuer". Er ging also an die Kasse und verlangte fünf Plätze. Zuerst wollte sie ihm die Kassiererin nicht geben, doch da sagte der Granitblock bloß „oho", und schon hatte er die Billette. Er hatte erste Reihe gelöst, weil er seine Brille vergessen hatte. Als sich der Granitblock auf seine fünf Plätze setzte, krachten gleich alle Armlehnen zusammen, und dann fing das Vorprogramm an. Der Granitblock schaute interessiert zu und bestellte in der Pause zehn Eiscrèmes, die er sofort hinunterschluckte. Jetzt fing der Hauptfilm an, und der Granitblock amüsierte sich sehr. Da er an Humor nicht gewöhnt war, mußte er schon über jede Kleinigkeit lachen, zum Beispiel wenn eine Tante zur andern sagte, na, altes Haus? Er schlug sich auf die Schenkel und lachte, daß das ganze Kino zitterte und die Leute durch die Notausgänge flüchteten. Als dann eine Tante der andern mit dem Schirm eins über den Kopf haute, war der Granitblock nicht mehr zu halten. Er hüpfte jaulend auf und ließ sich auf seine Sessel plumpsen, die sogleich zusammenbrachen, und damit nicht genug, stürzte er durch den Boden des Kinos in einen Keller und konnte den Rest des Films nicht mehr ansehen. Das Kino wurde vorübergehend geschlossen, der Granitblock mußte mit einem Lastwagen in seinen Park zurückgebracht werden, und heute langweilen sich schon alle Spatzen, wenn er wieder mit seiner Geschichte von den Tanten kommt und kichernd erzählt, wie eine zur andern gesagt hat, na, altes Haus.

Stumme Filme

Michael Koetzle

Ile de Beauté, sagen die Franzosen, Insel der Schönheit, und der Akzent liegt auf Beauté. Tatsächlich ist die Insel schon lange keine Insel mehr. Straßen gehen übers Wasser, und Wege führen selbstverständlich durch die Luft, als wäre das schon immer so gewesen. Von Mai bis Septembermitte ist der große Horizont so gut wie ausgebucht. Selbstbewußt, fast ein bißchen arrogant, stehen dann die Flugzeuge über Poretta, als gehörten sie von jeher zum Inventar des Himmels. Und mit dem behäbigen Stolz einer katholischen Prozession drängen die Fährschiffe von Genua und Marseille in die Häfen von Bastia und Calvi. Im Sechzig-Minuten-Takt überfallen Lärm und Gestank die Mole, dann den Vorplatz, dann die Stadt, schließlich die Küstenstraßen. Nur langsam verliert sich jedesmal das nervöse Durcheinander. Und eigentlich erst gegen Abend, wenn das vorläufig letzte von den Booten festgemacht hat, finden die Hafenstädte wieder für ein paar Stunden zu sich selbst. Dann hat das Leben plötzlich wieder die Dimension eines Pastis oder einer Tasse Kaffee, und auch der kleine Lärm wird wieder wichtig. Das Bellen eines Hundes irgendwo. Das Jammern einer dreibeinigen Katze. Die Glocken von Saint-Roch. Oder das Claque, wenn zwei Kugeln Boule gekonnt sachte aufeinandertreffen.

Der nächste Morgen aktiviert dann neu die fremde Geschäftigkeit des Vortags. Und während noch in Bastia, Ajaccio oder Calvi das erste Boot festmacht, werden überall entlang der Küste bereits die ersten Caravans mit Blick aufs Meer justiert oder nach dem Gang der Sonne ausgerichtet. Zeltstangen klappern, und die Frage nach einem Gummihammer macht vielsprachig die Runde. Vorsorglich werden Gräben ausgehoben. Die nächste Sündflut wird mit Sachverstand drainiert. Es riecht nach Campinggas und Nescafé, später nach Halsgrat und Ravioli aus der Dose und nach Sonnenöl auf einem blauen Niveaball. Das Wasser kokettiert mit weißen, gelben, orangeroten Segeln. Franzosenkinder backen Sandkuchen, und ein paar Deutsche versuchen sich am Westwall eins zu zehn. Wer es jetzt in der Sonne aushält hat gute Aussicht, nahtlos braun zu werden, vorausgesetzt, der Schutzfaktor stimmt. Ansonsten kühlt eine leichte Brise von der See die roten Schenkel. Sonnensegel knattern, und man zeigt den Strandnachbarn Buntfotos von daheim oder liegt einfach auf dem Rücken, bohrt seine Fersen in den Sand, wünscht sich zur Abwechslung mal eine kleine Wolke und denkt an die Kollegen im Büro, und daß sie jetzt gerade Mittag machen, und an Frau Neumann, die hoffentlich die Blumen nicht vergißt. Aus Kofferradios ölt Musik. Apfelbutzen und Pfirsichkerne werden in den Sand gebuddelt. Zwischen zwei Songs plätschert das Meer. Der eine freut sich schon aufs Grillen mit der Familie aus PB. Der andere auf eine Cuba libre an der Strandbar und auf die nächste Runde Squash zu Haus. Ob wohl die Dauerwelle Salz und Sonne glücklich übersteht? geht es manch einem durch den Kopf. Und alle hoffen, daß die Farbe diesmal ein klein wenig länger haften bleibt.

Wie ein Konfettiband legt sich das Strandleben einmal um die ganze Insel. Aber die bunten Punkte leuchten nur von Mai bis September. Im Spätherbst, wenn der Dunst des Hochsommers und der Qualm der brennenden Macchia endlich abgezogen sind, ist vom Konfetti nichts mehr da. Wenn die Ile de Beauté fast wieder eine Insel ist.

Dann plötzlich sind auch die alten Dörfer in den Bergen wieder da. Tox zum Beispiel und Cervione und Chiatra und Linguizzetta und Tallone. Wie Phantome tauchen sie aus Dunst und Qualm und blicken neugierig auf die toten Strände. Von hier unten freilich gleicht ein Nest dem anderen. Das links dürfte Chiatra sein. Das in der Mitte Tox. Und ganz da hinten, wo noch Rauch aufsteigt, liegt vermutlich Cervione.

Cervione liegt in den Bergen, nur ein paar Kilometer vom Meer entfernt. Eine schmale Asphaltstraße zweigt von der Route Nationale 198 ab und führt zwischen Kastanien und Wacholder hoch ins Dorf. In einer Viertelstunde ist man da.

Das erste, was einem in die Augen sticht, ist das Kino, etwas außerhalb gelegen, einsam, tot, maustot, ein maroder Bau, dem noch die Souvenirs aus größern Tagen anhängen wie die mürben Reste eines billigen Make-up. Der Putz bröselt, und den Eingang versperrt ein schiefes Gitter. Durch die rostigen Stäbe suchen Brennesseln das Weite. Allerhand Abfälle bevölkern das Foyer: leere Konservendosen, Pappkartons und diese durchsichtigen Kunststofflaschen von VITTEL. Als hätte wer versucht, dem Dorf mit Nachdruck die letzte Illusion zu retten, prangt vom Dach der Namenszug LE REX gleich doppelt. Unter dem Dachvorsprung zwei Figuren: Micky-Maus und die Reste eines Plastik-Goofy. Der Wind bringt den Brennesseln Bewegung bei. Endlich gehört das Kino ihnen. Ihnen und den beiden Comic-Strip-Figuren und einer ganzen Menge Müll.

Ein paar Schritte weiter dann die ersten typischen Häuser, ganz in Naturstein, selten verputzt und drei, vier Stockwerk hoch. Locker haften die elektrischen Leitungen an den Außenwänden, schwingen hoch über der Straße von Haus zu Haus und teilen beiläufig den Himmel in bizarre Kästchen. Die Fenster sind mehr lang als breit. Die immergrünen Fensterläden bleiben untertags geschlossen. Erst gegen Abend geben sie spitze Gesichter hinter rosa und roten Geranien frei.

Der Weg steigt an. Kaum jemand ist unterwegs. Erst nach zwei-, dreihundert Metern, knapp hinter einer Tankstelle, wird's minimal lebendig. Jugendliche, Mädchen, nach dem Taktstock der letzten Mode angezogen, lehnen wie Schaufensterpuppen an den Stützmauern eines warmen Abends. Sie warten, warten auf nichts Bestimmtes, auf ein paar Blicke höchstens. Jungs auf Mopeds und Motorrädern fahren auf und ab und rufen ihnen etwas zu. Die Mädchen lachen in die hohle Hand und drehn sich weg. Der Supermarkt wird demnächst schließen. Ein altes Weib in grobkarierter Küchenschürze rollt schon die Ständer mit den Postkarten ins Ladeninnere. Schluß für heut. Dafür sind mittlerweile die beiden Straßencafés brechend voll. Die Wette und die Würfel haben hohe Zeit, und der Pastis, der Coup de Rouge und natürlich die starke schwarze Jean Bastos. Man trinkt und spielt und raucht und lacht und braucht sich so erst einmal nicht zu sorgen. Aber sich Sorgen machen nützt ja ohnehin nicht viel, solang es nichts zu hoffen gibt. Und Cervione hat schon lang die Hoffnung aufgegeben.

Mit dem Kino, scheint es fast, hat auch die letzte Illusion das Dorf verlassen. Und mit den Illusionen sind die Jungen weg. Geblieben sind der Supermarkt, die Bank, der Bäcker und der Metzger und natürlich der Pfarrer in der Kirche. Die Jungen allerdings sind weg. Sind auf dem Kontinent. Da, wo es was zu tun, zu schaffen gibt. Und ein-, zweimal im Jahr, im Juli, im August, September, kommen sie für wenige Tage oder Wochen heim. Zurückgeblieben sind die Eltern, die Großeltern und halten die Sehnsucht nach früher wach und die Geranie am Fenster feucht. Und allenfalls im Juli, August oder

September, wenn die Jungen wieder da sind, vergessen sie einmal zu gießen. Die Alten in der Kneipe stoßen an und lachen. Die Mädchen haben sich verzogen, nur eine junge Frau mit Kind mit einem grünen Krokodil an einer langen Leine ist noch unterwegs. Nachdenklich schlurft sie den Berg hoch, kehrt um und kommt zurück und bemerkt nicht einmal, daß in der Kneipe über sie gesprochen wird. Mit ihrem Kopf ist sie woanders. Vielleicht daheim. Aber daheim ist weit. Vielleicht Marseille, Lyon, Paris. Womöglich stammt sie aus Paris, eine Pariserin. Ihr Mann heißt Pierre, Jean-Paul oder Richard und kommt aus Cervione. Und jedes Jahr, September, fährt sie mit ihm her und langweilt sich, zwei drei, vier Wochen lang. Sie trägt ein enges T-Shirt mit dem Kopf von Jacky Ickx und enge Hosen und Sandalen, die verraten, daß sie die Nägel rot lackiert. Nach wie vor geht sie im Kreis, denkt nach und langweilt sich samt Kind und Krokodil und zählt die Tage bis Marseille, Paris, Lyon. Dann stoppt sie, um sich eine Zigarette anzuzünden, sieht auf die Küste und verfolgt weit unten ein paar bunte Punkte, die sich langsam, ganz langsam den Strand entlang bewegen.

Links, rechts und weiter oben krachen die Rolläden der Geschäfte. In der Kneipe gehen schon die ersten Lichter an. Allein die Kirche hat pausenlos geöffnet. Ein mächtiges Reklameschild wirbt für den Nice-Matin. Von der Mairie hängt schlapp die Tricolore, und das Motto über dem Portal, der Leitspruch von 1789 hat ebenfalls an Glanz verloren.

Es ist schon spät. Ein Abend im September. Und eigentlich ist um die Jahreszeit kein Mensch mehr in Cervione, der nicht hierher gehört, der Eltern hat, Großeltern, die hier wohnen, eine Tante. Die Zeit der bunten Punkte an der Küste ist an sich vorbei. Im übrigen, was hat Cervione Fremden schon zu bieten? Wer also jetzt noch hier herumspaziert und nicht zum Dorf gehört, hat sicher etwas zu erzählen oder wenigstens Zeit zuzuhören. – Doch fragt er keineswegs, ob ich wohl Lust hätte oder Zeit, mir seine unglaubliche Geschichte anzuhören. Er fragt zunächst nur, ob ich auf der Suche sei nach irgendetwas, und ob er mir womöglich dabei helfen könne.

Er grinst und schaut mich freundlich an. Sein grauer Schnauzbart sträubt sich in die Breite und die zig Falten im Gesicht wechseln für einen Augenblick die Symmetrie. Sein schwarzer Anzug hat nicht Schritt gehalten, wie er so mit den Jahren kleiner wurde. Die abgeschabte Schildmütze läßt schon das Innenfutter ahnen. Und der Stock, der viel zu lange Stock, war ursprünglich gewiß für jemand anders vorgesehen.

Der Alte grinst mich unverändert an, und ich frag mich, was einer ernstlich in Cervione suchen könnte. Die eine Straße, die ins Dorf geht, führt ohne Eskapaden wieder heim und leistet sich im besten Fall ein paar Meander. Ich schau ihm in die Augen und erkläre in meinem leidlichen Französisch, daß ich mir lediglich den Ort ein wenig ansehn will.

Voilà, jetzt kommt Bewegung in sein Faltenreich. Jaja, meint er, und sein Grinsen löst sich auf, Cervione sei ein hübsches Nest, vielleicht ein bißchen blutarm, anémique.

Blutarm? Was er denn damit meine?

„Tja", und sein Gesicht wird ernst, „à vrai dire, hier ist doch nichts mehr los. Rien ne va plus, wenn Sie so wollen", und er schwingt seinen Stock: „Zählen Sie mal am Ort die jungen Leute. Sind doch inzwischen alle weg von hier. Sind praktisch alle fortgezogen. Und wir Alten, nous les vieux, sind übrig. Mon Dieu, und wer, ich frage Sie, will denn von uns noch etwas wissen. – Sehn Sie", und er greift nach meinem Arm und dreht mich hin zum Meer, „sehn Sie den Strand da unten? Das schäumt im Sommer nur so, brodelt, ein Gewimmel. Leute von überall. Und dann, im Herbst, im Winter, wenn wir hier aus den Wolken tauchen, ist kein Mensch mehr da. Mitunter kriegt man ein Gefühl, als sei man gar nicht mehr am Leben. Jedenfalls lebt man hier oben doch an der Historie vorbei."

„Ich weiß nicht ..."

Und der Alte läßt mich wieder los. „Na, schaun Sie nur, die Henriette, avec ses cartes postales, wie sie all Abend ihre vergilbten Ansichtskarten in den Laden räumt, um den ganzen Zauber am nächsten Morgen wieder aufzubaun. Dabei war hier noch keiner, der ihr ein Bild von Cervione abgenommen hätte."

Ein helles schepperiges Läuten unterbricht seinen Discours, und aus der Jackentasche zieht er einen billigen orangen Morgenwecker.

„Sacré ... Wissen Sie, eigentlich sollte ich jetzt nach Hause. Das Abendessen, meine Frau ... Aber kommen Sie, trinken wir noch rasch ein Gläschen, als Apéritif gewissermaßen. Kann nie schaden." Und mit dem viel zu langen Stock gibt er die Richtung vor, läuft auch gleich zu und lacht, und man spürt genau, sein Herz reibt sich die Hände. Er tappt voraus und stochert mit dem Stock im Pflaster. Wir biegen links ab, rechts und wieder links und nähern uns am Ende einem schlichten Potpourri aus Plastikstühlen und einem runden Tisch.

„Voilà, mein Stammlokal", nickt er und scheint stolz, und ich weiß nicht so recht auf was.

Er rückt sich einen Stuhl zurecht, setzt sich ein wenig umständlich und nimmt den Stock zwischen die Knie. Dann bestellt er zweimal Rot, besser: schreit nach hinten: „Deux coups de rouge, garçon, mais vite", und mustert mich. „Was meinen Sie, hab ich mit diesen Händen schon gemacht, nein?" und er streckt mir unvermittelt seine beiden Hände zu und fächert die zehn Finger auf.

Hm, was soll ich meinen? Ich schau mir seine Hände an. Vor allem sind sie braun und alt, und sonst? Keine irgendwie auffälligen, besonderen Hände. Kaum Arbeiterhände und Bauernhände auch nicht und schon gar keine Dichter- oder Denkerhände. Nein. Irgendwie mittelmäßige Hände, denen man Arbeit ansieht, ohne zu erraten, was für eine.

Der Alte beugt sich nun über den Tisch. Die Falten rund um sein gutes Maikäfergesicht sind mittlerweile ganz Bewegung, und er flüstert was von Photos und nickt bedeutungsschwanger. „Oui", räumt seine Hände wieder auf und schaut sich um.

Der Wein kommt, deux ballons, wie man hier sagt. Wir sagen uns „Santé", dann nippt er flüchtig und beginnt ganz aufgeregt, als blieben ihm nur wenig Augenblicke, um sein Vermächtnis an den Mann zu bringen.

„Am Anfang, au début, war es ja nur der technische Prozeß, der mich begeistert hat. Voyez, man nimmt ein Kästchen, damals noch so ähnlich wie ein Starenkasten, eine Scheibe Glas und ein bißchen Chemie und kriegt am Schluß ein Bild von der Natur, besser und genauer als alle Bilder im Museum. Ich war wohl zehn, als einer hier ins Dorf kam, um gegen Geld, und gar nicht billig, von den Leuten Aufnahmen zu machen. Man hat sich also festlich angezogen, und wurde dann vor einem schönen Hintergrund photografiert.

Voyez, ab da war es mit mir passiert. Und jeder Sou kam auf die Seite. Und als es endlich soweit war, na, Jahre später, ging's mit dem Schiff klammheimlich nach Toulon. So an die hundert Francs hat mich der erste Apparat gekostet. Zurück dann erst mal in die Berge. Mon Dieu, die ersten Bilder, natürlich eine Katastrophe. Doch mit der Zeit ...", er hustet, schluckt und nippt am Glas.

„Mais", und er beugt sich wieder vor, „ce n'est pas tout. Inzwischen hat ja jeder so ein Ding. Jeder hat einen Photoapparat und drückt, sooft er kann. La photographie, qu'est-ce que c'est! Photographie, was ist das noch!" und er reckt seine Arme in den Himmel. – „Jedenfalls, meine Bilder wurden immer besser. Techniquement. Aber irgendwie hat mir ein Ziel gefehlt. Nicht daß ich Schätze ernten wollte. Aber, mal hier, mal da ein gutes Bild, c'était pas ça das war es nicht. Es brauchte eine Brücke. Comprenez? Also, eine Brücke, immerhin, bis ich mein Thema hatte. Ein herrlicher Viadukt. Womöglich römisch, im Ursprung wenigstens. Und für den neumodischen Verkehr natürlich viel zu klein. Wurde in jedem Fall gesprengt. Alors, ça fait, das ist inzwischen auch schon an die fünfzig Jahre her. Voilà, et j'ai compris, da fiel bei mir der Groschen. La vieille Corse, Korsika, das alte Korsika, wie es bald nicht mehr sein würde, das war's, was ich im Bild erhalten wollte.

Le changement, der ganze Umbruch, also, begonnen hat das mit der Industrie. Die wollten unser Holz. Vor allem. Dann der Tourismus. Und dann die Leute aus Algerien. Nach dem Krieg. Den ja nicht wir, pas nous, les Corses, den die Franzosen immerhin verloren hatten. Mais la Capitale, Paris ist weit. Was wissen die von Korsika.

So hat man uns die Pieds noirs ins Land geschickt, vous comprenez, die Algerier, mit völlig neuen Ackerbaumethoden. Man hat die Straßen asphaltiert und Flugplätze gebaut. Alors, nun denn, ich beklag mich keineswegs. Aber nicht alles, was passiert ist, war zum Vorteil dieser Insel. Auf alle Fälle, en tous cas, la Corse, cen'est plus ça, Korsika ist nicht mehr, was es einmal war. Heureusement, j'ai eu l'idee, gottlob kam mir die Eingebung, soviel wie möglich wenigstens im Bild zu retten. Wieviele Aufnahmen werden's sein? Fünftausend? Sechs-, sieben- oder zehn-? Zum Großteil nur als Negativ, aber eine ganze Reihe doch ... Nun, wenn Sie wollen, Sie können sich die Sachen gerne ansehn. La Corse d'hier, Korsika gestern. Apropos ...", und wieder nimmt er einen Schluck. „Les photos, c'est juste la moitié, die Photos, Gott, das ist ja nur die Hälfte. J'ai vite compris, ich habe nämlich schnell begriffen: Ein Bild ist nur das halbe Leben. Der Film, das Kino vielleicht nicht das ganze, mais quand même", und er schweift ab: „Sie kennen unsere Eisenbahn?"

„Nur aus Erzählungen."

„Ah", und er reißt die Augen auf, „unsere Micheline. Sie wissen, wer die Linie durchs Land geschlagen hat?"

„Nein."

„Eiffel – voilà!"

„Der mit dem Turm?"

„Exactement, genau. Damals natürlich noch mit Dampf. Mon Dieu, was für ein Bild. Nein, das war per Photo natürlich nicht zu machen. So kam der Film dazu. Umständlich zwar und teuer. Mais, was zählt die Mühe, was zählen denn die Kosten, wenn Sie heut die Filme sehn. Wochenmarkt in Cervione. Das erste Flugzeug über Tox. Die Bahn, Volldampf voraus durchs wilde Korsika. Herrlich, merveilleux, wunderbar. Und jetzt, quelle honte, soll unsre Bahn stillgelegt werden. Sie sagen, es passiert zu viel. Ahhhh, Monsieur, Sie müssen sich meine alten Filme ansehn. Stumm zwar, aber immerhin."

Er leert sein Glas. „Abgemacht, d'accord, ich zeig Ihnen meine stummen Filme, wenn Sie möchten ..."

„Gern."

„Aber", und er riskiert einen Blick auf seinen Wecker, „sacré, jetzt muß ich wohl. Bin ja längst überfällig. Aber kommen Sie. Hierher. Und meinetwegen morgen."

Er rappelt sich hoch, legt ein Fünf-Francs-Stück auf den Tisch und schreit nach dem Garçon.

„Also, Sie kommen, und ich warte hier. Bis dann hab ich auch alles aufgebaut. Dann können Sie die Filme sehn."

Er streckt mir seine Hand entgegen, und ich versuche, etwas von dieser kuriosen Geschichte zu erfühlen. Aber sie ist wie so viele Hände: ein bißchen warm, ein bißchen rauh und weich und auch ein bißchen müde.

Er nimmt den Stock einiges unterm Griff und nickt mir zu, ein letztes Mal, dreht sich dann um und tappt den Weg bergauf. Das Stochern auf dem derben Pflaster ist noch eine ganze Zeit zu hören. Allmählich aber wird es leiser, dann ist es ganz verschwunden.

Die Straßen und die Gassen sind jetzt menschenleer. Es ist auch kühl geworden, aber nicht gerade kalt. Durch die geschlossenen Fensterläden dringt das Licht nur zeilenweise. Über mir melden sich Stimmen. Schritte auf Holzbohlen. Pferdegetrappel. Schüsse. France-Télé hat, wie es scheint, Cervione fest im Griff.

Der folgende Nachmittag hat sich am Drehbuch von gestern orientiert. Das Mädchen mit dem T-Shirt mit dem Kopf von Jacky Ickx und dem Kind samt Krokodil demonstriert unverändert Langeweile. Die Geschäfte schließen, und wie üblich rollt Henriette ihre Postkarten ins Innere des Ladens. Ein Duft von Kaffee und Pastis geht durch die Luft. Geraucht wird natürlich auch, und im Hintergrund jubelt eine Musikbox. Das Mädchen mit dem Kind mit Krokodil hofft nach wie vor auf Paris, Lyon, Marseille und ignoriert den Spott der Leute im Café, weil das Gesicht von Jacky Ickx auf ihrem Busen schon ein bißchen schräg aussieht.

Ein Stückchen weiter dann der Platz, wo wir uns treffen wollen. Der Ober lehnt gelangweilt in der Tür und scherzt mit einer alten Frau. Ich taste mich voran und um die Ecke, wo der Alte gestern Nacht verschwunden ist. Die schmale Straße führt geradewegs den Berg hinauf und endet mit einer Garage. Ich schaue mir die Häuser zu beiden Seiten an. Doch niemand winkt mir zu und niemand, den ich fragen könnte. Ich kehre also um, der Ober in der Kneipe wird sich schon erinnern.

„Pardon, Monsieur", ich trete näher, „Sie erinnern sich vielleicht ... der alte Herr, mit dem ich gestern hier gesessen bin und Wein getrunken habe ..."

Ja, der Garçon erinnert sich.

„Voyez, schaun Sie, ich müßte wissen, wo er wohnt."

„Keine Ahnung", und er schüttelt seinen Kopf, „ancune idee."

„Aber der Photograph von Cervione ..."

„Photograph", kennt er nicht und lacht, „und einen Photographen hat's hier auch nie gegeben. Nicht in Cervione."

Kurzfilm

Hansjürgen Bulkowski

Im Zuschauerraum ist es dunkel, das einzige, was wir wahrnehmen, ist das sich kaum verändernde leise Knattern des Filmprojektors, plötzlich das erste Bild, da bist du drauf als etwa einjähriges Kind, in einem weißen durchwirkten Hemdchen sitzt du auf einer langhaarigen weißen Pelzdecke, süß natürlich, leicht abstehende Ohren, du schaust mißtrauisch in die Kamera und zu uns in den Zuschauerraum, den Hintergrund hat der Fotograf unbestimmt hell gelassen, in den Händchen hältst du eine Kindertrompete, der wird mal ein guter Bläser, denkt einer von uns, am unteren Bildrand Jugendstilranken und in Gold gefaßte Buchstaben, *Paul Petzold Brandenburg A/H. Kurstr. 52,* und da läuft der Film langsam weiter, wir sehen dich auf dem zweiten Bild neben deinen beiden jüngeren Schwestern stehen, jetzt bist du etwa sechs Jahre alt, auf deiner Brust eine riesengroße Fliege, dunkle Pumphosen, hohe Schnürschuhe, die Haare als Pony in die Stirn hängend, darunter wieder der Name des Fotografen, *G. Stegerer Brandenburg A/H. Haupt-Str. 42,* und da schiebt sich uns ein nächstes Bild vor die Augen, der Film läuft, 24 Bilder pro Sekunde, jetzt trägst du schon einen dunklen Anzug. Zweireiher, hinter dir die dunklen fast schwarzen Jugend stilmöbel des Fotoateliers, auf dem Tischchen dekorativ ein Journal und ein ledergebundenes Buch, darauf ein schwarzer Hut, Melone, am Jackenrevers ein Sträußchen Myrthe, in deiner linken Hand ein Gebetbuch, ein Bild, das unmerklich in das nächste übergeht, 24 Bilder in der Sekunde fließen für das Auge zu einer einzigen kontinuierlichen Bewegung zusammen, immer noch stehst du in einem Fotoatelier, wir sehen deine Generation jahrzehntelang in Fotoateliers herumstehen, diesmal aber mit eurer ganzen Familie, die Mutter trägt eine schöne altmodische Elfenbeinbrosche auf der grauen Bluse, deine Schwestern riesige Schleifen im Haar, die eine Schwester eine weiße die andere eine schwarze, der Vater mit Schnurrbart, die Bartenden ganz spitz und leicht aufwärts gerichtet, dir haben sie inzwischen den Kopf kurzgeschoren und nur vorn über der Stirn einen lustigen Stutz Haare stehen lassen, ein Stehkragen soll deinen Kopf besonders grade halten, im Hintergrund eine gemalte klassizistische Säule, die auf dem nächsten Bild endlich von einer aus Holz gezimmerten Gartenlaube abgelöst wird, wiederum die ganze Familie, deine Mutter sieht nun schon viel älter aus, eingefallenes Gesicht, abgearbeitet, auf dem Giebel der Laube die bereits verblassende Jahreszahl 1914, auf dem Hocker zwischen deinen Schwestern ein weißer Fleck, es ist ein weißes Kaninchen, das wir kaum erkennen können, weil es sich während der Aufnahme bewegt hat, du jetzt mit einem hochkrempigen Herrenhut auf dem Kopf, immer noch Stehkragen, an deiner Weste hängt eine metallene Uhrkette, und auf dem folgenden Bild darfst du sogar schon eine Zigarette in der Hand halten, wir schätzen dich auf etwa 18 Jahre, mit dir am Fuße einer Wendeltreppe im Park, die zu einem Aussichtsturm hinaufführt, einige junge Männer etwa in deinem Alter, alle mit Anzug, weißem Hemd und Schlips, neben euch ein älterer Herr mit weißem Rauschebart, und er ist

auch der erste, den wir auf dem nächsten Bild sofort wiedererkennen, eine Gruppenaufnahme, diesmal mit etwa 50 Männern, zwischen ihnen sechs bunt benähte und bestickte Fahnen, auf denen wir, da sie schlaff herunterhängen, nur wenige Motive erkennen, die Mutter Gottes zum Beispiel mit dem Kind auf dem Arm, einen Jesus mit Dauerwellen, der sich mit dem Zeigefinger auf seine entblößte Brust zeigt, oder auf einer dritten Fahne das Wappen des Berliner Bärs und die beiden Wörter *Gesellen* und *Berlin,* den älteren Herrn mit dem weißen Rauschebart können wir jetzt der Geistlichkeit zuordnen, der Schwarz-Weiß-Film läuft, schon wartet die nächste Massenszene auf uns, ein Umzug mit vielen Zuschauern am Straßenrand, ganz hinten ein hoher dunkler Kirchenbau, in dem einige von uns die Kreuzkirche von Breslau erkennen wollen, links eine Häuserfront, die Rolläden der Geschäfte sind heruntergelassen, die Uhr eines Uhrmacherladens zeigt drei Minuten nach halb vier, Sonnenschein, über einem der geschlossenen Läden das Wort *Staatslotterie,* an der Spitze des großen Umzugs auf der Straßenmitte wieder eine reich verzierte Samtfahne mit Heiligenfigur, Aufschrift für uns deutlich lesbar *Katholischer Gesellen-Verein,* darunter *1849 Köln 1899,* hinter dieser Fahne trägt ein kleiner Junge das weiße Pappschild *Kath. Gesellen-Verein Berlin,* und dahinter dann du als Fahnenträger, mit Schärpe über dem dunklen Anzug, Nelke im Knopfloch, die Fahne, die du trägst, ist dieselbe wie die dritte auf dem vorigen Gruppenbild, jetzt aber lesen wir darauf auch noch das Wort *Handwerk,* mit der Fahne verdeckst du fast ganz die Ladenüberschrift *Zigarren* an der Häuserwand links, unter dir hat jemand mit blauer

Tinte ein Kreuzchen aufs Foto gemacht, überflüssigerweise, denn wir wissen ja, daß du es bist, hinter dir die Fortsetzung des Zuges, Männer, Jünglinge, Fahnen, auf anderen weißen Pappschildern entziffern wir noch mit Mühe einige weitere Ortsnamen, *Dresden Chem-*

nitz Gleiwitz Oppeln Grottkau, auf der Uhr des Uhrmachers ist es immer noch drei Minuten nach halb vier, höchste Zeit für uns, den Trubel des Umzugs zu verlassen und dich auf den folgenden zwei Bildern in der freien Natur zu suchen, und da bist du schon, mit Wanderstock und Kniehosen, freilich nicht ohne die jetzt schon unvermeidlichen Junggesellen um dich herum, du als Teil einer Wandergruppe an den Ufern eines reißenden Flusses, der hat es eilig, an euch vorbeizurauschen, die wilden Felsen über und hinter euch wollen gar nicht zu euren gutsitzenden Schlipsen passen, aber da seid ihr auf dem nächsten Bild auch schon am Ziel eurer Wanderung, *Bierstüb'l* lesen wir über der Tür des historischen Fachwerkhauses, vor dem ihr euch aufgestellt habt, diesmal hakst du einen dicken älteren Geistlichen unter, *Justitia est Constans* steht auf einem der Fachwerkbalken, aber so dauerhaft wie Justitia sind Bilder nicht, und so wird auch dieses viel zu schnell vom folgenden verdrängt, es ist das 12. und zeigt ein efeubewachsenes Grab, auf dessen Stein wir gerade noch die Wörter *in Gott* und *Ida* und die Jahreszahl 1922 entziffern und an deine Mutter denken können, als der Film plötzlich reißt – wieder ist der Zuschauerraum um uns herum dunkel, auf unserer Netzhaut eine kleine Weile noch das efeubewachsene Grab, wir fragen uns, was mit dir wohl los ist und warten ungeduldig darauf, daß der Film weitergeht, aber vorläufig bleibt es dunkel, die Spannung wächst, wann kommt das nächste Bild?

Da ist es endlich! der Film läuft weiter, aber wieder ist dir und dem Kameramann, als sei nichts geschehen, nur eine Gruppe von Junggesellen eingefallen, etwa 40 sind es, im Hof eines großen Backsteingebäudes, nicht ohne den obligaten Geistlichen, du genau in der Mitte, Unterschrift *Metallhandwerker-Fachabteilung des K. G. V. Berlin Central 1926,* und da freuen wir uns, dich ein Bild weiter einmal ohne Junggesellen zu sehen und den Blick über die große Schalttafel wandern zu lassen, vor der du in dunklem Monteuranzug posierst, über den großen Marmorsteinplatten der Schaltanlage lesen wir die Wörter *Siemens Schuckert,* und dann finden wir acht runde Meßscheiben mit dünnen Zeigernadeln und einige kleinere Schalter und Druckknöpfe, unter den drei großen Hauptschaltern sehen wir winzige Lämpchen aufleuchten, doch das wird schon in Ordnung sein, denn sonst würdest du nicht so unverwandt in die Kamera schauen mit deinem strengen Aufpasserblick, ob du aber auch das kleine Schild nicht übersiehst, das an einem der Druckknöpfe hängt? *Nicht schalten* lesen wir da, *Gefahr vorhanden* und daneben dann dieser gezackte Blitz, das Zeichen für Hochspannung, und da atmen wir erst beruhigt auf, als wir dich im nächsten Bild wohlbehalten wiedersehen, wie kaum anders zu erwarten wieder im Hof des großen Backsteingebäudes, das wir uns jetzt wohl als euer Gesellenhaus vorstellen müssen, und da ist nun ein Muttergottesaltar aufgebaut, dem du aber mit acht anderen jungen Männern den Rücken zukehrst, um lieber zu uns in den Zuschauerraum zu blicken, in die Altardecke hinter euch ist *Heiligstes Herz Jesu ich vertrau auf Dich* eingehäkelt, und vielleicht hat dieser fromme Satz dich dazu motiviert, auf dem folgenden Bild hinter dem Wirt des Gesellenhauses ohne sein Wissen segnend die Hände zu kreuzen, aber dann – ein Bild weiter – stehst du schon wieder auf diesem merkwürdigen Innenhof, doch diesmal interessieren wir uns weniger für dich und deine beiden Mitgesellen sondern für das Brunnendenkmal hinter euch, auf dem eine steinerne Soldatenfigur einen großen Stahlhelm aus Stein in den Händen hält, daneben ein Relief des Kölner Gesellenvaters Adolf Kolping und darunter dann eingemeißelt. *Es starben für das Vaterland d. Mitgl. d. Kath. Gesellenvereins* und darunter der Anfang einer alphabetischen Namenliste *Ahsfalg Albrecht,* aber weiter können wir

nicht lesen, und ihr achtet erst recht nicht auf dieses Denkmal, der nächste Krieg hat ja noch Zeit, der kann warten, und so finden wir dich ganz lebendig und aufmerksam am Fenster eines dreiachsigen Omnibusses, der so lang ist, daß er nicht einmal ganz in dieses 18. Bild paßt, dafür aber hinter sich den Blick freigibt auf das imposante Portal einer gotischen Kirche, das Verdeck des Omnibusses ist zurückgeschoben, dafür haben du und andere Vergnügungsreisende einen Hut auf, an der uns zugewandten Seite des Omnibusses lesen wir *Dahmen Auto Rundfahrt Köln,* aber mit dieser Aufnahme hast du dich ein bißchen sehr weit von deinen Gesellen entfernt, denn schon schwenkt die Kamera wieder zurück zu ihnen, für sie hast du dich im folgenden Bild sogar hinter die Theke gestellt, um ihnen und dir die vielen vor dir stehenden leeren Biergläser vollzuzapfen, vielleicht aber bist du auch nur deshalb so rasch in dein Gesellenhaus zurückgekehrt, um auf dem nächsten Bild ja nicht das große Fest zu verpassen, bei dem gerade, wie ein Pappschild verkündet, der *Mollenkönig* gewählt worden ist, da ist es nun wirklich kein Wunder, daß du nun von Bild zu Bild rundlicher gerätst, so zum Beispiel ganz deutlich auf dem nächsten, auf dem du mit Studentenmütze auf dem Kopf in kleinem Kreis irgendeinen Anlaß abfeiern mußt, in eurer Mitte eine fast menschengroße Flasche aus Pappe, wir lesen auf der Flaschenrundung die Wörter *Sekt Extra Müller Eltville* und nehmen zwischen euch sogar eine Frau wahr, für euch vier Mann allerdings etwas wenig, dafür seid ihr dann auf dem folgenden Bild wieder unter euch, der kleine Weihnachtsbaum täuscht eine Zufriedenheit vor, die wir auf euren Gesichtern nicht wiederfinden, der Kalender an der Wand ist schon vier Tage lang nicht abgerissen worden und zeigt bis heute fortwährend den 20. Dezember an, wir hier im Zuschauerraum würden uns gern den großen Radio-Detektor ein wenig genauer ansehen, der hinter euch auf dem Schrank

steht, aber auch auf unsere Interessen nimmt der Film kaum Rücksicht, und so wundern wir uns wenigstens über die vielen elektrischen Leitungen, die dich und drei deiner Gesellen auf dem nun an die Reihe kommenden Bild umgeben, ganz stolz seht ihr aus, als hättet ihr selbst diese Leitungen gezogen, und jetzt erkennen wir auch, daß ihr hinter den Kulissen einer Theaterbühne sitzt und das ganze Kabelgestrüpp etwas mit der Bühnenbeleuchtung zu tun haben muß, über 30 einzelne Leitungen führen von dem niedrigen Schalttisch weg und enden in den Rückseiten der Kulissen, muß eine komplizierte Arbeit gewesen sein, immerhin, und schon haben wir Gelegenheit, deine nächste Tätigkeit zu bewundern, denn auf diesem Bild, es ist das 24., stehst du in weißem Kittel an einem riesigen Kinofilmprojektor und legst gerade einen 35-mm-Film ein, ob es dein eigener Film ist, den du da in der Hand hast? Der ist nun 24 Bilder alt, also genau eine Sekunde, laß dir ruhig Zeit mit dem Einlegen und Vorführen, möchten wir dir zurufen, denn die nächsten 24 Bilder laufen noch schneller vorbei als die ersten, aber da ist schon das nächste Bild und führt dich uns als Geburtstagsmann vor, sicher kein Grund zum Feiern, aber auf dem Tischchen neben dir immerhin ein Paar Socken, ein großer gläserner Bierkrug und eine inzwischen geöffnete Kiste Zigarren, aus der du dir bereits eine brennende zwischen Zeige- und Mittelfinger der rechten Hand gesteckt hast, uns aber fallen gar nicht diese albernen Geschenke ins Auge, eher schon deine langen Schaftstiefel und der Gürtel mit Koppelschloß, wir wissen nicht, was das bedeuten soll, aber das nächste Bild deutet dann schon an, welche Zeiten angebrochen sind, denn an dem Seifengeschäft, vor dem du da mit zwei Arbeitskollegen stehst, sind nicht nur zwei schöne Emailschilder mit den Aufschriften *Persil* und *Henko* angebracht, sondern auch eine Hakenkreuzfahne, und jetzt sehen wir ein Bild weiter sogar auch Frauen in deinem Arm, aber es sind nur deine Schwestern, die wir schon seit euren Familienbildern, also eine Sekunde lang, nicht mehr gesehen haben, und da muß natürlich – nächstes Bild bitte – das Wiedersehen gefeiert werden, die eine der Schwestern hat deine Schaftstiefel an und raucht eine Zigarre, und du hebst gerade deinen geliebten gläsernen Bierkrug, Prost! rufen wir dir aus dem Zuschauerraum zu, tu einen tiefen langen Schluck! Denn der Film läuft, und wer weiß,

wieviel Bilder du noch vor dir hast, auf dem nächsten jedenfalls hast du dir schon unseren Rat zu Herzen genommen, unter einem riesigen elektrischen Weihnachtsbaum nimmst du nämlich einen weiteren tiefen Schluck aus dem Bierglas und schneidest dir auf dem dann folgenden Bild inmitten der bunten Hochzeitsgesellschaft deiner Schwester ein großes Stück Schokoladentorte ab, du steigerst die Sinneseindrücke, als ob du nicht genug bekommen könntest, auch das nächste Bild scheint eine feuchtfröhliche Angelegenheit zu werden, denn da stehst du mit Schwester und Schwager vor einer auf Pappe gemalten Strandlandschaft, die Schwester hat plötzlich ein gestreiftes Badetrikot aus der Zeit der Jahrhundertwende an, und über euch schwebt das erklärende Schriftband *Stralauer Fischzug 1938,* und wieder mußt du an einem deiner Geburtstagstische sitzen, den sie extra für dieses 32. Bild auf einem Dachgarten aufgebaut haben, der guten Lichtverhältnisse halber, Rosen in der Vase, irgendwelche eingepackten mit Schleifen verschnürten Stoffsachen, in der rechten Hand deine übliche brennende Zigarre, aber uns erlauben die guten Lichtverhältnisse leider auch, die ersten Falten in deinem Gesicht zu erkennen, verständlicherweise willst du aber davon nichts wissen und gibst als Gegenbeweis gleich eine kleine Extraeinlage, ein Haarnetz schief auf dem Kopf bis über das eine Ohr, ein großer Blumenstrauß in der linken Jackentasche, stehst du neben deinem Schwager und meditierst über den kleinen Osterhasen aus Schokolade in deiner Hand, aber Fruchtbarkeitssymbol und Spaß beiseite, auf dem kommenden Bild drehst du schon wieder ganz ernst an den Knöpfen eines großen Radioapparates, *Siemens* Fünf Röhren Super, der Skalenanzeiger steht genau auf dem *Deutschlandsender,* doch das rechtfertigt uns gegenüber wohl kaum

die kleine gipsene Führerbüste oben auf dem Gerät, davor liegt eine Streichholzschachtel mit der Aufschrift *Haushaltsware* und demselben Adlersignet, das wir Zuschauer noch heute auf den Packungen der Markenbutter finden, links neben dem Butteradler das gerahmte Foto eines Uniformierten, wir lesen die winzige gedruckte Unterschrift *Generalfeldmarschall von Blomberg,* ob du ihn da hingestellt hast, weil er sich rechtzeitig ins Privatleben zurückgezogen hat? jedenfalls scheint das Radio für dich nun an die Stelle des Muttergottesaltars getreten zu sein, denn auf dem nächsten Bild finden wir es schon wieder, diesmal allerdings ohne dich, der Skalenanzeiger steht immer noch auf dem Deutschlandsender, aber rechts vom Gerät jetzt ein weiteres gerahmtes Foto und das zeigt dich selbst in – sieh an! – einem SA-Hemd steckend, auf dem Kragen links die Sturmnummer 73, rechts der Kragenspiegel mit den drei Streifen, Rottenführer also, der drittletzte Rang der SA, mit deiner Führernatur scheint es aber nicht weit her gewesen zu sein, denn auf einem weiteren Bild verschwindest du fast in der Gruppe von SA-Männern, die extra für unseren Kameramann angetreten ist, und auch in der letzten halben Sekunde unseres Films sehen wir dich zu unserer Erleichterung in keiner Uniform mehr, dafür hältst du dich die folgenden drei Bilder lang im Hof einer nicht mehr identifizierbaren Firma auf, da stehst du dann, angetan mit einem unglaublich schmutzigen zerrissenen Kittel, der große Jagdhund neben dir ist sichtlich stolz darauf, fotografiert zu werden, oder du sitzt dort auf einem mittelschweren noch erstaunlich gut bereiften Motorrad, Kennzeichen IA – 12326, oder gar in einem alten staubigen Auto mit Speichenrädern, auf dessen Trittbrett der große Jagdhund steigt, um dir die aus dem Autofenster reichende Hand zu lecken, eine Idylle, für die wir dir gern mehr Zeit gönnen, aber unerbittlich zieht der Projektor die Bilder vorbei, und so mußt du auf dem folgenden Bild schon wieder feiern, auch wenn es nur das Wiedersehen mit einem Verwandten ist, der plötzlich in Frontuniform und schweren Knobelbechern in die gepflegte Wohnung deiner Schwester eingebrochen ist, immerhin habt ihr da noch vier Flaschen Wein vor euch und eine auffällig kleine Schachtel Zigarren mit der Aufschrift *Haudegen,* aber nach Haudegen ist dir wohl kaum zu Mute, auch müssen wir mit ansehen, wie dein runder Bauch, die runden Backen allmählich verschwinden, und so finden wir dich im nächsten Bild auf jenem Dachgarten wieder, auf dem du noch vor einer knappen halben Sekunde Geburtstag feiern mußtest, diesmal hast du zwei junge Frauen im Arm, aber wieder sind es nur Verwandte, wir ahnen, daß sich das bei dir nicht mehr ändern wird, aber so viel Bilder sind es ja auch gar nicht mehr, die noch kommen, das nächste zum Beispiel läßt dir gerade noch Zeit, dich vor dem Brandenburger Tor aufzustellen, durch das sich eben ein doppelstöckiger Omnibus der Linie 9 zwängt, zwar jagt die Quadriga oben auf dem Tor noch immer in Richtung Osten, aber der wird das Jagen schon vergehen, und so mußt du auf dem folgenden Bild rasch wieder zu den Verwandten auf dem Dachgarten zurück, um dich von dem kleinen Jungen im weißen Anzug zu verabschieden, deinem Neffen, der da auf deinem Schoß und heute noch hier unter uns Zuschauern sitzt, und dann schicken sie dich vor deiner langen Reise noch schnell zur Erholung weg, das nächste Bild zeigt dich deutlich abgemagert vor den gebundenen Garben eines sonnenbeschienenen Kornfelds, am Straßenrand ein Wegweiser mit vier verschiedenen Entfernungsschildern, nach links zeigend steht da *Nürnberg 197 km Schleiz 26 km* und darunter *Reichsautobahn* und darunter nach rechtszeigend *Leipzig 81 km,* Gera 15 km, auf das Wort Gera zeigt deine rechte Hand, und so wissen wir, daß es eine thüringische Tannenschonung ist, vor der du auf dem nächsten Bild das illustrierte Blatt *Die Wehrmacht* liest, und daß es eine thüringische mit Blumen übersäte Wiese ist, auf der du dich ein Bild weiter im Liegestuhl sonnst, die nackten Füße im Gras, ringsherum Obstbäume, wie dir in der Sonne liegen und es dabei gut sein lassen, aber die Zeit gibt keine Ruhe, grausam zerrt sie dich weg von der blumenübersäten Wiese, stellt dich für das nächste Bild eine 24stel Sekunde lang vor dem Völkerschlachtdenkmal in Leipzig auf, aber dann mußt du pünktlich zum 48. Bild zurück sein, ob du willst oder nicht, nicht du machst ja den Film, sondern der Film

macht dich, du bist also rechtzeitig zurück auf dem Dachgarten, den wir schon kennen, die Sonne scheint zwar immer noch, du sitzt auch wieder in einem Liegestuhl, nur mit der Badehose an, aber aus dem kleinen Volksempfänger aus Bakelit zwischen dir und deinem Schwager lärmt die Völkerschlacht, du hältst die *Abendausgabe* in der Hand, mit Mühe lesen wir die lärmende Schlagzeile *USA-Luftangriffe setzen den Mord an Zivilpersonen fort,* aber du hörst und siehst gar nicht mehr hin, sondern schaust uns über den Zeitungsrand hinweg an, schaust uns an, genauso mißtrauisch wie vor zwei Sekunden, als du ein Jahr alt warst, unbeweglich schaust du uns an, wir fühlen, du meinst uns, niemand anders als uns, wir rufen: Mann was hast du denn! was ist denn los! schau uns doch nicht so durchdringend an! –

Aber plötzlich reißt der Film, wir wissen: diesmal für immer, wieder ist es dunkel im Zuschauerraum, auf unserer Netzhaut noch das letzte Bild des Films, deines Zweisekundenfilms, mehr ist heute nicht mehr vorhanden von dir, keine Gegenstände, keine Freunde, keine Nachkommen, nur dein Blick zu uns, dieses kurze Fetzchen Film als einziges, was von dir übriggeblieben ist, und höchstens eine Weile noch eben dieser mißtrauische Blick aus der Sonne des Dachgartens zu uns herein, zu uns Überlebenden im dunklen Zuschauerraum, aber dann verschwindet auf unserer Netzhaut allmählich auch dieses Bild, bis wir schließlich nur noch die Dunkelheit wahrnehmen und das sich kaum verändernde leise Knattern des Filmprojektors.

Der Sommer im Besonderen

Hugo Dittberner

Wenn es richtig heiß wird im Sommer, sind wir endlich glücklich. Die Luft ist gesprenkelt, einige nehmen ihr Toupet ab und wischen den Schweiß aus der Glatze. Mein Bruder zieht seine Netzunterhosen an, und das Mädchen, von dem ich erzählen will, bekommt eine hohe Stimme. Eigentlich darf man gar nicht reden, der Mund trocknet leicht aus. In unseren Zimmern steht die Luft bei 35 Grad, wir spielen egomanische Musik mit vielen listigen Gitarrenimprovisationen. Die Bartträger bekommen eine rote Haut, und nur einige Krankenschwestern denken an künftige Größe.

Woher klingen plötzlich die Waldhörner abends, wenn du dich schwitzend um ein Mädchen bemühst? Das großzungige Lecken ist nicht immer angebracht. Im Sommer werden die Unebenheiten der Haut abgesonnt, aber erst nach einer Weile. Zunächst treten Pickel, Flechten und Warzen und was es sonst noch gibt deutlich hervor, und du könntest deine Freundin oder deine Frau ohrfeigen, weil sie auch solche Fehler hat, und ausgerechnet jetzt, wo wir glücklich sein wollen. Mitten in den Tag klingelt ein aufgezogener Wecker. Die Mädchen in den Sparkassen bewundere ich, sie sind von besonderer Art. Sie tragen artige Kleider und schwitzen artig, manchmal, glaube ich, wünschen sie sich ein üppiges Liebesabenteuer, aber dann denken sie sicherlich an den Mann, der dazugehören würde, und der putzt sich nur zweimal am Tag die Zähne und schläft lange und benimmt sich auch sonst ganz ungezwungen, neulich hat er auf offener Straße seine Unterhosen zurechtgerückt! Also träumen sie weiter. Auf der Dachrinne vor meinem Fenster fliegen zwei Vögel umeinander, ich vermute richtig. Ein Männchen und ein Weibchen. Das Weibchen sitzt geduckt auf der Dachrinne, das Männchen fliegt es an, krallt sich kurz fest, führt einige obszöne Bewegungen aus, flattert hoch und fliegt ein paar jubilierende Runden, während das Weibchen seine Gefieder ausschüttelt und sich fester an die Dachrinne krallt. Dann kehrt das Männchen mit geblähter Brust zurück und rückt sich fest. Mit schlagenden Flügeln vögelt es sein Weibchen und zerknautscht sein Gefieder. Leider kann ich nicht sehen, ob das Männchen oder das Weibchen oder beide die Augen schließen. Vorsichtig öffne ich das Fenster, um sie vielleicht belauschen zu können. Aber das ist so pervers, das gelingt nicht, denn alle Vögel zwitschern so laut, als wären sie alle mit Liebesspielen beschäftigt. Das Männchen vor meinem Fenster flattert wieder auf, das Weibchen schüttelt wieder das Gefieder zurecht, alles geschieht wieder. Die Luft ist gefüllt damit. Als ich nach einer halben Stunde wieder aus dem Fenster sehe, hat sich nichts verändert. Oder der Platz ist so schön, die Sonne so heiß, daß dies der Lustort der nachbarlichen Vögel ist. Jedenfalls beglückwünsche ich den Volksmund zu seiner Begriffsbildung, wundere mich aber, daß man während der zwischenzeitlichen jublilierenden Flüge des Männchens sein Geschlechtsmerkmal nicht sehen kann. Oder ich brauche doch eine Brille.

Nach dem Duschen am Abend fühlst du die Cordhose kühl auf der Haut, durch das Batisthemd weht ein kühlender Luftzug, und langsam wird es dunkel. Du bestellst dir in einem Terassencafé eine Weiße. Irgendwo probt ein talentierter Mensch auf dem Klavier. Die Mitmenschen sind milde gestimmt. Keiner wehrt sich gegen die Töne, die so herrlich alle Gedanken aus dem Kopf wischen. Das Mädchen, von dem ich erzählen will, ist schon ein älteres Mädchen, das heute abend wieder blaue Augen hat. Ich bin nicht sicher, ob Dir sonst die Farbe ihrer Augen überhaupt auffallen würde. Wahrscheinlich trägt sie eine Brille und hat leider auch diese Gesten verloren, die in den schönen amerikanischen Liebesfilmen immer die unberührten Mädchen ausführen müssen: sie streichen irgendeine zornige Haarlocke wie ein Junge zurück oder kleben sie mit Spucke fest. In Amerika sollen die Menschen glücklicher sein, in Amerika ist mehr Sommer. Die milde kalifornische Luft, feinfühlige schwarze Kellner und ein Autodate, das aus der Mode kommen soll, damit kann die Jugend zufrieden sein. In der „Clique“ war dies unberührte Mädchen schon ziemlich alt, weil Mary McCarthy das so wollte, aber doch verflixt hübsch und gut für einige Kinder, weil Frau McCarthy das auch wollte. Im Film jedenfalls bewegte die junge Schauspielerin die Hand und überhaupt den Arm mit einer schönen Gebärde, als sie dieser sympathische junge Mann (ich glaube es war ein Maler) einfach ausziehen wollte, und sagte dem Sinn nach: ich habe Angst wie beim Zahnarzt vor dem Bohren. Und das, glaube ich, mit 22 oder 24. Es soll ja diese Stimmung geben, wenn sich zwei junge Menschen finden. Wir verlieren die Angst vor der erwachsenen Konvention und küssen und belecken einfach so ein sanftes Geschöpf. Neben mir im Kino konnte zwei, drei Plätze weiter ein Mädchen weinen.

Könntest du die Schauspielerin sehen, wie sie diese Geste ausführte. Wie konnte sie sich wiederholen, oder wen hat sie wiederholt? Vielleicht ist es möglich, daß sie außer Wellenreiten nichts anderes geübt hat als diese Gebärde und noch ein paar mehr. Das Mädchen von dem ich erzählen will, hat keine solche Gebärde. Es sitzt einfach da und trinkt eine Weiße wie ich. Wir kennen uns lange, sie hat ihr Leben erzählt, ich habe mein Leben erzählt, wir würden beide gern woanders wohnen. Du verstehst mich, du hast auch einige dieser schönen Filme gesehen, in denen die Vögel weit fort fliegen und unten Menschen stehen und den Vögeln nachsehen. Manchmal, wenn die richtige Musik zur Verfügung steht, sind es Kraniche. Auch ich möchte in einem Blumenfeld liegen und einen nihilistischen Dialog führen: Ich fahre nach Berlin, ich nach Moskau, ich nach Schanghai, und ich fliege nach New York, miete mir eine Wohnung in Manhattan und atme die Abgase ein, die bald auch durch unsere Straßen fließen werden, ich lasse mich berauben, ich küsse meinen Mörder, vorausgesetzt er ist gewaschen und stinkt nicht nach Knoblauch. Am liebsten würde ich an meiner eigenen Beerdigung teilnehmen und wie die Kennedys so schnell hinter meinem Sarg hergehen, daß niemand mitkommt. Aber Fahrkarten und Beerdingungen sind sehr teuer. Du verstehst mich. Das Mädchen von dem ich erzählen will, besitzt eine große Familie, die ich aus ihren Erzählungen kenne. Der Vater ist ein alter Kämpfer, die Mutter schreibt seit ihrem 51. Geburtstag Gedichte, die sie niemandem zeigt, ein Bruder hätte in Vietnam fallen können, ein anderer Bruder studiert seit 23 Jahren Theologie und ist zu bescheiden für das Examen, ein dritter Bruder ist Reiseleiter und lernt Chinesisch, über den vierten Bruder redet sie nicht, er hat ihr einmal sehr weh getan, er muß ein Teufel sein, der jetzt in Australien lebt. Eine Schwester lebt mit einem Missionar in Guatemala und ist fast schon vergessen, eine andere Schwester ist Reporterin und versucht seit dreieinhalb Jahren ein Interview von Fidel Castro zu bekommen, weil er mit dem Volk arbeitet. Eine dritte Schwester ist leider schon tot. Sie soll einen Japaner geliebt haben. Manchmal wenn ich auf die Uhr sehe, ist es genau zwölf. Das Lokal schließt um eins. Eigentlich gehen wir immer schon um elf, um zusammen zu schlafen, aber heute ist es sehr heiß.

Die guten Mädchen haben heute ganz schlanke, lange und biegsame Hände. Abends im Licht der Reklameblenden und Laternen werfen sie erotische Schatten. Mit zwei Händen können sie deinen Hinterkopf umfassen. Ganz selten findest du Mädchen, die sich beim Tanzen kleiner machen, wenn sie größer sind als du und wenn sie dich nicht verletzen wollen. Dafür haben die Mädchen heute schlanke Beine und hübsche Knie, wenn sie in Frage kommen. Und alles dauert nicht so lange.

Du kennst bestimmt den berühmten Film „Frühstück bei Tiffany", du kennst die großen leeren Plätze in New York ganz früh vor dem Aufstehen, die ersten Geschäfte öffnen und du kannst in einer schlichten braunen Tüte aus Packpaier Brot und Obst und Schinken und Eier einkaufen. Vielleicht trägst du eines von diesen Tweedjackets und bist mal richtig albern. Du träumst von einer reizenden jungen Hure, der du noch zeigen kannst, was ein großes Herz ist und was Liebe heißt. Die verrotteten Bürgermädchen haben das schon vergessen. Du benimmst dich wie ein großer Junge, du spuckst an eine riesige Schaufensterscheibe und die reizende junge Hure lacht, aber nur, weil sie leicht angetrunken ist. Aber du hast nichts dagegen, im Gegenteil, heute darf jeder beschwipst sein. Heimlich äußerst du das sogar als Forderung. Endlich küßt du auch einmal eine reizende junge Hure im Taxi. Reizende junge Huren pflegen dann vor Glück zu weinen, weil sie im allgemeinen unglücklich sind und dies Glück im Besonderen nicht fassen können.

Vielleicht weißt du, daß auch im Sommer irgendwann die Nacht kälter wird, als angenehm ist. Und alle außer den Betrunkenen und den Liebenden merken das. Wer setzt schließlich freiwillig seine Nieren aufs Spiel. Das Mädchen, von dem ich erzählen will, zittert, und ich habe eine kalte Hand. Da gibt es aber einige hartnäckige Paare, die wollen einfach nicht eher aufstehen als wir. Jeder will der letzte sein in dieser Nacht, die einen ganz schön hohen Himmel hat. Jeder möchte sich in das riesige Blumenbeet setzen dort drüben und einige zärtliche Redewendungen ausprobieren, damit wir das beherrschen, für alle Fälle, man weiß ja nie, was kommt, und wer weiß. Aber die letzten auf dem Platz müßten wir schon sein. Der Ober kommt bereits ungezogen oft und dicht an uns vorbei und räuspert sich. Der Klavierspieler hat längst aufgehört zu proben, die Vögel sind endlich still, drüben flüstern manchmal einige Pärchen, es ist spät, und ich gebe auf, ich nehme das Mädchen, von dem ich erzählen wollte, bei der Hand und gehe davon.

Das Geheimnis der Caroline Bavaud

Gunter Affholderbach

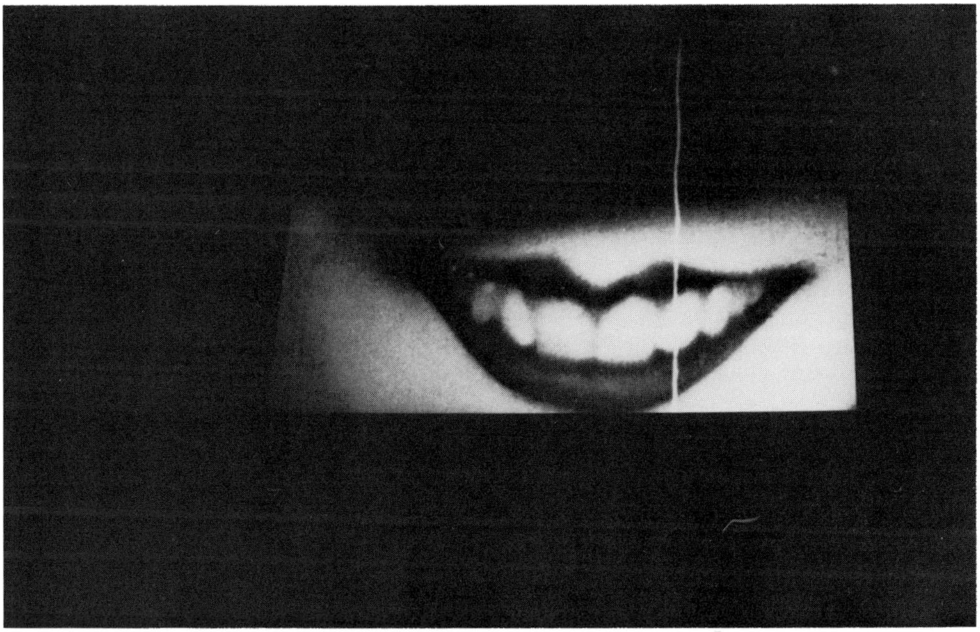

Lange schon, liebe Lisa, wollte ich Dir diesen Brief geschrieben haben. Es lag mir sehr daran, aber Du weißt wie das ist; die Zeit reicht eben nicht aus. Man kommt eine lange Zeit einfach zu nichts, egal was man sich vorgenommen hat. Sicherlich enttäuscht man manchesmal damit, aber soll man sich überschlagen? Ich glaube nicht; darüber hinaus halte ich es auch für überaus sinnlos. Alles was in einer solchen Hektik und Geschäftigkeit erledigt wird, entspricht dann nicht der verfolgten Absicht, gelangt meist nicht auch nur annähernd daran heran. Es hat keine Tiefe, läßt Oberflächlichkeit offensichtlich werden. Nun ja, jetzt allerdings schreibe ich Dir. Ich habe es geschafft, mich für ein verlängertes Wochenende von daheim zu entfernen und bin in das Wochenendhaus meines Onkels gefahren. Außerdem erscheint es mir aus aktuellem Anlaß dringlicher denn je. Allein; wie schön wäre es, Du wärest hier, und ich könnte Dir alles erzählen, wörtlich mitteilen, Deine Gestik und Mimik dabei beobachten; was, dagegen, ist ein Brief. Nun doch; ich schreibe es Dir. Vielleicht sogar ist es der bessere Weg.

Du weißt aus unserer damaligen gemeinsamen Zeit um meine große Liebe zum Kino. Immer wenn im Kino am Ort ein Film lief, war ich dabei: jeden Mittwoch, jeden Samstag. Du mochtest nie mitgehen, schade war's, trotzdem ließ ich mich nicht hindern, ging dann allein und habe mich mit der Zeit an diese Situation und Deine Einstellung gewöhnt. Ich weiß noch; das einzige Mal, wo Du mitgegangen bist – es lief irgend so ein Blödsinn mit Luis de Funes (der nun auch schon nicht mehr unter den Lebenden weilt) –, köstlich habe ich mich damals amüsiert. Während der Vorführung dachte ich das Gleiche auch von Dir, aber nachher rücktest Du, wenn auch nur zögernd, mit Deiner Meinung heraus. Wenn Du es wirklich so gemeint hast, wie Du es mir gesagt hast, warum hast Du dann gemeinsam mit mir über die Späße auf der Leinwand so lauthals und schallend gelacht? Kein nachträglicher Angriff, keine Bezeugung meines Mißfallens, versteh' mich da bitte nicht falsch, nur gerne wissen würde ich es schon. Nun, wie Du mir begreiflich machtest, hatte es Dir nicht gefallen. War es der Film, die Atmosphäre, der Platz in der traditionellen Loge, den ich immer bevorzugte, oder die Tatsache, daß ich Dich an meiner Leidenschaft teilhaben ließ? Die Leidenschaft, die von allen Bekannten, Freunden und nicht zuletzt meinen Eltern, mit einer gewissen Ängstlichkeit betrachtet, dann doch belächelt wurde. Zum Glück war das so. Die ersten Kinobesuche überhaupt hatte ich ja mit meiner Oma gemacht – eigenartig, wenn ich so im Nachhinein darüber nachdenke –, die das „Filmeansehen" auch sehr mochte. Ihr Alter stand irgendwie im Gegensatz zu dieser ihrer Vorliebe, die doch mehr Jüngeren eigen war. Ganz früher mag es bei ihr vielleicht das Neue, unglaublich Scheinende gewesen sein, was sie daran derart faszinierte. Hierzulande steckte der Film ja noch in den Kinderschuhen. Nach und nach aber hatte sie sicherlich auch Gefallen am Eigentlichen des Films: den Bildern, der Handlung, der Musik, den Farben. Denn als ich das erste Mal mit ihr hinging, ich war damals neun Jahre, sprach sie zu mir darüber von etwas Großartigem, Faszinierendem, und irgendwie, so meinte ich herauszuhören, immer noch Wunderlichem. Die Frage, wie die Bilder auf die Leinwand gelangten, hatte sie für sich wohl nie beantwortet. Sie hatte diese technische Errungenschaft hinten angestellt; das, was sie zu sehen bekam, war doch das letztlich Interessante. Mit der beginnenden Regelmäßigkeit unserer gemeinsamen Filmnachmittage, meist sonntags, erhoben meine Eltern Einspruch. Ich sollte es wohl nicht mitbekommen, habe aber an der Türe gelauscht. Sie intervenierten, sprachen zu meiner Großmutter von Verführung und davon, daß es für ein Mädchen in meinem damaligen Alter, sicher nicht gut sei, sich nahezu jedes dieser „Lichtspiele" anzuschauen. Oma konterte, bis meine Eltern es aufgaben, sie konnten die „alte Dame", so nannten sie Großmutter manchmal in deren Abwesenheit, nicht überzeugen. Oma besaß eine Sturheit, die man bei alten Menschen nicht selten findet, und die es meinen Eltern schon hin und wieder recht schwer machte. Keine der beiden Parteien verlor mir gegenüber ein Wort von dieser Auseinandersetzung, was mich überlegen ließ, da ich es nicht verstand. Wieso schwieg man? Ich vermutete ein Mysterium, wurde neugierig. Was ich mir bisher angeschaut hatte, waren spannende Western gewesen, Kriminalfilme seltener (danach konnte ich nachts selten gut schlafen), Kinderfilme auch ab und an. Was sollte daran schlimm sein, warum sollte man gar von dort fernbleiben. Der auf diese Unterhaltung folgende Sonntagnachmittag blieb ohne den Gang ins Kino; Oma hatte sich irgendeinen fadenscheinigen Grund ausgedacht. Schon am nächsten Sonntag allerdings gingen wir wieder hin. Kein Wort fiel, nicht mal meine Eltern erteilten mir ein Verbot, was ich eigentlich erwartet hatte. So aber war ich glücklich, und auch Oma schien sich sichtlich zu freuen. Wie immer kaufte sie auf dem Weg zum Lichtspielhaus einiges Zuckerwerk, von dem sie wußte, daß ich es gern mochte. Die Welt war schnell wieder in Ordnung zu bringen.

Die Erinnerungen, liebe Lisa, sind wesentlich angenehmer, als der Grund meines Briefs, der Dich in dieser, zumindest für einen Brief etwas ungewöhnlichen Form eines kleinen A5-Schulhefts erreicht. Um Dir die Einzelheiten zu schreiben, brauche ich vielleicht viele Seiten, ich hielt es daher für praktisch. Ich will nicht mehr länger drumherumschreiben, voll muß das Heft nicht werden.

Ein Jahr ist es jetzt schon her, daß ich, wie noch immer, mittwochs ins Kino ging. Es war der 17. April, ein Tag, den ich nie vergessen werde, da er ein Ereignis birgt, das meine Leidenschaft für eine längere Zeit, nicht verdrängt, aber doch um einiges gemindert hat.

Wie nahezu immer, verließ ich gegen Viertel nach sieben das Haus und machte mich auf den Weg zum Kino. Es ist nicht weit bis dort, vielleicht ganze zwanzig Minuten wegs. Um nicht gerade vor meinem Vergnügen meiner Handtasche verlustig zu gehen, mied ich einige dunkle Straßenzüge, ging die heller erleuchteten Geschäftsstraßen – Du kennst ja den Weg –, auch wenn die erstgenannten den gesamten Weg schon merklich zu verkürzen imstande sind. Näher zum Ziele kommend, bemerkte ich, daß die eigentlich zu Genüge vorhandenen Parkplätze, an diesem Abend wohl nicht ausreichen mochten. Es war Premiere; das vielleicht erklärte die hohe Besucherzahl. Glücklicherweise brauche ich nie um einen Platz zu bangen, da ich quasi abonniert bin und mein Platz ganz hinten (die letzte Reihe, erster Platz rechts vom Gang) in der Loge, die es hier noch immer gibt, reserviert ist. Ich betrat also die Loge, so voll war das Kino dann doch nicht, suchte meinen Platz auf, und eigenartigerweise waren meine sonst zu meinem Eintreffen schon immer anwesenden Sitznachbarn, das Ehepaar Ariès, nicht vorzufinden. Statt Monsieur Ariès, der sich sonst zwischen uns Damen sehr wohlfühlt, saß dort ein anderer Herr, Mitte vierzig mochte er wohl gewesen sein. Selbstverständlich grüßte ich höflich, allerdings ohne mich ihm vorzustellen, wieso auch? Nur weil er auf dem Platz eines meiner Bekannten saß, das schien mir als Grund nicht genügend. Sonst saß in der Reihe niemand mehr, was, liebe Lisa, für den weiteren Gang dieses Abends nicht unerwähnt bleiben darf.

Nun, es verlief alles wie sonst auch. Die Werbung, der Vorfilm, die Vorschau. Das Tütenknistern war wie immer zu vernehmen, das Flaschenöffnen und Gemurmel. Endlich ging das Licht aus, nur die roten Notausgangsleuchten säumten noch den Saal, als der Film begann. Ein französischer Spielfilm war es, Kriminalfilm genauer; ungeheuer spannend, wie sich zeigte. Wie es immer mit mir ist, wenn ich einen Film anschaue, ich lebe mit, teile Freud, Leid, Schmerz, reagiere wütend auf Grausamkeiten, die meinem Helden erteilt werden. Kurz gesagt, ich spare die Realität aus und vergesse Tag und Stunde. Geht es gar nicht anders, weine ich leise, lache aber auch herzhaft, wenn es mir angebracht erscheint. Genügend Dinge, die Kino bietet ... Aber, was soll das alte Thema.

Ungefähr während des letzten Drittels der Vorführung war die Spannung so hoch – eine Serie von Morden wähnte ich kurz vor der Auflösung –, als ich durch einen Umstand auf den Boden der Realität zurückgeholt wurde – wie ein grobes Wecken aus dem geruhsamsten Schlaf –, der mich nach diesem einen Jahr noch immer mit einem entsetzlichen Grauen zu schütteln vermag, daß ich achten muß, auch jetzt wo ich dies schreibe, nicht die Fassung zu verlieren. Es war einfach ungewöhnlich, bedrängend und stellte sich erst nachher, um so schlimmer, als regelrecht entsetzlich heraus.

Der Kopf des neben mir sitzenden Herrn war mir auf die Schulter gelegt; irgendwie empört, aber nicht manns genug, um dieser Situation mit Entschiedenheit entgegenzutreten, wandte ich mich ihm zu und bat ihn, das doch sofort sein zu lassen. Immer noch in dem Glauben, es handele sich hierbei um einen Annäherungsversuch der plumpen Art, gelinde gesagt, bzw. um die übliche Art von Belästigung mit der alleinstehende Frauen, wohl ganz besonders in der letzten Logenreihe eines Kinos, jederzeit rechnen müssen, wurde ich doch energischer, noch nicht lauter, schubste ihn von mir weg. Leider gelang es mir nicht, mich von seinem recht schweren, massig an mich gelehnten Körper, zu befreien. Blasiert von dieser neuen Situation, nicht merkend, daß dieser Mann auf meine geflüsterte Bitte in gar keiner Weise reagierte, bat ich ihn nochmals, eindringlicher, das zu unterlassen, stemmte mich endlich, als auch das nicht zu fruchten schien, mit beiden Händen gegen seine Schulter, als ich augenblicklich etwas klebriges an meinen Händen spürte. Eine Filmszene warf Licht in die Loge: das klebrige, was ich an meinen Händen verspürte, erwies sich, sage und schreibe, als feucht-warmes Blut. Nichts anderes konnte es sein. Ich schrie aus Leibeskräften, stand auf, wollte nicht länger neben einer Leiche sein, denn das war dieser Herr tatsächlich.

Die kurz darauf eingetroffene Polizei verriegelte das Gelände, ließ niemanden heraus, durchsuchte alles und jeden, nahm Fingerabdrücke, eine unsägliche Prozedur. Unter den wenigen, die, des Mordes verdächtig, verhaftet wurden, war auch ich. Nach 9tägiger Untersuchungshaft kam ich allerdings frei, die anderen auch, da die Ermittlungen in dieser Sache die Wahrscheinlichkeit, daß einer von uns als Täter in Frage kam, alles andere als erhärteten.

Während dieser neun Tage glaubte ich zeitweise selbst, ich hätte es getan. Mein Kopf war so wirr, voller eigenartiger Eindrücke, die er nicht zu verkraften schien. Eigentlich aber glaubte ich nicht von mir, überhaupt jemals in der Lage zu sein, eine solch verabscheuungswürdige Tat auch nur in Erwägung zu ziehen, gar zu planen und in die Praxis umzusetzen. Dann kamen wieder Zweifel auf. Vielleicht warst du's doch, sagte ich mir. Aber wieso, warum; das Messer, mit dem der Herr erstochen worden war, hatte ich niemals zuvor gesehen. Die Lautlosigkeit, mit der der Mord allerdings vonstatten gegangen sein mußte – ich hatte wirklich rein gar nichts bemerkt –, mußte für die Außenstehenden schon gegen mich sprechen. Alles erschien mir in dieser Zeit wie eine große Wolke, vollkommen undurchsichtig, und manchmal glaubte ich zu träumen. Mit dem Argument eines leidenschaftlichen Kinogängers „Alles Kino" wäre ich sicher nicht weit gekommen. Zumal das in diesem ernsten Zusammenhang überhaupt niemanden interessierte. Daß der Herr in der letzten Reihe saß, daß der Film dieses Abends u. a. auch von einem Mord im Kino handelte – auch da, die schon klassische letzte Reihe –, führte zumindest in meinem Kopf wirklich alles ad absurdum.

Bis heute, meine Liebe, hat man einen Mörder nicht gefunden. Wie man meinen Einwand, der Herr könne sich auch selbst den tödlichen Stoß versetzt haben, beantwortet hat, weiß ich nicht. Habe ich mein durch diesen Vorfall ins Wanken gekommene Selbstvertrauen wieder gestärkt, so bin ich doch ratlos, ob des zu Beginn des Briefes erwähnten aktuellen Anlasses, der mir große Sorgen bereitet.

Als ich kürzlich, die Mittwochsvorführung besuchen wollte – langzeitige

Kinoabstinenz scheint meine Leidenschaft noch vergrößert zu haben –, ziehe ich am Eingang mein Portemonnaie aus der Handtasche, und finde – ich habe versucht mir nichts anmerken zu lassen – ein ähnliches Messer, wie es mir bei den damaligen Verhören immer wieder gezeigt wurde, im rechten seitlichen Fach meiner Tasche. Wie gesagt ließ ich mir nichts anmerken, betrat die Loge, suchte meinen Platz auf. Wieder war das Ehepaar Ariès nicht anwesend, statt dessen saß dort eine Dame mittleren Alters, deren Ähnlichkeit mit dem Herrn von damals nicht von der Hand zu weisen ist.

Diesen Brief fand die Polizei vor wenigen Tagen in der Wohnung der Lisa C. Wegen Mordes, vermutlich 2-fachen, fahndete man nun nach der 31jährigen Caroline Bavaud, die nach dem Auffinden der Leiche der Lisa C. in deren Wohnung, nicht zu finden war. Auch ihr Onkel, Monsieur Jacques Bavaud, konnte über ihren derzeitigen Aufenthalt keinerlei Angaben machen. In ihrem Appartement deutete alles darauf hin, daß sie es fluchtartig verlassen hatte.

Am Abend dieses Tages schon wurde sie bei Beginn des Hauptfilms in ihrem Stammkino festgenommen. Sie saß, wie immer, in der letzten Reihe der Loge, erster Platz rechts des Gangs.

Hommage für Groucho Marx

1890–1977

Richard Brautigan

„Lokomotiven!“ rief er.

Er wollte eine klare Antwort.

Er verlangte geradezu danach.

„Lokomotiven!“ rief er wieder und erwartete dann ungeduldig meine Antwort. Ich wählte meine Worte sehr bedächtig, als wäre ich ein Juwelier, der inmitten rasch sich bewegender Nebelschwaden einen Diamanten schleift. Ich wollte, daß meine Worte etwas mit seinem Leben zu tun hätten, soviel damit zu tun hätten, daß er sie nicht verstehen könnte.

Ich fand, daß sei das mindeste, was ich für ihn tun konnte, weil ich sah, daß er so sehr an meiner Antwort interessiert war und von so weit hergekommen war, um sie zu bekommen. Ich behaupte nicht, daß er deswegen um die Welt gereist wäre, aber ich schließe das als Möglichkeit nicht aus.

Müde genug sah er ja aus.

Ich hätte ihm einen Krapfen angeboten, wenn ich einen gehabt hätte.

Natürlich war er noch jung, aber er war nicht so jung, wie er einen glauben machen wollte. Er war einer von diesen Männern, die einunddreißig sind und von sich selber dauernd in der dritten Person als „der Junge“ reden und sich bei völlig fremden Leuten für Fehler entschuldigen, die sie gemacht haben, einem Mangel an Erfahrung dafür die Schuld geben, ihrer Jugend eben.

Manchmal machen sie die Fehler nicht einmal. Sie entschuldigen sich bloß, ohne irgendwas getan zu haben.

Mit anderen Worten: Sie möchten, daß man sie behandelt, als seien sie vierzehn Jahre alt ... süße, nie endende vierzehn.

Ich begann langsam mit meiner Antwort, indem ich das Thema wechselte, von einer sonderbaren Frage nach Lokomotiven überging zu Erinnerungen an ein paar Tage, die ich vor Jahren in Connecticut verbracht hatte.

Ich wohnte damals bei Leuten, die ich nicht kannte. Es passierte nicht viel während meines Aufenthaltes, außer daß die Mahlzeiten immer sehr sehr lange dauerten und oft draußen auf einer Terrasse serviert wurden, die kein Dach hatte, und soweit ich mich erinnere, regnete es die ganze Zeit, in der ich da war.

Ich hatte bis dahin nicht gewußt, daß man so lange brauchen könnte, um einen Hamburger zu essen.

Ich fand es sehr ungemütlich bei den Leuten, und ich glaube, die Leute fanden es auch sehr ungemütlich, daß sie mich da hatten. Als ich am letzten Morgen mit ihnen frühstückte, gaben sie mir keinen Regenschirm.

Hinterher habe ich nie wieder Verbindung mit ihnen aufgenommen. Es war ein zufälliges und unwichtiges Ereignis, das uns überhaupt zusammengebracht hatte. Ich glaube, wir waren alle besser dran, wenn wir nichts miteinander zu tun hatten.

Als ich vor meiner Abreise meine Sachen zusammenpackte, vergaß ich einen Pullover, der im Schrank hing. Ich merkte das allerdings erst später, als ich am nächsten Tag nach einer langen Busfahrt zu Hause ankam. Ich wußte, sie würden mir nie schreiben, daß sie den Pullover gefunden hätten.

Und sie haben es auch nie getan.

Es war ein Opfer, das ich mit Vergnügen brachte.

Die Vorstellung, überhaupt noch irgendwas mit diesen Leuten zu tun zu haben, war etwas völlig Abseitiges. Sie war so abseitig, daß sie kaum noch eine Vorstellung war.

„Lassen wir also den Pullover sein", sagte ich mit ernster Stimme zu dem „Jungen" und beendete damit meine Antwort.

Er starrte mich völlig fassungslos an, so als wäre ein Elefant zu ihm unter die Dusche gestiegen. „Ich habe nichts von einem Pullover gesagt", sagte er. „Ich habe Ihnen eine Frage nach Lokomotiven gestellt. Wo ist denn der Pullover überhaupt hergekommen?"

„Vergessen Sie ihn", sagte ich. „Es gibt ihn nicht mehr."

Atlantique

Günter Herburger

1.

Hinter den Schließfächern des Hauptbahnhofes steht streng gescheitelt und zugeknöpft Johann Jakob Weberbeck in Deckung. Er ist bleich und nervös; einmal verabreicht er sich zur Erleichterung Nasentropfen, die er laut einzieht. Dann blickt er wieder durch eine Lücke zum Bahnsteig.

Endlich hält der Zug, den er erwartet. Passagiere steigen aus, gehen vorbei, darunter eine Schar Kinder mit Rucksäcken und eine Kette Fußballfanatiker mit Bierflaschen, die aus den Hosentaschen ragen. Schließlich kommt allein Atlantique, die Mulattin. Sie hat eine blonde Perücke auf, ein sehr kurzes Kleid an, trägt klimpernde Goldsandalen, fellumhülltes Gepäck und ein Kofferradio mit langer, peitschender Antenne. Neugierig beugt sich der Lokführer aus seiner Kabine und blickt Atlantique nach. Da wagt sich auch Weberbeck aus seinem Versteck.

Er tritt auf Atlantique zu und sagt seinen Namen. Sie stellt ihr Gepäck ab und umarmt ihn, erklärt, mit französischem Akzent sprechend, daß sie sich freue, ihn nun leibhaftig zu sehen. Weberbeck wird steif und erwidert mit abgewandtem Kopf, das Vergnügen sei auch seinerseits.

Atlantique behängt Weberbeck mit ihrem Gepäck und hakt sich bei ihm ein. Beide gehen durch den Bahnhof, wo Reisende, besonders Türken und andere Fremdarbeiter, die sich dort treffen, ihnen nachsehen und sich gegenseitig auf sie aufmerksam machen. Zwei Kinder ahmen den Gleichschritt des bizarren Paares nach. Eine alte Frau, die auf Koffern sitzt, bekreuzigt sich.

2.

Atlantique und Weberbeck stehen im hinteren Teil einer rollenden Straßenbahn. Köpfe von Fahrgästen wenden sich nach ihnen um.

Atlantique sagt, es sei eine wunderbare Fügung, ein Hinweis des Schicksals, daß sie nun von Angesicht zu Angesicht voreinander stünden. Sie will Weberbeck einen Hundertmarkschein geben, denn sie sei reich und möchte die Auslagen für Weberbecks Bekanntschaftsanzeige und das Porto der Eilbriefe, die er geschickt habe, erstatten.

Weberbeck weist das Geld zurück, erwidert, seine Armut beinhalte Stolz und den Willen seiner Werke. Er fühlt sich gekränkt, Atlantique sei sein Gast.

Atlantique steckt den Schein wieder ein und sagt, sie habe sich nicht in ihm getäuscht.

In diesem Augenblick geht in der fahrenden Bahn ein kleines Mädchen schwankend auf Atlantique zu und tupft gegen deren braune Schenkel, um die Farbe zu prüfen. Alles ist echt, während Atlantique auf das Mädchen herunterblickt, mit dem Zeigefinger wie küssend gegen ihre Lippen tupft und dann auf die des kleinen Mädchens, wobei der Finger kaum merkbar ein Kreuzzeichen beschreibt. Das Mädchen schmiegt sich an Atlantiques Beine.

Ein mütterlicher Gast wird unruhig, schaut sich nach dem Kind um, und der Straßenbahnführer klingelt erschreckt, nimmt aber nach einer abrupten Bremsung die Fahrt wieder auf. Schön und friedlich im Licht durch die Fenster weilt die Dreiergruppe am Ende des Wagens, der, nun von außen gesehen, eine Kurve beschreibt.

3.

Weberbeck führt Atlantique durch einen Hinterhof, in dem Fahrräder und Motorräder stehen, sowie große Abfalltonnen, aus denen Papier, bedruckte Streifen und Seiten quillen. Er sei von Feinden umstellt, sagt Weberbeck, nur noch Verse könnten helfen.

Atlantique liest eines der Abfallpapiere. Es ist ein Gefängnisformular der Justizvollzugsanstalt Bernau am Chiemsee.

Dann gehen die beiden die Kellertreppe hinunter.

4.

Weberbeck wohnt hinter einer eisernen Tür im Souterrain. Der Boden ist aus Beton, die Wohnung spärlich eingerichtet. Sie besteht aus einem Wohnraum mit alten Autosesseln, einem Schrank, einer Tischplatte, einem kaum gefüllten Bücherregal und einem Schlafzimmer, in dem Matratzen liegen. In der Küche mit Elektroherd und Spültisch befindet sich noch eine Duschecke. Außerdem thront dort auf einer Stange ein ausgestopfter Adler.

Nachdem sich Atlantique die Behausung angesehen hat, nimmt sie an der Tischplatte Platz, auf der brennende Kerzen, Kuchenstücke und ein Kaffeegeschirr stehen.

Willkommen, verkündet Weberbeck. Nun setze das Abenteuer seinen Lauf, der ihn beklemme, fort. Er legt Atlantique vor und schenkt ihr ein, sagt, sie solle vorlieb nehmen, mehr habe er nicht. Sein Reich sei von dieser ungerechten Welt.

Atlantique entgegnet, zunächst müßten sie sich duzen lernen und beginnt, Sätze vorsagend, sofort damit, bis Weberbeck diese neue Verkehrsform widerstrebend, doch auch geschmeichelt, gelernt hat.

In den Pausen ist über den Köpfen der beiden das rhythmische Rumpeln und Zischen von Maschinen zu hören.

Was das sei, fragt Atlantique.

Eine Lohndruckerei, antwortet Weberbeck.

Ob er dort seine Gedichte setzen lassen könne?

Nein, erwidert er. Es würden Staatsaufträge ausgeführt, Gefangenenlisten, Gerichtsformulare, Strafbefehle und Bußbescheide. Er wohne unterhalb der Macht der Polizei und wehre sich auf seine Weise.

Sie bewundere ihn, sagt Atlantique. Ob er etwas vortragen könne?

Dafür sei jetzt keine Zeit, antwortet Weberbeck und erhebt sich. Er müsse sie verlassen und komme in einigen Stunden wieder. Sie solle es sich heimisch machen.

Hinter der Schranktür zieht er eine dunkle Jacke an und bindet eine Masche um. So geht er, sich vor Atlantique verneigend, doch wie auf Flucht.

5.

Als Weberbeck gegangen ist, legt Atlantique das Ohr an eine andere eiserne Tür, hinter der die Druckmaschinen dröhnen. Dann stupst sie den ausgestopften Adler in der Küche an, spricht mit ihm und probiert die Dusche aus, die funktioniert. Daraufhin kniet sie, nachdem sie einen Schluck Wasser aus dem Hahn des Spülbeckens genommen hat, auf dem Zementboden nieder und scheint zu beten. Ihre Augen sind geschlossen.

Schließlich steht sie auf, schminkt ihre Lippen und verläßt die Behausung. Draußen schaut sie durch die geöffneten Fenster der Druckerei. Einige Arbeiter kommen näher, sprechen und lästern, aber sie weiß zu entgegnen und fragt, ob die Kollegen in der Gewerkschaft seien?

Alle, bekommt sie zur Antwort.

Dann sei es wohlgetan, antwortet sie. Gemeinsame Sorgen, gemeinsame Taten.

Als sie sich entfernt, pfeifen ihr die Drucker nach.

Noch zweimal sehen wir sie, wie sie durch Straßen wandelt und Aufmerksamkeit erregt. Ein Hund folgt ihr und ein junger, gutgekleideter Mann, dem der Hund gehört. Außerdem hält ein offenes Auto, dessen Fahrer sie zu einer Tour einlädt.

Doch Atlantique entweicht und gerät auf ein Trümmergrundstück, das ein Bulldozerfahrer einebnet. Gebannt sieht Atlantique zu, wie die schwere Maschine arbeitet und der Maschinist Hebel und Steuer bedient. Als das Gefährt hält, springt Atlantique auf und drückt dem von Schweiß und Staub verschmiertem Fahrer einen Kuß auf die Backe.

Das sei in Ordnung, sagt jener. Einen Vorschuß auf den Feierabend könne er immer gebrauchen.

Atlantique stiefelt durch das gewellte Erdreich davon, während der Bulldozer wieder seine Strecke aufnimmt.

6.

Weberbeck arbeitet als Kellner in einem kleinen Café voll Lämpchen und Tischchen, das aus den fünfziger Jahren übriggeblieben ist. Gerade hat er Schwierigkeiten, in der Küche ein Tablett vollzustellen, während der Besitzer des Cafés ihm mißtrauisch zusieht.

Durch die Klappe der Anrichte sehen wir dann, wie Weberbeck serviert. Er macht es nicht ungeschickt, doch einmal fällt ihm Zucker herunter. Er bückt sich, bläst die Würfel ab und legt sie auf den Tisch.

Als er zurückkommt, wird er von dem Besitzer des Cafés zurechtgewiesen. Aufmerksam hört Weberbeck zu und stellt mehrere Zuckerdosen wie verzeihend auf sein Tablett.

Der Besitzer geht hinaus und begrüßt Platz nehmende Stammgäste, darunter eine Dame mit Turban.

In der Küche wird Weberbeck von der dicken, jungen Küchenhilfe, einer Ausländerin, vielleicht Jugoslawin, mit Erdbeeren gefüttert. Sie spricht ihm zu und zeigt ihm, wie man Kannen und Tassen schichtet und das schwere Tablett balanciert. Dabei stolpert sie und wirft beinahe alles zu Boden, fängt sich jedoch wieder. Beide lachen.

Daraufhin verläßt Weberbeck mit dem überhäuften Tablett die Küche und kann gerade noch die Schwingtür abfangen, da der Besitzer zurückkehrt und Weberbeck leise schimpfend die Tür aufhält.

Kurze Zeit danach ertönt draußen Getöse, ein Krachen und Scheppern mit anschließenden Rufen. Der Besitzer eilt in den Gastraum, die Küchenhilfe blickt gespannt durch die Klappe der Anrichte.

Weberbeck ist gestürzt, das Geschirr liegt zersplittert am Boden, Besucher sind aufgesprungen und wischen sich ab. Die Dame mit dem nun verrutschten Turban stützt sich auf einen Stuhl. Weberbeck hält sich den hochgereckten Arm, von dem Blut fließt. Der Besitzer des Cafés verlangt am Telefon ein Taxi, nein, einen Sanitätswagen.

7.

Durch die Gänge eines großen, alten Krankenhauses gehen Patienten in Bademänteln und Besucher. Atlantique blickt sich am Ende eines Korridors scheu und suchend um. Dann öffnet sie die Tür der Krankenhauskapelle.

Sie kniet sich in einer Bank nieder. Am Altar gießt und ordnet eine ältere Barmherzige Ordensschwester Blumen. Sie gewahrt Atlantique, worauf Atlantique sich ihr nähert, und die beiden beginnen miteinander zu flüstern. Schließlich lassen sie sich in einer Bank nieder. Es ist unentschieden, ob sie beten oder in aller Heimlichkeit reden und beratschlagen. Einmal lacht die Ordensschwester leise und tätschelt Atlantiques Wange, was Atlantique verwirrt. Sie senkt beschämt den Kopf.

Vor dem Krankenhaus hält ein Notarztwagen. Weberbeck steigt aus, seinen blutenden Arm haltend. Ein Krankenwärter begleitet Weberbeck. Und während die beiden durch die Gänge gehen, glaubt Weberbeck an einer Abbiegung, Atlantique zu sehen, die vor ihm flüchtet.

Weberbeck eilt ihr nach und ruft ihren Namen, doch er erreicht sie nicht. Der Krankenwärter, der den zu Boden sinkenden Weberbeck gerade noch auffangen kann, maßregelt ihn und schleppt ihn in die Ambulanz, wo er nach einer Blutkonserve schreit. Weberbeck wird auf eine Liege gebettet.

8.

In der Kellerwohnung sitzt Atlantique an der Tischplatte, auf der wieder die Kerzen brennen. Atlantique hat eine Polizeijacke an und eine Polizeimütze auf. Sie liest in einem dünnen Gedichtbuch Weberbecks.

Weberbeck tritt ein, sein Arm ist verbunden und hängt in einer Schlinge. Sofort will er Atlantique das Buch entreißen, doch Atlantique gebietet ihm, ihr zuzuhören. Sie trägt ein Stück aus einem wehmütig schönen Gedicht vor. Dann fragt sie Weberbeck, wieviel er schon geschrieben habe, was sich damit verdienen lasse und ob er glaube, einmal den Nobelpreis zu bekommen, die höchste Anerkennung seines Handwerks?

Weberbeck wird wütend, reißt den Schrank auf und holt weitere Polizeigegenstände heraus: Einen Schutzhelm mit Glasfibervisier, einen Knüppel, Handschuhe, einen Schlagstock, eine Pistole und eine alte MP. Er drängt Atlantique, alles anzuziehen und umzuhängen.

Weberbeck hält eine bittere, höhnische Rede: Das sei übriggeblieben aus der heroischen Zeit, als er noch Student war und an die Veränderbarkeit der Gesellschaft durch Geist und an die Kraft der Straße glaubte. Bei einer Demonstration hätten sie einen Polizisten eingefangen und geplündert. Jetzt ziehe er, wenn er dichte, diese Sachen an, um sich vor sich selbst zu schützen. Er zersetze von innen nach außen.

Atlantique entgegnet, sie werde gleich versuchen, ob er recht habe. Sie schreibt, in volle Polizeimontur gekleidet, und liest dann vor. Es ist ein kraftvolles Gedicht. Weberbeck setzt sich erschöpft.

Atlantique schlägt vor, zu heiraten. Geist und Vitalität müßten sich vereinen, damit Kinder mit Selbstbewußtsein entstünden in dieser verzweifelten Welt.

Weberbeck wehrt sich, entgegnet, er sei keine Partie, sondern arm, verletzt, schwach und ohne Hoffnung.

Atlantique meint, wie in alten Zeiten könnten sie mit einem sozialen Zweckverband beginnen, und nach einer Dauer von Gewöhnung, Vertrauen und Geborgenheit trete dann auch Liebe ein.

Er sei impotent, widerspricht er.

Sie führt an, daß auch eine künstliche Insemination möglich wäre. Sie kenne in Lübeck ein junges Forscherteam. Die Lust des Körpers werde mit zunehmendem Erfolg eingefangen und speise die Seele mittels Zuspruch. Aus der Arbeitssteilung entstünde so eine Einheit, ebenfalls von Gott gegeben auch über den Umweg der Wissenschaft.

Weberbeck wird mißtrauisch und fragt Atlantique, was sie von Beruf sei, woher sie stamme? Sie wüßten wenig voneinander.

Atlantique antwortet, sie sei in einer Klinik beschäftigt und auf Haiti geboren worden. Ihr Vater sei Arzt gewesen, ihr Großvater der erste Kirchenrechtler auf dieser Insel.

Weberbeck möchte wissen, ob Atlantique studiert habe oder als eine Art

Patient dieser Klinik zur Zeit nur Urlaub mache? Er fürchtet, Atlantique komme aus der psychiatrischen Abteilung.

Atlantique umgeht diese Andeutungen und fragt Weberbeck nach seinen Vorfahren und dem Geburtsort.

Weberbeck wurde in den Bergen geboren. Sein Vater war Tierarzt und starb als überzeugter Nationalsozialist verbittert nach dem Krieg. Der Großvater mütterlicherseits habe eine kleine Werkstatt gehabt für Peitschen und Reitstöcke, der Großvater väterlicherseits eine Wirtschaft. Jener habe sich fröhlich zu Tode getrunken mit Eisenbahnern und Viehhändlern.

Und die Mütter und Großmütter seiner Familie, fragt Atlantique.

Darauf weiß Weberbeck kaum Antwort zu geben. Sie seien eben Hausfrauen gewesen.

Das werde sich nun ändern, entgegnet Atlantique. Sie fordert ihn auf, während sie die Polizeiutensilien ablegt, mitzukommen.

9.

Bei einem Gebrauchtwagenhändler sucht Atlantique nach einem Sportauto. Keines findet Gnade vor ihren Augen. Sie möchte einen Porsche mit abnehmbaren Dach, um, wie sie behauptet, ihr zukünftiges Kind, und dabei wölbt sie ihren Bauch vor, ausfahren zu können, damit es genügend frische Luft bekomme.

Der Händler glaubt Atlantique nicht, daß sie es ernst meint, bis sie ihn fragt, ob er einen ihrer Kontoauszüge sehen möchte. Der Händler wird wütend, beschimpft sie als Betrügerin und weist sie vom Platz.

Atlantique schimpft zurück. Vor Erregung und auch aus Beschämung, daß er Atlantique nicht zu verteidigen wagte, reißt Weberbeck seinen verbundenen Arm aus der Schlinge, was schmerzt, und verabreicht sich Nasentropfen.

Auf dem Weg nach Hause fragt Weberbeck, ob Atlantique keine Angst vor Vergewaltigung und Schlägen habe?

Sie antwortet, wer ohne Furcht sei, besitze die stärkste Waffe. Er solle seinen Kleinmut ablegen. Sie hakt sich bei ihm unter und trippelt, bis sie beide in Gleichschritt gehen. Auch Weberbeck wird ein wenig übermütig und lacht. Sie singen.

10.

Als Atlantique und Weberbeck die Kellerwohnung betreten, werden sie von zwei Geheimpolizisten gepackt und an die Wand gestellt, mit den Händen nach oben. Sie dürfen sich nicht rühren, während die beiden Polizisten sie abtasten. Dabei wird Atlantiques blonde Perücke hochgehoben.

Die Wohnung ist durchsucht worden, alles liegt durcheinander. Auf der Tischplatte stapeln sich die Waffen und die Polizeiuniformstücke aus Weberbecks Sammlung.

Weberbeck wird von einem dritten Beamten, dem auffällig Ranghöchsten, gefragt, woher er die Waffen und die Uniform habe? Er wisse doch, daß auf nicht angemeldete Waffen Strafe stehe?

Weberbeck gesteht, daß sie Reste von einer Demonstration seien, an der er vor Jahren einmal teilgenommen habe, damals in West-Berlin. Es sei schon sehr lange her.

Erneute Frage an ihn, ob er Sozialist sei, Kommunist oder Terrorist?
Weberbeck antwortet, das Letztere sei er gewißlich nicht, sondern Dichter.

Wo er arbeite?

Sage er nicht, antwortet er mit einem Blick zu Atlantique.

Daraufhin wirft sich Atlantique herum, obwohl sie von einem der Polizisten daran gehindert werden möchte, und sagt, um Weberbecks ängstlich vor ihr gehütetes Geheimnis zu wahren, sie protestiere gegen diese Behandlung. Sie sei Bürgerin von Haiti und Akademikerin und verlange sofort, ihren Konsul zu sprechen.

Von so einer fernen, kleinen Insel gebe es hier keinen, wird ihr entgegnet. Ob sie überhaupt eine Aufenthaltsgenehmigung habe, fragt sie der dritte Beamte, der sich ironisch mit Namen Schulze vorstellt. Vielleicht gehe sie einem nicht registrierten Gewerbe nach? Was zu prüfen wäre.

Atlantique widerspricht erregt, zerrt ihren Paß aus der Handtasche und verkündet, sie kenne die Praktiken der Geheimpolizei. Auf ihrer Insel herrsche eine Terrorregierung. Jeder, der dagegen Widerstand leiste, werde umgebracht. Ob die Herren schon einmal etwas von der Familie Duvalier gehört hätten? Sie habe fliehen müssen und wolle nicht in einem jetzt demokratischen Land mit einer anderen Vergangenheit ähnliches erleben.

In der Stille, die danach eintritt, ist das Stampfen und Zischen der Druckmaschinen über dem Keller zu hören.

Atlantiques Anklage sei übertrieben, sagt Schulze. Sie könne den Genuß des Rechtsstaats in Anspruch nehmen. Und er liest aus einem Manuskript von Weberbeck ein bitteres Gedicht vor, das DIE FRESSE heißt. Die beiden anderen Kriminalbeamten lachen, wenn auch verlegen, bei dem Vortrag ihres Chefs und lassen Weberbeck, der immer noch mit aufgestützten Händen an der Wand steht, sich umdrehen.

Der Beamte Schulze sagt, wegen der überspitzten Meinung werde Weberbeck nicht verhaftet, sondern auf Grund von Verdunklungsgefahr.

Und, hopphopp, wird Weberbeck abgeführt, hinaus aus der Kellerwohnung und zu einem Polizeiwagen, der vor dem Haus parkt. Atlantique bleibt allein in der düsteren, verwüsteten Behausung zurück.

11.

Während das Polizeiauto mit dem verhafteten Weberbeck abfährt, kommen die Drucker auf die Straße und pfeifen und schreien dem Wagen nach. Einer will einen Stein werfen, der ihm aber in der Hand zerbröselt. Es ist eine alte Hundewurst. Der Arbeiter flucht resigniert.

Doch Atlantique, die nun auch auf die Straße läuft, treibt die Drucker in ihren Gewerberaum und bittet herausfordernd um Hilfe.

Die Drucker antworten zunächst, wie sie es gewohnt sind, wenn eine Frau auftritt, die auch noch Mulattin ist, unsicher mit Stammtischwitzen und werden dabei von ihrem Chef, der auch nichts anderes gewohnt ist, unterstützt.

Aber Atlantique, beeindruckend in ihrem Eifer, läßt keine Rührseligkeit und männliche Konkurrenz zwischen den Arbeitern aufkommen. Sie setzt sich an einen Tisch und entwirft ein Plakat, das die Drucker für sie herstellen sollen. Wahrheit und Glauben beeinflußten direkt das Seelenheil, da alle einmal sterben müßten, sagt sie. Das Leben sei kurz, der Tod ewig.

Der junge dicke Chef stimmt furchtsam zu, daß die außergewöhnliche Arbeit schnell erledigt werden müsse. Spontane Aktionen innerhalb der Marktwirtschaft könnten nicht schaden, vielmehr beflügelten mitunter.

Und die Drucker drucken, was Atlantique, die Brille eines der Setzer benutzend, schnell entwirft.

12.

Atlantique geht, während es Abend wird, doch die Sonne noch scheint, mit Bürste und Leimkübel durch enge Straßen und klebt ihre Plakate an Mauern, Häusereingänge und parkende Autos. Auf dem Plakat steht:

Mein Geliebter
ist verhaftet worden.
Ich will ihn wiederhaben.
Landsleute,
seid ohne Furcht
wie ich.

Sie gerät in den Bezirk der Straßennutten am Stadtrand, wo freies, von Gerümpel verwüstetes Gelände beginnt. Atlantique geht an Mädchen vorbei, die Luftmatratzen aufblasen oder Freier verabschieden. Da Atlantique diese Verhaltensweisen nicht kennt, fragt sie eine der Frauen, weshalb sie alle hier stünden in festlicher Aufmachung? Das Mädchen gibt ausweichende, hinterlistige Antworten.

Atlantique holt eine Manuskriptseite von Weberbeck aus der Tasche und fängt zu deklamieren an. Es ist ein naives, lockendes Gedicht, das auf zwei,

drei Nutten Eindruck macht, eine Art Aufforderung, durch Lust Widerstand zu leisten. Aber dann wenden sich die Strichmädchen ab und streifen wieder die Straße entlang, an der Vertreter halten, Kipperfahrer und amerikanische Soldaten in Trucks. Auf einem der Wagen ruht eine Rakete.

Eine der Nutten, die in der Abendsonne auf einer Luftmatratze liegt, scheucht Atlantique davon, als ein Neger sich nähert. Atlantique trippelt einsam weg und heftet das letzte Plakat an einen Baum. Auf dem nahen Trümmerberg lassen Kinder ihre Drachen fliegen.

13.

Weberbeck kommt, im Gesicht blau geschlagen, doch den verbundenen Arm nicht mehr in der Schlinge, zu spät zum Dienst in sein Café. Der Besitzer mußte selbst servieren und beschimpft, zurückgekehrt in die Küche, deswegen Weberbeck, auch weil Weberbeck nicht korrekt angezogen ist. Es droht Entlassung.

Weberbeck wird von der jungen, dicken Küchenhilfe in Schutz genommen, die ihrerseits dem Cafébesitzer schlechte Behandlung vorwirft. Der Besitzer möchte beide sofort vor die Tür setzen, geht zum Telefon und ruft das Arbeitsamt an, aber Dienstleistungskräfte für das Gaststättengewerbe sind, obwohl es viele Arbeitslose gibt, nur schwer zu haben, es sei denn, er nähme Koreaner, Libyer oder Bauernmädchen aus Anatolien.

Weberbeck bedient wieder, wenn auch ungeschickt, Kopf und Arm schmerzen. Der Küchenhilfe gesteht er, daß er die ganze Nacht verhaftet auf dem Polizeipräsidium gesessen habe. Daraufhin küßt ihn die dicke Jugoslawin.

In diesem Augenblick blickt Atlantique, die das Café schon seit Minuten beobachtet, durch das Küchenfenster, was Weberbeck bemerkt. Er stößt die erschreckte Küchenhilfe von sich und rennt, obwohl Gäste nach ihm verlangen, auf die Straße, doch erreicht Atlantique nicht mehr, von der nur das laute Kofferradio noch an der nächsten Ecke zu sehen ist.

Weberbeck eilt hin und her, aber Atlantique bleibt verschwunden. Allein die Klänge des Radios, denen Weberbeck nachlauscht, scheinen eine Weile in der Luft zu schweben. Und diese Melodie soll zur Leitmusik der traurig grimmigen Verwechslungskomödie werden, in der Poesie und Politik, entgegen ängstlicher Irrtümer, einander verhaftet bleiben.

Wieder im Café, bedient Weberbeck erneut Gäste, dieses Mal langsam und beflissen wie in Trance. Damen und alte Herren lächeln ihm zu, auch der Besitzer scheint beim Anblick Weberbecks überraschenden Künsten ausgesöhnt zu sein, doch der Gegenstand der Anteilnahme merkt davon nichts.

In der Küche weint die dicke, junge Küchenhilfe und verwechselt Sahne mit Meerrettich, was, als ein Gast protestiert, der Besitzer überraschend gutheißt. Weberbecks Versponnenheit rührt ihn.

14.

Zuhause räumt Weberbeck, während er sich auszieht, die verwüstete Wohnung auf, hält abgebrannte Kerzen und Quittungszettel der Polizei bezüglich der konfiszierten Materialien in der Hand und ruft voll Sehnsucht nach Atlantique. Dann setzt er sich an die Tischplatte und versucht zu schreiben, aber die Wehr, die Uniformstücke fehlen ihm, sich vor dem Ansturm der Gefühle zu schützen. Auch ein Turban aus einem Handtuch und ein leerer Leitzordner, deren Deckel er durchbricht, um seine Arme hindurchzustecken, als trage er ein Brustschild, helfen dagegen nicht.

Schließlich entdeckt er, daß die Schlafkammer abgeschlossen ist. Er rüttelt und klopft, fleht und tobt.

Als die Tür aufgeht, sinkt er auf die Knie. Denn Atlantique steht in der Schlafkammer, umschlungen von einem Laken, eine brennende Kerze in den Händen, auch ihre blonde Perücke auf und spricht, daß sie ihm verzeihe. Ihre Liebe gelte weniger dem Leib, als der Seele. Sie müßten sich vereinen.

Weberbeck antwortet, er sei ihrer unwürdig, ein zaghafter Mensch, der sich in Dichtung geflüchtet habe, um kein Täter sein zu müssen.

Atlantique entgegnet, niemand verlange von ihm, Revolutionär zu werden. Dieser Zustand mache nur noch einsamer und ende auch heute, wie einst im Falle Jesus Christus, vielleicht am Kreuz. Im Gegenteil, er solle das, was er an

Gedanken in sich berge, auf die Straße tragen, nur die Gemeinschaft biete Schutz.

Dann gerate er sofort wieder ins Elend, antwortet er. An diesem Widerspruch zwischen Praxis und Theorie leide er doch!

Er habe sie falsch verstanden, sagt sie, neigt sich zu ihm, netzt ihm die blauen Male im Gesicht mit naß gemachtem Finger, wickelt seinen Verband ab und küßt ihm die verschorften Wunden seines Arms. Nichts gehe verloren, flüstert sie, alles ziele auf das Heil. Die Liebe, der jeder bedürfe, bilde das Dach der Herzen, die Zunge der Vögel seien deren Echo, wenn die Grabsteine in der Erde versänken, aus der einst die Toten mit neuer Macht wiedererstünden.

Das alles sei Lüge, schreit Weberbeck aufspringend, und eine kurze, heftige Diskussion über Tod und Leben, also zwischen Erwartung und Materialität hebt an, wichtig für uns alle, die wir ständig auf Grund unserer Enttäuschungen der Mattigkeit nachgeben, dem Verdruß und Verzicht.

Weberbeck sagt, nur Gedanken vom besseren Leben, das wir uns wünschen und die in Taten mündeten, könnten unser Dasein verändern, bereits geschehen mit riesenhaftem Aufwand, der ein wichtiges Merkmal des menschlichen Verlangens sei, wenn Leute auf dem Mond landeten, oder eine Laborsonde, die Milliarden an Entwicklungsarbeiten gekostet habe, in den Staubstürmen des Mars niedergehe. Vielleicht lasse sich dort kleines, mikroskopisches Leben nachweisen, ein triumphaler Beweis, daß wir im Universum nicht allein weilten.

Manchmal bedauere sie, sagt Atlantique zu Weberbeck, während sie beide voreinander knien, daß sie in eine Welt voll Zweifel zurückgekommen sei.

Sie bläst ihre Kerze aus und gießt sich deren flüssiges Wachs auf den Handrücken, wo es erstarrt. Die Formen der Technik seien kein Beweis des Fortschritts, fährt sie fort, sondern errichteten nur noch dichtere Urteile vor den Inhalten der Erkenntnis. Denn auch die Tiere und Pflanzen, Gesteine und Mineralien besäßen Gefühle wie wir. Wir entdeckten sie nur nicht mehr, nachdem entworfene Standesunterschiede uns von ihnen getrennt hätten.

Klassenkampf, ruft Weberbeck. Von dem spreche er in seinen Gedichten, da die Gegenwart sich so wenig nach Befreiung sehne!

Dann solle er direkt bei seinem Dasein beginnen, rät Atlantique.

Auf, auf, verkündet Weberbeck und zieht Atlantique mit sich hoch. Er wolle nicht mehr verharren.

Sie besänftigt ihn und geht in den kombinierten Bade- und Küchenraum, wo sie, bevor sie den Vorhang der Duschecke zuzieht, um sich zu erfrischen, den ausgestopften Adler streichelt.

Ihre Perücke werde naß, sagt Weberbeck, als das Wasser in der Ecke zu rauschen beginnt.

Atlantique erwidert, er solle sich nicht sorgen, Feuchtigkeit sei nur Oberfläche über dem Kern allumfassender Liebe.

15.

Weberbeck eilt an der Hand von Atlantique in eine katholische Kirche, wo er in den hinteren Bänken neben ein paar alten Frauen sich setzt. Dagegen schreitet Atlantique, wie immer phantastisch gekleidet, zum Altar. Ein einsamer Priester im Ornat betet eine Mittagsmesse. Im Gestühl links und rechts sitzen zwei, drei Mönche. Chorgesang und Litaneien erklingen. Der Priester neigt sich verwirrt zu der exotischen Schönheit, beginnt mit ihr zu flüstern, und der Gesang stockt. Aber dann, auf ein Zeichen des Priesters hin, schwillt er freudiger wieder an.

Weberbeck schwitzt, fürchtet sich und flieht aus der Kirche, verfolgt von den Blicken der alten Frauen, denen solche Unterbrechung fremd ist.

Weberbeck steht allein draußen an der Straße, auf der Verkehr brandet. Das Tosen vermengt sich mit der Kirchen-, dann der Leitmusik.

16.

Atlantique und Weberbeck gehen über den freien Platz vor der Pinakothek, betreten sie und steigen, der eine links, der andere rechts, jeder für sich die klassisch nachgeahmten Treppen hinauf.

Oben kommen sie wieder zusammen und bewegen sich durch die Räume. Sie bleiben vor Rubensbildern stehen, wo Atlantique sagt, alle Leiber würden, auch wenn sie so prächtig gewesen seien, verdorren. Nichts bleibe übrig von den irdischen Freuden. Daran müsse man stündlich denken, um seine Anwesenheit auskosten zu können.

Aber vor Altdorfers Alexanderschlacht entgegnet Weberbeck, während grausame Einzelheiten des wunderbaren Kampfbildes zu sehen sind, das menschliche Streben nach Glück und Vollendung höre nie auf, auch wenn immer noch Blut dabei fließe. Darin offenbare sich der Triumph der Selbständigkeit des Menschen.

Ein Mann, der seine kleine Tochter in einem Traggestell auf dem Rücken sitzen hat, stört die beiden, denn der Mann, obwohl taubstumm, versucht trotzdem, dem Kind Bilder zu erklären, damit es frühe Anschauung von der Fülle und Verschiedenheit menschlicher Ausdrucksfähigkeit erhält. Der Mann lallt und kreischt, vollführt Zeichen mit den Händen, liebkost und mahnt, was das Kind kaum begreift und seinem Vater deshalb mitunter auf den Kopf schlägt. Doch die Beiden bilden eine übermütige Einheit, die dem Kind Kraft gewährt. Es schmiegt seinen Kopf gegen den seines Vaters und singt jammernd wie eine kleine Robbe in Liebespein.

Hand in Hand ziehen Weberbeck und Atlantique dem Vater und dessen Kind in den nächsten Ausstellungsraum nach, verfolgt von einem mißtrauischen Saaldiener. Das Kind patscht lallend auf die mächtigen Schenkel einer Skulptur oder an einen hocherhobenen Huf, der auch einem ehernen Tier gehören könnte.

17.

Es wird Abend, Weberbeck muß zum Spätdienst in das Café, doch dieses Mal geht Atlantique mit. Sie beschwört ihn, bevor sie das Caféhaus betreten, daß er allen Zorn in sich versammeln solle, um sich zu befreien.

Weberbeck entgegnet, sie habe leicht reden, sie sei reich, obwohl er ihr nicht glaube, er dagegen könne sich Arbeitslosigkeit nicht leisten. Seine Kunst bringe nichts ein.

Atlantique sagt, sie setze ihren Leib gegen seine Seele, damit eine Art Geschäft zustandekomme. Im Falle, daß er aufsteige und sich vollende, begebe sie sich hinab und biete sich dar. Vorwärts und nicht vergessen! Sie stößt ihn in das Café hinein und folgt ihm nach einer Weile.

In der Küche schimpfen die Küchenhilfe und der Chef, daß Weberbeck schon wieder sich verspätet habe. Sie hätten alle Hände voll zu tun.

Weberbeck möchte aufbegehren, muß sich aber vorher noch mit einem Blick durch die Anrichte Kraft bei Atlantique holen, doch sie sitzt nicht im Gastraum. Er ist enttäuscht und läßt sich vom Besitzer des Cafés herumstoßen, ebenso von der Küchenhilfe, die ihn in ihrem Kolonialdeutsch verflucht, daß er ihre Gunst mißachtet habe.

Mit einem überfüllten Tablett verläßt Weberbeck die Küche und gewinnt, da Atlantique inzwischen an einem Tisch sitzt und bestellt, an Sicherheit. Er bedient traumhaft schnell und elegant, ist freundlich und hat für jeden Stammkunden eine schmeichelhafte Bemerkung.

Atlantique will in ihm keinen perfekten Kellner sehen, sondern einen extrem individuellen Künstler, der sich auf seine Weise dem Heil nähert. Sie wirft absichtlich eine gefüllte Tasse zu Boden.

Weberbeck läßt sich nicht irritieren. Er sammelt die Scherben auf und wischt Flecken weg. Eine ältere Dame möchte ihm dabei helfen.

Aber Atlantique läßt nicht locker, versucht ihn, als er mit frischem Geschirr zurückkehrt, aufzuhetzen, wird laut und ausfallend und befiehlt ihm, dem Publikum sein wahres, sein stürmisch poetisches Gesicht zu zeigen. Welcher Irrtum! Denn er, im Anblick der verehrten Freundin, fühlt sich zum ersten Mal bei seiner Arbeit nicht verkannt.

Während Atlantique ihn anschreit und die Gäste bereits gegen sie Stellung beziehen, versucht er, Atlantique zu besänftigen und weiterhin zu bedienen. Doch sie stürzt ein ganzes Tablett zu Boden.

Nun muß er seine Freundin wehrhaft gegen die Gäste in Schutz nehmen, was ihm nicht gelingt. Atlantique flieht in die Toilette, riegelt sich ein und entkommt durch ein enges Fenster.

Vergeblich bemüht sich der Kaffeehausbesitzer, die Toilettentür aufzubrechen, schließlich bezichtigt er Weberbeck, dieser habe den ganzen Skandal

inszeniert. Die Gäste wenden sich nun gegen den Chef und drohen, nie mehr wiederzukommen. Das umgekehrte Komplott scheint sich zu vollenden, so daß Weberbeck aus Selbstachtung nichts anderes übrigbleibt, als sich seinerseits gegen alle zu kehren.

Er sammelt das zerbrochene Geschirr auf, schmettert es zum dritten Mal nieder, gebietet dem Tumult Einhalt und rezitiert zum ersten Mal in aller Öffentlichkeit eines seiner Gedichte, das DIE ORGEL heißt. Dann geht er.

Die junge, dicke Küchenhilfe weint. Ein Stammgast hat an einem Tisch begonnen, das gehörte Gedicht nachzuschreiben und fragt andere Gäste nach gehörten Formulierungen.

18.

Am Rande der Stadt schlürft gedankenverloren Weberbeck seines Wegs, während die Nacht sich senkt. Allmählich wird er aufmerksam, daß er in die Gegend des Straßenstrichs geraten ist. Seine Neugierde richtet ihn wieder auf.

Er beobachtet Mädchen, die locken und provozieren, wird angesprochen, doch weist alle Angebote ab. Überzeugend stülpt er seine leeren Hosentaschen nach außen.

Da gewahrt er eine Negerin, die eine Luftmatratze bereithält, schleicht näher, wird unruhig, aber um Atlantique handelt es sich nicht. Ein Kunde kommt auf einem Fahrrad, die Negerin jagt Weberbeck davon.

Seine Ahnung ist geweckt. Über Gräben springend und durch Strauchwerk brechend, gelangt er zu einem Parkplatz. Dort nimmt Atlantique, auffällig durch ihre blonde Perücke, gerade in einem Auto Platz. Weberbeck wagt sich näher und beobachtet durch das Heckfenster des Wagens, wie der Kunde und Atlantique reden, die Köpfe einander zuneigen, mit den Händen gestikulieren, das Paar scheint nicht handelseinig zu werden. Der Kunde springt aus seinem Auto und schlägt fluchend die Hände über dem Kopf zusammen. Atlantique steigt ebenfalls aus.

Weberbeck ruft nach Atlantique und stürzt sich wie rasend auf den Autofahrer, der sich ihn nur mit Mühe vom Leibe halten kann. Es ist der Polizeibeamte Schulze.

Weberbeck beschimpft Schulze, bezichtigt ihn der Unehre, der Provokation und Nachschnüffelei.

Schulze antwortet, Weberbeck solle froh sein, daß er nur eine Nacht im Polizeipräsidium trotz Waffenbesitzes habe verbringen müssen. Er, Schulze, sei Junggeselle, im Vollbesitz seiner Kräfte, habe deshalb hie und da auch ein wenig Erholung nötig, doch er sei in die Arme einer toll gewordenen Samariterin gefallen, die ihn habe bekehren wollen.

Ob das wahr sei, fragt Weberbeck.

Schulze nimmt Weberbeck bei den Schultern und zeigt ihm, in welche Richtung Atlantique geflohen ist. Weberbeck eilt ihr nach.

Inzwischen streitet Atlantique mit mehreren Strichmädchen, die bei einem beleuchteten Getränkekiosk stehen. Sie will die Geschlechtsgenossinnen umstimmen, ihren üblen Lebenswandel aufzugeben. Jene dagegen glauben, Atlantique wolle sie nur aus der angestammten Arbeitsgegend vertreiben. Die Auseinandersetzung wird handgreiflich.

Als Weberbeck endlich Atlantique erreicht, kniet sie bereits vor den Mädchen und erhält Schläge, unter denen sie an Freude und Gewißheit zu gewinnen scheint. Ihr braunes Gesicht glänzt vor Schweiß.

Weberbeck mischt sich ein, will Atlantique verteidigen, was jene nicht zuläßt, andererseits die Strichmädchen noch mehr erbittert. Sie fallen über das Paar her.

Verletzt und mit zerrissenen Kleidern müssen Atlantique und Weberbeck fliehen. Trotzdem meint die Mulattin, die ihre Perücke wieder zurechtrückt, die Erfahrung sei nicht umsonst gewesen, sie werde Wirkung haben in den Gewissen und Herzen.

Weberbeck weiß darauf keine Antwort, würde aber gern erfahren, ob Atlantique diesem Gewerbe, gegen das er nichts habe, durchaus nicht, schon nachgegangen sei? Er verabscheue Atlantique keineswegs, im Gegenteil, er bewundere sie. Sie sei stärker als alle Gedichte.

Atlantique schweigt und hinkt, hat sich den Fuß verletzt. Weberbeck stützt sie.

19.

Am nächsten Morgen erwacht Weberbeck allein auf den Matratzen der düsteren Schlafkammer. Noch traumverloren tastet er über den Platz neben sich, doch dort liegt nichts, außer der blonden Perücke. Atlantique ist gegangen. Auch der ausgestopfte Adler ist aus dem Küchen- und Duschraum entschwunden, als habe er wunderbarerweise plötzlich wieder zu fliegen vermocht, denn das Kellerfenster steht offen.

Flüchtig angezogen rennt Weberbeck hinaus, fragt die Drucker im selben Haus, ob sie seine Freundin gesehen hätten?

Ja, frühmorgens habe sich die fröhliche Negerin verabschiedet, antworten sie. Sie werde heimkehren, habe sie verkündet.

Wohin, fragt Weberbeck.

Vielleicht nach Afrika, entgegnen die Drucker. Oder in den Himmel. Sie habe jedem von ihnen noch einen Kuß gegeben. Ein feines Mädchen und gut riechend, wie nach frischem Weihwasser, diese Verrückte, überbieten sie sich gegenseitig an Laune und Ehrgeiz.

Weberbeck jagt weiter auf der Suche nach seinem Glück. Er eilt zu der Kirche, wo er einmal mit Atlantique war. Keine Mönche sitzen im Chorgestühl und singen, auch kein Priester zeremoniert am Altar. Nur ein paar alte Frauen verweilen wie damals in den Bänken.

Er stürzt auf die Straße und stoppt, halsbrecherisch in der Mitte der Fahrbahn stehend, einen heranheulenden Notarztwagen. Hinten reißt er die Tür auf und steigt ein. Es ist dasselbe Auto, in dem er verletzt schon transportiert wurde, mit dem gleichen Krankenpfleger, der sich nicht wundert, daß Weberbeck plötzlich auftaucht, sondern ihm den Schlauch eines Beatmungsgeräts zu halten befiehlt. Auf dem Schragen liegt ein Mann in Agonie mit einer Sauerstoffmaske über dem Gesicht.

Als der Notarztwagen vor dem alten, großen Krankenhaus hält, rennt Weberbeck durch Pforten und Korridore. Er stößt Patienten und Besucher an, blickt sich wild um und hastet weiter.

In der leeren Kapelle bleibt er einen Augenblick erschöpft sitzen. Als die Ordensschwester, die er nicht kennt, aber einst mit Atlantique geflüstert hat,

wieder mit einer Gießkanne auftritt, um die Altarblumen zu netzen, faßt er sich und wagt sich näher.

Er fragt die Schwester nach seiner Freundin, beschreibt sie und wird dabei laut und drängend. Die Schwester neigt den Kopf und erwidert, sie dürfe keine Auskunft geben, wenn der Herr, unser aller Schöpfer, schon seine Entscheidungen getroffen habe.

Weberbeck verzweifelt an dem milden Ton, verabreicht der Ordensschwester eine Ohrfeige und läuft, entsetzt von seiner Tat, in Panik davon.

Die Schwester reibt sich die Wange und geht vor dem Altar in die Knie, gleichermaßen um Fassung wie Verzeihen ringend.

Zuhause, in seinem leeren Keller, während die Druckereimaschinen über ihm stampfen und zischen, steht Weberbeck und überlegt. Er zieht sich sorgfältig an, bindet auch eine Krawatte um.

20.

In seinem einzigen Anzug, der ihn gut kleidet, durchschreitet Weberbeck das Portal des Polizeipräsidiums und wendet sich an den Pförtner, den er nach der Bewerbungsstelle für Polizeibeamte fragt.

Es ist eine schwierige Aufgabe, die richtige Tür zu finden. Er gerät in die Funkzentrale, dann in einen Aufenthaltsraum, wo Streifenbeamte sich bis zu den Unterhosen ausgezogen haben und Bier trinken. Später betritt er ein Zimmer, in dem er, wie er einem höflichen Polizisten klarmachen will, schon einmal saß, als er eine Nacht lang vernommen worden war und seither auf eine Anzeige wegen unerlaubten Besitzes einer ehrwürdigen Maschinenpistole nebst subversiver Poesie warte. Der Beamte weist ihn vor die Tür.

Doch dann, nach einem Lauf durch einen langen Korridor, trifft er auf den Geheimdienstler Schulze, setzt sich vor dessen Schreibtisch und bittet, die Aufnahmeprüfung für Polizeibeamte versuchen zu dürfen.

Schulze, der stämmige Junggeselle, nimmt Weberbeck nicht ernst, fragt ihn nach seiner Freundin, bietet auch an, ihr einen Gewerbeschein auszustellen. Er habe gute Beziehungen zum Sittendezernat.

Der sanfte Zynismus Schulzes wird von Weberbeck nicht verstanden. Er insistiert, daß Leute, arm, aber erfüllt von Phantasie wie er, vorzügliche Staatsdiener abgeben würden. Lehrer und Polizisten sollten die höchstbezahltesten Berufe sein, da Gedeih und Strafe, Urteil und Ermessen in ihren Händen lägen, damit aus Kindern würdige Erwachsene entstünden, aber später, vielleicht strauchelnd auf Grund schlimmer Bedingungen, nicht mehr in einen Zustand ohne Recht gleich Kindern zurückversetzt werden dürften.

21.

Schulze fühlt sich herausgefordert und nimmt Weberbeck in den Keller des Polizeipräsidiums mit, böse schweigsam in einem lautlosen Lift hinunterfahrend.

Im Schießstand feuert Schulze, gegen den Lärm schützende Ohrenklappen tragend, beidhändig Pistolen auf sich drehende Mannscheiben ab.

Nachdem Schulze die Technik der Waffen Weberbeck erklärt hat, schießt Weberbeck ohne Ohrenschützer auf dieselben Scheiben und trifft nicht schlecht. Wütend zerrt ihn Schulze weiter.

Nach stürmischem Gang durch eine verglaste Brücke, sitzt Weberbeck in einer Koje, bestrahlt von einem Scheinwerfer. Hinter einer Scheibe, durch die Weberbeck nicht blicken kann, da sie nur einseitig durchlässig ist, stehen und sitzen in einer Art Kommandostand, in dem sich Mikrophone und laufende Bandgeräte befinden, ein Polizeioffizier in Uniform, der Amtspsychologe, dessen Haarschnitt von dem der anderen abweicht, und Schulze.

Ob er den Staat, unser Gemeinwesen liebe, wird Weberbeck befragt.

Weberbeck bejaht und setzt hinzu, der Staat sei das rechtmäßige Gefäß unserer Bedingungen.

Wie diese aussähen und was sie bewirkten?

Die Entfaltung jeglicher Persönlichkeit, so daß auch, infolge Schwunds von Erbanlagen, was hin und wieder vorkomme, optimale Verhältnisse biogenetische Fehler ersetzten. Es gebe keine Dummen, nur, wenn Mangel eintrete, Geschädigte.

Wo die Grenze liege?

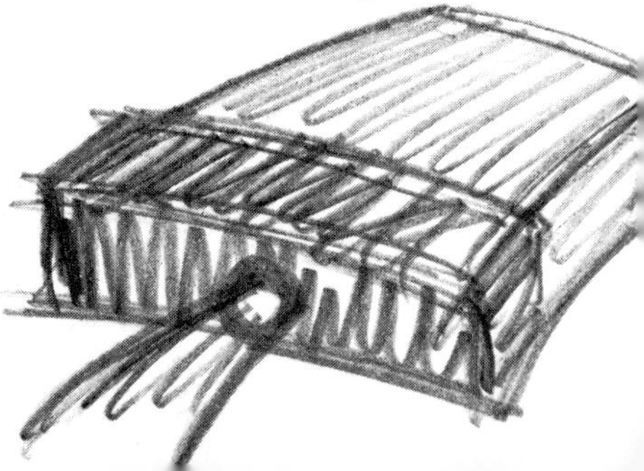

Welche, fragt Weberbeck. Es entstünde keine, wenn wir alle guten Willens seien. Das schreibe der Sinn von Demokratie vor. Da Weberbeck, der sich völlig zu stellen wagt, nicht triumphiert, befehlen ihm die drei Herren hinter der dunklen Scheibe, fünfzig Liegestützen zu machen.

Weberbeck bringt sie, geradezu leichtfertig, im Scheinwerferlicht zustande und setzt sich, allerdings Atemlosigkeit unterdrückend, wieder in seinen Schalensessel. Dann blitzt ein Schaubild an der Wand auf, das einen vorwärtsstürmenden russischen Soldaten zeigt, der eine Maschinenpistole in Anschlag hält, aus der Mündungsfeuer flammt, und dem ein Besser zwischen den Zähnen klemmt.

Was das sei, wird Weberbeck gefragt.

Der Feind, antwortet der Dichter und ehemalige Kellner und setzt hinzu: Dieses Bild sei eine Provokation, eine falsche Wunschvorstellung. Er kenne den Mann nicht, sei einem solchen auch noch nie begegnet. Im Zeitalter der Atomwaffen beginne nicht wieder die Steinzeit, es sei denn, der Tod aller werde kalkuliert.

Ein anderes Schaubild glimmt auf mit einem fahrenden Panzer, vor dem Zivilisten fliehen.

Was das sei, wird Weberbeck gefragt.

Ein Gemälde aus der Vergangenheit, antwortet er. Im letzten Weltkrieg seien solche Scheußlichkeiten vorgekommen, doch im Frieden könne er sich diese Praxis nicht vorstellen. Er spricht ein paar kurze Gedichtzeilen über den Inhalt des Lebens, der jederzeit vom Tod begrenzt werde.

Er solle den Atem anhalten, wird befohlen.

Weberbeck schnauft mehrmals tief durch und hält die Luft an, während er sich auf den Boden legt und die Beine gestreckt über den Kopf zurückschlägt. Sein Kopf wird dicker, seine Augen vergrößern sich. Er verharrt über eine Minute in dieser Stellung, wie eine elektrische Uhr an der Wand zeigt.

Unschlüssig fragen die drei Prüfer hinter der Scheibe noch andere Daten ab, immer schneller werdend, was Weberbeck nicht aus dem Konzept bringt.

Wie der ermordete Präsident von Bangladesh heiße, der verstorbene Kaiser von Äthiopien, der vorverletzte Regierungschef der Vereinigten Staaten, lauten die Fragen. Was ein Kontinent bedeute, Vorfahrt im Verkehr, ein Klumpfuß, Protein, der Unterschied zwischen Gehalt und Lohn und die Protuberanz der Sonne?

Weberbeck antwortet direkt und klar. Seine Antworten bestimmen seine Meinung.

Nachdem er noch wie ein Hase hat im Kreis hüpfen müssen mit vorgestreckten Armen, wird er auf den Korridor gebeten, wo die drei Prüfer ihn zum Abschluß fragen, ob er die äußerste Mutprobe machen wolle?

Weberbeck bejaht, und Schulze nimmt ihn mit.

22.

Ein kleines Flugzeug steigt über der Stadt auf. Bei offener Tür in der Maschine schnallt sich Weberbeck ein Fallschirmpaket um. Schulze hilft ihm dabei, immer wieder fast zärtlich mahnend, ob Weberbeck sich den Sprung tatsächlich zutraue? Ob er nicht zu weit gegangen sei, sie könnten jederzeit wieder landen? Weberbeck habe doch keine Übung, jeder fürchte sich vor dem Tod?

Weberbeck besteht darauf, zu springen, weil, wie er sagt, die einmalige Gelegenheit der Entäußerung ein Zeichen von Glück bedeute. Nun wolle er schweben, seinen Traum erfahren, lang genug habe er zu sehr auf die Erde bestanden.

Während Schulze nochmals sorgsam die Riegel und Schnallen, Schnüre und Ösen prüft, von deren Funktion er auch keine Ahnung hat, so daß der Pilot, inzwischen unruhig geworden, drängt, geht Weberbeck zur Luke und springt hinaus in die Leere, was sein Begehren war.

In Ordnung, sagt der Pilot, den Daumen hochreckend.

23.

Weberbeck fliegt durch das nahe All, ein Klumpen, der dann Beine und Arme entfaltet und zu steuern lernt gleich einem Käfer, der größer wird und schließlich auch noch zu sprechen beginnt.

Weberbeck schwebt an seinem Schirm und pendelt hin und her, hinter sich Wolken, die hochziehend seine Fahrt verdeutlichen. Die Leitmusik fängt zu klingen an und geht über in einen Choral, den Weberbeck mitsingt. Er heißt:

Es ist ein Schnitter,
der heißt Tod,
hat Gwalt vom großen Gott.
Bald wetzt er das Messer,
es geht schon viel besser,
dann wird er dreinschneiden,
wir müssens nur leiden.
Hüt dich, schöns Blümelein!

Weberbeck, der seinen Gesang zu Ende gebracht hat, lauscht der Melodie, die sich noch einmal wiederholt, nach, ruhig an seinem Schirm hängend und mit froher Miene auf uns weisend, daß wir genauso seien wie er, trotz Ungeduld und Furchtsamkeit.

Greyhound-Tragödie

Richard Brautigan

Sie wollte, daß aus ihrem Leben eine Illustriertentragödie würde wie in den Filmzeitschriften, wie der Tod des jungen Stars, mit langen Reihen weinender Leute und einer Leiche, die schöner war als ein großes Gemälde, aber sie schaffte es einfach nicht, aus der kleinen Stadt in Oregon wegzugehen, in der sie geboren und aufgewachsen war, und nach Hollywood zu gehen und zu sterben.

Obwohl damals die Wirtschaftskrise war, verlief ihr Leben angenehm und behütet, weil ihr Vater Geschäftsführer von Penney's Warenhaus war und in finanzieller Hinsicht treu für seine Familie sorgte.

Filme waren die Religion ihres Lebens, und sie besuchte jede Messe mit einer Tüte Popcorn ausgerüstet. Filmzeitschriften waren ihre Bibel, die sie mit dem Eifer eines Doktors der Theologie studierte. Sie verstand wahrscheinlich mehr von Filmen als der Papst.

Die Jahre gingen vorüber wie die Abonnements ihrer Zeitschriften: 1931, 1932, 1933, 1934, 1935, 1936, 1937, bis zum 2. September 1938.

Jetzt war es endlich an der Zeit, daß sie ihren Zug machte, falls sie je nach Hollywood gehen wollte. Es gab da einen jungen Mann, der sie heiraten wollte. Ihre Eltern waren sehr von seinen Zukunftsaussichten angetan. Sie waren sehr mit ihm einverstanden, weil er Autoverkäufer bei Ford war. „Das ist ein Unternehmen mit guter Tradition", sagte ihr Vater. Es sah wirklich nicht gut für sie aus.

Sie verbrachte Monate damit, all ihren Mut zusammenzunehmen und zum Busbahnhof hinunterzugehen, um herauszufinden, was die Fahrt nach Hollywood kostete. Manchmal dachte sie tagelang an nichts anderes als an den Busbahnhof. Ein paarmal wurde ihr sogar schwindlig, und sie mußte sich hinsetzen. Sie kam einfach nicht auf die Idee, daß sie auch hätte anrufen können.

Sie machte es sich in diesen nervösen Monaten zum Prinzip, nie am Busbahnhof vorbeizugehen. Die ganze Zeit daran zu denken, war eine Sache, aber ihn wirklich zu sehen, war etwas ganz anderes.

Einmal fuhr sie mit ihrer Mutter in die Stadt, und ihre Mutter wollte in die Straße einbiegen, in der der Busbahnhof lag, und sie bat ihre Mutter, *bitte* in eine andere Straße abzubiegen, weil sie in einem Geschäft in dieser Straße noch etwas kaufen wollte.

Irgendwelche Schuhe.

Ihre Mutter dachte sich nichts dabei und bog später ab. Sie dachte nicht daran, ihre Tochter zu fragen, warum sie so rot im Gesicht sei, aber das war nicht ungewöhnlich, weil sie selten daran dachte, überhaupt etwas zu fragen.

Einmal wollte sie morgens mit ihr wegen der ganzen Filmillustrierten reden, die mit der Post kamen. Die würden ja eines Tages den Briefkasten verstopfen, daß sie einen Schraubenzieher bräuchte, um die Post herauszukriegen. Aber mittags hatte ihre Mutter das Ganze schon wieder vergessen. Das Gedächtnis ihrer Mutter hatte noch nie bis zwölf durchgehalten. Normalerweise ging ihm um halb zwölf die Puste aus, aber sie konnte gut kochen, falls die Rezepte einfach waren.

Die Zeit schmolz dahin wie das Popcorn in einem Clark-Gable-Film. Ihr Vater hatte in letzter Zeit eine Menge „Andeutungen" fallen lassen, von wegen, daß sie schon seit drei Jahren aus der Highschool wäre und daß es vielleicht an der Zeit wäre, sich Gedanken darüber zu machen, was man mit seinem Leben anfangen möchte.

Er war nicht wegen nichts Geschäftsführer bei Penney's. Seit einiger Zeit, genauer gesagt: seit ungefähr einem Jahr, war er es leid, zuzuschauen, wie seine Tochter die ganze Zeit im Haus herumsaß und mit tellergroßen Augen Filmillustrierte las. Sie kam ihm allmählich vor wie ein stumpfer Holzklotz.

Die Andeutungen ihres Vaters fielen zufällig mit dem vierten Heiratsantrag des jungen Autoverkäufers zusammen. Die ersten drei hatte sie mit der Begründung abgelehnt, daß sie noch Bedenkzeit brauchte, was in Wirklichkeit bedeutete, daß sie versuchte, all ihren Mut zusammenzunehmen und zum Busbahnhof hinunterzugehen, um herauszufinden, was die Fahrt nach Hollywood kostete.

Schließlich brachten sie ihr eigenes übermächtiges Verlangen und die „Andeutungen" ihres Vaters dazu, daß sie sich aus dem Haus wagte; sie drückte sich nach dem Abendessen vor dem Abspülen und ging in der warmen Dämmerung langsam zum Busbahnhof hinunter. Sie hatte vom 10. März 1938 bis zum Abend des 2. September 1938 überlegt, was die Busfahrkarte nach Hollywood kosten könnte.

Der Busbahnhof war kahl, unromantisch und sehr weit von der Kinoleinwand entfernt. Auf einer Bank saßen zwei alte Leute und warteten auf einen Bus. Die alten Leute waren müde. Sie wollten jetzt schon da sein, wo sie hinfahren wollten. Ihr Koffer war wie eine ausgebrannte Glühbirne.

Der Mann, der die Fahrkarten verkaufte, sah aus, als hätte er auch irgendwas anderes verkaufen können. Er hätte genausogut Waschmaschinen oder Gartenmöbel verkaufen können wie Fahrkarten in andere Orte.

Ihr Gesicht war rot, und sie war nervös. Ihr Herz fühlte sich verloren hier im Busbahnhof. Sie versuchte so zu tun, als wartete sie auf jemanden, eine Tante vielleicht, die mit dem nächsten Bus kam, während sie innerlich ganz verzweifelt versuchte, ihren Mut zusammenzunehmen und zu fragen, was es denn kostete, wenn man nach Hollywood fahren wollte, aber für die anderen war es gleichgültig, was für Wartespiele sie vortäuschte.

Keiner nahm Notiz von ihr, obwohl sie sich als Erdbebenherd hätte vermieten können. Sie kümmerten sich einfach nicht darum. Es war eine dumme Nacht im September, und sie hatte einfach nicht den Nerv, sich zu erkundigen, was die Fahrt nach Hollywood kostete.

Sie weinte den ganzen Heimweg über, während sie durch die warme, sanfte Oregon-Nacht ging, und jedesmal, wenn ihre Füße den Boden berührten, hätte sie sterben mögen. Es war windstill, und die Schatten trösteten sie. Sie waren wie nahe Verwandte, und so heiratete sie den jungen Autoverkäufer und fuhr jedes Jahr einen neuen Wagen, außer im zweiten Weltkrieg.

Sie bekam zwei Kinder, die sie Jean und Rudolph nannte, und damit sollte ihr schöner Filmstartod sein Bewenden haben, aber heute, einunddreißig Jahre später, wird sie immer noch rot, wenn sie am Busbahnhof vorbeigeht.

Buster Buster

Christoph Derschau

Früher gab es in bestimmten Gegenden der USA
Wir zeigen Ihnen jetzt eine Geschichte wie sie
An einem schönen Sommertag Blumenduft durchzog
Auf in den Westen junger Mann! Auf in den Westen.
Familienfehden die von einer Generation auf die
nur das Leben schreiben kann. Wer würde schon glau-
die Lüfte traf Jimmie Shannon Mary Jones und woll-
Manche Leute verreisen und finden überall Freunde.
andere weitervererbt wurden. Die Männer der einen
ben daß sich das friedliche Leben von zwei jungen
te ihr sagen daß er sie liebt. Der Herbst hatte sei-
Andere dürfen froh sein wenn sie den Zug noch errei-
Familie wuchsen heran und töteten die Männer der
amerikanischen Menschen durch den Kleinkrieg zweier
nen Glanz verloren die Blumen waren welk...und er
chen. Dieser junge Mann aus Indiana will die Stellung
anderen Familie nur weil ihre Väter es ebenso ge-
entlegener Ministaaten ändern konnte. Trotzdem ge-
wollte es ihr immer noch sagen. Als der Winter kam
wechseln. Aber er hat an seinem Vermögen so schwer
macht hatten. Unsere Geschichte behandelt die alte
schah es. Die Agenten der verfeindeten Staaten ope-
und selbst die allerletzten Blätter abgefallen waren
zu tragen daß er sich entschließt lieber einen Wagen
Feindschaft zwischen den Familien Canfield und
rierten in einem Hafen am Pazifik. Jeder versuchte
und der Schnee die Hügel bedeckte hatte er es immer
zu nehmen. Ich geb Ihnen 1 Dollar 65 für den ganzen
McKay und erzählt was sich um das Jahr 1810 ereig-
den anderen am Kauf von Schiffen und Waffen zu hin-
noch nicht ausgesprochen. Und auch im Frühling als
Krempel. Ich hab schon in der ganzen Stadt nach Ar-
net hat. Das bescheidene Heim von John McKay dem
dern. Der Feind hat soeben die NAVIGATOR gekauft.
Wiesen und Sträucher zu blühen begannen hat er nicht
beit gefragt. Wissen Sie vielleicht etwas? BRAUN-
letzten seines Stammes abgesehen von seinem Klei-
Sie liegt jetzt im Hafen und unsere patriotische Pflicht
gewagt von seiner Liebe zu reden. Jimmie war Junior-
AUGE. Können Sie noch einen Cowboy gebrauchen? Ich ar-
nen Sohn. Jim Canfield ist in der Stadt. Ich fürch-
fordert daß wir sie versenken. Heute nacht bevor die
partner der Maklerfirma Meekin und Shannon die durch
beite hier. Danach sehen Sie nicht aus. Sag dem Neu-
te es gibt Ärger. Das Heim Joseph Canfields bei dem
neue Mannschaft an Bord geht lassen wir sie im Nebel
einen Betrüger in Schwierigkeiten geraten war. Nur
en er soll sich n Pferd nehmen und den Jungs helfen.
sein wilder Bruder zu Gast ist. Jim ich wollte die
davontreiben. Den Rest erledigen der Wind und die
Geld konnte die Firma vor dem Ruin und die Teilhaber

Donnerstag verlade ich tausend Stück. Ich kann's nicht
Fehde vergessen. Warum kannst du es nicht auch tun?
Klippen. Der ehemalige Besitzer der NAVIGATOR und
vor dem Gefängnis bewahren. Ein der Firma unbekann-
längen aufschieben. Treib die Stiere da rein. Nimm
Nein ich bin von weit her gekommen ihn zu töten. Und
seine Tochter. Rollo Treadway der Erbe der Treadway-
ter Anwalt hat gute Nachrichten für Jimmie...ich hin-
was Rotes. Dann kommen sie von selbst. Markiere die
ich werde es tun. Heute nacht. Liebe deinen Nächsten.
Millionen. Der lebendige Bewies dafür daß jede Fami-
terlasse meinem Enkel mein Vermögen in Höhe von...
Kuh. Der Tag des Abtransports. Warum verkaufst du
Jetzt muß die Fehde weitergehen. Ich werde meine Söh-
lie einen Trottel hat. Ich glaube ich werde heiraten.
Der Mann hat ein Schreiben vom Gericht dabei. Viel-
das Vieh jetzt wenn du weißt daß ich auf höhere Prei-
ne lehren diese Tat zu rächen. Die Mutter gibt das
Heute? Morgen fahren wir nach Honolulu in die Flitter-
leicht die Vorladung. Nicht da. Gehen wir in den Coun-
se warte? Das ist meine Sache. Das Vieh bleibt hier.
Kind zu ihrer Schwester nach New York wo es aufwach-
sen soll ohne je von der Fehde zu erfahren. Die Ge-
wochen. Besorgen Sie 2 Schiffskarten. Alles war vor-
try Club. Ihr Großvater vererbt Ihnen 7 Millionen.
Ich werde dafür sorgen. Er will den Transport auf-
schichte. New York 20 Jahre später. Hier wurde der
ausgeplant. Nur den Heiratsantrag hatte er verges-
Vorausgesetzt Sie sind an Ihrem 27. Geburtstag bis
halten. Wenn das Vieh den Schlachthof nicht erreicht
kleine McKay von seiner Tante großgezogen nachdem
sen. Wollen Sie meine Frau werden? Bestimmt nicht.
spätestens 19 Uhr verheiratet. Wann werden Sie 27 ?
bin ich ruiniert. Treib sie rein. Die kommt auch mit.
seine Mutter verschieden war. Die Tante. Willie McKay.
Ein langer Spaziergang tut mir jetzt gut. Die Schiffs-
Heute. Bis heute abend 19 Uhr haben Sie noch viel
Wohin? Ins Schlachthaus. Sie bleibt hier. Die kannst
Das wird mal ne gefährliche Kreuzung. Kommen Sie nach
karten Sir. Das Schiff fährt morgen früh 10 Uhr. So
Zeit zum Heiraten. Vielleicht heiratet mich Mary.
du nicht kaufen. Die ist das Doppelte wert. Warum
Rockville und übernehmen Sie Ihre Erbschaft. Bevor
früh stehe ich nicht auf. Ich gehe lieber schon heu-
Mary ich habe immer nur dich geliebt. Willst du mich
läßt du sie ihm nicht? Jungs seht zu daß der Zug durch-
du fährst muß ich dir etwas sagen. Und dann erzählte
te nacht an Bord. Ohne Braut in die Flitterwochen zu
heiraten? Ich muß schnell in den Country Club und
kommt. Mogeln ist ja lachhaft. Wenn sie den Schlacht-
sie ihm die Geschichte von der Familienfehde. Die
fahren ist wie den Text von "Küss mich" zur Melodie

Bill sagen daß alles klar ist und wir heute heiraten.
hof nicht erreichen bin ich ruiniert. Können Sie mir
Reise mit dem Schnellzug. Nimm dich vor den India-
von "Alice wo bist du" zu singen. Welcher Kai? Kai 2.
Warum heute? Mein Großvater vererbt mir viel Geld
irgendwas Rotes geben? Captain da draußen laufen ca.
nern in acht wenn du nach Westen kommst. Halte dein
Ich muß noch Papiere von der NAVIGATOR holen. Warte
wenn ich heute ein Mädchen heirate. Ich meine nicht
tausend Rinder herum. Draußen sind fünftausen Stiere.
Versprechen und meide die Canfields. Eine hübsche
an Kai 12 auf mich. Ist jemand an Bord? Hallo. Im
ein bestimmtes Mädchen ich kann jedes beliebige Mäd-
Zehntausend wilde Kühe laufen frei in der Stadt her-
Besucherin New Yorks fährt wieder nach Hause. Unauf-
Schutz der Nacht führen die Agenten ihren Plan aus.
chen nehmen ich meine es macht nichts wen ich hei-
um. 1 Million Bullen sind auf der Straße. Rufen Sie
haltsam rast das stählerne Ungeheuer den Bergen ent-
Morgens treibt die NAVIGATOR hilflos im offenen Meer.
rate aber ich muß eine heiraten. Er sagte er muß je-
die Feuerwehr. Die sollen den Ansturm bremsen. Sper-
gegen. Geschafft. Das Haus von Joseph Canfield und
Wollen Sie meine Frau werden? Ein schöner Zeitpunkt
manden heiraten und das kann ebensogut ich sein.
ren Sie den Verantwortlichen ein. Haben Sie irgendwo
seinen Söhnen. Mit dem nächsten Zug kommt eure klei-
für den Antrag. Ich friere habe Hunger. Hissen Sie
Und deshalb ist es vielleicht besser du gibst ihm
mein Vieh gesehen? Wir sind ruiniert. Ich schenk dir
ne Schwester. Vielleicht haben wir die Lokomotive
diese. Die sieht man gut. Es steht unter Quaran-
die Chance klarzustellen was er wirklich meint. Dann
alles was du willst. Ich möchte Sie. Buster ist in
überfahren als es bergab ging. Wo ist die McKay
täne. Versuchen Sie es einzuholen. Hollo einen Augen-
müssen Sie eine andere heiraten. Das kann ich nicht.
das begehrteste Mädchen der Stadt verliebt. Der be-
Farm? Was wollen Sie dort? Ich habe die Farm geerbt.
blick. Als es Zeit zum Schlafengehen wurde hatten
Aber das Vermögen. Ich will das Geld nicht. Es hat
kannte Schürzenjäger Tony der Nebenbuhler. Ich habe
Wer war Ihr Vater? John McKay. Haben Sie ne Pistole?
sie noch seefeste Pyjamas gefunden. Wochen später.
mich schon um das einzige Mädchen gebracht das ich
John McKay's Sohn ist hier. Kommen Sie heute Abend
Das Schiff treibt immer noch im Meer. Aber die Be-
liebe. James Shannon heiraten Sie keine andere.
einen Dollar verloren. Haben Sie ihn gefunden? Be-
zum Essen? Daddy im Zug war ein junger Mann der so
satzung hat nun einen ruhigen Platz zum Schlafen.
Mary. P.S. Ich bin den ganzen Tag zu Hause. Bring

schreiben Sie ihn. Ich hab einen Dollar verloren.
nett zu mir war daß ich ihn zum Abendessen eingela-
Land. Kannibalen. Auf dem Schiff sind wir sicherer.
ihn zu Mr. Shannon und reite um dein Leben. Und wir
LEIHHAUS. Jemand hat meine Uhr gestohlen. Das ist
den habe. Er wird unsere Gastfreundschaft nie verges-
Wir treiben auf sie zu. Wir sind in Sicherheit. Ich
verlieren unseren Ruf die Freunde vielleicht die Frei-
ne Sache für die Polizei. Ich übernehm den Fall und
sen. Das ist die McKay Farm. Es ist eine Schande den
habe den Anker geworfen. Wir sinken. In wenigen Au-
heit wenn du nicht heiratest. Wir sind Partner. Wenn
beginne mit der Durchsuchung. Ich bin der Bestohlene.
Damm zu sprengen. Aber wir müssen bewässern. Nach
genblicken sind wir gefangen. Können Sie es abdich-
du dich selbst nicht retten willst mußt du es für
Warum durchsuchen Sie nicht auch ihn? Pfandschein.
dem Essen machen wir weiter. Wartet Jungs. Unsere
ten? Es müßte von außen repariert werden. Taucher-
mich tun. Wen heirate ich? Welche Mädchen kennst du?
Erhalten: 1 Uhr mit Kette. Bezahlt: 4 Dollar. 4 Dol-
Ehre verbietet uns auf ihn zu schießen solange er
anleitung. Wenn er wüßte. Inzwischen hat Jimmie die
Du hast 7 Chancen. Würden Sie mich heiraten? Ich ver-
lar genau das hat er für die Pralinen bezahlt. Tut
unser Gast ist. Der Besuch des gütigen alten Pastors.
Kirche erreicht. Er hat alles gefragt was einen Rock
trete dich einmal. Haben Sie jemals ans Heiraten ge-
mir leid Jungs. Wir möchten dich in diesem Haus nie
Vater will nicht daß wir ihn im Haus töten. Aber we-
trug. Auch einen Schotten. . Meine Damen Sie sind
dacht? Immerzu. Würden Sie jemanden heiraten der Sie
mehr sehen. Durch sein Versagen als Detektiv entmu-
ne wenn er raus ist. Wer wohnt hier? Die Confields.
offenbar einem schlechten Scherz zum Opfer gefallen.
mehr liebt als das Leben? Moment ich frage für den
tigt kehrt Buster zu seinem bescheidenen Job als
Sie müssen uns wieder mal besuchen junger Mann. Wer
Ich ersuche Sie die Kirche auf der Stelle zu verlas-
da. Wer kommt jetzt? Fehlanzeige. Treffpunkt 17 Uhr
Filmvorführer zurück. LEIHHAUS. Können Sie den Mann
heute nacht rausgeht holt sich den Tod. Am nächsten
sen. Wieviel Uhr? Bring den Pastor zu Mary's Haus.
Broad Street-Kirche. Ich bringe eine Braut mit und
beschreiben der diese Uhr versetzt hat? Filmvorfüh-
Tag beschloß der junge McKay Dauergast zu werden.
Ich versuche vor 19 Uhr dort zu sein. Heute nur
wenn es mein Leben kostet. Versuchen Sie's weiter
ren ist langweilig und die Eintönigkeit schläfert
Er sollte nicht mit Pistolen spielen. Weißt du wer
Frauen. Sie haben ihn umgebracht. Wir schneiden den
falls er Pech hat. Falls zwei da sind heirate ich

ein. Er träumt. Er läßt sherlock jun. holen. Sie
das ist? Der Sohn von John McKay. Du wirst ihn doch
Weg ab. Zu spät. Heiraten wir nicht? Aber Jimmie
die andere. Ihres? Soll es lesen lernen? Glauben Sie
brauchen nichts zu erklären. Der Fall ist mir völlig
nicht töten. Leih mir dein Seil. Ich möchte einen
Können wir nicht ohne Geld glücklich werden? Mary
mich heiratet jemand? James Shannon erbt 7 Millionen
klar. Entschuldigung Sir. Ich glaube da ist irgend-
Mann zu einer Stelle ziehen von der ich besser auf
mich erwartet nur Schimpf und Schande. Ich liebe dich
wenn er heute heiratet. Das Mädchen das im Braut-
was drin. Wenn er stirbt kommst du in den Käfig.
ihn schießen kann. Die Dunkelheit beendet eine er-
zu sehr um dir das alles wieder und wieder zuzumuten.
kleid zur Kirche kommt wird erhört. Wieviel Uhr?
Mein Vater bittet Sie das Mißverständnis zu verzeihen.
gebnislose Suche. Wollen Sie nicht die Braut küssen?

Ein unbegrenzter Vorrat an 35-mm-Film

Richard Brautigan

Die Leute können sich nicht erklären, warum er mit ihr zusammen ist. Sie begreifen es nicht. Er sieht so gut aus, und sie ist so unscheinbar. „Was sieht er denn nur in ihr?“ fragen sie sich und fragt einer den andern. Am Kochen kann es nicht liegen, das wissen sie, denn sie ist keine gute Köchin. Ungefähr das einzige, was sie kochen kann, ist ein halbwegs anständiger Hackbraten. Sie macht ihn jeden Dienstagabend, und am Mittwoch bekommt er dann immer ein Hackbraten-Sandwich mit zur Arbeit. Jahre vergehen. Sie bleiben zusammen, während ihre Freunde auseinandergehen.

Der Ansatz zu einer Antwort liegt, wie bei so vielen solcher Dinge, in dem Bett, in dem sie miteinander schlafen. Sie wird hier das Kino, in dem er Filme seiner sexuellen Träume spielt. Ihr Körper ist wie weiche, lebendige Sitzreihen in einem Kino, die hinunterführen zu einer Vagina, der warmen Leinwand seiner Phantasie, wo er mit all den Frauen schläft, die er wie quecksilberschnell vorbeihuschende Filme sieht und begehrt, aber sie weiß überhaupt nichts davon.

Alles, was sie weiß, ist, daß sie ihn sehr liebt und daß es immer Spaß macht mit ihm und daß es ihr sehr gut tut. Ungefähr um vier Uhr nachmittags wird sie immer sehr aufgeregt, weil sie weiß, daß er um fünf Uhr von der Arbeit heimkommt.

Er hat schon mit Hunderten von Frauen in ihr geschlafen. Alle seine Träume gingen in ihr in Erfüllung, wenn sie in seiner Berührung dalag wie ein schlichtes, zufriedenes Kino und nur an ihn dachte.

„Was sieht er denn nur in ihr?“ fragen sich die Leute immer noch und fragt einer den andern. Sie sollten es besser wissen. Die entscheidende Antwort ist sehr einfach. Es ist alles in seinem Kopf.

Nachtgewächse

Franco La Polla

ERDBEBEN

Letzte Nacht habe ich von Captain America geträumt. Er flog durch den Himmel und sang *Long Ago and Far Away*. Alle Leute schauten nach oben, deuteten mit ihren Fingern auf ihn und sagten: „Ist das ein Vogel? Oder ein Flugzeug?“ Ich fand das zum Lachen, weil es niemanden gibt, der so aussieht wie Captain America, und wenn er durch den Himmel fliegt, ist es wirklich nicht schwer, ihn zu erkennen.

Er winkte zu mir herunter, und die Leute drehten sich nach mir um, liefen zu mir herüber und fragten mich, wer ich sei. Ich wußte nicht, was ich antworten sollte, deshalb sagte ich zu ihnen: „Das ist kein Vogel, das ist Captain America. Und er singt sogar ein hübsches Lied.“ Ich wollte ihnen gerade alles erklären, als Captain America über den Wolkenkratzern verschwand. Und die Leute gingen wieder weg.

Sobald ich alleine war, wachte ich auf. Ich stieg aus dem Bett und schaute aus dem Fenster: Draußen flog Captain America durch den Himmel und sang ein Lied, das ich nicht hören konnte.

Die Leute auf der Straße beachteten ihn nicht. Das machte ihn wütend, und er gab vor lauter Zorn einem Wolkenkratzer einen Stoß mit dem Ellenbogen. Alle dachten, das sei ein Erdbeben, rannten mit Decken und Matratzen ausgerüstet ins Freie und starrten mit entsetzten Blicken auf den Asphalt der Straßen statt nach oben, wo Captain America immer noch durch die Luft flog. Als er langsam über den Wolkenkratzern verschwand, winkte ich ihm zu, aber er reagierte nicht.

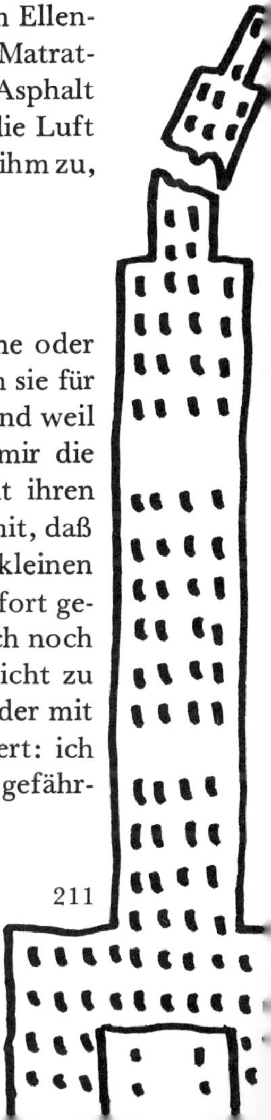

Der Arzt

Ich habe Probleme mit meinen Träumen. Nicht weil ich soviel träume oder weil ich Angst vor Alpträumen hätte, und noch nicht einmal, weil ich sie für wirklich hielte. Mein Problem ist: *sie* glauben, daß sie wirklich sind. Und weil ich sie zu überzeugen versuche, daß das nicht stimmt, geben sie mir die Schuld an ihrem Zustand und fallen über mich her. Sie rücken mit ihren Freunden an und drohen mir mit Schlägen und manchmal sogar damit, daß sie mich töten wollen. Ganz gleich, wovon ich träume, ob von einem kleinen Fluß auf dem Land oder von einer miauenden Katze – alles wird sofort gefährlich: Meine Träume schauen mich zornig an und schwören, daß ich noch für alles bezahlen werde und daß mein Traum hier und jetzt noch nicht zu Ende sei. Ich muß nicht erst im Gebirge von einem Felsen stürzen oder mit dem Fuß im Bahngleis steckenbleiben, während ein Zug herandonnert: ich weiß auch so, was Todesangst bedeutet. Meine Träume sind immer gefährlich.

Einmal habe ich mir so große Sorgen um meinen Zustand gemacht, daß ich im Traum zum Arzt ging. Als ich aufwachte, kam mir der Gedanke, daß das keine üble Idee wäre, und ich ging zu einem Arzt. Er behandelte mich sehr herablassend und warf mich hinaus. Träume sind schlau: sie wissen, daß man nicht an sie glaubt, und man kann sie nicht täuschen und ihnen etwas vormachen.

Kinder, Verliebte und Prediger

Die Stadt schläft immer schon lange, bevor ich schlafen gehe, weil ich das Einschlafen so lange hinauszuzögern versuche, wie ich nur kann. Es ist eine hübsche Stadt mit spiralförmigen Straßen und Fangnetzen an allen Häusern, die höher als zwei Stockwerke sind. Die Autos fahren sehr schnell, und ab und zu sieht man einen Zug. Zu jeder Tageszeit tanzen Leute auf Stahlseilen, die von Dach zu Dach gespannt sind.

Niemand achtet mehr auf die Löwen, die aus dem Zirkus ausgebrochen sind, und wenn irgendwelche Flugkörper aus dem Weltraum auf der Hauptstraße landen, bleiben bloß noch ein paar alte Männer stehen, die sich die Flugobjekte betrachten und leise vor sich hin murmeln. In der Zeit, in der ich noch aus dem Haus gegangen bin, habe ich die anderen immer zu warnen versucht, aber sie haben sehr ungehalten reagiert.

Damals ging ich immer alleine durch verschlungene Gassen und las an den Hauswänden die unsinnigen Sprüche von Kindern, Verliebten und Predigern.

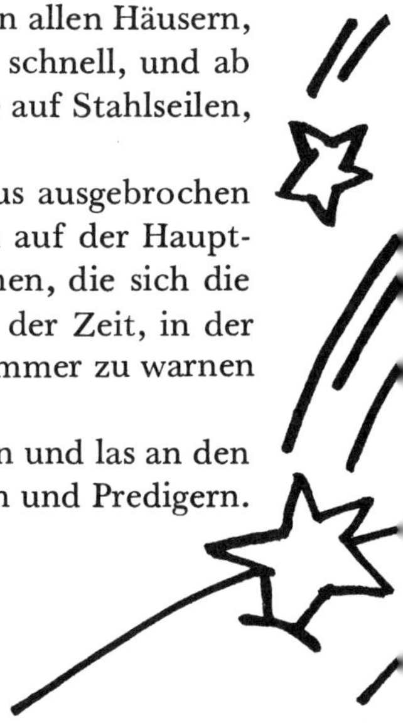

Besuche

Wir haben einen sehr heißen Sommer, und meine Träume und ich haben dieses Wetter satt. „Was für einen Sommer hast du uns denn da beschert?“ fragen sie mich verärgert. Ich tu so, als hörte ich sie nicht, aber das macht sie erst richtig wütend.

„Warum träumt denn auf den Azoren niemand von uns?“ schimpfen sie. „Wir wollen nicht mehr in dieser Spiralenstadt bleiben.“

Ich schau aus dem Fenster: Die spiralförmigen Straßen sind immer noch da und erinnern mich daran, daß meine Träume nicht existieren.

„Hört mir mal zu“, sage ich. Ich will die Dinge jetzt ein für allemal klarstellen. „Ihr existiert nicht. Es gibt euch nicht. Laßt mich in Frieden und lebt euer eigenes Leben.“

Jedesmal wenn ich ihnen diesen Vorschlag mache, läutet die Türklingel. Ich stehe auf und gehe an die Tür: Manchmal ist überhaupt niemand da und manchmal ein Klempner, der sich entschuldigt und sich nach jemandem erkundigt, dessen Namen ich noch nie gehört habe. Aber ich sage meinen Träumen nie, daß sie nicht mehr kommen sollen. Diese Besuche sind manchmal eine willkommene Abwechslung, genau wie ihre Purzelbäume und Grimassen in der Nacht.

FILME

Ich könnte nicht sagen, wann das alles angefangen hat. Ich könnte nicht sagen, wann ich angefangen habe zu träumen, und ich könnte auch nicht sagen, wann genau meine Träume verstanden haben, was vorging. Als ich ein Kind war, kamen wir gut miteinander zurecht. Wir aßen immer miteinander, und wir unterhielten uns über die Filme, die wir gesehen hatten. Aber ich hätte eigentlich damals schon etwas merken können: Wir gingen nie in dasselbe Kino.

DER BÜRGERMEISTER

Ein großer Mann beugt sich aus dem Fenster. Er schaut mich nicht an, aber ich weiß, daß er meinetwegen da ist. Er schaut ein paar Saxophonspielern auf der Straße zu. Es ist eine hübsche Straße, und es gibt hier nicht nur Saxophonspieler. Einmal holte eine Frau Ziegelsteine aus einem Hof in der Nähe und schleuderte sie, einen nach dem anderen, gegen die Hauswand und verfluchte den Bürgermeister, den noch nie jemand zu Gesicht bekommen hat. Ab und zu tritt er an das halbgeschlossene Fenster seines Palasts, und man kann ganz schwach seine weißen Zähne sehen: Er hat unendlich viele Zähne. Wir haben ein Lächeln als Bürgermeister. Er geht nie durch die Straße hier. Aber ich habe einmal von ihm geträumt. Er versuchte mich zu überreden, ihn bei der nächsten Wahl wiederzuwählen, aber als er begriff, daß ich seinen Reden nicht traute, schickte er schwarz und weiß uniformierte Leibwachen in meine Wohnung, die alles durchwühlten. Als ich aufwachte, befand sich mein Zimmer in einem heillosen Durcheinander, und ich versuchte wieder einzuschlafen und von jemandem zu träumen, der das alles aufräumte und wieder in Ordnung brachte. Schließlich kam Mitti und räumte auf. Es war ein hartes Stück Arbeit. Sie kam an mein Bett und sagte mir, daß sie fertig sei, und ich wachte auf. Mitti war sehr wütend, und als sie ging, weinte sie und sagte, beim nächstenmal müsse jemand anders mein Zimmer in Ordnung bringen. Ich versuchte ihr zu erklären, daß ich nicht an sie glaube, genausowenig wie an die anderen Träume, die ich habe, aber da war sie schon weg.

Ich beobachte den großen Mann am Fenster gegenüber, und es kommt mir so vor, als könnte es genausogut Mitti sein, die da drüben steht. Ich glaube, ich sollte jetzt aufwachen.

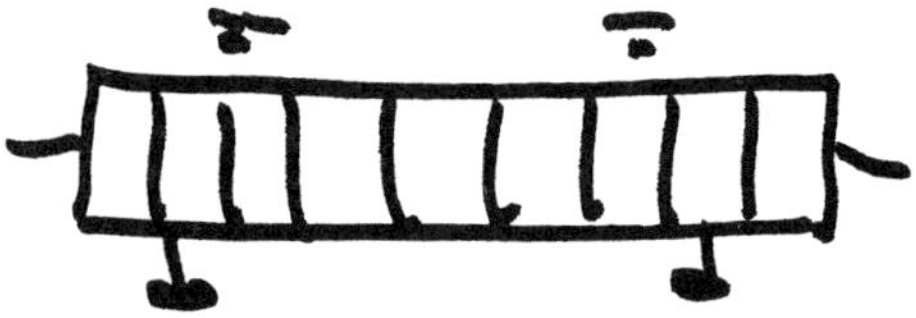

VICTOR

Die Stadt war nicht immer so, wie sie jetzt ist. Aber das ist schon lange her. Damals waren die Straßen noch gerade, die Löwen waren im Zoo und die Flugkörper aus dem Weltraum konnte man sich im Kino ansehen. Der Bürgermeister hatte weißes Haar, spazierte den ganzen Tag durch die Stadt, und sein Lächeln gehörte noch zu seinem Körper.

Dann kam einmal eine Nacht, in der ich sehr traurig war und früh ins Bett ging, und am nächsten Morgen war die Stadt so, wie sie jetzt ist. Das Seltsame ist, daß ich damals in dieser Nacht überhaupt nichts geträumt habe.

Ich wollte darüber mit dem einzigen Menschen reden, den ich kenne: Er sagte, ich hätte in dieser Nacht bestimmt etwas geträumt und könne mich nur nicht mehr daran erinnern. Ich träumte danach noch nächtelang von ihm, und in meinen Träumen sagte er, sein Name sei Victor, und er sei in Wirklichkeit Captain America, der nur eine andere Identität angenommen habe. Ich fragte ihn jede Nacht, warum er mir nicht zugewinkt habe, als er über den Wolkenkratzern verschwunden sei. Aber er antwortete nur: „Du träumst ja."

Bibo der Samurai

Wann werde ich denn Bibo wieder treffen, der draußen auf dem Land in Wassergräben liegt, allein und ohne seine Doubles? Bibo, der seine Muskeln zeigt und sich aufbläst wie ein Bodybuilder, ganz so als sei er wirklich da und kein Traum, der immerzu um mich herum geht und mich umkreist, bis seine Schritte den Rhythmus seiner Worte gefunden haben und die ganze Welt ein einziger Monolog ist, der nur für mich alleine aufgeführt wird. Und wenn dann seine Wörter vor mir aufziehen wie eine prunkvolle Parade aus Fröschen und blinkenden Orden und Medaillen, dann zieht der Samurai ein scharfes Schwert, das sich verdoppelt und damit plötzlich das Geheimnis des Meisters offenbart: Das ist nicht Bibo, der mit Wörtern seinen Körper spaltet und verdoppelt – es ist sein Double, das mich die ganze Zeit getäuscht hat: Gesicht und Rhythmus wie der Meister, aber sonst nichts als Imitation, ein Blechschwert in den Händen eines Kindes.

Nur in den Wassergräben auf dem Land findet Bibo der Samurai den Körper und die Wörter, die zu seinem Gesicht gehören, das jetzt von weißer Schminke frei ist. Bibo liegt wie ein Gekreuzigter mit ausgestreckten Armen und Beinen im Unkraut und verdeckt, was in den Wassergräben vorgeht, so wie er seine Doubles mit dem Gras seiner Wörter verdeckt.

Er hat sich schon lange nicht mehr blicken lassen, er, mein kriegerischster Traum, der plötzlich vor mich hinspringt und exotische Diphthonge ausstößt, während Nachtfalter um ihn flattern und ihn daran erinnern, wo er herkommt.

Die Mafia der Träume

Gestern abend haben mich meine Träume zum Essen eingeladen. Sie waren sehr nett und freundlich, und ich fragte mich, was sie im Schilde führten. Alles war vorzüglich zubereitet, und der Tisch war so weiß, daß ich nicht wußte, wo ich hinschauen sollte.

Sie fingen an, über das Haus zu reden und wie sie sich einen Umbau vorstellten. Ein Architekt, den ich vor Jahren einmal auf einer Bahnfahrt kennengelernt habe, maß sogar das Eßzimmer aus, und Mitti nickte zustimmend.

Als er ins Schlafzimmer kam, fragte der Architekt: „Ist das das Zimmer, in dem Sie schlafen?“

„Ja“, antwortete ich.

„Dann ist das also das Zimmer, in dem Sie träumen“, fügte er mit einem Unterton hinzu, der mir nicht gefiel.

„Manchmal“, sagte ich gleichgültig.

„Hör mal, wir wissen, daß du sehr viel träumst“, sagte mein alter Geschichtslehrer aus dem Gymnasium.

„Wie wollen Sie denn das wissen?“ antwortete ich. „Ich träume nicht immer von allen gleichzeitig und jede Nacht.“

„Nein, aber wir kennen uns alle sehr gut.“

Sieh mal an, dachte ich, die Mafia der Träume. Jetzt kommen sie dann jeden Monat und legen genau das Schutzgeld fest, das ich bezahlen muß, und wenn ich nicht einverstanden bin, schlagen sie mir die Fenster ein und zünden meine Wohnung an.

Als ich wieder alleine war, rief ich die Polizei an. Sie hörten mich geduldig an. Dann empfahlen sie mir, ins Bett zu gehen und wünschten mir einen guten Schlaf.

Mingo Violino

Ich ging ins Bett, aber es war noch zu früh, um einzuschlafen. Durch das Halbdunkel meines Zimmers schossen unaufhörlich die Gestalten meiner Träume. Dann kam plötzlich, wie von weit her, die Stimme von Mingo Violi-

no. Es war eine hohe, fröhliche Stimme, und ein ganzer Schwarm von Tönen und Klängen fiel in mein Zimmer ein wie die Nachtfalter Bibos des Samurais. Aber dahinter lag etwas anderes, etwas Drängendes, ein tiefer Ton, den ich nicht einordnen konnte.

„Das ist die Stimme des getreuen Merlot“, sagte die Stimme Mingo Violinos. „Sie unterstützt mich immer, wenn ich für diejenigen singe, die nachts nicht einschlafen können.“

Und die beiden Stimmen jagten sich durchs Zimmer wie in einem alten Film. Ihr Gesang hob mein Bett ein Stück in die Höhe und vertrieb die anderen Schatten, so wie ein starkes Feuer den Rauch verschluckt.

Das passiert oft, wenn ich müde und alleine bin und mich im Zimmer umsehe, das in den Schatten der Nacht zu versinken scheint, und wenn mich diese Ungeheuer nicht schlafen lassen und mir Angst und Schrecken verheißen. In diesen Nächten kommt dann manchmal die Stimme Mingo Violinos, zu der sich bald die Stimme des getreuen Merlot gesellt. Auch wenn die Stimme Mingos vom selben Schlag ist wie die Bande, die mich nachts bedroht, verspricht sie mir doch Schlaf und Ruhe und keine Purzelbäume und Grimassen. Ich versuche dann, die ganze Nacht wachzubleiben und höre ihnen zu, bis es draußen langsam hell wird. Und mit den Geräuschen der ersten Autos und der Züge, die vorbeirollen, verschwinden sie allmählich und schlafen ein und lassen mich auch einschlafen.

Eine Unterhaltung mit Superman

Ich hörte draußen auf der Straße laute Rufe: Superman hat Captain America zu einem Skateboardrennen durch die Spiralen der Stadt herausgefordert. Der Bürgermeister lächelte und sagte, das sei ein historisches Ereignis, und alle Häuser mit mehr als zwei Stockwerken wurden, um dieses Ereignis gebührend zu feiern, mit Bildern von lächelnden Mündern geschmückt.

Unsere Stadt hat es gut: Bei uns regnet es nie. Und die Girlanden, die für das Wettrennen aufgehängt wurden, konnten nicht naß werden und auf die Akrobaten fallen, die unter ihnen herumturnten. Ab und zu schüttet Captain

America mit riesigen Schöpfkellen Unmengen von Wasser auf die Straßen, damit der Asphalt und die Luft wieder abkühlen. Einmal habe ich geträumt, daß Superman für Captain America eingesprungen oder ihm zuvorgekommen ist. Er flog in engen Spiralen durch die Straßen, hielt seine riesige Schöpfkelle in der Hand, blinzelte mir zu und sagte: „Ich war der erste, der das gemacht hat, und zwar schon als Kind in Smallville." Ich wollte höflich sein und erkundigte mich nach seinen Pflegeeltern. „Sie sind schon vor vielen Jahren gestorben", antwortete er. Dann dachte ich daran, was wohl mit Victors Eltern passiert war.

Der Bolzen

Das Rennen zwischen Superman und Captain America konnte erst durchs Zielfoto entschieden werden. Die Skateboards der beiden hatten vorne an der Spitze einen kurzen Bolzen, und einige der Schiedsrichter meinten, daß der Bolzen von Supermans stählernem Skateboard die Ziellinie zuerst erreicht hätte.

Am Abend tauchte Victor bei mir auf. Er setzte sich auf die Couch und sagte keinen Ton. „Naja", seufzte ich, „Bolzen gibt's viele, aber es gibt nur einen Captain America."

Nachtgewächse

Victor hat sich lange nicht mehr sehen lassen, und ich bin mit meinen Träumen alleine. Sie knirschen mit den Zähnen, bedrohen mich und schauen mich haßerfüllt an. Aber ich bin das ja inzwischen gewohnt: Sie bewegen sich durch mein Zimmer wie die Puppen in einem chinesischen Schattentheater, und ich lasse sie nicht aus den Augen. Sie tanzen wie die Flammen eines Freudenfeuers, haltlos, unaufhaltsam und ohne Sinn – die Schatten meiner Träume; Gestalten, die kommen und gehen; Nachtgewächse, den Höhlen meines Kopfs entsprungen. Und alles, was sie bringen, ist Angst. Sie würden

morden und töten, aber das können sie nicht, und ich betrachte sie wie die Figuren in einem kleinen Schattentheater: neugierig und amüsiert.

Sie wissen das natürlich und werden noch wütender. Ihre Bewegungen werden noch heftiger, ihre Gesichter noch wilder und verzerrter. Aber sie werden nie eine Lösung für ihr Problem finden.

ULTRASCHALL

Mit der Nacht kommen die Schattenbilder des Schreckens. Thomas Rhymer zieht durch das Land der Kobolde, wo die Flüsse blutiges Wasser führen und das löwengesichtige Einhorn, versteckt, hinter Felsen und Bäumen sein schreckliches Grunzen ausstößt. Mein Zimmer wird zu einem großen Platz, auf dem fliegende Untertassen landen. Aber niemand beachtet sie. Vergeblich senden ihre schimmernden Metallkuppeln warnende Summtöne aus, und vergeblich ist der Ultraschall, dieser unerträgliche Ton, mit dem sie den Schlaf der Hunde in der Stadt attackieren. Ich sage ihnen, sie sollen aufhören, weil der Bürgermeister Ruhestörungen nicht duldet und jeden schwer bestraft, der die Nachtruhe stört. Aber ihr Haß ist stärker als die Stadt und ihre Krankheit wichtiger als jede Ordnung. Ihr Schreien hält an, und ihr verzerrtes Grinsen läßt nicht nach, bis ich – hypnotisiert von ihren monotonen Bewegungen – einschlafe. Ihre Rufe und Schreie können mir jetzt nichts mehr anhaben, und ihre Purzelbäume und Flüche verlieren ihre Wirkung. Am Morgen ziehen sie sich zurück, gehen ins Bett und träumen vielleicht wieder von der Rache, die sie schon seit Jahren planen.

DIE STADT DER NACHT

Ich war seit Jahren nicht mehr aus dem Haus gegangen, aber da Victor so lange nichts von sich hören ließ, faßte ich den Entschluß, in die Stadt zu gehen. Ich wartete, bis die Nacht kam und die ersten Träume in mein Zimmer eindrangen, öffnete dann die Tür und ging die Treppe hinunter.

Die Stadt sah noch genauso aus wie an dem Tag, an dem ich aufwachte und sie völlig verändert fand. Neonlichter hingen wie Spinnweben an den Häusern und über den Straßen, aber sie bewegten sich wie meine Träume – flirrende Netze in der Dunkelheit, durch die die einsamen dunklen Schatten der Passanten an bunten Fenstern vorbeihuschten, an Fenstern voller Nachtgewächse: die Passanten in der Stadt der Nacht; Träume, die den Asphalt der Bürgersteige und der Straßen folterten.

„Was machst du denn hier?" fragte mich Victors Stimme.

Ich schaute mich um, konnte aber niemanden sehen. Dann schaute ich nach oben und sah Captain America langsam herunterschweben. „Das ist die Stadt der Nacht", sagte er, als seine Füße den Boden berührten. „Und die Nacht ist die schlimmste Zeit für Captain America."

Der Schild

„Es ist besser, wenn wir uns immer berühren", sagte Captain America. „Halte dich an meinem Schild fest."

Es war der Schild Captain Americas, der Schutz der Stadt, die Waffe, die jeden Gegner bezwang. Wenn Captain America seinen Schild schwang, ergriffen die Feinde die Flucht.

„Mit diesem Schild kann ich keine Schlacht verlieren. Ich könnte sogar Superman besiegen, wenn ich es nur benutzen würde."

„Victor", sagte ich. „Du lernst es nie." Und ich drängte mich näher an seinen Schild heran, als wir in die Dunkelheit hinausgingen.

Das Tor

Nach unendlichen Spiralkreisen und nach einem langen Flug durch eine andere Stadt, unter dichten Netzen hindurch, kamen wir an das große Tor eines alten Palasts. Ich hatte so einen Palast noch nie gesehen. Es hatte in der Stadt vielleicht noch andere solche Paläste gegeben, aber das muß damals gewesen sein, vor der Nacht, in der ich keine Träume hatte.

„Geh hinein“, sagte Captain America. Und ich versuchte das Tor aufzudrücken, aber es ging nicht nach innen auf, sondern nach oben wie der Vorhang in einem Theater. Wir waren im Theater der Stadt, das sogar Captain America noch nie gesehen hatte. Es war das Theater einer anderen Stadt, in dem Mitti und der Professor, Bibo der Samurai und Mingo Violino sich immer trafen und die Lieder sangen, an die sie sich aus der Zeit erinnerten, in der sie noch keine Nachtwesen waren, noch keine Nachtgewächse.

„Such dir Deckung“, sagte Victor. „Die Schlacht von Guadalcanal fängt gleich an.“

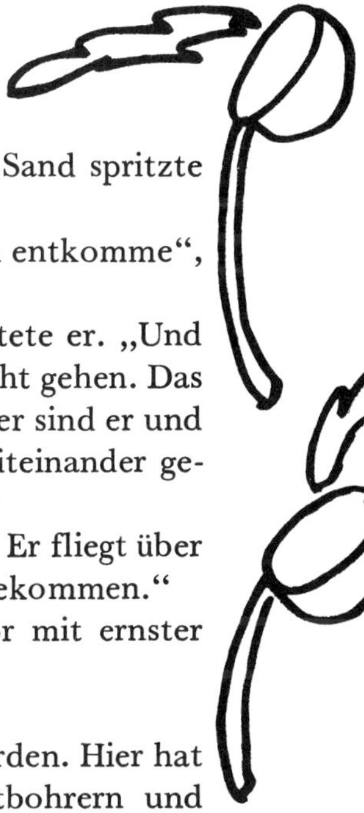

Die Schlacht von Guadalcanal

Im Palasthof tauchten langsam die ersten Landungsboote auf. Sand spritzte in hohen Fontänen in die Luft.

„Du hast mich hierher gebracht, damit ich meinen Träumen entkomme“, sagte ich zu Victor. „Ich will diese Schlacht nicht sehen.“

„Aber das ist doch die Schlacht von Guadalcanal“, antwortete er. „Und auch wenn du deine Träume nicht fürchtest, kannst du jetzt nicht gehen. Das ist die Schlacht, an der Captain America am meisten hängt. Hier sind er und Superman aufeinandergetroffen und haben zwei Tage lang miteinander gekämpft.“

„Aber Captain America kennt doch den Palast hier gar nicht. Er fliegt über den Wolkenkratzern der Stadt herum und ist noch nie hierher gekommen.“

„Das ist die Schlacht von Guadalcanal“, antwortete Victor mit ernster Stimme. „Und Captain America ist ihr größter Held.“

„Und Superman?“

„Superman und Captain America sind hier zu Feinden geworden. Hier hat ihr Kampf begonnen, der Kampf mit gigantischen Preßluftbohrern und Schöpfkellen. Die Schlacht von Guadalcanal ist die größte und schwerste Schlacht, die je geschlagen wurde.“

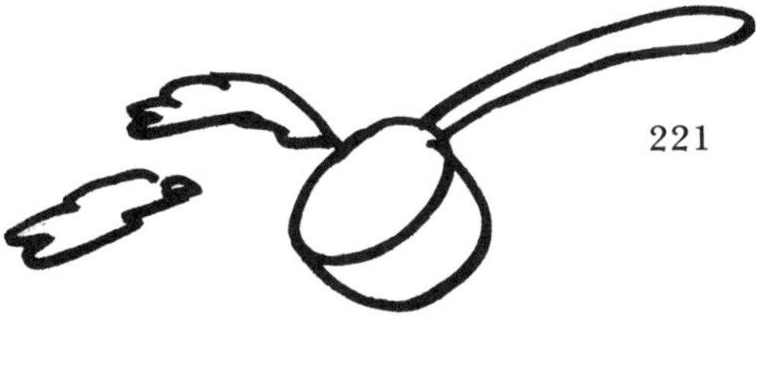

DER FÜHRER DES WAGENZUGS

„Hier herunter", sagte eine Stimme, die aus dem Brunnen in der Mitte des Hofs kam.

Ich stieg im Kugelhagel und im Lärm und Getöse der kämpfenden Armeen in den tiefen Brunnenschacht und fragte: „Wo gehen wir denn hin?"

„Wir haben eine lange Reise vor uns", erwiderte die Stimme. „Wir schließen uns einem Wagenzug zum Tal der Träume an."

Und am Ende des Schachts wartete tatsächlich ein Wagenzug. Die Pferde scharrten mit den Hufen, und die Männer liefen hin und her und schleppten Säcke mit Vorräten und Werkzeug für den Hufschmied.

„Ihr seid ein bißchen spät dran, Leutchen", sagte der Führer des Wagenzugs.

Seine Stimme war die Stimme Victors.

Ich drehte mich um, aber es war nicht Victor.

„Ich bin der Führer des Wagenzugs", sagte er. „Ich brauch keine Klugscheißer und keine Hilfstruppen. Das ist mein Wagenzug, und ich sorg schon dafür, daß alles läuft. Wenn ihr was wollt, fragt mich. Bei uns gelten harte Gesetze, aber anders kommen wir nicht ans Ziel. Wir haben 'ne ziemlich happige Reise vor uns, und es gibt erst ein paar Leute, die's geschafft haben. Ich zum Beispiel, und ich hätt' nichts dagegen, wenn ihr's auch schaffen würdet. Und jetzt aufgesessen und ab die Post!"

Er stieß einen Schrei aus, den ich noch nicht einmal von meinen Träumen kannte, schwang seinen schäbigen Hut durch die Luft, gab seinem Pferd die Sporen und trieb es in Richtung Horizont.

„Hinter diese Linie", rief er, „da müssen wir hin. Da liegt das Tal der Träume. Ihr habt eure Familien, eure Freunde und eure Städte verlassen, weil ihr da hin wollt. Also los. Wir lagern bei Sonnenuntergang."

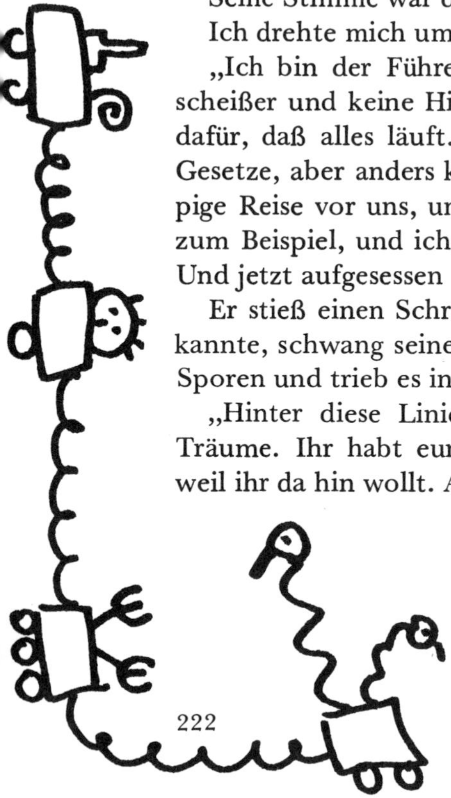

DAS LAGERFEUER

Wir lagerten am Abend in der Nähe eines Bachs. Die Lagerfeuer waren wie die Planwagen im Kreis angeordnet.

Der Führer des Zugs saß in der Mitte der Wagenburg. „Ich will euch mal ein paar Sachen verklickern", sagte er. Alle schauten ihn aus ernsten und müden Augen an. „Ich hab diese Reise bis jetzt einmal gemacht. Das Tal der Träume ist schon 'ne Reise wert, und es hat alles, was ihr sucht. Aber es ist 'ne ziemlich happige Reise. Auf dem Weg hierher, als ihr alle ernst und schläfrig zum Horizont gestarrt habt, hab ich mich ein bißchen umgesehen, und ich kann euch sagen, daß hier bald die Hölle los ist. Wir kommen bestimmt nicht ohne ein paar deftige Überraschungen zum Catfish Wade. Ich hab heut in den Hügeln Hunderte von Augen zu uns rüberlinsen sehen, und ich weiß nicht, wie die Geschichte weitergeht, aber eins sag ich euch: Egal, was passiert, bleibt zusammen und tut, was ich euch sage."

Niemand sagte etwas. Wir saßen alle bloß da und blieben zusammen.

DER CATFISH WADE

Die Sonne stand sehr hoch, als der Wagenzug am nächsten Morgen seine Reise zum Tal der Träume fortsetzte. Sie stand so hoch, daß ich nach oben schaute, und als mich das Licht nicht mehr blendete, sah ich Captain America über uns dahinfliegen. Ich schaute immer mal wieder zu ihm hinauf, bis er hinter einem der Berge, die vor uns in die Höhe ragten, verschwand. Und hinter diesen Bergen lag der Catfish Wade.

Die Stadt der Nacht mit ihren Spiralen und ihren Stahlseilen lag jetzt weit hinter uns. Nur Captain America war irgendwo in der Gegend und wartete darauf, daß er seinen Schild schwingen und den Kampf beginnen konnte.

Der Führer des Wagenzugs hatte Captain America anscheinend nicht bemerkt. Er spähte mit Adleraugen in die Gegend, und die Berge in unserem Rücken ragten wie eine undurchdringliche Mauer in den Himmel.

Es war schon fast dunkel, als wir den Catfish Wade sichteten. Als wir anhielten und schweigend den silbernen Wasserstreifen vor uns betrachteten, hörten wir plötzlich ein paar Meter hinter uns einen Schrei.

Ich kannte diesen Schrei. Meine Träume hatten mich wieder eingeholt.

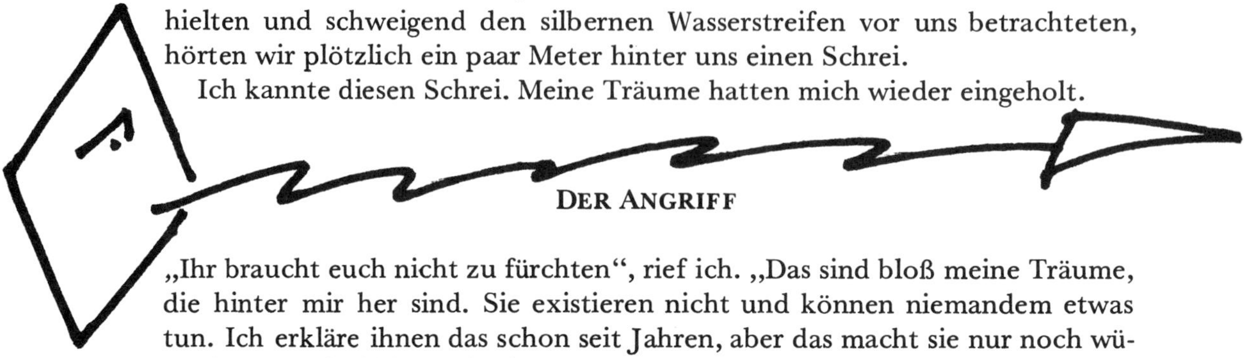

Der Angriff

„Ihr braucht euch nicht zu fürchten", rief ich. „Das sind bloß meine Träume, die hinter mir her sind. Sie existieren nicht und können niemandem etwas tun. Ich erkläre ihnen das schon seit Jahren, aber das macht sie nur noch wütender. Das sind bloß Schreie von Träumen und leere Drohgebärden. Laßt sie sich nur ruhig austoben: sie können nichts tun."

Inzwischen hatte der Führer des Wagenzugs den Befehl gegeben, die Wagen im Kreis aufzustellen, die Gewehre zu laden und den Angriff abzuwehren.

„Das ist doch Selbstmord!" rief ich. „Laßt sie in Ruhe und kümmert euch nicht um sie: ihre Flüche und Purzelbäume können niemandem etwas anhaben."

Meine Träume waren jetzt schon sehr nahe. Ich sah ihre Gesichter und erkannte jeden einzelnen hinter seiner Kriegsbemalung.

„Geht weg", sagte ich zu ihnen. „Das hier ist ein friedlicher Wagenzug. Die Leute wollen mit niemandem Ärger. Geht weg."

Aber es war zu spät. Die Männer eröffneten das Feuer, und der Kampf hatte begonnen.

Ich schaute nach oben und sah Captain America, der wie ein Vogel herunterschoß. Er flog dicht über dem Boden auf mich zu, packte mich und brachte mich aus der Wagenburg fort, die jetzt schwer in Bedrängnis war. Von oben sah ich, wie Mitti still am Rande des Geschehens stand, während Bibo der Samurai kampflustig herumhüpfte und seine berühmten Diphthonge ausstieß.

Der Catfish Wade war jetzt direkt unter uns, und Captain America sagte zu mir: „Wir fliegen jetzt bald über das Tal der Träume. Das ist der einzige Weg, auf dem wir wieder in die Stadt der Nacht zurückkommen."

Das Reservat

Wir waren auf dem Weg zum Tal der Träume, Captain America und ich, zum Ziel aller Wagenzüge, die ihre Familien, Freunde und Städte zurückgelassen und sich auf dem Weg zu dem Land hinter dem Horizont gemacht haben; hinter den Horizont, der nie näher zu rücken schien.

Wir hatten jetzt den Catfish Wade hinter uns gelassen und waren über weite Flächen mit Büschen und Wiesen geflogen. Wir waren auf dem Weg zu dem Land hinter dem Horizont und überließen meine Träume ihrem Zorn und ihren Purzelbäumen.

„Wir fliegen jetzt über das Reservat", sagte Captain America, und wir flogen über das Reservat der Träume, die aus einem langen Schlaf gerissen worden waren, über Feuerstellen, auf denen armseliges Essen für die Überlebenden einer untergehenden Rasse gekocht wurde, kleine in Leder gekleidete Gestalten, die den Winter fürchteten und den leisen Tod in der Kälte. Das Reservat der Träume war von einem Volk geplant worden, das stärker war als diese kleinen Gestalten und das sie durch Betrug und Alkohol besiegt hatte.

Ein einsames, starkes Volk, für das wir jetzt, als wir über das Reservat flogen, Vorboten einer anderen Zukunft waren, einer unmöglichen Erlösung. Ich rief ihnen zu: „Wir sind nicht die, für die ihr uns haltet. Es ist bloß Captain America, der mich vor meinen unwirklichen Träumen rettet. Und ich bin auf dem Weg in die Stadt der Nacht, aus der ich komme und zu der ich wieder zurück muß."

Schmetterlingsalat

„Da schau, das Tal der Träume", sagte Captain America und deutete nach unten. „Es hat einmal den Leuten hier gehört, aber die Leute kamen ins Reservat, damit Platz für die Wagenzüge war. Es ist schön und fruchtbar, und es gibt kein Stück Land hier, das brach liegt, und die Zeit läuft wie ein Uhrwerk, so daß der Wechsel von Feuer und Wasser das Beste aus diesem Boden hier macht. Schau dir nur die Farmen und die Felder an, die Flüsse und die

Hügel: hier wird man reich, wenn man reich werden will. Nur eins darf man nicht tun: man darf sich auf keinen Fall dem Reservat der Träume nähern. Die Zeit für solche Dinge ist vorbei, und man denkt am besten nicht mehr daran.“

Ich schaute auf das Tal der Träume hinunter und dachte dabei an die Stadt der Nacht und an ihre Bewohner, an die dunklen unbekannten Winkel der Stadt, an ihre endlosen Spiralen und ihre schwarz und weiß uniformierten Wächter. Wenn die Wagenzüge nicht hierhergekommen wären, dachte ich, dann hätten sich vielleicht meine Träume hier niederlassen und ein friedliches Leben führen können. Sie hätte sich hier vielleicht in Ruhe Illusionen über ihre Existenz machen können und sich nicht mit so einem Hindernis wie mir herumschlagen müssen.

Das Tal der Träume lag jetzt schon weit hinter uns. Seine Farben wurden dunkler und blasser, und alle Formen verloren ihre Kontur und verschwanden.

Vor uns tauchte ein neuer Horizont auf, hell wie ein Feuerstreifen in der Nacht, und ich drehte mich noch einmal um: Aus dem Tal der Träume war ein Schmetterlingsalat geworden, nicht größer als das Reservat, das ich vergessen wollte.

Die Parade

Wir waren wieder unterwegs, Victor und ich. Vor unseren Augen lag eine Stadt, die wir nicht kannten, und aus der uns jetzt eine Parade entgegenkam. Eine fremde Parade in einer fremden Stadt. An der Spitze der Prozession marschierte eine bunte Blasmusikkapelle und spielte fremdartige Musik. Die Instrumente schwangen im Takt hin und her, und die Leute auf den Bürgersteigen lächelten und zeigten auf die Musikanten. Nach der Kapelle kam eine ganze Schar von Mädchen in Uniform und Dreispitz, die ihre Taktstöcke in die Luft warfen und sie wieder auffingen. Die Mädchen hatten ihre Augen nach vorne gerichtet und machten Platz für den Bürgermeister. Es war der lächelnde Bürgermeister der Stadt, wie ich sie von früher noch kannte. Es war

der weißhaarige Bürgermeister, und das Lächeln gehörte noch zu seinem Körper. Er trug eine bunte Schärpe um den Bauch und grüßte in die jubelnde Menge.

Er war von hundert Motorradfahrern umgeben, die mit ihren donnernden Rädern unglaubliche Kunststücke vollführten, und die ganze Stadt tanzte hinter ihnen her durch die Straße und suchte die Nähe des fröhlichen Bürgermeisters dieser vergessenen Stadt.

Die Parade hielt an, als sie auf unserer Höhe war. Der Bürgermeister löste sich aus der Menge und kam auf uns zu.

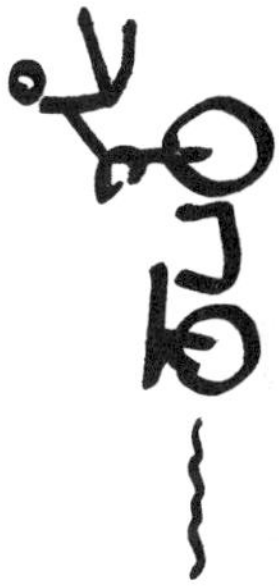

„Ich bin der Bürgermeister der Stadt", sagte er feierlich, „und ich bin hier, um Sie willkommen zu heißen. Wir haben uns schon sehr auf Ihre Ankunft gefreut. Unsere Stadt war immer eine fröhliche Stadt, bei uns gibt es keine schwarz und weiß uniformierten Wächter, und der Regen ist uns immer willkommen. Aber in letzter Zeit fühlen wir uns bedroht. Am Morgen nach der wunderbaren Hundertjahrfeier unserer Stadt erschien oben auf dem Berg plötzlich ein Schloß. Es ist das Schloß eines Vampirs, und wir danken Ihnen, daß Sie gekommen sind, um uns zu retten."

Vampire sind ein Problem

„Vampire sind ein Problem", sagte der Bürgermeister. „Wir sind eine fröhliche Stadt, und an solchen Orten lassen sich Vampire ja eigentlich selten nieder. Sie haben ihre Schlösser sonst meistens im Gebirge oder auf dem Land. In Städten halten sie sich nicht gerne auf. Wenn sie doch einmal herunterkommen, dann nur, weil sie wirklich müssen. Und wenn sie dann die ersten Häuser sehen, fragen sie sich, warum sie eigentlich gekommen sind. Sie schauen sich um und träumen von ihren Bergen und vom Leben auf dem Land. Aber es ist zu spät: sie sind in der Stadt, und da müssen sie jetzt bleiben. Aber das ist ihr Problem. Unser Problem ist der Vampir, den wir hier bei uns in der Stadt haben. Wir wollen kein Schloß auf dem Berg, und wir wollen keinen Vampir in der Stadt. Wir wollen unsere Musikkapelle und unsere Paraden. Deswegen sind wir Ihnen so dankbar, daß Sie gekommen sind. Hier sind die Schlüssel der Stadt."

„Danke“, antwortete ich, „aber ich bin nur auf der Flucht vor meinen Träumen. Ich weiß nichts über Vampire, und das hier ist nicht meine Stadt. Ihre Parade ist wirklich sehr schön, aber ich suche meine Wohnung. Es kann leicht passieren, daß gleich wieder meine Träume über mich kommen.“

„Wir haben hier keine Träume“, schnitt mir der Bürgermeister das Wort ab, „wir haben nur einen Vampir, und wir bitten Sie, uns von ihm zu befreien.“

„Ich will sehen, was ich machen kann“, sagte ich und überlegte, wo ich diese Nacht wohl schlafen könnte.

Das Blatt

Das Schloß lag oben auf dem Berg. Victor war verschwunden, als die Parade mit ihrer Musikkapelle weitergezogen war und die Menge sich aufgelöst hatte.

Ich war jetzt allein auf den verlassenen Straßen der Stadt, allein mit dem Vampir. Ich ging auf dem schmalen Weg den Berg hinauf. Der Klopfer am Schloßtor hatte die Form eines Blattes, und als ich damit gegen das Tor klopfte, tönte ein hohler Klang durch die ganze Gegend. Es war, als käme das Geräusch aus der Stadt.

Gemälde und Gobelins

„Tretet ein“, sagte der Vampir. Er stand in der Mitte der großen Eingangshalle. Es war eine wunderschöne Halle, voller Gemälde und Gobelins. An einer Seite brannte das Feuer in einem Kamin, und über uns hing ein riesiger Lüster.

„Ich kenne Euren Namen nicht“, sagte der Vampir mit ernster Stimme, „aber manche Dinge bleiben einem besser verborgen. Wie ich sehe, seid Ihr nicht aus dieser Stadt. Was mich betrifft, so bin ich lediglich auf der Suche nach Träumen. Ich habe einige der seltensten Stücke in meiner Sammlung. Es

ist mir ein Vergnügen, sie Euch zu zeigen, falls Ihr an solchen Dingen Interesse habt. Folgt mir doch bitte."

Der Vampir nahm eine Fackel und ging voraus in die Bibliothek, die voll verstaubter, in Leder gebundener Folianten war. Er drückte auf einen Knopf an der Wand, und eines der Regale schwang langsam auf. Wir betraten einen Geheimgang und gingen über steile Stufen nach unten auf ein Licht zu, das ganz schwach am Ende des Gangs schimmerte.

Das Licht kam aus einem Raum, einer Höhle, die in vulkanisches Gestein geschlagen war. Die Wände waren voll Salpeter und Feuchtigkeit.

In einer Anzahl von Glaskäfigen waren Dutzende von Träumen, die mit Ketten gefesselt waren. Es waren die Träume des Vampirs, die Schatten, die er gefangenhielt und die hier ohne Hoffnung hausten: Sie würden nie wieder in ihr wesenloses Leben zurückkehren können. Es waren junge und alte Träume, Männer und Frauen, die wirkten, als müßten sie sich von den Überresten des Fressens ernähren, das der Vampir seinen Windhunden vorwarf. Sie standen dünn und müde und wesenlos in ihren Glaskäfigen.

„Ihr könnt sie doch nicht so gefangenhalten", sagte ich.

„Warum denn nicht? Es sind doch Geister, Nachtgewächse ohne Existenz, Schatten eines unterirdischen Theaters, ohne das sie nicht einmal die Illusion ihres Daseins aufrechterhalten könnten."

Während der Vampir sprach, sah ich mich um: Hinter einer der Glasscheiben saß, still und mit gesenktem Kopf, Mitti.

Das Lächeln des Vampirs

„Mitti!" rief ich. „Was machst du denn hier?"

Mitti hob den Kopf und schaute mich an. Ihr Blick war voller Trauer. Sie war eine Gefangene im Glasgefängnis des Vampirs.

„Und du?" antwortete sie traurig. „Was machst du denn hier in einer anderen Stadt? Wo ist denn Captain America, und wo sind die spiralförmigen Straßen und wo die ausgebrochenen Löwen? Wo sind die Akrobaten und die

Netze, wo sind die Züge und die Autos? Was ist denn mit der Welt deiner Träume passiert?“

Der Vampir schaute mich mit einem Lächeln an.

Die Geschichte des Vampirs

„Erlaubt, daß ich Euch eine Geschichte erzähle“, sagte der Vampir.

Wir standen in dieser Höhle voll gefangener Träume, und die Geschichte des Vampirs begann.

„Es ist die Geschichte eines Fluchs. Sie beginnt vor Hunderten von Jahren in einem Land, in *meinem* Land, in dem ein Mann von edler Herkunft das Geheimnis der Schatten zu ergründen suchte, die verborgenen Gründe, warum sie wirklich scheinen und selber glauben, daß sie existieren. Er machte Jagd auf sie und sammelte viel mehr, als Ihr hier in dieser Höhle sehen könnt. Er studierte sie, beobachtete und experimentierte, bis er das Geheimnis fand, nach dem er suchte. Eines jedoch sah er nicht voraus: daß er nämlich, einmal im Besitz des Geheimnisses, sein Leben und sein Dasein an die verlor, die bis zu jenem Tag nichts weniger als wirklich und lebendig waren. Daß er den Grund der Träume fand, half ihnen zu Wirklichkeit und Existenz. Sie erhoben sich gegen ihn, und als sie ihn überwältigt hatten, flüchteten sie und verstreuten sich überall im Land. Mit der letzten Kraft, die ihm noch blieb, stieß er den Fluch aus, daß jeder seiner Nachkommen sein ganzes Leben lang nach Träumen jagen und sie fangen solle, bis sie alle, auch der letzte noch, in Glaskäfigen gefangen wären. Ich bin einer seiner Nachkommen, und ich erfülle meine Pflicht.“

„Aber das hier sind doch Träume“, sagte ich. „Sie sind nicht wirklich. Ihr habt doch selber zugegeben, daß sie bloße Träume sind.“

„Ja, das sind sie jedoch nur, weil die Schatten hier in Gefangenschaft erst wieder zu den Träumen werden, die sie waren.“

„Aber dann wären ja Mingo Violino und der getreue Merlot, Bibo der Samurai und der Professor ... dann wären ja alle Träume, die ich kenne, wirklich?“

„Ja, und es ist meine Pflicht, sie wieder einzufangen."

„Das ist nicht wahr, es sind meine Träume, körperlose Bilder, Kopfgeburten. Wie könnt Ihr sie in Eurer Sammlung haben? Ich bin doch ganz allein der Herr meiner Träume. Ich kann sie zum Leben erwecken, und ich kann ihnen sagen, daß sie gar nicht existieren."

Der Vampir wollte mir meine Träume nehmen und mich allein und ohne ihre Schatten lassen.

„Mitti!" rief ich. „Ich lasse dich hier raus."

Mit geschlossenen Augen

Mitti, wie kann ich dich befreien? Wie kann ich einen Schatten wirklich machen?

Ich habe nie gegen meine Träume, die nicht wirklich sind, gekämpft: Wie kann ich es jetzt gegen einen Vampir und seine Macht?

Es gibt nur einen Weg, Mitti, dich zu befreien: ich schließe die Augen. Das ist unsere einzige Chance.

Noch einmal Mingo Violino

In den entferntesten Ecken der Höhle, in ihren dunkelsten Winkeln, rührt sich etwas. Schemenhafte Formen und Gestalten erwachen, unerwartete Geräusche durchdringen plötzlich die Stille hier unter der Erde, Schattenspiele huschen über die Wände. Eine laute hohe Stimme ertönt und dann eine tiefere, leisere. Die beiden Stimmen jagen sich und hüpfen hintereinander her wie in einem alten Film.

Es sind Mingo Violino und der getreue Merlot. Mingos hohe und fröhliche Stimme, die alles ohne Unterschied mit ihren hellen Tönen berührt und verhüllt.

Es ist Mingo Violino, stärker als alle Worte, fröhlicher als jedes Lächeln. Es ist Mingo Violino, der durch die Höhle jagt und hüpft und dessen Stimme sich mit der Stimme des getreuen Merlot verbindet.

Die Musik umschlingt den Vampir wie eine kreisende Spirale, erzählt ihm von den Träumen und ihren Wünschen, sagt ihm, daß er das Leben, vor dem er sich seit Jahrhunderten fürchtet, nicht fürchten muß, und daß die Träume nur den bedrohen, der sie einmal geträumt hat. Die Musik Mingo Violinos erinnert den Vampir an seine eigenen Träume und daran, daß er sie jetzt suchen soll, daß er sich an längstvergessene Gesichter und Gestalten erinnern soll und an den Edelmann, der in sein Laboratorium eingeschlossen ist; an seine Hoffnungen, an Berge und an Felder und an ein Schloß mit vielen Windhunden, und daß er die Geschichte dieses Schlosses bedenken soll.

Die Musik Mingo Violinos hat die Macht, so etwas zu bewirken. Die Musik Mingo Violinos hat Mitti befreit und den Vampir zum Gefangenen seiner Träume gemacht.

Die Kristalltür

Vor dem Schloß standen alle meine Träume in einer Reihe zu meinem Empfang bereit. Sie knirschten nicht mit den Zähnen und sprangen kriegerisch und drohend herum, wie sie es früher gemacht hatten. Sie standen vor einer funkelnden Kristalltür und lächelten leise: meine unberechenbaren Träume.

Mitti stand mit geröteten Augen hinter ihnen.

„Tritt ein“, sagten meine lächelnden Träume. „Die Vorstellung beginnt gleich.“

„Kommt ihr denn nicht mit?“ fragte ich sie.

„Nein, das ist nur für dich gedacht“, sagten sie.

„Aber ihr wartet hier draußen auf mich?“ sagte ich wie jemand, der genau Bescheid weiß.

Sie gaben keine Antwort und schauten sich nur leise lächelnd an.

„Du betrittst jetzt gleich das Labyrinth der Träume“, sagte der Architekt. „Es ist ein wunderbares Labyrinth. Perfekt. Es ist so raffiniert angelegt, daß man nur sehr schwer wieder herausfindet. Wir werden sehen, wie du damit zurechtkommst.“ Ich schaute kurz zur Seite und sah, daß mir ihre Augen folgten, während ich durch die Kristalltür schritt.

Das Tribunal

„Leise!“ sagte ein schwarz und weiß uniformierter Wächter, der direkt hinter der Tür stand; er lenkte meinen Blick auf ein paar Richter in dunklen Roben. Sie waren mitten in einer Verhandlung. Es war das Tribunal der Träume, das hier in dieser liederlichen Welt nicht vergessen ließ, daß es noch so etwas wie Recht und Gesetz gab.

Auf der Anklagebank saßen Träume. Verdächtige. Angeklagte. Sie wirkten niedergeschlagen. Ernst und gedankenverloren blickten sie ins Leere. Es waren gefährliche Träume, in denen jeder Funke von gesundem Menschenverstand und Geselligkeit erstickt war; sie waren der Abschaum eines Systems, das zu groß und unkontrollierbar geworden war, als daß man es noch hätte ändern können. „Sie sprechen sie ganz bestimmt schuldig“, sagte ein schwarz und weiß uniformierter Wächter zu mir. Er lächelte befriedigt, und ich schaute ihn nur finster an und sagte nichts.

Die Anwälte beendeten gerade ihre Plädoyers. Es waren gute Plädoyers, aber das Tribunal der Träume hatte sein Urteil schon gefällt. Ich wollte gerade wieder gehen, als mir der schwarz und weiß uniformierte Wächter sagte, ich solle in den Zeugenstand treten.

Missachtung des Gerichts

Als ich in den Zeugenstand trat, erklärte ich sofort, daß es sich hier um ein Mißverständnis handeln müsse, weil die Anwälte ihre Plädoyers ja schon beendet hätten und die Verhandlung vorbei sei.

„Nein“, sagte der Richter. „Die Plädoyers sind vorbei, aber nicht die Verhandlung.“

Ich überlegte, ob ich ihm alles erklären solle, aber dann sagte ich mir, daß das Tribunal der Träume und seine Verhandlungsführung mich ja überhaupt nicht betrafen.

„Haben Sie diese Träume schon einmal gesehen?“ fragte mich der Staatsanwalt.

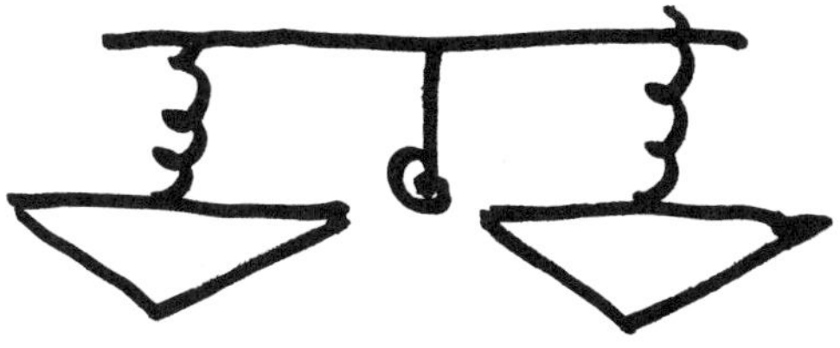

„Nein", antwortete ich.

„Sind Sie sich dessen sicher?"

„Ja."

„Wie können Sie sich so sicher sein? Sie wissen doch, daß man seine Träume leicht vergessen kann."

Ich mußte lächeln. „Ich nicht", antwortete ich. „Ich erinnere mich sehr gut an meine Träume. Um es genau zu sagen: das ist gewissermaßen mein Problem."

„Sie meinen, daß Ihre Träume Sie belästigen oder noch Schlimmeres tun?"

„Ja."

„Ah, dann sind das also keine stillen und anständigen Träume, die sich mit ihrem Schattendasein begnügen und niemandem Schaden zufügen. Dann sind das also böse, gefährliche Träume, die im Sinne des Gesetzes schuldig sind."

„Aber ich habe ja von meinen Träumen gesprochen, nicht von denen hier im Gerichtssaal."

„Aber da man seine Träume so leicht vergißt, ist es doch durchaus möglich, daß Ihre Träume mit den Angeklagten hier identisch sind."

„Ich habe Ihnen doch bereits gesagt, daß ich mich sehr gut an meine Träume erinnere."

„Sind Sie sich denn sicher, daß sie sich an *alle* so gut erinnern wie Sie sagen? Sind Sie denn sicher, daß nicht ein paar Träume den Netzen Ihres Gedächtnisses entschlüpft sind und sich hier in den Maschen des Gesetzes gefangen haben?"

Einer der Verteidiger spielte mit einem Bleistift.

„Naja, möglich ist es schon", sagte ich nachdenklich.

„Ah, dann sind wir uns jetzt gar nicht mehr so sicher", triumphierte der Staatsanwalt.

Der Verteidiger, der mit dem Bleistift gespielt hatte, erhob sich und sagte mit müder Stimme: „Euer Ehren, wir sind nicht hier, um die Angeklagten zu identifizieren, sondern um festzustellen, ob sie schuldig sind oder unschuldig. Und in dieser Hinsicht sind die Fragen des Herrn Staatsanwalt ohne jede Relevanz."

„Meine Herren Geschworenen", sagte der Staatsanwalt mit pathetischer

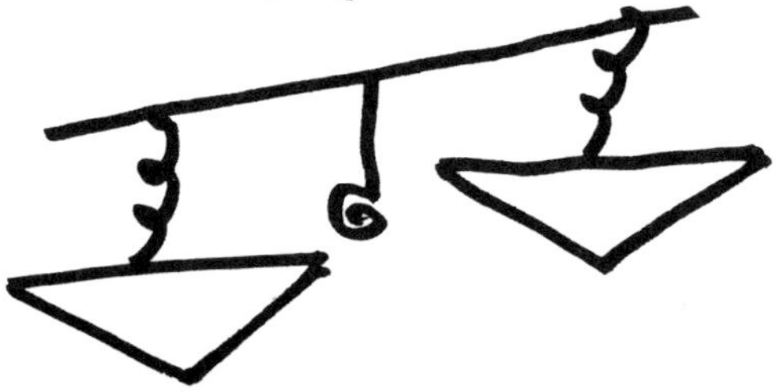

Stimme. „Betrachten Sie die dunklen Gesichter dieser Schatten, ihre Gestalt, ihre Körperhaltung ...“

Ich fiel dem pathetischen Staatsanwalt sofort ins Wort: „Aber das sind doch nur Schatten, Träume, Gespenster. Sie sind nicht wirklich. Was man ihnen auch vorwirft, sie können es nicht getan haben, weil sie nicht existieren.“

Das ganze Gericht wandte sich mir mit zornigen Blicken zu.

„Das ist Mißachtung des Gerichts“, sagte der Richter mit ernster Stimme. „Dafür können Sie mit einer Gefängnisstrafe belegt werden.“

„Aber das hier ist doch ein Tribunal der Träume, bei dem ich höchstens als Zeuge auftreten kann, und ich habe nichts zu bezeugen.“

„Entfernt ihn aus dem Saal“, sagte der Richter zu den schwarz und weiß uniformierten Wachen. „Laßt ihn wieder ins Labyrinth der Träume zurück. Bringt ihn nach Chinatown.“

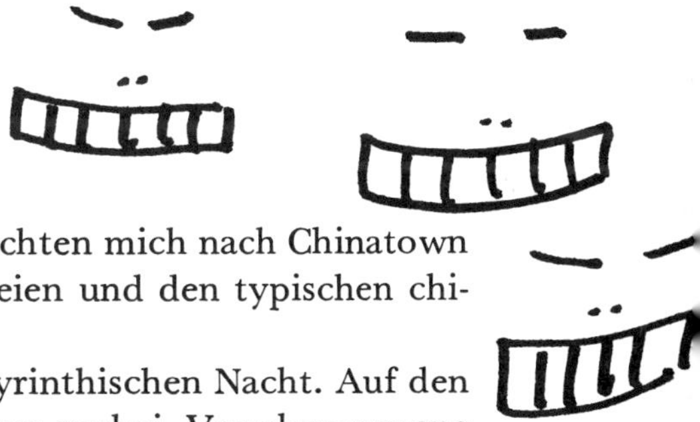

CHINATOWN

Die schwarz und weiß uniformierten Wachen brachten mich nach Chinatown und ließen mich zwischen dampfenden Wäschereien und den typischen chinesischen Restaurants stehen.

Die bunten Neonlichter leuchteten in der labyrinthischen Nacht. Auf den Bürgersteigen kamen die Bewohner von Chinatown vorbei. Verschwommene gelbe Gesichter von Leuten, die mit kleinen Schritten durch die Dunkelheit tippelten: Die chinesischen Träume Chinatowns, die auf dem Weg nach Hause zu ihren mit roter Seide bedeckten Altären und zu den Wohlgerüchen des Orients waren.

Ich wollte gerade über die Straße gehen, als ein bunter Drachen aus Pappmaché die Straße herunterkam. Dichte Rauchwolken drangen aus seinen Nüstern. Es war ein chinesischer Drache, und die chinesischen Schatten jubelten ihm zu. Ein fröhliches Lächeln strahlte in den Mandelaugen der Zuschauer, als der feuerspeiende Drache an ihnen vorbeizog; unter dem Pappmaché sah man viele kleine chinesische Füße, die mit ungeschickten kleinen Tippelschritten den Drachen vorwärtsbewegten. Plötzlich hörte man am

Ende der Straße Schüsse, und im selben Augenblick verschwanden der Drache und die Zuschauer, und ich stand wieder alleine in der chinesischen Nacht und fragte mich, was wohl passiert war.

Ich ging in die Richtung, aus der die Schüsse gekommen waren, aber Polizisten hielten mich zurück. Ich hörte verzweifelte Schreie; die Polizisten wußten offensichtlich nicht, was sie tun sollten. Ein Mann neben mir wollte in ein Auto einsteigen, aber zwei seiner Begleiter hielten ihn zurück und sagten: „Laß mal, Jake, wir sind hier in Chinatown." Eine Trompete spielte eine langsame, traurige Melodie, und dann setzten fast unmerklich ein paar Streichinstrumente ein.

Ich wollte gehen, drehte mich aber noch einmal um und betrachtete die ganze Szene. Ich sah merkwürdigerweise alles von oben: Diese dunkle Straße in Chinatown, auf der Dutzende von Chinesen mit unsicheren kleinen Schritten ziellos herumtippelten – die verschreckten Bewohner Chinatowns. Ich hätte nicht nach Chinatown kommen sollen.

Die Nervenklinik

Ich wollte so schnell wie möglich da weg, wollte woanders hin, wo die Träume sich so benahmen, daß man sie für wirklich halten konnte und ihnen die Existenz zusprach, die ich ihnen immer bestritten hatte.

Ich ging zu einer anderen Tür und öffnete sie. Es war die Tür zur Nervenklinik der Träume. Die hohen roten Mauern waren mit Stacheldraht gesichert, das Gebäude lag völlig still unter einer künstlichen Sonne, die der Architekt des Labyrinths entworfen hatte.

Im Garten gingen Dutzende von Träumen spazieren, bewegten sich wie mechanische Puppen und redeten mit der Luft und mit den Bäumen. Andere verrückte Träume saßen alleine auf Bänken und starrten auf einen unsichtbaren Punkt des Labyrinths. Brutale Wärter in weißen Overalls standen mit verschränkten Armen in der Nähe der Mauern. Sie warteten darauf, daß einer der Träume etwas Unbesonnenes tat und durchdrehte. Dann konnten sie ihn mit Stricken und Ketten an ein Bett fesseln und ihm ein starkes Sedativ sprit-

zen, oder sie drückten ihn so lange aufs Bett, bis seine Tollheit nachließ und seine Kraft erlahmte.

Hier in der Nervenklinik der Träume, in der Klinik des Labyrinths, war niemand fähig, die Träume bei der Hand zu nehmen und ihnen zu erklären, daß ihre Krankheit nur eine Folge ihrer Sehnsucht war, ihres unmöglichen Verlangens. Einen Augenblick lang glaubte ich, unter diesen alterslosen Gesichtern mit den leeren Augen Mittis Gesicht zu erkennen.

Aber es war nicht ihr Gesicht, es war das fremde Gesicht eines Traums, der an seinem unmöglichen Verlangen zugrunde gegangen war.

„Victor!“ rief ich. „Ich will hier raus!“

Das Schiff der Träume

„Da kommt das Schiff der Träume“, sagte eine Stimme, die niemandem zu gehören schien. Wenigstens konnte ich niemanden sehen. „Wenn du dich beeilst, kannst du es noch erreichen. Geh an Bord und vertrau dich dem Schiff an. Es bringt dich sicher an dein Ziel; du kannst es nicht verfehlen. Das Schiff der Träume ist besser als irgendwelche Straßen. Sieh zu, daß du es noch erreichst.“

Ich kannte diese Stimme. Es war die Stimme Victors, die mich schon zum Theater der Träume geführt hatte.

Das Schiff legte unterhalb der Nervenklinik am Ufer des Flusses an. Ganze Schwärme von Schatten machten sich fertig, um an Bord des Schiffs zu gehen, das sie auf einer ziellosen Reise durchs Labyrinth der Träume tragen würde.

Ich rannte schnell zum Ufer hinunter und ging jetzt auch an Bord. Der Kapitän betrachtete mich mißtrauisch und fragte: „Wo fahren Sie denn hin?“

„Das Schiff hat doch gar kein bestimmtes Ziel“, antwortete ich. „Es ist doch das Schiff der Träume, das diese Schattenbilder, die nicht existieren, ziellos durchs Labyrinth der Träume fährt. Ich lasse mich einfach mittreiben. Ich würde das Labyrinth ja gerne verlassen, aber ich finde den Weg nach draußen nicht.“

„Gut“, sagte der Kapitän. „Kommen Sie an Bord. Sie sind uns willkommen.“

Die Fremdenlegion

Das Schiff der Träume trieb diesen Fluß hinunter, der kein Ziel hatte. Der Kapitän stand am Ruder und sang ein Lied, in das die ganze Mannschaft einstimmte.

Die Fracht verrückter Träume stand still an Deck, ließ sich treiben und starrte mit blinden Augen ins Leere. Die Ruhe unserer Flußfahrt wurde ab und zu von einem plötzlichen Lachen durchbrochen, aber niemand aus der Mannschaft beachtete diese absurden Ausbrüche von Träumen, die an ihrem unmöglichen Verlangen irre geworden waren.

Ich schaute zum Ufer hinüber und entdeckte plötzlich in einiger Entfernung zwischen den welken Bäumen ein hohes, imposantes Gebäude. Es war ein Betongebäude, und die ganze Vorderseite war von kleinen quadratischen Öffnungen übersät. Über dem Dach wehte eine Fahne, aber wir waren zu weit entfernt, als daß man sie hätte erkennen können.

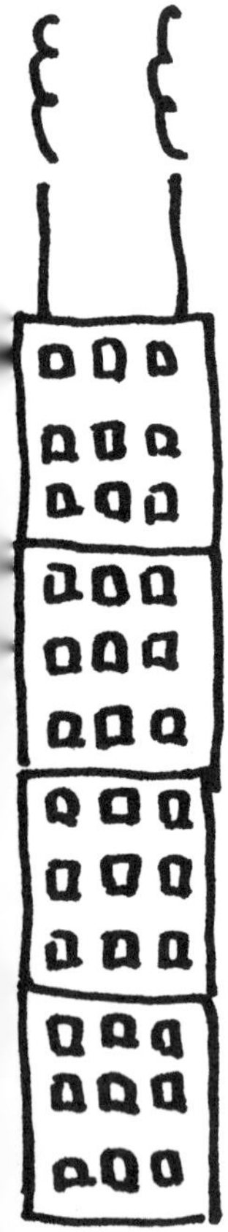

Ich schaute zum Kapitän hinüber. „Das ist die Garnison“, sagte er. „Die Soldaten müssen mindestens einmal am Tag exerzieren. Dann kommen aus den quadratischen Schießscharten die Mündungen schwerer Geschütze, und die Geschütze feuern ihre Granaten ab. Das Leben da drin ist hart: um fünf Uhr ist Wecken, das Essen ist schlecht und die Rationen sind klein. Und den ganzen Tag lang wird marschiert und exerziert. Das ist die Fremdenlegion der Träume. Träume jeder Herkunft und aus allen Nationen suchen hier Vergessen und Kriegsruhm: Abschaum und Adel – hier ist alles eins. Freundschaften entstehen und haßerfüllte Feindschaften, aber mit jedem Sonnenaufgang ist alles zu Ende, und alles fängt wieder neu an. Jeder kann in die Legion eintreten, aber keiner kommt mehr raus. Die Träume, die aus dem Labyrinth entkommen sind, wissen das genau und flüchten sich gern in diese uneinnehmbare Festung. Man bekommt viel Geld, wenn man in die Legion eintritt, aber das Leben der Träume da drin ist kein Leben mehr.“

Träume ohne Wirklichkeit; Bilder, die nicht existieren; Gesichter, die von allen ignoriert werden: Sie waren alle da hinter diesen Mauern und warteten

auf den Tag des Ruhms oder auf ihr Ende. Vielleicht würden eines Tages auch einige von meinen Träumen hierher kommen. Sie würden dann in Reih und Glied vor dem Offizier antreten, ihre Vergangenheit vergessen, die voll von Purzelbäumen, Sprüngen und Drohungen war, und sich in namenlose Schatten verwandeln. Schlecht ernährte und mißhandelte Schatten in Uniform, als Söldner verkleidete Schattenbilder.

„Jetzt fängt gleich das große Exerzieren an", sagte der Kapitän.

Man hörte Kriegsgeschrei und rauhe Flüche hinter den Festungsmauern. Das laute Krachen der Musketen übertönte nur manchmal die unmenschlichen Schreie der kleinen Schar von Träumen, die von der Welt, ihren Familien und ihren Freunden vergessen waren. Es klang, als wären es Tausende und nicht bloß ein kleiner Haufen von Träumen, die zu allem bereit waren, so lange man sie nur dort vergaß, wo sie Ausgestoßene waren.

Inzwischen waren in den Schießscharten die Mündungen der Kanonen erschienen. Die Kanoniere waren bereit zum Feuern. Jemand gab in einer fremden Sprache einen kurzen Befehl: Die Kanonen eröffneten das Feuer, und sie feuerten unablässig. Im Dröhnen der Geschütze und in all dem Feuer und Rauch sah ich ganz kurz die Flagge der Garnison. Einen Moment lang glaubte ich, ich sähe dieselbe Flagge, die über der Stadt der Nacht wehte.

Der Mittelpunkt des Labyrinths

Ich durchfuhr auf dem Schiff der Träume das ganze Labyrinth, alle Windungen seiner Spirale. Ich machte die ganze Schiffsreise der verrückten Träume mit, und ich sah, wie das Labyrinth der Träume angelegt war. Ich begriff, daß es zwecklos war, hier nach Nebenflüssen und Auswegen zu suchen.

Nur das Schiff der Träume kann das Labyrinth durchfahren ohne den Fehler zu machen, der alle anderen unweigerlich wieder zu ihrem Ausgangspunkt zurückführt.

Die letzte Überraschung, die das Labyrinth der Träume bereithielt, war sein Mittelpunkt. Hier war die Tür, nach der ich schon lange, schon seit den ersten Spiralen, Ausschau gehalten hatte. Und hier war der Pier, an dem das Schiff der Träume schließlich anlegte.

Ich war schon darauf gefaßt, daß ich meine Reise wieder von vorne beginnen mußte, als mir der Kapitän zunickte.

„Sie haben die Tür gefunden", sagte er. „Jetzt können Sie wieder zurück."

„Die Tür hier?" antwortete ich. „Das ist doch der Mittelpunkt des Labyrinths der Träume. Wie soll ich denn von hier nach draußen kommen?"

„Ich bin der Kapitän, ich weiß alles über die Türen hier", sagte er und deutete auf ein altes Gasthaus mit einer kleinen schmalen Tür.

Ich verabschiedete mich vom Kapitän und ging auf das Gasthaus zu. Als ich davor stand, drückte ich die quietschende kleine Tür auf und ging hinein.

Es war ein Gasthaus für alte Elefantenrobben, voller Rauch und dem Geruch von Flußfischen. Die alten Elefantenrobben unterbrachen ihre Gespräche, nuckelten an ihren kalten Pfeifen und betrachteten mich. Der Wirt kam auf mich zu, zeigte mir den Ausgang auf der anderen Seite des Gastzimmers und sagte: „Es ist das Schicksal komplizierter Architekturen, daß sie immer in einer Schenke enden."

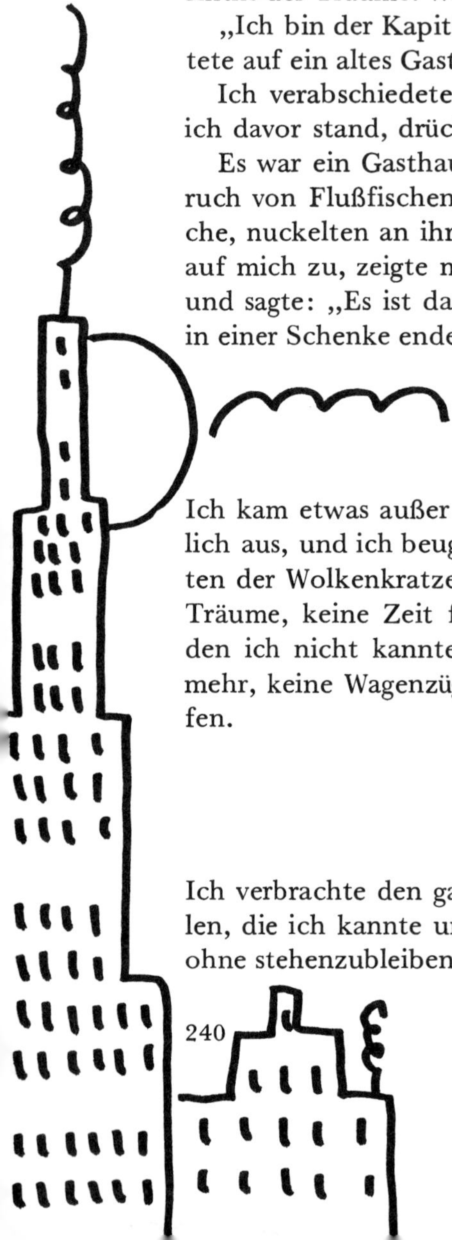

Die Sonne geht auf

Ich kam etwas außer Atem wieder in meiner Wohnung an. Alles sah ordentlich aus, und ich beugte mich aus dem Fenster: Hinter den dunklen Silhouetten der Wolkenkratzer dämmerte der Morgen. Es wurde Tag. Keine Zeit für Träume, keine Zeit für Nachtgewächse. Das Schattentheater in dem Palast, den ich nicht kannte, hatte alle Vorstellungen abgesagt. Keine Schlachten mehr, keine Wagenzüge: Die Sonne ging auf, und ich konnte nicht einschlafen.

Das besondere Zwielicht

Ich verbrachte den ganzen Tag am Fenster, betrachtete die Stadt der Spiralen, die ich kannte und in der ich wohnte. Leute gingen durch die Straßen, ohne stehenzubleiben oder sich umzusehen. Sie gingen zur Arbeit oder machten einen Spaziergang, aber sie kümmerten sich nicht um die Akrobaten, die über ihren Köpfen balancierten, und machten sich nichts aus den brüllenden Löwen vor den Schaufenstern der Modegeschäfte.

Das Spiralenzwielicht ist ein besonderes Zwielicht. Es läuft zwischen den Häusern umher, versteckt sich und späht hinter Mauern hervor. Es lächelt und fliegt keckernd davon, wenn es von jemandem entdeckt wird. Es ist ein besonderes Zwielicht, das kein Blick durch kein Fenster entdecken kann.

Während die Helligkeit des Himmels schwächer und schwächer wird und die Farben der Stadt allmählich immer dunkler, kann man verstehen, daß die Nacht sich nur langsam und leise nähert. Sie kommt langsam hinter den Wolkenkratzern hervor, bleibt ab und zu stehen und sieht sich um, setzt sich auf Wiesen, lehnt sich an einen Holzpfahl am Straßenrand und denkt über ihre Probleme nach. Aber das sind die Probleme der Nacht, die niemanden sonst interessieren.

Dann, wenn sie sich der Stadt nähert, kommt sie auf leisen Sohlen, und wer dem Zwielicht zugeschaut hat, merkt jetzt zu spät, daß es verschwunden ist und daß er in die Dunkelheit starrt, die jetzt die Spiralen der Stadt bedeckt.

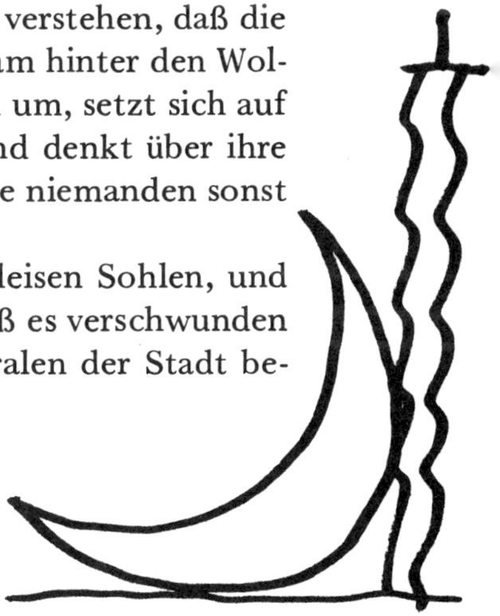

Mit offenen Augen

In der Dunkelheit meines Zimmers habe ich auf meine Schatten gewartet, meine Nachtgewächse, die keine Wirklichkeit haben, und die mit ihren Bocksprüngen und Drohungen den Schlaf derer heimsuchen, die nicht an sie glauben.

In der Dunkelheit vor dem Fenster sah ich ihre verschwommenen Gestalten lauern.

Ich wartete mit offenen Augen, und die Nacht ging ruhig vorüber.

Immer noch dieselbe Stadt

Es war eine ruhige, traumlose Nacht, die ich mit offenen Augen durchwacht hatte. Es dämmerte und wurde Tag.

Die Stadt ist noch dieselbe wie am Tag davor, die Szenen auf den Straßen wiederholen sich.

Es war eine traumlose Nacht, aber die Stadt hat sich nicht verändert.

Aber was hat sich dann verändert?

Saxophonklänge

Ich stand lange am Fenster und beugte mich hinaus, bis schließlich das Zwielicht seine alte Vorstellung begann. Ich schaute oft nach oben, aber Captain America flog nicht durch den Himmel. Niemand stieß mit dem Ellenbogen gegen Wolkenkratzer, kein künstliches Erdbeben erschütterte die Stadt und trieb ihre verängstigten Bewohner mit Matratzen ins Freie.

Die Nacht verlief genauso ruhig wie die Nacht davor. Meine Augen suchten jeden Winkel meines Zimmers nach dem wütenden Grinsen meiner Träume ab, aber nichts geschah.

Meine einzige Gesellschaft war das Rechteck des Fensters, hinter dem dunkel und schwarz die Nacht stand.

Die ersten Saxophonklänge kamen von der Straße herauf und sagten mir, daß es wieder Tag war.

Das helle Licht des Tages

Ich kam wieder nach Hause, betrachte schweigend die Möbel und die anderen Dinge, die vom Licht dieser elektrischen Nacht beleuchtet wurden.

Ich dachte an Victor und an meine Träume. Vielleicht waren sie von den schwarz und weiß uniformierten Wächtern des Tribunals gefangengenommen worden und standen jetzt auf der Anklagebank – zusammen mit dem Ab-

schaum der Träume, dem der Schuldspruch schon gewiß war. Oder vielleicht exerzierten sie gerade in der Garnison am Fluß, feuerten Granate um Granate ab und marschierten und fluchten, wie Söldnerträume ohne Ruhm und Vergangenheit das eben tun. Aber der Professor war für solche Dinge zu alt, und niemand würde Mitti in eine Soldatenuniform stecken. Das war einfach unvorstellbar.

Ich träumte mit offenen Augen von ihnen, meinen Träumen, die jetzt nicht mehr da waren; ich dachte an sie, wie man an Dinge denkt, die nicht existieren, an Schatten, die nur flüchtige Bilder ohne Substanz waren, an diese Nachtgewächse, die keine Wirklichkeit haben und die man so gut kennt.

Als ich zum Fenster hinüberschaute, sah ich, daß es draußen sehr hell war. Es war das helle Licht des Tages, das sich Sorgen machte, weil ich mich noch nicht aus dem Fenster gebeugt hatte.

Ein leerer Himmel

Ich lehnte mich aufs Fensterbrett und beobachtete die Szenen auf der Straße hier in der Stadt der Spiralen.

Es war ein heißer Tag, so heiß wie die anderen Tage auch, und ich war kein Traum auf den Azoren, der von seinen Träumen geträumt wurde, ich war in der Stadt, in der ich wohnte, und ich sah die Dinge vor mir, die ich kannte. Niemand flog oben über den Wolkenkratzern. Der Himmel war weit und klar und ohne Wolken.

Plötzlich rief ich laut zur Straße hinunter und zu diesem klaren Himmel hinauf: „Victor!“ Niemand achtete darauf. Das Leben auf der Straße ging weiter wie zuvor.

„Victor!“ rief ich noch einmal zu den Wolkenkratzern hinauf. „Was ist denn nur mit meinen Träumen geschehen?“

Harem Scarem

(„Verschollen im Harem“)

Keith Abbott

Douf hieß Douf, weil er ziemlich unterbelichtet war. Douf Kyllo war ein großer, grobknochiger Schwede, der mit seinen zwei Zentnern ungefähr einsneunzig groß war und einen blonden Stiftenkopf hatte. Douf spielte im Angriff und hatte die Nummer 76. Die andern in der Mannschaft machten Witze darüber: „Douf hat sich seinen IQ aufs Trikot genäht.“ Aber das sagten sie nur, wenn Douf nicht in der Nähe war.

Seit September waren Pete Dwyser und Douf Stammspieler in der zweiten Football-Mannschaft der Schule. Douf war das dritte Jahr an der Schule und eine Klasse weiter als Pete. Weil sie beide in der zweiten Mannschaft spielten, hielt sich Douf für Petes Freund. Pete sah die Sache ein bißchen anders, aber das behielt er für sich.

Als Douf an einem Samstag im Oktober bei Pete anrief und ihn fragte, ob er schon was vorhabe, sagte Pete nein. Dann erzählte ihm Douf, daß er mit ihm und drei Mädchen ausgehen wolle und daß er Pete für das dritte Mädchen brauche. Das reichte. Mehr brauchte Pete gar nicht zu hören. Mit Douf auszugehen, war nicht gerade das, was Pete sich unter einem tollen Abend vorstellte. Douf sagte, daß er unbedingt mitkommen müsse.

„Warum denn?“ fragte Pete.

„Weil Jackie und Roberta eine Cousine zu Besuch haben, und Mrs. Knepper läßt sie nicht weg, wenn sie die Cousine nicht mitnehmen“, sagte Douf.

„Toll“, sagte Pete. „Aber ich kann nicht, Douf.“

„Du hast doch heute abend gar nichts vor, oder? Das hast du doch gesagt", sagte Douf.

„Ich geh nicht mit jemandem aus, den ich nicht kenne", sagte Pete.

„Es kostet dich nichts. Ich bezahl doch alles", sagte Douf. „Ehrlich."

„Als ich das letztemal mit jemandem ausgegangen bin, den ich nicht kannte, war es ein *Hund*", sagte Pete. „Und damals hab ich mir gesagt: *nie wieder*."

„Aber ich *muß* Roberta heut abend treffen", sagte Douf. „Du weißt nicht, wie das ist. Ich muß."

„Dann triff dich doch mit ihr, ohne daß ich dabei bin. Geh alleine hin, Douf, das ist bestimmt besser."

„Dwyser", sagte Douf, „ich hab doch gesagt, daß ich alles *bezahle*. Du mußt bloß mit ihrer Cousine auf dem Rücksitz sitzen, das ist alles."

„Ich *will* nicht mit jemandem auf dem Rücksitz sitzen, den ich nicht kenne", sagte Pete gereizt. „Nein, verdammt nochmal, Douf. Nein." Am anderen Ende der Leitung war es still.

„Pete, ich hab eigentlich keine Lust, dich in die Mangel zu nehmen", sagte Douf.

Dazu hatte Pete allerdings auch keine Lust. Er kannte das vom Training her, wenn er mit Douf Körperattacken übte. Douf konnte seine Kraft nicht einschätzen. Er ging einfach drauflos. Eine richtig nette, harmlose Attacke fing für Douf mit Schlägen auf die Arme an, und dann arbeitete er sich nach oben weiter. Blaue Flecken machten ihm nichts aus, ob er sie nun austeilte oder einsteckte.

„Du verstehst, was ich meine, Dwyser?" fragte Douf.

„Nenn mich nicht dauernd Dwyser", sagte Pete. „OK, aber du zahlst den Eintritt ins Kino für uns *beide*, und du zahlst für das Essen."

„Genau", sagte Douf. „Ich hol dich um halb acht ab. Und nochmal vielen Dank, Dwyserbaby."

„Moment mal", sagte Pete. „Wie heißt denn das Mädchen?"

„Keine Ahnung."

„Und wie sieht sie aus?"

„Da fragst du mich zuviel. Ich hab sie noch nie gesehen."

„Toll“, sagte Pete. „Was für einen Film schauen wir uns denn an?“

„Das hängt von Roberta ab.“

Pete legte auf. Douf war immer eine Woche in eins der Kneppermädchen verknallt und die nächste Woche in die andere. Sie sahen sich so ähnlich, daß sie Zwillinge hätten sein können, aber sie waren ein Jahr auseinander. Die jüngere, Roberta, war die hübschere von den beiden, hatte ein Gesicht wie Tuesday Weld, wirklich Klasse, und sie hatte einen großen Vorbau und tolle Hüften. Ihre ältere Schwester, Jackie, war schlanker. Sie hatte zwar dieselbe Oberweite, aber nicht das Starletgesicht von Roberta. Pete war mit beiden schon einmal ausgegangen, aber er war nicht sehr weit mit ihnen gekommen. Er fand sie beide langweilig, richtige Nulpen. Jeder sagte, die zwei Mädchen wären toll gebaut, aber bis jetzt hatte es noch keiner weiter gebracht, als daß er ab und zu mal neben diesen beiden toll gebauten Nulpen sitzen durfte. Beim Tanzen flirteten Jackie und Roberta immer wie verrückt und tanzten ganz eng, aber wenn man alleine mit ihnen im Auto war, dann hieß es: Hände weg und Augen geradeaus.

Pete war sich ziemlich sicher, daß die Cousine auch so ein abweisender Eiszapfen war wie die beiden Kneppermädchen. Er ging in sein Zimmer hinauf und zog sich um. Hoffentlich rief jetzt keiner seiner Freunde an. Er hatte keine Lust, ihnen zu erzählen: „Ich geh heut mit Douf und den Kneppermädchen aus, und sie haben ihre Cousine dabei, mit der ich mich abgeben soll.“

Ein Auto fuhr in die Einfahrt. Pete ging nach unten und durch die hintere Haustür nach draußen. Douf saß am Steuer des viertürigen 1960er Fords seines Vaters. Neben ihm auf dem Vordersitz saßen Roberta und Jackie. „Hey“, sagte Douf, „nochmal vielen Dank, Dwyser.“

Pete setzte sich auf den Rücksitz. Roberta drehte sich um und präsentierte ihm ihr schönstes Tuesday-Weld-Profil. „Edna ist bei einem Treffen von Young Life“, sagte sie. „Wir müssen sie abholen.“

„Klasse“, sagte Pete. „Edna ... toller Name.“ Vom Vordersitz kam keine Reaktion. Young Life war eine kirchliche Jugendorganisation. „Young Life“, sagte Pete. „Geht sie da regelmäßig hin?“

„Sie hat ja nicht gewußt, ob Douf jemanden für sie auftreiben konnte, und da ist sie eben sicherheitshalber mal zu diesem Treffen gegangen."

Wieso denn sicherheitshalber? dachte Pete. „Führt wohl gern Gespräche über Gott, ha?" murmelte er.

„Was?" fragte Jackie und schaute ihn an.

„Nichts", sagte Pete. „Mit wem hast du dich denn heute verabredet?"

„Mit Whitey", sagte Jackie.

Pete sackte auf dem Rücksitz zusammen. Whitey war der größte Schwätzer, den Pete kannte; ein totaler Angeber. „Toll, und was für einen Film schauen wir uns an?"

„Roberta möchte gern in *Harem Scarem*", sagte Douf und lächelte dabei Roberta an.

Typisch, dachte Pete. Er war wütend. Jetzt saß er also in der Falle, mußte sich auf dem Rücksitz neben einer Kirchenmaus einen dämlichen Elvis-Presley-Film anschauen und bekam als Dreingabe noch Whiteys Gequake mitgeliefert. „Toll, Douf", sagte er.

Douf hielt an der Pacific Avenue vor dem Haus der Gruppenführerin von Young Life an. Pete und Jackie stiegen aus. Er drehte sich um und sah, daß Douf seinen Arm auf Robertas Rücken gelegt hatte. *Oh, Gott,* dachte Pete. *Hoffentlich muß ich mir hernach nicht anschauen, wie er sich abrackert, bloß damit er sie küssen kann.* Er ging hinter Jackie ins Haus. Die Leute von Young Life waren alle gerade am weggehen. Er schaute sich nach dem häßlichsten, dicksten Mädchen um, das er nicht kannte, aber er sah nur die evangelischen Mädchen aus der Stadt. „Pete", sagte Jackie und faßte ihn am Arm. „Da kommt Edna."

Pete drehte sich um und sah ein brünettes sommersprossiges Mädchen auf sie zukommen. Sie hatte einen lockeren, schwungvollen Gang. „Edna, das ist Pete Dwyser. Ihr seid heute abend zusammen."

Edna lächelte Pete an. Ihre Schneidezähne standen ein kleines bißchen auseinander. Pete konnte es nicht fassen. Sie war ganz schön scharf. „Hallo", sagte er. „War's schön hier bei Young Life?"

„Oh", sagte sie, „es war unheimlich langweilig. Ihr habt ja wirklich ne ganze Menge Leute aus Skandinavien hier in der Gegend. Hältst du mir mal meinen Mantel?“ Sie gab ihm ihren Mantel und bückte sich nach ihrer Handtasche auf dem Fußboden. Ihre Hüfte streifte Petes Bein. Dann richtete sie sich wieder auf, und Pete half ihr in den Mantel. Sie schlüpfte hinein, und als sie sich den Kragen zurechtzog, streifte ihre Hand Petes Hand. Sie schaute ihn an. „Moment noch“, sagte Pete. Er beugte sich vor, damit er ihr Parfüm riechen konnte. „Das riecht gut.“ Sie nahm seinen Arm. „Magst du's?“ fragte sie. Sie lehnte sich an ihn und ließ ihn noch einmal schnuppern. „Ja“, sagte Pete. „Das riecht prima.“

„Daheim in Idaho geht Edna nicht zu Young Life“, sagte Jackie beim Rausgehen. „Aber sie ist ja schließlich auch katholisch.“

Pete konnte sein Glück nicht fassen. Er hatte schon einiges über katholische Mädchen *gehört*, aber er war noch nie mit einer ausgegangen. „Oh ja“, sagte er. Sie hielt seinen Arm ganz fest. „Ich bin froh, daß wir doch noch ausgehen“, sagte sie zu Jackie. „Ich glaub, ich hätte es da drin keine Minute länger ausgehalten.“ Dann, zu Pete: „Gehst du auch öfter hin?“

„Ich? Zu Young Life? Nein. Da geht man nur hin, wenn man Mädchen aufreißen will.“

„Heut war sowieso keiner da“, sagte Edna. Sie machte die Wagentür auf und stieg ein. Pete sah, daß sie gute Beine hatte.

„Also los“, sagte er zu Douf, „ab ins Kino.“

„Wir müssen erst noch Whitey abholen“, sagte Douf.

Harem Scarem war einer von zwei Hauptfilmen im Starlite-Autokino. Der andere war einer von diesen Strandfilmen, in denen die ganze Zeit junge Leute auf Decken am Strand liegen und sich verlieben. Douf fuhr einen Block vor dem Kino in eine Busstation. Er stieg aus. „Hey, ihr zwei“, sagte er. „Packt mal schnell mit an.“ Whitey und Pete saßen links und rechts auf dem Rücksitz neben den Türen, und Jackie und Edna saßen zwischen ihnen. Ednas Bein war fest an Pete gepreßt. Er schaute Whitey an. Douf ging um den Wagen herum nach hinten und machte den Kofferraum auf. Whitey zuckte die Achseln, und sie stiegen beide aus. Pete fragte sich, was jetzt wieder los war. Douf trank nicht, also konnte es mit Bier oder sowas nichts zu tun haben.

Douf ließ Pete los, so daß er wieder auf dem Boden stand. „Jackie war ziemlich geschockt", sagte Douf. „Sie wollte nicht sagen, was los war." Er schaute sich suchend um, und sein Blick streifte über die Reihen der Autos, über denen der Nebel hing. „Du bringst die Weiber heim", sagte er und schüttelte Pete ein bißchen durch. „Ich such Whitey, und ich krieg schon raus, was er mit Jackie angestellt hat." Er ließ Pete los und starrte dumpf in den dichten Nebel hinaus.

„Douf", sagte Pete. „Wie willst du denn Whitey suchen, wenn du keinen Wagen hast?" Pete bemerkte aus dem Augenwinkel, daß auf der Leinwand gerade was los war. Er schaute hoch. Elvis hatte sich durch ein Fenster geschwungen und schlich jetzt auf einem Festungswall entlang.

„Ich hab mit ein paar Typen am Stand geredet", sagte Douf. „Sie wissen, wo Logger hin ist. Und sie fahren da auch hin. Du gehst jetzt an den Stand und bringst die Mädchen zum Auto. Da sind die Schlüssel." Er gab Pete die Autoschlüssel.

„Douf, du bist doch mit Roberta da", sagte Pete. „Ist dir das denn egal?"

Douf schüttelte den Kopf. „Ich glaub, ich steh eigentlich auf Jackie", sagte er. „Damit muß ich alleine klarkommen. Es gibt eben ein paar Sachen, mit denen muß man alleine klarkommen. Ich muß Jackie einfach zeigen, wie's mit mir steht." Er stiefelte davon.

Douf verschwand in dem dichten Nebel, der die Autos einschloß. Petes Rücken fühlte sich an, als hätte ihm jemand das ganze Rückgrat verrenkt. Er wartete, bis Douf ihn nicht mehr hören konnte und brüllte dann: *„Ich hab mir meinen Saft an deiner Decke abgewischt!"*

Er schaute die Schlüssel in seiner Hand an. *Scheiße*, dachte er, *von Douf bis zu mir sind's ja drei Meilen. Wenn ich den Wagen zurückgebracht hab, muß ich zu Fuß nach Hause gehen.*

Pete saß am Lenkrad. Die drei Mädchen saßen bei ihm auf dem Vordersitz; Edna neben ihm, dann Jackie und dann Roberta. Petes Arm lag auf der Sitzlehne. Jackie schaute dauernd zu ihm herüber. Roberta schaute zu, wie Elvis zwischen den Mädchen des Harems herumtanzte. „Mensch!" sagte Jackie. „Wir könnten ja hier drin auch Harem spielen."

Douf stand da und schaute in den Kofferraum. Er war leer, abgesehen von einem Ersatzreifen und einer Armeedecke. „Rein mit euch", sagte er leise.

„WAS?" fragte Pete.

„PSCHT", flüsterte Douf, „los jetzt."

„Du hast doch gesagt, du zahlst für alles", zischte Pete. „Ja", unterstützte ihn Whitey. „Das hast du gesagt."

„Ich hab nicht soviel Geld", sagte Douf. „Steigt ein."

„Wir sollen da reinkriechen?" Pete war empört.

„Dwyser, steig jetzt ein", sagte Douf.

„Ich bezahl selber", sagte Pete. Er wollte wieder auf den Rücksitz zu Edna. Ihre Lippen waren sehr verführerisch. „Zahlst du für mich auch?" fragte Whitey. „Ich bin pleite."

Pete spürte Doufs große Pranke am Hals. „Blamier mich bloß nicht vor Roberta", sagte Douf. „Und was ist mit *mir*?" sagte Pete. Douf packte ihn von hinten am Hals und drückte ein bißchen zu. „Ich hol euch ja gleich wieder raus", sagte er. „Gleich wenn wir drin sind."

„Und was glaubst du, was die denken, wenn sie dich mit drei Mädchen reinfahren sehen?" fragte Pete. Douf packte Whitey am Arm und drückte ihn ein bißchen nach oben, damit er leichter in den Kofferraum steigen konnte. Whitey stieg mit einem Bein in den Kofferraum, um sich Doufs hartem Griff zu entziehen.

„Au, laß los", sagte er. Er stand jetzt mit beiden Beinen im Kofferraum.

„Dwyser", sagte Douf. „Jetzt kommst du dran." Der Griff um Petes Hals wurde fester.

„Was macht ihr denn da hinten?" fragte Edna, die durch die Heckscheibe zu ihnen hinausschaute.

Whitey legte sich auf den Boden des Kofferraums. „Da passen wir zu zweit doch gar nicht rein", sagte Pete; sein Hals bog sich unter dem Druck von Doufs Fingern. „Rein", sagte Douf. „Ich hol euch dann gleich wieder raus. Ehrlich."

Pete legte sich in den Kofferraum. Whiteys Schuhe waren direkt vor seinen Augen. Er hörte die Mädchen kichern, während der Ford langsam, Meter für Meter, in Richtung Kinokasse vorrückte. Douf lachte auch, aber gleichzeitig sagte er den Mädchen, sie sollten damit aufhören. „Die erwischen uns, das ist dir hoffentlich klar“, sagte Pete zu Whitey. „Halts Maul“, sagte Whitey. Pete überlegte sich, wie er Douf diese Geschichte heimzahlen könnte, ohne daß Douf gleich wieder ausflippte.

„Ich wollte überhaupt nicht mitkommen“, sagte Whitey. „Ich wollte ja eigentlich mit Logger und den anderen losziehen und mich besaufen. Aber Douf hat gesagt, daß er mich am Montag beim Training durch den Wolf dreht, wenn ich nicht komme.“

„Dich auch?“ sagte Pete. „Herzlich willkommen!“

Sie gaben beide keinen Ton von sich, als Douf vier Eintrittskarten löste und langsam weiterfuhr. Sobald sie ein Stück vom Kassenhäuschen entfernt waren, trommelte Pete mit der Faust gegen die Rückwand des Kofferraums. „Laß mich hier raus!“

„HEY“, rief Douf, „HALTS MAUL. Da steht noch einer von den Aufpassern. Sei bloß ruhig, Mensch!“

Pete und Whitey blieben ruhig, bis Douf den Motor abschaltete. „Okay, hol uns jetzt raus“, sagte Pete. „Wir müssen warten, bis es dunkel ist“, sagte Douf. „WAS!“ schrie Pete, und zu Whitey sagte er: „Tritt mal mit deinem Schuh gegen den Rücksitz.“ „Dann flippt doch Douf wieder aus“, sagte Whitey. „Du Schlappschwanz“, zischte Pete. „HEY, FRESSE HALTEN!“ schnarrte Doufs Stimme im Kommandoton. „UND KEINE SCHIMPFWÖRTER!“

Der erste Film lief schon seit zwanzig Minuten, und Pete und Whitey lagen noch immer im Kofferraum. Es wurde immer kälter. Pete zog die Armeedecke hoch und deckte sich und Whitey damit zu. Jedesmal wenn sie von Douf verlangten, daß er sie aus dem Kofferraum holte, fiel ihm ein Grund ein, warum es jetzt noch nicht ging. Meistens sagte er: „Es geht jetzt nicht, sie passen auf die letzte Reihe auf wie die Geier.“

„Warum hast du dich denn in die *letzte* Reihe gestellt?“ stänkerte Whitey. „Sie passen auf die letzte Reihe *immer* auf wie die Geier.“

Petes Augen waren starr auf den Wagenheber gerichtet. Er dachte an den kleinen Spalt zwischen Ednas Schneidezähnen und überlegte sich, wie sich das anfühlen würde, wenn man da mit der Zunge ein bißchen herumstocherte. Er war ganz sicher, daß sie nichts dagegen hätte; er *spürte* das einfach.

„DOUUUUUUUUUFFFFFF!" brüllte er. „Verdammt nochmal, hol uns hier RAUUUUUUUS."

Douf gab keine Antwort. Die Mädchen lachten. „Komm jetzt, Douf", sagte Roberta, „laß sie raus."

„Ja, Douf, laß uns raus. Pete hat grade einen Furz gelassen."

Vorne im Wagen wurde gekichert. „Glaubst du, wir können die Rückenlehne raustreten?" flüsterte Pete. „Wenn du dich noch ein bißchen drehst, dann krieg ich meine Füße über deinen Kopf und wir können alle beide zutreten."

„OK, Leute", sagte Douf, „ich laß euch raus." Sie hörten wie die Tür neben dem Fahrersitz aufging. „Der Aufpasser ist jetzt weg", sagte Douf. Seine Schritte knirschten auf dem Kiesweg, als er nach hinten kam. „Oh", sagte er. „Jetzt ist er wieder zurückgekommen."

Douf ließ Whitey und Pete aus dem Kofferraum, als die Mädchen zum Erfrischungsstand gingen und Colas holten. Pete war unheimlich wütend. Er stapfte mit den Füßen auf den Boden, um wieder ein bißchen Blut in die Adern zu kriegen. Er zitterte vor Kälte. Ein leichter Bodennebel lag über den Autos.

„Wirklich ein verdammt toller Abend, und jetzt mußt du uns noch nichtmal was spendieren. Die Mädchen sind ja schon losgezogen", moserte Whitey.

„Wollt ihr ne Cola oder was?" fragte Douf. Er langte in die Tasche, holte einen Vierteldollar raus und gab ihn Whitey. „Scheiße", sagte Whitey. „Vielen Dank, Douf. Kannst du dir das auch wirklich leisten?" Er drehte sich um und ging. Pete holte die Armeedecke aus dem Kofferraum. „Wofür brauchst du die denn?" fragte Douf. „Ich *friere*", sagte Pete. „Im Kofferraum ist nämlich keine Heizung."

„Tut mir furchtbar leid, Pete", sagte Douf.

„Jaja", sagte Pete. Er setzte sich auf den Rücksitz. Douf steckte den Kopf zur Tür herein. „Edna ist ein prima Mädchen, ha?"

„Laß mich in Ruhe", sagte Pete.

Douf schaute zum Erfrischungsstand hinüber. „Ich geh mal grade rüber, die brauchen ja furchtbar lang“, sagte er.

Pete wickelte sich fest in die Decke ein. Vorne auf der Leinwand saß Annette Funicello an einem kalifornischen Strand auf einer Decke und unterhielt sich mit Frankie Avalon. Sie hatte einen einteiligen Badeanzug an. Die anderen Mädchen am Strand trugen Bikinis. Pete überlegte sich, ob der einteilige Badeanzug wohl bedeuten sollte, daß Annette ein „anständiges“ Mädchen war. *Ein anständiges Mädchen zeigt seinen Nabel nicht her,* dachte Pete. Auf der Leinwand schien die Sonne. Pete war deprimiert. Jetzt dauerte es noch zehn Monate, bis man wieder *echte* Frauen in Badeanzügen sehen konnte, mal ganz abgesehen von *Bikinis*.

Edna kam als erste wieder zurück. „Wirklich kalt heute, was?“ sagte sie. Sie gab Pete ihre Popcornschachtel und ihr Cola. Dann schlüpfte sie einfach zu ihm unter die Armeedecke. „So“, sagte sie.

„Douf ist schon ein Trottel“, sagte Pete. „Ich hab im Kofferraum gefroren wie ein *Schwein*.“

„Dann komm mal her“, sagte Edna. Sie rückte ein Stück näher, Pete hob seinen Arm hoch, und sie kuschelte sich an ihn. Pete konnte es kaum fassen. „Ist der Film gut?“ fragte er und schaute sie an. „Das ist mir doch egal“, sagte sie und schaute zu ihm hoch. Er küßte sie. Sie fühlte sich gut an. „Ich glaub, mir ist es auch egal“, sagte er. Sie küßten sich noch einmal, und diesmal strich ihre Zungenspitze ganz leicht über seine Lippen.

„Stell doch das Popcorn mal nach hinten“, sagte Pete. Edna nahm die Schachtel und stellte sie nach hinten zu ihrem Cola. Als sie sich nach hinten beugte, rutschte Pete schnell ein Stück weiter auf ihre Seite, und sie saß jetzt auf seinem rechten Bein. „Ooh“, sagte sie. Sie rutschte ein bißchen tiefer, drehte sich zu ihm um, und sie küßten sich. Es war ein langer, tiefer Zungenkuß.

Pete zog seinen linken Arm unter ihr heraus. „Siehst du Roberta und Jackie oft?“ fragte er. „Nein“, sagte Edna. „Sie sind ziemliche Nulpen.“ Pete schaubte herablassend. „Ja“, sagte er. „Da hast du recht.“

„Du bist aber trotzdem mit ihnen ausgegangen“, sagte Edna.

„Naja“, sagte Pete. „Man muß schließlich alles ausprobieren, stimmts?“

Sie küßten sich wieder, und diesmal hatte Pete seine linke Hand auf ihrem Rücken, und er drückte sie fest an sich, damit er ihren großen Busen spüren konnte. Ihre Zunge drückte sich fest an seine Zunge und spielte damit herum.

„Wird's dir schon wärmer?“ fragte sie.

Pete schaute hoch. „Mist“, sagte er, „sie kommen schon wieder zurück.“ Whitey war nicht dabei. „Wo ist denn Whitey geblieben?“ sagte Pete.

Whitey kam eine Viertelstunde später. Jackie ließ die beiden anderen auf dem Vordersitz allein und setzte sich mit Whitey zusammen auf den Rücksitz. Pete hatte gehofft, daß Whitey überhaupt nicht mehr käme. Er und Edna brauchten praktisch den ganzen Rücksitz. Sie lagen *fast* ganz ausgestreckt da. Pete hatte noch nie irgendwo richtig mit einem Mädchen gelegen, so ganz locker und lang und entspannt. Er rutschte jetzt in die Ecke, damit sie alle vier auf dem Rücksitz Platz hatten. Edna kam zu ihm herüber und drückte sich fest an ihn. Von seinem Platz in der Ecke hatte er, wenn er über Ednas Kopf guckte, einen schönen Ausblick auf Whitey und Jackie. Jackie kümmerte sich nicht um die beiden unter der Decke. Roberta hatte ihnen beim Einsteigen einen komischen Blick zugeworfen und irgendeinen Schwachsinn gemurmelt. Es sei ganz schön heiß hier drin, oder sowas. Jackie hatte nur einmal herübergeschaut, als Pete unter der Decke seinen Arm auf Ednas Beine gelegt hatte, aber danach schaute sie nicht mehr herüber. Sie schaute starr nach vorne, wo sich auf der Leinwand das Strandleben entfaltete. Whitey war aufgekratzt und unternehmungslustig. Douf hatte erzählt, daß Whitey am Erfrischungsstand Logger Linkhorn getroffen hatte. Also hatte er wahrscheinlich auch was getrunken. Jackie hatte ein bißchen mit ihm rumgeflirtet, bevor sie sich ganz auf den Film konzentrierte, aber so schnell ließ Whitey sich nicht abspeisen. Er legte seinen Arm um sie und wollte noch ein bißchen näher an sie ran. Sie hatte nichts gegen den Arm, aber mehr war bei ihr nicht zu machen. Pete war gerade mitten in einem langen Fünfminutenkuß mit Edna, als er sah, daß Whitey eine Kopfbewegung Jackies mißverstanden hatte. Er glaubte, sie wollte ihn küssen und hechtete zu ihr hinüber. Jackie sah ihn kommen, beugte schnell den Kopf, und Whitey bekam eine Ladung Haare zwischen die Zähne.

Pete freute sich. Genauso war es ihm auch gegangen, als er es mal mit Jackie versucht hatte.

Whitey war stinkwütend. Er nahm Jackie in den Schwitzkasten und machte sich über sie her. „Whitey", fauchte sie eine Sekunde, bevor Whitey ein Stück ihrer Unterlippe zu fassen bekam. Sie drehte und wand sich hin und her, bis sie aus seinem Griff freikam. Dann saß sie wieder steif auf dem Rücksitz und schaute nach vorne.

Glück muß der Mensch haben, dachte Pete. Vorne hatte Douf seinen Arm auf die Sitzlehne gelegt und ließ ihn langsam nach unten gleiten. Pete schaute Edna an, und sie küßten sich. Es war ein langer endloser Kuß. Edna hielt seine linke Hand und streichelte die Haut zwischen seinem Daumen und seinem Zeigefinger. Seine Zunge fand die kleine Lücke zwischen ihren Schneidezähnen.

Dann ließ Edna seine Hand los, und er spürte ihre nackte Haut auf seiner Handfläche. Die Bluse war ihr aus den Jeans hochgerutscht. Pete ließ seine Hand ganz ruhig liegen, und erst nach und nach und ganz vorsichtig berührten seine Finger ihre Haut. Ihre Haut war so heiß, daß es in den Fingerspitzen brannte.

Pete machte mitten im Küssen die Augen auf und sah gerade noch, wie Jackie ihren Hals endgültig freibekam. „*Nein,* Whitey", sagte sie. Roberta drehte sich nach den beiden um. Dann wanderte ihr Blick etwas tiefer und zu Pete und Edna hinüber, und sie sah, wie Petes Arm unter der Decke an Ednas Bein entlangfuhr. „Hier drin fängt's ja langsam an zu dampfen", sagte Roberta. „Hat jemand noch Popcorn?" fragte Jackie. „Willst du Popcorn?" sagte Whitey. „Ich hol dir was." Er drückte mit einem festen Ruck die Tür auf, rollte raus und knallte sie wieder zu. Jackie saß steif auf dem Rücksitz. „Rutsch mal ein bißchen weiter", sagte Pete. „Was?" sagte Jackie. Pete rutschte mit der Hüfte unter Ednas linken Schenkel und schob sie auf dem Sitz ein Stück hinüber, bis ihr rechtes Bein fest gegen Jackie gedrückt war. „Rutsch doch ein Stück", sagte Pete. Er freute sich, daß Jackie sich ansehen mußte, was er machte. Sie rutschte an die Seite, bis sie direkt an der Tür saß.

„Ihr habt doch schon genug Platz“, sagte sie. „*Du* bist überhaupt nicht gefragt“, sagte Edna. Sie preßte ihren Busen an Pete, und sie küßten sich wieder lange und ausdauernd.

Pete beachtete Whitey überhaupt nicht, als er mit Jackies Popcorn zurückkam. Er und Edna mußten sich wieder richtig hinsetzen, damit Whitey noch reinpaßte. Kurz darauf schaute Pete zu den beiden hinüber und sah, daß Whitey schon wieder zu einem Schwitzkasten angesetzt hatte. Aber Jackie drehte sich halb von ihm weg. Pete merkte, daß sie ganz angestrengt von ihm und Edna wegschaute. Ihre Augen waren starr auf die Leinwand gerichtet, obwohl sie sich ja von Whitey weg- und zu ihnen herübergedreht hatte. Pete war ziemlich sicher, daß Whitey was getrunken hatte. Er benutzte Jackies Frisur als Klagemauer. „Komm jetzt, sei doch nicht so“, flüsterte er. „Hey, sei doch nicht so.“

Pete wußte, daß Whitey durch das, was er und Edna trieben, ziemlich in Fahrt kam. Er sah, wie Whitey hinter Ednas Hals zu ihnen herüberlinste. Die Decke war leicht verrutscht, und Whitey hatte eine wunderbare Aussicht: er sah, daß Ednas Bluse hochgerutscht war, und er sah, wo Petes Hand lag. Pete blinzelte ihm zu, und Whitey zeigte ihm den Mittelfinger.

Als Pete das nächstemal hochschaute, ging draußen der Film über das Strandleben gerade zu Ende. Annette Funicello saß mitten in einer Gruppe von Jungs in Badehosen. Jackie und Roberta waren von dieser Szene völlig hingerissen. Annette war die Strandkönigin. Die Jungs fraßen ihr alle aus der Hand. Ohne ihre Augen von der Leinwand abzuwenden, beugte sich Jackie nach rechts und langte mit der linken Hand in die Popcornschachtel. Den rechten Arm brauchte sie, um Whitey auf Distanz zu halten.

Pete schaute auf die Leinwand hinaus. Auf einmal spürte er, wie Ednas Lippen über seinen Hals hinaufwanderten und sich um sein Ohrläppchen schlossen. Das hatte noch *nie* jemand mit ihm gemacht. Sie fing an zu saugen. Pete kam sich vor, als hätte er einen Ballon in der Hose.

„IIIIIHHHHHHHHHH!“ kreischte Jackie. Über den ganzen Rücksitz flog Popcorn. Jackie rammte gegen Pete und Edna, und Edna hätte in dem ganzen Durcheinander beinahe Petes Ohrläppchen abgebissen. „IIIHHHHHHHHH“, kreischte Jackie noch einmal. Sie schlug mit beiden Händen auf Whitey ein.

„IIHHH, IIHHHH, DU, DU!“ Er lachte. Und schon war er weg und verschwand zwischen den Autos.

„Was war denn *das*?“ fragte Roberta.

„IIHHH, IIHHH“, Jackie brachte keinen Ton heraus. Sie machte die Tür auf, sprang aus dem Wagen und stand dann da draußen mit ausgestreckten Händen und gespreizten Fingern.

Roberta ruschte schnell an die Tür und stieg aus. Pete und Edna saßen kerzengerade da und schauten zu, wie Jackie draußen wütend auf den Boden stampfte. Roberta packte sie bei den Schultern, und sie flüchteten beide in Richtung Erfrischungsstand.

„Jungejunge“, sagte Pete. „Was war denn *jetzt* wieder los?“

Douf schaute Pete mit großen Augen an. „Hast du nichts mitgekriegt?“ fragte er mißtrauisch.

„Nein, ich hab nichts mitgekriegt, ich war *beschäftigt*“, sagte Pete. In seinem Ohrläppchen pochte es wie verrückt. Edna schaute ihn an. Er spürte, wie ihre Hand an seinem Bein entlangfuhr. „Geh doch mal und schau, was los ist, Douf“, sagte er.

Douf stieg aus. Dann steckte er seinen Kopf nochmal durch die offene Tür herein. „Falls Whitey zurückkommt, sag ihm, daß ich hinter ihm her bin.“

„Na klar, Douf“, sagte Pete. „Er tanzt ganz bestimmt gleich wieder an und holt sich seine Abreibung ab.“

Douf zog los. Auf der Leinwand flimmerte jetzt ein großes weißes THE END. Überall gingen Autotüren auf und zu. Das Zeichen für die Pause erschien auf der Leinwand. Pete stellte den Lautsprecher leise. „Whitey war bestimmt wieder betrunken“, sagte er. „Er hat bestimmt Logger angezapft, als er das Popcorn geholt hat.“

„Hast du ne Ahnung, was er gemacht hat?“ fragte Edna.

„Ich weiß nicht“, sagte Pete.

Edna kroch unter der Decke heraus, beugte sich zum Fenster hinüber und kurbelte es herunter. Pete hob die Decke hoch und schüttelte sie einmal kräftig aus. Es wurde langsam heiß in diesem Ding. Edna hatte sich leicht aufgerichtet und schaute sich suchend zwischen den Autos um, und Pete betrachtete ihren Hintern. Er rutschte näher heran, drückte sich an ihren Rücken und schob sich unter sie. Über ihre Schulter hinweg sah er den leeren Parkplatz neben ihrem Wagen. Dann sah er die Popcornschachtel auf dem Boden liegen. In die Unterseite der Schachtel hatte jemand ein großes Loch gebohrt.

„Jungejunge“, sagte Pete, „das darf doch nicht wahr sein.“

Edna setzte sich wieder auf Petes Schoß und schaute nochmal nach draußen. „Ähhhh“, machte sie. Dann lachte sie. „Ich hab schon mal von dem Trick gehört“, sagte sie. „Wirklich?“ fragte er. „Du noch nicht?“ sagte sie. Dann lachte sie wieder, aber noch ein bißchen lauter. „Das ist wirklich *gemein*“, sagte sie kichernd.

Pete lachte jetzt auch. „Sowas ist Jackie bestimmt noch nie passiert.“

„Da bin ich nicht so sicher“, sagte Edna. „Was?“ sagte Pete. „Du machst wohl Witze. Dieser *Eiszapfen*?“ – „Als sie in Boise war, ist sie öfter weggegangen als ich, und ich kenn den Knaben, mit dem sie damals rumgezogen ist. Ziemlich scharfer Typ. Ihre Eltern und Roberta waren nicht dabei. Und Roberta ist ja diejenige, die Jackie immer in Schach hält. Aber das weißt du ja.“

„Ach was, die hält sich doch selber in Schach“, sagte Pete. „Laß mich mal schnell raus. Ich glaub, ich vernichte mal das Beweisstück, sonst macht Douf noch Hackfleisch aus Whitey.“

Edna stand auf, Pete rutschte unter ihr durch, und dann setzte sie sich plötzlich hin und klemmte sein linkes Bein ein. Ihr Hintern war genau zwischen seinen Beinen. „Hey, das ist gemein. Laß mich wieder raus“, lachte Pete. Edna rutschte hin und her. Petes Hände glitten unter ihrer Bluse nach oben, und er war überrascht, wie leicht er unter ihren BH kam. Ihre Brustwarzen wurden fest. Ein neues Gefühl für Pete. Das kannte er noch nicht. „Edna“, sagte er. „Pete“, sagte sie. „Edna“, sagte Pete. Sie rutschte hin und her und schaukelte und bog ihren Kopf nach hinten, und ihr Haar fiel auf sein Gesicht. Dann ging ein leichtes Zucken durch ihren Körper. Pete spürte, wie sie schlaff wurde. „Bist du okay?“ fragte er. „Ah“, sagte Edna. Sie bekam fast keine Luft mehr, ihre Atemzüge kamen rasch und heftig, und ihr Brustkorb hob und senkte sich in kurzen schnellen Stößen. „Bist du wirklich okay?“ fragte er. „Hhmmm“, machte sie. Pete hob sie ein bißchen hoch und setzte sie neben sich auf den Sitz. Jetzt, wo er ihren Druck nicht mehr spür-

te, war ihm auf einmal schwindlig, fast als würde er gleich umkippen. Er wartete eine Minute und zog sich dann seine Hose zurecht, damit das Ding da drin ein bißchen mehr Platz hatte.

Pete stieg aus und hob die Schachtel auf. Er drehte sich zum Wagen um, hielt sich die Schachtel vors Gesicht und machte: „Guckguck." Edna kicherte. „Das ist gemein, Pete", sagte sie. Pete hielt sich die Schachtel vor den Mund: „Hallohallo. Alle mal herhören." Dann sagte er zu Edna: „Ich komm gleich wieder." Er ging ein paar Reihen weiter und warf die Schachtel im Vorbeigehen auf einen Pickup. Dann ging er wieder zum Wagen zurück.

Edna lag schon wieder unter der Decke auf dem Rücksitz. Sie hatte den Kopf ans Fenster gelehnt. Pete kletterte in den Wagen. Sie schlug die Decke hoch, und er legte sich zu ihr. Sie waren beide wieder unter der Decke; seine Hüfte lag auf ihrem linken Bein, und er spürte, wie ihre Beine sich ganz leicht öffneten. „Herzlich willkommen", sagte sie. „Alle Beweise beseitigt?"

Sie hörten wie Douf und die Schwestern zurückkamen. Pete wollte sich wieder richtig hinsetzen, aber Edna hielt ihn fest, und jetzt klemmte er halb sitzend und halb liegend auf dem Rücksitz. „Ich weiß nicht, wo er hin ist", sagte Douf. „Laß mal", sagte Roberta. „Wenn ihr wollt, schnapp ich ihn mir", sagte Douf. *„Nein!"* sagte Roberta. Sie stiegen alle drei vorne ein. Jackie schaute einmal nach hinten zu Edna und Pete und dann wieder starr geradeaus. Keiner sagte etwas. Auf der Leinwand lief gerade der Vorspann von *Harem Scarem* ab. Douf drehte den Lautsprecher auf.

Roberta schaute nach hinten. „Ihr zwei habt's euch ja ganz schön gemütlich gemacht", sagte sie. Sie lächelte. „Das dampft ja mächtig hier drin."

„Willst du's nicht auch ein bißchen warm haben, Roberta?" sagte Edna.

Roberta drehte sich wieder um. Auf dem Vordersitz war es totenstill. Edna flüsterte in Petes Ohr: „Wetten, daß die uns jetzt in Ruhe lassen?"

„Soll ich Jackie mal fragen, was los war?" flüsterte Pete.

Edna kicherte. „Nein."

„Hast du Whitey gesehen?" sagte Douf zu Pete. Er drehte sich um. „Ist er nochmal hier gewesen?"

„Nein", sagte Pete.

„Der Wagen von Logger ist nicht mehr da", sagte Douf. „Ich hab rumgeschaut, aber ich hab ihn nicht mehr gesehen." Er schaute wieder nach vorn, um Elvis' ersten Auftritt nicht zu verpassen.

Pete rutschte wieder ein Stück nach unten zu Edna, und diesmal ließ sie ihn ganz zwischen ihre Beine. Sie taten ein bißchen rum, und dann bewegte Pete seine Hüften ganz leicht auf und ab, und Edna paßte sich seinem Rhythmus an. Sie atmeten jetzt beide ganz leise. Pete warf einen Blick zum Vordersitz. Dann war er wieder ganz bei der Sache, und sie fielen in einen ruhigen, gleichmäßigen Rhythmus. Er hatte das noch nie gemacht.

Pete erwischte Roberta dabei, wie sie einen Blick zu ihnen nach hinten riskierte. Er blinzelte ihr zu. Sie drehte sich blitzschnell wieder um. Pete schaute zur Leinwand hinaus, wo Elvis von einer ganzen Menge Mädchen umringt war und gerade mit seiner ersten Gesangsnummer loslegte.

„Douf", sagte Roberta, „kannst du mal die Heizung anmachen?"

Douf ließ den Wagen anspringen und schaltete die Heizung ein.

Blöde Kuh, dachte Pete. Ihm war jetzt schon so heiß, daß er wie verrückt schwitzte. Er wühlte sich zwischen Ednas Beine, und ihre Bewegungen wurden schneller und heftiger.

„Was *macht* ihr zwei denn da hinten überhaupt?" sagte Roberta und drehte sich um. „Wir kippen ja gleich um."

„Schau dir lieber den Film an, Roberta", sagte Pete. „Du lernst vielleicht noch was dazu."

„Hey!" sagte Douf. Er legte seinen Arm hinter Roberta auf die Sitzlehne. „Hör bloß auf, Dwyser." Aber er drehte sich nicht um.

Edna setzte sich auf, und Pete rutschte von ihr herunter. Sie schaute lange nach vorne, wo sich die Köpfe der drei anderen gegen die Windschutzscheibe abzeichneten. Dann schaute sie Pete an. Sie schmiegte sich in seinen Arm und zog die Decke hoch, bis sie beide bis zu den Schultern zugedeckt waren. Dann machte sie sich wieder an sein Ohrläppchen. Sie saugte und biß daran herum, daß Pete glaubte, sein Kopf würde gleich explodieren. Vorne auf der großen Leinwand grinste Elvis anzüglich und laberte vor sich hin.

Petes Hand glitt unter Ednas Bluse, und er spürte ihre große feste Brustwarze. Ihr BH war völlig verrutscht. Pete hatte das Gefühl, daß seine Hose gleich zerreißen würde. Er ließ seine Hand nach unten gleiten, und Ednas Hand, die sich jetzt auf seine Hand gelegt hatte, machte die Reise mit. Das einzige was er denken konnte, war: *kann ich das jetzt machen?* Aber wenn er es nicht machte, dann tat er sich vielleicht weh. Er machte die drei mittleren Knöpfe seiner Jeans auf. Ednas Finger kreisten zärtlich über seinen Handrükken und drangen dann weiter vor. Er spürte, wie sich ihre Hand um sein Ding schloß. Sie hatte jetzt fast sein ganzes Ohr im Mund, und es kitzelte, wenn sie ausatmete, und wenn sie die Luft wieder einzog, ließ das Kitzeln nach. Und dann kitzelte es wieder. Pete legte seine Hand auf ihre Hüfte, und Ednas Finger schlossen sich fester um sein Ding. Pete schob seine Hand in ihre Hose, und dann war Ednas Hand auch schon da unten. Er merkte, daß der Knopf an ihrer Hose aufging, und dann ging der Reißverschluß unter dem Druck seiner Hand von selber auf. Edna legte ihre Hand auf seine. Seine Fingerspitzen entdeckten Haare. Er ließ seine Hand weiter nach unten gleiten. Dann fing er an zu reiben. Edna zog ihre Hand weg und streichelte ihn im selben Rhythmus.

Pete machte die Augen auf. Sie waren beide bis zu den Schultern unter der Decke, so daß keiner sehen konnte, was sie machten. Pete streckte sich. Edna drückte sich fest gegen seine Hand, und ihre Lippen schlossen sich um sein Ohr und öffneten sich wieder und ließen ihn nicht mehr los. Er schaute zur Leinwand hinaus. Elvis unterhielt sich gerade mit einem Scheich. Pete versuchte sich auf den Film zu konzentrieren und sich abzulenken, damit nicht alles so schnell vorbeiging, aber Elvis' Gesicht verschwamm ihm vor den Augen.

Als er wieder etwas erkennen konnte, war draußen Elvis' Gesicht in Großaufnahme zu sehen. Elvis schaute sehr ernst und schüttelte den Kopf. „*Ich möchte sagen*", sagte er, „*Euer Majestät sind in großen Schwierigkeiten.*"

Douf hatte Pete ein Stück hochgehievt und drückte ihn fest gegen die Karosserie. „Was hat er *gemacht*, Dwyser?" „Ich *weiß* es nicht", sagte Pete. „Verdammt nochmal, Douf, ich hab die ganze Zeit mit Edna rumgetan." Pete versuchte mit den Zehenspitzen auf den Boden zu kommen. „Laß mich runter, ich bin müde. Verdammt nochmal, Douf."

„Jackie“, sagte Roberta. „Also wirklich.“

„Wenn du mit Pete auf den Rücksitz willst, dann nur los“, sagte Edna. „Ich fahr sowieso morgen wieder weg.“

„Im Ernst?“ fragte Pete. „Edna“, sagte Roberta.

„Soll ich?“ sagte Jackie. Sie stieß ein kurzes helles Lachen aus. „Vielleicht tu ich's.“

„Also ehrlich, Jackie“, sagte Roberta.

„Ich bin älter als du“, sagte Jackie. „Ich kann machen, was ich will.“

„Fährst du wieder nach Boise?“ sagte Pete zu Edna.

„Ja“, sagte Edna. „Nach Boise.“

„Willst du mit mir auf den Rücksitz, Pete?“ sagte Jackie.

Pete schaute an Edna vorbei zu Jackie hinüber. Er wollte gerade einen Witz machen, als Edna Jackie anstupste und sagte: „Ich hab gedacht, ihr zwei seid schon mal miteinander ausgegangen?“

„Du hast es ja leicht“, sagte Jackie. „Du brauchst ja immer bloß zum Beichten zu gehen.“

„Jack-ieee!“ sagte Roberta.

Jackie schaute wieder auf die Leinwand hinaus. „Ich besuch dich mal in Boise“, sagte sie. „OK, Edna?“

„Ja, komm doch mal“, sagte Edna.

„Ich komm vielleicht auch mal vorbei“, sagte Pete. „Ich würde dich gern mal wieder sehen.“ Dann: „Du kommst wahrscheinlich nicht mehr hierher?“

Edna schaute erst Pete und dann Jackie an. Sie sagte kein Wort.

„Könnt ihr jetzt endlich mal *ruhig* sein, Leute“, sagte Roberta. „Ich will mir den *Film* anschauen.“ Sie rutschte ein bißchen tiefer und schaute aus dem Fenster, an dem gerade ein Wagen vorbeifuhr. Sie sah ihr Spiegelbild im Klappfenster und drehte ihren Kopf leicht nach rechts, um die Wirkung ihrer Stirnlocke zu begutachten. In dem Wagen, der an ihnen vorbeifuhr, saß ein Pärchen. Sie saßen so eng zusammen, daß es fast so aussah, als hätten sie nur einen Kopf. „Die fahren ja schon früh“, sagte Roberta. „Der Film ist doch noch lange nicht vorbei.“

„Für *die* zwei ist er vielleicht vorbei“, sagte Jackie. Dann lachte sie. „Aber was sag ich denn da?“ sagte sie. „Ich darf doch sowas gar nicht sagen.“

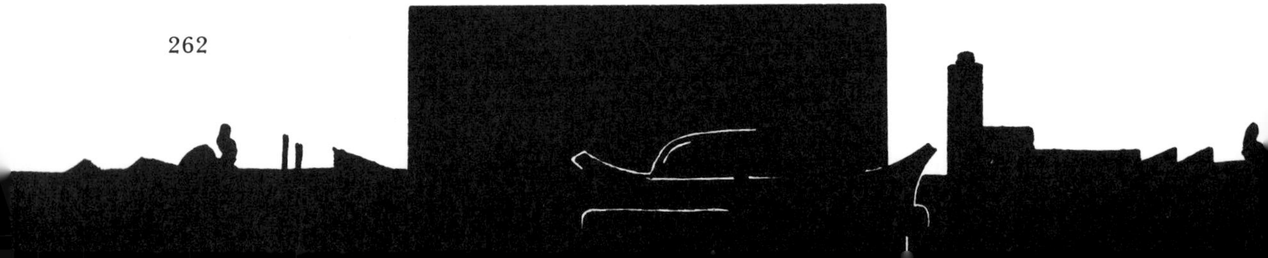

Ein Parkplatz für Johnny Weissmuller

Günter Ohnemus

— für Tuck

Zuerst die Politik, dann die Kommentare, dann der Sport und die Verbrechen im Lokalteil und dann Vermischtes, wenn noch Zeit ist für Vermischtes.

Ich habe in der Zeitung gelesen, daß Johnny Weismuller schwerkrank in einem kalifornischen Krankenhaus liegt, und daß er nachts immer seinen berühmten Dschungelschrei ausstößt. Das ist alles, was in der Zeitungsnotiz erwähnt wurde. Ich glaube, sie haben nicht einmal geschrieben, wie alt er jetzt ist und ob ihn jemand im Krankenhaus besucht. Dabei ist er einmal Olympiasieger gewesen, und es kommt mir jetzt so vor, als hätte er in Dutzenden von Tarzanfilmen die Hauptrolle gespielt, obwohl es in Wirklichkeit vielleicht nur sechs oder sieben waren.

Es ist schlimm für mich, so etwas zu lesen, weil ich als Kind Johnny Weismuller gern gemocht habe. Wir mochten ihn alle. Wir hatten einen Wald mit Lianen. Wir imitierten seinen Dschungelschrei. Wir hatten ein Kino, in dem ich Johnny Weismuller vielleicht dreißig- oder vierzigmal gesehen habe.

Das Kino gehörte einer alten Frau. Sie hieß Graswald, aber für uns war sie einfach Oma Graswald. Sie war wahrscheinlich die Besitzerin des billigsten Kinos für Kinder auf der ganzen Welt. Wenigstens kann ich mir nicht vorstellen, daß man als Kind in den fünfziger Jahren irgendwo für weniger Geld ins Kino gekommen wäre als bei ihr.

Wenn die Wochenschau vorbei war oder manchmal auch schon nach der Reklame, fragte sie uns immer, wieviel Geld wir dabei hätten, und sie ließ uns dann zu zweit oder zu dritt für den vollen Preis hinein. Der dritte Platz kostete, glaube ich, einszwanzig. Aber auch wenn man weniger zusammenbekam als den Preis für eine Eintrittskarte, brauchte man nur zu sagen: „Oma Graswald, wir haben nur siebzig Pfennig“, und sie ließ einen nach der Wochenschau zu zweit für siebzig Pfennig hinein. Ich glaube, wir haben sie nie angeschwindelt. Wir gaben ihr immer alles, was wir hatten.

Mein persönlicher Rekord war zu dritt für zwanzig Pfennig. Das war sogar für Oma Graswald eine extrem kleine Summe, und wir mußten bis nach dem Vorspann warten.

Meistens waren nur sehr wenig Erwachsene da. Es war ein Kino für Kinder, die vorher Flaschenpfand kassiert oder Alteisen verkauft hatten. Ich habe oft und immer wieder das Zwei-Kilo-Gewicht unserer Küchenwaage versetzt und mußte es dann immer wieder auslösen.

Ich habe in Oma Graswalds Kino vielleicht drei- oder vierhundert Filme gesehen. Der Druck der Sperrholzsitze unter meinem Hintern war Teil meiner Kindheit.

Wir sahen alle Arten von Filmen. Oma Graswald machte sich nichts daraus, ob wir über zwölf oder unter zwölf waren, und später machte sie sich nichts daraus, ob wir über sechzehn waren oder jünger. Ich habe in ihrem Kino Filme gesehen, die immer noch berühmt sind.

Fuzzy, Zorro, Tarzan.

Jeff Chandler, Gary Cooper, Victor Mature.

Ich habe wahrscheinlich mehr Filme gesehen als andere Kinder in meinem Alter, die nicht so oft ins Kino gehen konnten, weil sie nicht so viele Flaschen zu Hause hatten oder nicht soviel Alteisen, oder weil ihre Eltern keine Küchenwaage mit einem Zwei-Kilo-Gewicht hatten, oder einfach, weil sie in einer anderen Stadt wohnten.

Die meisten Filme, die ich gesehen habe, werden heute nicht mehr gezeigt. Sie sind ein paar Wochen lang gelaufen, und dann sind sie da verschwunden, wo Filme verschwinden, wenn sie niemand mehr sehen mag. Ich weiß nicht, wo das sein kann. Niemand will heute mehr sehen, wie hart die Soldaten Amerikas um diese gottverdammten Hügel im Pazifischen Ozean gekämpft haben. Wir kämpften mit ihnen. Wir mochten ihre Uniformen und ihre Jeeps und ihren Haarschnitt, und wir wußten, sie würden sich durchbeißen und den Hügel erobern. Es war schwer, aber es mußte einfach sein. Amerika durfte nicht verlieren, das war uns allen klar. Wir waren Kinder des kalten Kriegs, wir liebten Amerika.

Ich ging dreimal in einen Film mit dem Titel *Die blonde Zigeunerin.* Ich habe keine Erinnerung mehr daran, außer daß ein mexikanisch aussehender Mann mit Messern warf und daß eine blonde Frau für den Bruchteil einer Sekunde völlig nackt aus dem Meer aufs Ufer zuging. Sie hatte sehr lange Beine, und sie war überhaupt sehr groß. Es war einer der Filme, die wahrscheinlich nur wegen einer einzigen Szene gedreht werden, egal wieviel Messer durch die Luft fliegen, und die zehnjährige Jungs dazu bringen, Zwei-Kilo-Gewichte zu verkaufen, nur damit sie diese Szene noch einmal sehen können.

Wir saßen verschwitzt und erregt in der Dunkelheit und warteten darauf, daß die blonde Frau wieder aus dem Meer steigen würde. Beim zweitenmal war ich so nervös und fickerig, daß ich die Szene verpaßte.

Beim drittenmal – bei der letzten Nachmittagsvorstellung – paßte ich besser auf. Es muß ein Donnerstag gewesen sein, weil sie am Freitag immer das Programm wechselten. Wenn es nach mir gegangen wäre, hätten sie den Film noch ein paar Wochen verlängern können.

Die blonde Zigeunerin ist einer der wichtigsten Filme in meiner privaten Filmgeschichte. Wenn ich will, kann ich immer noch am Strand sitzen, und sie kommt lang und blond aus dem Meer auf mich zu. Ich kann ihr Gesicht nie richtig erkennen, weil es nie lange dauert, und weil ich immer gerade woanders hinsehe.

Es gab noch einen anderen Film, der bei mir Geschichte gemacht hat. Der Film handelte von der Eroberung Trojas. Man konnte sehen, wie Paris Helena entführt. Sie ging freiwillig mit; Menelaos war für sie nichts anderes als irgendein fetter Grieche, mit dem niemand verheiratet sein wollte. Ich glaube, Brigitte Bardot spielte die Helena. Sie sah ein bißchen beschränkt aus, und man konnte sie wirklich nicht für den Untergang Trojas verantwortlich machen. Sie wollte eben einfach nicht mit einem fetten großmäuligen Griechen verheiratet sein.

Es war wahrscheinlich ein sehr kitschiger Film, aber man konnte sich hinterher gut vorstellen, wie das alles zugegangen war.

Ich habe sie noch alle vor mir: Helena, Paris, Kassandra, Priamos, Odysseus, Achilles wie er den toten Hektor über den Boden schleift. Wenn Homers Bücher verlorengehen sollten, und wenn Kleinasien im Mittelmeer versinken sollte, dann könnte ich wie ein neuer Heinrich Schliemann immer noch die Geschichte des Kriegs um Troja beschreiben, ich könnte immer noch eine Skizze des trojanischen Pferds zeichnen und den Leuten Helena beschreiben, die nichts dafür konnte. Sie sähe dann wahrscheinlich ein bißchen so aus wie Brigitte Bardot, und sie hätte möglicherweise sehr lange Beine, wie die Frau, die die Hauptrolle in *Die blonde Zigeunerin* gespielt hat, aber das wäre am Ende vielleicht garnicht so verkehrt.

Als ich zwölf oder dreizehn war, verliebte ich mich in eine Schauspielerin in einem Western. Ich weiß noch, daß sie Haare hatte, die fast rot waren, aber eben nicht wirklich rot. Ihre Haare hatten eine Farbe, die ich noch nie gesehen hatte. Und ich weiß noch, daß sie sehr gut schießen konnte. Sie wirbelte in ihrer Stadt eine Menge Staub auf.

Ungefähr ein paar Wochen später sah ich in der Stadt auf der Straße ein Mädchen, das genauso aussah wie das Mädchen in dem Film, außer daß ihre Haarfarbe etwas anders war, und sie war natürlich nicht so alt. Sie war vielleicht zwölf oder dreizehn. Wie ein schüchterner Bandit in einem Western versuchte ich, alles über sie herauszufinden, und wieder ein paar Wochen später traf ich nach dem Kino einen anderen Jungen, und wir erzählten uns unsere Lieblingsfilme.

Wir entdeckten nach zwei oder drei Filmen und nach einer historischen Debatte über Davy Crockett und die Schlacht von Alamo, daß wir ungefähr dieselbe Geschichte hatten. Er hatte sich auch in das Mädchen in dem Western verliebt, und dann in das Mädchen in unserer Stadt, und er hatte auch versucht, alles über sie herauszufinden. Es war ihm genauso gegangen wie mir.

Das ist eigentlich nicht besonders überraschend. Unsere Stadt war nicht sehr groß, und da kann es leicht vorkommen, daß zwei Jungs denselben Film sehen und sich danach in dasselbe Mädchen verlieben. So etwas passiert wahrscheinlich jeden Monat ein paarmal.

Er hatte auch nicht mehr herausgefunden als ich. Wir waren alle beide in einer ziemlich hoffnungslosen Lage, und wir taten uns zusammen.

Es dauerte vielleicht ein Jahr, und wir kamen kaum vom Fleck. Es gibt wahrscheinlich gar nicht soviel, was man über dreizehnjährige Mädchen herausfinden kann, nicht einmal, wenn man zu zweit ist.

Sie konnte gut Schlittschuh laufen. Sie hatte drei verschiedene Badeanzüge, und sie zog sich jedesmal um, wenn sie aus dem Wasser kam. Sie ging nach der Schule immer zu ihrem Vater ins Geschäft, und danach gingen sie zusammen essen. In den großen Ferien fuhren sie nach Italien. Sie kaufte sich gern Schallplatten, und beim Schlittschuhlaufen trug sie immer ein schwarzes Samtkleid. Sie war sehr hübsch.

Wir haben nicht mehr als vielleicht fünfhundert oder tausend Wörter mit ihr geredet, und sie ging nie ins Kino, wenigstens nicht in unser Kino. Es kamen überhaupt sehr wenig Mädchen in unser Kino, und die Mädchen in unserem Kino waren andere Mädchen als die Mädchen, die man auf dem Schlittschuhplatz sehen konnte.

Wir haben nie darüber geredet, was passieren würde, wenn sie einmal mehr als tausend Wörter mit uns oder mit einem von uns reden sollte.

Es war eine lange, traurige Liebesgeschichte mit einer Menge Entbehrungen und mit nur sehr wenig Befriedigung, fast wie eine Liebesgeschichte in einem Kriegsfilm.

Ich würde jetzt diesen Western mit dem Mädchen, das so gut schießen konnte, gern noch einmal sehen, und ich wüßte gern, ob der andere Junge von damals die Nachricht über Johnny Weismuller gelesen hat, und was er sich dabei gedacht hat. Soviel ich gehört habe, ist er jetzt Geschäftsführer bei irgendeiner Firma; immer noch in derselben Stadt.

Ich mochte Johnny Weissmuller. Wir mochten ihn alle. Wir hatten einen Wald mit Lianen. Wir imitierten seinen Dschungelschrei.

Wir haben ihn ein paar dutzendmal im billigsten Kino der fünfziger Jahre gesehen, für dreißig oder vierzig Pfennig oder zu viert für einszwanzig.

Das Kino ist jetzt wie eine Erinnerung an verregnete Ferientage.

Ich habe Hunderte von Flaschen eingetauscht, um den Eintritt für drei- oder vierhundert Vorstellungen zu finanzieren, und ich habe das Zwei-Kilo-Gewicht unserer Küchenwaage so oft wieder zurückgekauft, daß es immer noch existiert.

Ich bin an dem Sonntagnachmittag Ende Januar 1960 in dem Kino gesessen, als mein Großvater im Krankenhaus starb. Es gab einen Fuzzy- oder einen Tarzanfilm. Ich weiß es nicht mehr. Ich weiß nicht, was ich sonst gemacht hätte. Ich war vierzehn Jahre alt, und ich saß verloren neben meinen Freunden in der Dunkelheit wie jemand, der ganz allein in einem riesigen Kino sitzt und einen Stummfilm sieht.

Während mein Großvater ein paar Kilometer entfernt im Sterben lag, saß ich im Kino und versuchte, seinen Tod aufzuhalten. Ich dachte, er könnte nicht sterben, wenn ich etwas so Normales tat, wie ins Kino zu gehen. Es paßte einfach nicht zusammen.

Das ist alles schon fast zwanzig Jahre her.

Das Kino gibt es jetzt nicht mehr.

Oma Graswald ist schon lange tot.

Gary Cooper ist schon lange tot. Fuzzy ist tot. Johnny Weismuller liegt in einem Krankenhaus in Kalifornien und stößt nur noch seinen Dschungelschrei aus. Das ist vielleicht alles, was ihm noch aus der großen Zeit seines Lebens geblieben ist, und der Schrei in der Dunkelheit eines kalifornischen Krankenhauses ist wahrscheinlich ein Weg für ihn, in eine andere Dunkelheit zurückzukommen, in der er der Held von Millionen atemloser Kinder war, und er versucht es jede Nacht wieder.

Unser Kino war das einzige Kino in der Stadt, in dem seine Filme gezeigt wurden. Wir hatten ein Monopol auf ihn.

An der Stelle, an der das Kino stand, ist jetzt ein Parkplatz.

Ich habe einen Teil meiner Kindheit hier auf den harten Sperrholzsitzen verbracht. An manchen Sitzen klebte soviel Kaugummi, daß sie kaum mehr zurückklappten, wenn man aufstand.

Ich lese die kurze Nachricht über Johnny Weissmuller, und es ist wie ein Wolkenbruch, der auf die Autos auf einem kinogroßen Parkplatz niedergeht. Niemand ist auf der Straße und auf dem Parkplatz, es ist nur der Regen, der auf die Dächer leerer Autos niederprasselt wie ein Schrei, den niemand mehr hören kann.

John Wayne: Ein Liebeslied

Joan Didion

Im Sommer 1943 war ich acht, und mein Vater, meine Mutter, mein kleiner Bruder und ich wohnten in Petersen Field in Colorado Springs. Den ganzen Sommer über wehte ein heißer Wind, wehte, bis man glauben konnte, daß alles, was Kansas an Staub besaß, nach Colorado geblasen würde, noch bevor der August anbrach, daß der Staub über die mit Teerpappe gedeckten Kasernen und die provisorische Rollbahn treiben und erst am Pikes Peak haltmachen würde. Man konnte nicht viel anfangen in einem Sommer wie diesem: da war der Tag, an dem sie die erste B-29 einflogen, ein denkwürdiges Ereignis, aber sicher kein ferienfüllendes Programm. Es gab einen Offiziersclub, aber kein Schwimmbad; das einzig Interessante am Offiziersclub war der künstliche blaue Regen hinter der Bar. Der beschäftigte mich unheimlich, aber ich konnte unmöglich den ganzen Sommer damit verbringen, ihn anzuschauen, und deshalb gingen wir, mein Bruder und ich, ins Kino.

Wir gingen drei- oder viermal die Woche in die Nachmittagsvorstellung und saßen auf Klappstühlen in der verdunkelten Nissenhütte, die als Kino diente, und damals, in diesem Sommer 1943, während draußen der heiße Wind wehte, sah ich zum ersten Mal John Wayne. Sah seinen Gang, hörte seine Stimme. Hörte, wie er in einem Film, der *War of the Wildcats* hieß, zu einem Mädchen sagte, er würde ihr ein Haus bauen „an der Biegung des Flusses, wo die Balsampappeln wachsen“.

Es ist nun einmal nicht so gekommen, daß ich die Art von Frau geworden bin, die die Heldin in einem Western sein könnte, und obwohl die Männer, die ich gekannt habe, viele gute Eigenschaften hatten und ich mit ihnen an vielen Orten gelebt habe, wo ich sehr gerne war – John Wayne waren sie nicht, und sie haben mich nie an die Flußbiegung gebracht, wo die Balsampappeln wachsen. Tief in dem Winkel meines Herzens, wo auf ewig der künstliche Regen fällt, ist das noch immer der Satz, auf den ich warte.

Ich erzähle Ihnen das nicht, weil ich gerade zu Selbstentblößungen aufgelegt wäre oder die Fähigkeiten unseres unwillkürlichen Gedächtnisses demonstrieren möchte, sondern ich will einfach zeigen, daß John Wayne, als er durch meine Kindheit ritt, und vielleicht auch durch Ihre, für immer bestimmten Träumen von uns die Form gegeben hat. Es schien einfach nicht möglich, daß so ein Mann krank werden, daß er diese unerklärlichste und unkontrollierbarste aller Krankheiten in sich tragen könnte. Das Gerücht, er sei krank, berührte eine unbestimmbare Angst, es stellte unsere Kindheit geradezu in Frage. In John Waynes Welt erwartete man von John Wayne, daß er befahl. „Reiten wir los“, sagte er und „Sattelt die Pferde.“ „Vorwärts, los“, und „Ein Mann muß tun, was er zu tun hat“. „Hallo, Sie da“, sagte er, wenn er das Mädchen zum ersten Mal sah, in einer Baubude oder im Zug oder einfach auf der vorderen Veranda, wo sie gerade stand und auf jemanden wartete, der durch das hohe Gras geritten käme. Wenn John Wayne sprach, konnte niemand seine Absichten mißverstehen; er hatte eine so starke sexuelle Autorität, daß selbst ein Kind sie wahrnehmen konnte. Und in einer Welt, die, wie wir früh begriffen, durch Käuflichkeit und Zweifel und durch lähmende Widersprüchlichkeiten bestimmt war, stand er für eine andere Welt, die vielleicht einmal existiert hat oder auch nicht, die es jetzt jedenfalls nicht mehr gab: eine Welt, in der ein Mann gehen konnte, wohin er wollte, sich seinen eigenen Kodex schaffen und danach leben konnte; eine Welt, in der ein Mann, wenn er tat, was er zu tun hatte, eines Tages das Mädchen mitnehmen und durch das Bachbett reiten und frei zu Hause ankommen konnte, wo er sich jedenfalls nicht im Krankenhaus wiederfand mit irgend etwas in ihm, das nicht so war, wie es sein sollte; nicht in einem hohen Bett mit Blumen und Medikamenten und einem gezwungenem Lächeln auf dem Gesicht, sondern dort, an der Biegung des klaren Flusses, wo die Balsampappeln in der frühen Morgensonne schimmerten.

„Hallo, Sie da.“ Woher kam er, bevor er durchs hohe Gras ritt? Sogar seine Lebensgeschichte stimmte, denn es war gar keine Geschichte, nichts, das den Traum störte. Geboren als Marion Morrison in Winterset, Iowa, als Sohn eines Apothekers. Kam als Kind nach Lancaster, Kalifornien, im Zuge der Wanderung in dieses gelobte Land, das manchmal „die Westküste von Iowa“ genannt wird. Lancaster hielt nicht, was es versprach; es war eine Stadt am Rand der Mojave-Wüste, eine Stadt voller Sand. Aber Lancaster war immerhin Kalifornien, und von dort war es nur ein Jahr bis Glendale, wo die Trostlosigkeit einen anderen Geschmack hatte: Orangenhaine und Schonbezüge, ein kleinbürgerliches Vorspiel zu Forest Lawn. Man stelle sich Marion Morrison in Glendale vor: Pfadfinder, dann Schüler an der High-School. Stürmer für

die University of Southern California, Sigma-Chi-Mitglied. In den Sommerferien ein Job: Requisiten herumschleppen auf dem alten Gelände der Fox. Dort eine Begegnung mit John Ford, einem der Regisseure, die dann spüren sollten, daß in diese vollkommene Form die unausgesprochenen Sehnsüchte einer Nation gegossen werden könnten, einer Nation, die sich fragte, wo und wann sie eigentlich vom richtigen Weg abgekommen war. „Verdammt nochmal", sagte Raoul Walsh später einmal, „dieses Miststück sah einfach aus wie ein richtiger Mann." Und so wurde der Junge aus Glendale nach einiger Zeit ein Star. Er wurde kein Schauspieler, was er Interviewern gegenüber immer wieder betont hat („Wie oft muß ich euch noch sagen, daß ich kein Schauspieler bin. Ich agiere nicht, ich re-agiere."), sondern ein Star, und der Star John Wayne verbrachte den Rest seines Lebens zum größten Teil mit dem einen oder anderen dieser Regisseure, draußen in irgendeiner gottverlassenen Gegend auf der Suche nach dem Traum.

Out where the skies are a trifle bluer
Out where friendship's a little truer
That's where the West begins.

Nichts wirklich Schlimmes konnte in diesem Traum passieren, nichts, womit ein Mann nicht fertig werden konnte. Aber etwas passierte doch: Es war auf einmal da, zuerst als Gerücht und dann nach einer Weile die Schlagzeilen. „Mich kann keiner", verkündete John Wayne, wie es nur John Wayne konnte, und brachte damit dieses heimtückische Geschwür auf die gleiche Ebene mit hinterhältigen Banditen, aber trotzdem spürten wir alle, daß die Dinge auf *den* Kampf, auf die *eine* Konfrontation mit ungewissem Ausgang zuliefen, auf den *einen* Showdown, den John Wayne verlieren könnte. Es fällt mir genauso schwer wie allen anderen Leuten, Illusion und Wirklichkeit einigermaßen auseinanderzuhalten, und ich spürte keine besondere Lust, John Wayne zuzusehen, wie *er* seine Schwierigkeiten damit hatte (das erwartete ich jedenfalls); aber ich sah ihn dann doch, in Mexiko, als er den Film machte, der durch seine Krankheit so lange verzögert worden war, in *dem* Land, in dem der Traum immer wieder Wirklichkeit werden konnte.

Es war John Waynes 165ster Film. Es war Henry Hathaways 84ster. Es war Nummer 34 für Dean Martin, der einen alten Vertrag mit Hal Wallis abarbeitete, für den es die unabhängige Produktion Nummer 65 war. Der Film hieß *The Sons of Katie Elder*, und es war ein Western, und nach dreimonatiger Verzögerung hatten sie endlich die Außenaufnahmen oben in Durango gedreht. Und jetzt waren die allerletzten Tage der Innenaufnahmen im Estudio Churubusco außerhalb von Mexico City, und die Sonne war heiß, und die Luft war klar, und es war Mittagspause. Draußen unter den Mastixbäumen saßen die Jungs von der mexikanischen Equipe herum und lutschten Bonbons, und weiter unten an der Straße saßen ein paar von den Technikern in einem Lokal, in dem man gefüllten Hummer und ein Glas Tequila für einen amerikanischen Dollar bekam, aber die „Intelligenz" saß in der höhlenartigen, leeren Cafeteria, alle saßen um einen großen Tisch, stocherten in *huevos con queso* herum und tranken Carta Blanca Bier. Dean Martin, unrasiert. Mack Gray, der immer dahin geht, wo Martin hingeht. Bob Goodfried, der bei Paramount für die Werbung zuständig war und der hierhergeflogen war, um sich um den Trailer zu kümmern; er hatte einen empfindlichen Magen. „Tee und Toast", sagte er immer wieder warnend, „das ist das richtige. Dem Salat kann man nicht trauen." Und Henry Hathaway, der Regisseur, der Goodfried nicht zuzuhören schien. Und John Wayne, der gar niemandem zuzuhören schien.

„Das war eine lahme Woche", sagte Dean Martin zum dritten Mal.

„Wie kannst du nur sowas sagen?" fragte Mack Gray.

„*Das . . . war . . . eine . . . lahme . . . Woche. So* kann ich es sagen."

„Soll das etwa heißen, du willst, daß es endlich vorbei ist?"

„Genau das soll es heißen, Mack, ich will, daß es endlich *vorbei* ist. Morgen abend rasiere ich diesen Bart ab, ich fahre zum Flughafen, ich sage *adios amigos!* Auf Wiedersehn *muchachos!*"

Henry Hathaway zündete eine Zigarre an und täschelte liebevoll Martins Arm. „Nicht morgen, Dino."

„Henry, was willst du denn noch dranhängen? Einen Weltkrieg?"

Hathaway tätschelte nochmal Martins Arm und schaute vor sich hin. Am Ende des Tischs sprach jemand von einem Mann, der ein paar Jahre vorher ohne Erfolg versucht hatte, ein Flugzeug in die Luft zu jagen.

„Er ist immer noch im Gefängnis", sagte Hathaway auf einmal.

„Im Gefängnis?" Martin wurde einen Augenblick lang von der Frage abgelenkt, ob er seine Golfschläger mit Bob Goodfried zurückschicken oder sie Mack Gray anvertrauen sollte. „Warum ist er im Gefängnis, wenn niemand getötet wurde?"

„Mordversuch, Dino", sagte Hathaway sanft. „Ein Verbrechen."

„Du meinst, wenn irgendein Kerl nur *versuchen* würde, mich umzubringen, dann würde er nicht im Gefängnis landen?" Hathaway nahm die Zigarre aus dem Mund und schaute über den Tisch. „Wenn irgendein Kerl versuchen würde, mich umzubringen, dann würde er nicht im Gefängnis landen. Was meinst du dazu, Duke?"

Ganz langsam wischte sich der Adressat von Hathaways Frage den Mund ab, schob seinen Stuhl zurück und stand auf. Da war sie wieder, diese Geste, der Markenartikel, die unverwechselbare Bewegung, die schon tausend dramatische Szenen in 165 flimmernden Träumen, an Grenzen und auf Phantasieschlachtfeldern, vorbereitet hatte, und die auch jetzt der Höhepunkt dieser Szene hier war, in der Cafeteria des Estudio Churubusco am Stadtrand von Mexico City. „Klare Sache", sagte John Wayne in seinem schleppenden Tonfall. „Ich würde ihn umbringen."

Fast die ganze Besetzung von *Katie Elder* war in dieser letzten Woche nach Hause gegangen; nur die Hauptdarsteller waren noch hier geblieben, Wayne und Martin und Earl Holliman und Michael Anderson Jr. und Martha Hyer. Martha Hyer war nicht oft da, aber hie und da erwähnte sie jemand, meistens als „das Mädchen". Sie alle waren neun Wochen lang zusammen gewesen, sechs davon in Durango. Mexico City war nicht ganz dasselbe wie Durango; Ehefrauen kommen gerne in Städte wie Mexico City, gehen dort gerne Handtaschen kaufen oder auf die Parties von Merle Oberon Pagliai, schauen gerne

ihre Gemälde an. Durango dagegen! Der Name allein bewirkt Halluzinationen. Männerland. Dort, wo der Westen beginnt. In Durango hatte es Montezuma-Zypressen gegeben, einen Wasserfall, Klapperschlangen. Und dann das Wetter, nachts so kalt, daß sie eine oder zwei Außenaufnahmen verschoben hatten, bis sie Innenaufnahmen in Churubusco machen konnten. „Wegen dem Mädchen", sagten sie. „Man konnte das Mädchen unmöglich draußen in der Kälte lassen." Henry Hathaway hatte in Durango *gazpacho* gekocht und Rippenstücke und Steaks, die Dean Martin vom *Sands* hatte einfliegen lassen; er hatte auch in Mexico City kochen wollen aber die Direktion des Hotels Bamer ließ es nicht zu, daß er in seinem Zimmer einen Backsteingrill aufbaute. „*Durango*. Da haben Sie wirklich was verpaßt", sagten sie manchmal im Spaß und manchmal ganz ernst, bis es zu einem Refrain wurde: *Durango*, verlorenes Paradies.

Aber wenn Mexico City nicht Durango war, so war es doch auch nicht Beverly Hills. Niemand benutzte die Studios von Churubusco in dieser Woche, und dort, in dem großen Tonstudio, an dessen Tür LOS HIJOS DE KATIE ELDER stand, dort, mit den Montezuma-Zypressen und der hellen Sonne draußen, konnten sie immer noch, so lange der Film dauerte, in einer Welt für Männer leben, die gern Western machten, eine Welt voll Loyalität und liebevoller Frotzeleien, voll Gefühl und gemeinsam gerauchter Zigarren, voll endloser und unzusammenhängender Erinnerungen; Geplauder am Lagerfeuer, dessen einziger Zweck es war, daß eine menschliche Stimme gegen die Nacht stand, gegen den Wind, das Rascheln im Unterholz.

„In einem Film von mir hat's mal aus Versehen einen Stuntman erwischt", sagte Hathaway zwischen zwei Einstellungen einer kunstvoll choreographierten Kampfszene. „Wie hieß er noch, hat Estelle Taylor geheiratet, lernte sie in Arizona kennen."

Der Kreis schloß sich um ihn, Zigarren wurden befingert. Die subtile Kunst des Filmkampfes mußte bedacht werden.

„Ich hab nur einmal in meinem Leben jemanden richtig ernsthaft erwischt", sagte John Wayne. „Aus Versehen, heißt das. Mike Mazurki."

„Na, immerhin. Hey, Duke sagt, er hat nur einmal in seinem Leben jemanden richtig ernsthaft erwischt. Mike Mazurki."

„Gut ausgewählt.“ Gemurmel. Zustimmung.

„Was heißt da ‚gut ausgewählt‘. Es war ein Versehen.“

„Natürlich.“

„Sicher.“

„Mann! Mike Mazurki.“

Und so ging es dahin. Da war Web Overlander, Waynes Maskenbildner seit zwanzig Jahren; in seine blaue *Windbreaker*-Jacke gekauert, verteilte er *Juicy Fruit*-Kaugummi. „*Insektenspray*“, sagte er. „Hör bloß auf mit Insektenspray. Wir haben Insektenspray in Afrika erlebt, wirklich. Weißt du noch, in Afrika?“ Oder: „Muscheln. Wir haben mehr als genug Muscheln gekriegt auf der *Hatari!*-Tournee. Weißt du noch bei *Bookbinder*?“ Da war Ralph Volkie, Waynes Trainer seit elf Jahren, der eine rote Baseballmütze trug und einen Zeitungsartikel von Hedda Hopper mit sich herumschleppte, eine Huldigung an John Wayne. „Diese Hopper ist wirklich ne Dame“, sagte er immer wieder. „Nicht wie diese Kerle, die immer nur schreiben ‚krank‘; krank, krank, wie kann man diesen Burschen krank nennen, wenn er Schmerzen hat, hustet, den ganzen Tag arbeitet, *nie klagt*. Dieser Bursche hat den besten Haken seit Demsey, von wegen krank.“

Und da war Wayne selbst, der sich jetzt durch Nummer 165 kämpfte. Wayne mit seinen Sporen, die er schon seit 33 Jahren trug, seinem staubigen Halstuch, seinem blauen Hemd. „Man braucht sich nicht allzusehr den Kopf zu zerbrechen, was man in einem Western anziehen soll“, sagte er. „Man kann ein blaues Hemd tragen, oder wenn man im Monument Valley ist, kann man ein gelbes Hemd tragen.“ Wayne trug einen relativ neuen Hut, mit dem er seltsamerweise William S. Hart ähnlich sah. „Ich hatte ja diesen alten Kavalleriehut, den ich wirklich gern mochte, aber ich habe ihn Sammy Davis geliehen. Ich kriegte ihn zurück – völlig unbrauchbar. Wahrscheinlich hat ihm jeder den Hut auf den Kopf gedrückt und gesagt: *O.K., John Wayne* – als Witz natürlich.“

Da war Wayne, der zu früh angefangen hatte, wieder zu arbeiten, und den Film mit einer schlimmen Erkältung und einem quälenden Husten beendete und am späten Nachmittag so müde war, daß er immer einen Sauerstoff-Inhalator am Drehort stehen hatte. Und doch zählte nichts als der *Kodex*.

„Dieser Kerl“, murrte er über einen Reporter, der sich seinen Unmut zugezogen hatte. „Ich geb ja zu, daß ich allmählich eine Glatze kriege. Ich geb ja zu, daß ich einen Rettungsring um den Bauch habe. Welcher Mann hat das nicht mit 57? Große Sensation. Na ja, dieser Kerl also ...“

Er machte eine Pause, um dann zum Kern der Sache zu kommen, der Wurzel seines Abscheus, dem Verstoß gegen die Regeln, der ihm mehr zu schaffen machte als die angeblich falschen Zitate, mehr auch als die Andeutung, daß er schon lange kein Ringo Kid mehr war. „Der kommt hier runter, uneingeladen, aber ich laß ihn trotzdem zu uns rüberkommen. Wir sitzen also zusammen und trinken Meskal aus einem Wasserkrug.“

Er machte wieder eine Pause und schaute Hathaway bedeutungsvoll an, um ihn auf den unvorstellbaren Ausgang der Geschichte vorzubereiten. „Er mußte in sein Zimmer getragen werden.“

Sie diskutierten über die Vorzüge von verschiedenen Profiboxern, sie diskutierten über den Preis von J & B in Pesos. Sie diskutierten über die Dialoge.

„So ungehobelt der Bursche ist, Henry, ich glaub einfach nicht, daß er die *Bibel* seiner Mutter verscherbeln würde.“

„Ich mag Schockeffekte, Duke.“

Endlos erzählten sie einander Kantinenwitze. „Weißt du, warum das hier Denk-an-mich-Soße genannt wird“, fragte Martin und hielt eine Schüssel mit Chilli hoch.

„Warum?“

„Weil du *am nächsten Morgen daran denkst.*“

„Hast du das gehört, Duke? Hast du gehört, warum sie das hier Denk-an-mich-Soße nennen?“

Sie diskutierten genußvoll noch die kleinsten Variationen der großen Schlägerei, die ein fester Bestandteil von Waynes Filmen ist. Ob es einen Grund dafür gibt oder nicht, sie muß einfach vorkommen, weil es ihnen soviel Spaß macht, die Szene zu drehen. „Hör mal – das ist wirklich lustig. Duke hebt den Jungen hoch, weißt du, und dann braucht es beide, Dino und Earl, um ihn zur Tür rauszuschmeißen – wie findest du das?“

Ihre Kommunikation bestand darin, daß sie sich gegenseitig alte Witze erzählten; sie besiegelten ihre Kameraderie, indem sie sich auf sanfte, altmodische Weise über ihre Frauen mokierten, diese Zivilisiererinnen, diese Zähmerinnen. „Señora Wayne hat es sich also in den Kopf gesetzt, aufzubleiben und einen Brandy zu trinken. Das bedeutet für den Rest des Abends ‚Ja, Pilar, du hast recht, meine Liebe. Ich bin ein Haustyrann, Pilar, du hast recht, ich bin unmöglich‘."

„Hör mal, Duke sagt, Pilar hat einen Tisch nach ihm geworfen."

„He, Duke, das wär doch lustig. Du hast dir doch heute den Finger verletzt; laß ihn vom Doktor verbinden, geh heute abend nach Hause, zeig Pilar den Finger und sag ihr, das ist passiert, als sie den Tisch nach dir geworfen hat. Sie muß das Gefühl kriegen, daß sie's diesmal wirklich übertrieben hat."

Sie behandelten den Ältesten respektvoll, den Jüngsten liebevoll. „Sehen Sie mal den Jungen", sagten sie und zeigten auf Michael Anderson Jr. „Was für ein Junge."

„Er spielt nicht, bei ihm kommt's direkt von hier", sagte Henry Hathaway und klopfte sich aufs Herz.

„Hör mal, Kleiner", sagte Martin. „In meinem nächsten Film bist du dabei. Wir werden alles haben, was dazugehört, keine Bärte. Die gestreiften Hemden, die Mädchen, Hi-Fi, den Glanz in den Augen."

Sie bestellten für Michael Anderson extra einen Stuhl, auf dessen Rückenlehne BIG MIKE gedruckt war. Als der Stuhl ankam, umarmte Hathaway den Jungen. „Hast du das gesehen?" fragte Anderson Wayne. Er war plötzlich so schüchtern, daß er ihn nicht anschaute. Wayne lächelte ihm zu, nickte, klopfte ihm auf die Schulter. Es war wie ein Ritterschlag. „Ich hab's gesehen, Kleiner."

Am Morgen des Tages, an dem sie mit *Katie Elder* fertig werden sollten, tauchte Web Overlander auf, nicht in seiner Windbreaker-Jacke, sondern in einem blauen Blazer. „Nach Hause, Mama!" sagte er und verteilte seine letzten *Juicy Fruits*. „Ich hab schon meine Reisekleidung an." Aber er war ein bißchen bedrückt. Gegen Mittag kam Henry Hathaways Frau in die Cafeteria und sagte ihm, daß sie eventuell nach Acapulco rüber fliegen werde. „Geh nur", sagte er zu ihr. „Ich komm hier schon durch, ich nehm einfach Seconal bis kurz vor dem Selbstmord." Sie waren alle ziemlich bedrückt. Nachdem

Mrs. Hathaway wieder gegangen war, gab es noch ein paar schwache Versuche, Erinnerungen auszutauschen, aber das Männerland entschwand schnell; sie waren schon halb zu Hause, und das einzige, was sie in der Erinnerung noch wachrufen konnten, war der Bel-Air-Brand von 1961, bei dem Henry Hathaway die Feuerwehr von Los Angeles von seinem Grundstück verwiesen und sein Haus selbst gerettet hatte, unter anderem dadurch, daß er alles Brennbare in den Swimming-pool geworfen hatte. „Diese Burschen von der Feuerwehr hätten womöglich einfach aufgegeben", sagte Wayne. „Einfach alles abbrennen lassen." Das war tatsächlich eine gute Geschichte, eine, die mehrere ihrer Lieblingsthemen enthielt, trotzdem, eine Bel-Air-Geschichte war keine Durango-Geschichte.

Am frühen Nachmittag begannen sie mit der letzten Szene, und obwohl sie soviel Zeit wie möglich mit dem Aufbau verbrachten, kam schließlich der Augenblick, in dem es nichts mehr zu tun gab, in dem sie drehen mußten. „Zweites Team raus, erstes Team rein, *Türen zu*", rief der Regieassistent ein letztes Mal. Die Doubles gingen weg, John Wayne und Martha Hyer traten auf. „Also, Leute, *silencio*, hier wird gedreht." Sie drehten zweimal. Zweimal streckte das Mädchen John Wayne die abgewetzte Bibel hin, zweimal sagte John Wayne, daß es eine Menge Orte gebe, wo er hingehe und wo die nicht hinpassen würde. Alle waren ganz ruhig. Und um 14.30 Uhr an diesem Freitagnachmittag wandte sich Henry Hathaway von der Kamera ab, und in der darauf folgenden Stille drückte er seine Zigarre in einem Sandeimer aus. „O.K.", sagte er. „Das wär's."

Seit dem Sommer 1943 hatte ich mir John Wayne immer in ganz verschiedenen Situationen vorgestellt. Ich sah ihn vor mir, wie er Vieh von Texas herauftrieb und wie er ein Flugzeug mit einem einzigen Motor landete und wie er dem Mädchen in Alamo sagte, daß „Republik ein schönes Wort" ist. Ich habe ihn mir aber nie vorgestellt, als jemanden, der mit seiner Familie und mir und meinem Mann in einem teuren Restaurant in Chapultec Park speist, aber die Zeit bringt eigenartige Veränderungen mit sich, und da waren wir nun, an einem Abend dieser letzten Woche in Mexiko. Eine Zeitlang war es einfach ein netter Abend, wie er überall hätte sein können. Wir tranken eine Menge, und ich verlor das Gefühl dafür, daß mir das Gesicht des Mannes, der mir gegenübersaß, in mancher Beziehung vertrauter war als das meines Mannes.

Und dann veränderte sich etwas. Ich hatte keine Ahnung warum, aber ich spürte die Gegenwart *des Traums* im ganzen Lokal. Drei Männer waren aus dem Nichts aufgetaucht und spielten Gitarre. Pilar Wayne lehnte sich leicht nach vorne, und John Wayne hob sein Glas kaum wahrnehmbar in ihre Richtung. „Wir brauchen noch einen Pouilly-Fuissé für den übrigen Tisch", sagte er, „und etwas roten Bordeaux für den Duke." Wir lächelten alle und tranken den Pouilly-Fuissé für den übrigen Tisch und den roten Bordeaux für den Duke, und die ganze Zeit spielten die Männer Gitarre, bis mir schließlich aufging, was sie da immer gespielt hatten: *The Red River Valley* und das Thema aus *The High and the Mighty*. Sie kamen mit dem Rhythmus nicht ganz zurecht, aber selbst jetzt kann ich sie noch hören, in einem anderen Land und viele Jahre später, selbst jetzt, wo ich Ihnen das erzähle.

In Amerika I

Franz Hohler

In Amerika geht es immer noch hart zu.

Findet doch da einer (der im Vietnam-Krieg Gefangener war, aber fliehen konnte und auf der Flucht sogar selbst Gefangene machte), als er mit seinen geheuerten Mexikanern auf sein Melonengrundstück kommt, bereits andere Mexikaner an der Arbeit, die ihm einer unterjubeln will. Dieser falsche Arbeitgeber bedroht ihn mit seinem Gewehr, worauf er (der im Vietnam-Krieg Gefangener war, aber fliehen konnte und auf der Flucht sogar selbst Gefangene machte) ihn mit einem Faustschlag zu Boden legt und samt seinen Arbeitern verschwinden heißt.

Wenig später, als die richtige Melonenernte mit den richtigen Melonenpflückern voll im Gang ist, wird er (der im Vietnam-Krieg Gefangener war, aber fliehen konnte und auf der Flucht sogar selbst Gefangene machte) verhaftet wegen Körperverletzung, worunter eben dieser Faustschlag zu verstehen war.

Der Zufall will es, daß er, nachdem er inständig und sehr vernünftig darum gebeten hat, für die Dauer der Melonenernte frei bleiben zu können und die Sache nachher erledigen zu dürfen, was ihm aber wegen einer Vorstrafe, die er in Kalifornien abgesessen hatte, auch wegen Körperverletzung übrigens, verweigert wird, daß er also bei der Überführung ins nächstgrößere Gefängnis mit einem Berufskiller zusammen in den Polizei-Bus kommt, der aus eben diesem Bus durch seine Bandenkollegen befreit werden soll. Der Befreiungsversuch läuft auf eine unübersichtliche Schießerei mit mehreren Toten und Verwundeten hinaus, die damit endet, daß er (der im Vietnam-Krieg Gefangener war, aber fliehen konnte und auf der Flucht sogar selbst Gefangene machte), nennen wir ihn der Einfachheit halber Charles, dem Berufskiller die Schlüssel zu den Handschellen geben könnte, die ein schwerverletzter Polizist bei sich hat, sie aber nicht herausgibt, sondern den Polizisten von den andern Gefangenen hinausschaffen läßt, nicht ohne vorher dessen Handschellenschlüssel an sich genommen zu haben, sich dann ans Steuer des Busses setzt und mitten durch die Schießerei davonfährt, wobei es ihm erstaunlicherweise gelingt, die Verwirrung der Verfolger ausnützend, gänzlich zu fliehen, allerdings immer noch mit dem Berufskiller an seiner Seite.

Nun versucht er (der im –), nun versucht Charles telefonisch, seine Freilassung gegen die Rückgabe des Berufskillers einzuhandeln, weil er um jeden Preis seine Melonenernte zu Ende bringen will, die Freilassung wird ihm zugesichert, gleichzeitig aber läßt er sich, und da will er zuviel, auf einen Handel mit dem Berufskiller ein, der sich seinerseits – er ist immer noch in den Handschellen, zu denen Charles die Schlüssel hat – seine Freilassung von Charles erkaufen will. Das ganze mißlingt insofern, als Charles wohl auf der Polizei ankommt, doch ohne den Berufskiller, dem er unterwegs nur mit knapper Not entronnen ist.

Der Berufskiller ist nun dermaßen erbost auf Charles, daß er ihn umbringen will, weil, und das passiert ihm scheinbar zum erstenmal in seinem Leben, weil er ihn umbringen will, und nicht, weil er dafür ein Honorar kriegt, etwa so, wie ein Bäcker auch einmal für sich selbst ein Brot bäckt. Er veranlaßt den falschen Arbeitgeber, seine Klage zurückzuziehen, womit Charles wieder frei ist, aber ungemütlich frei, nämlich zum Abschuß für den Berufskiller. Der zieht nun in trüber Gesellschaft auf, nistet sich in der Nähe in einem Blockhaus ein und versucht, an Charles, der jetzt von der Polizei bewacht wird, weil sie schon ahnt, was der Berufskiller im Sinn hat, heranzukommen.

Der erste Schlag ist, daß dieser die ganze Melonenernte, die Charles inzwischen mit Hilfe einer zupackigen Mexikanerin einbringen konnte, vernichtet, indem er und seine Kumpanen mit Maschinenpistolen im Lagerhaus herumfeuern. Sie haben es auch bald soweit, daß niemand mehr für ihn arbeiten will, der einzige, der es noch tut, dem werden beide Beine gebrochen.

Gleichentags wird das Haus von Charles umzingelt, und am Morgen glückt es ihm, es ist fast unglaublich, mit Hilfe seiner Mexikanerin in einem Kleinlastwagen zu fliehen, es beginnt nun eine Verfolgungsjagd, die Mexikanerin fährt, und Charles schießt von der Ladebrücke herunter den ersten ihm nachstellenden Wagen fahruntüchtig, dann setzt er sich ans Steuer und kann, da er das Gelände kennt, so manövrieren, daß er plötzlich hinter dem zweiten Wagen auftaucht und ihn in einen Abgrund schubsen kann. Den dritten Wagen, in dem der Berufskiller, sein Hauptkomplice und der falsche, übrigens sehr feige Arbeitgeber sitzen, kann Charles beinahe kaputtschießen, die drei entkommen in ihr gemietetes Blockhaus, wo es aber dem erstaunlichen Charles, nennen wir ihn der Einfachheit halber Bronson, gelingt, die beiden Gangster zu liquidieren und den falschen Arbeitgeber der Polizei, die unmittelbar danach eintrifft, zu übergeben, indem er ihm noch in der Sprache Amerikas zuruft: „He, Kumpel, du hast doch den falschen Beruf erwischt!“

Kribbelnde Spannung

Eberhard Haidegger

(Weil doch die Spannung, solange man den Ausgang eines Spiels, Buches oder Filmes nicht kennt, ganz enorm ist, zum Zerreißen, wie man so sagt. Weiß man das Ende, ists aus, es kribbelt nicht mehr. Man muß sich einen neuen Film anschauen, ein neues Buch lesen oder ein neues Spiel spielen.
Hier ist einmal ein Film, bei dems nach seinem Ende weiterkribbelt. Was aber nicht am Film liegt. Ihr müßt euch nur vorstellen, daß ihr in einem Kino sitzt, daß es ganz finster ist und auf der Leinwand ein spannender Film vorgeführt wird.)

Hunderttausend — es können auch einige Zehntausend weniger gewesen sein — ganz brave Ameisen — den ganzen Tag über hatten sie fleißig gearbeitet — gingen am Abend in ein Kino.

Die Kartenverkäuferin lächelte verständnisvoll, als sie nur eine Karte kauften. Für das restliche Geld kauften sie sich eine Tüte Bonbons mit Kaffeegeschmack. Das heißt, die Bonbons waren mit Schokolade überzogen, die nach Kaffee schmeckte. Und im Inneren der Bonbons schlummerte Likör.

Der Platz der Ameisen befand sich in der ersten Reihe, denn schließlich wollten sie alle was vom Film sehen. Gewissenhaft suchten sie den richtigen Sitz und kletterten auf die Sitzfläche. Wie ihr alle wißt, sind aber die Sitze in den Kinos meist Klappsitze. Also, es klappte nicht so recht mit dem Herunterklappen des Klappsitzes. Schließlich wollten sie bequem sitzen.

Die Bonbontüte hinaufzutransportieren war auch keine Kleinigkeit. Sie versäumten die Werbung, die Wochenschau und die Vorschauen auf die nächsten Filme.

Zum Glück kam ein freundlicher Herr und klappte ihnen den Sitz hinunter. Die Ameisen bedankten sich recht laut und herzlich, und der freundliche Herr merkte rechtzeitig, daß der Platz besetzt war. Da atmeten die Ameisen auf . . ., sahen zur Leinwand empor und begannen flink an den schokoladenüberzogenen Bonbons zu knabbern. Ihre Bestrebungen richteten sich auf das Innere der Bonbons, auf die Fülle, den Likör. Was macht es schon aus, sagten sich die Ameisen, wenn wir den Anfang versäumt haben, solange es Bonbons gibt. Ha!

Damit auch alle Ameisen etwas vom nach Kaffee schmeckenden Schokoladeüberzug bekamen, wurden die Bonbons von Mund zu Mund gereicht. Ein uneingeweihter Beobachter hätte glauben können, daß die Bonbons zwischen den Ameisen herumkrabbeln. Es war aber sehr finster, auch in der ersten Reihe.

Doch als sich die Spannung des Films immer mehr dem Höhepunkt näherte, da schauten alle, aber auch alle Ameisen, was sich auf der Leinwand abspielte. Keine einzige Ameise dachte mehr an die Bonbons.

Bon!
Bon!
Bon! Bon! bon
bon
! bon ! bon!
bon
bon
bon bon
bon
bon bon !
bon
bon Bonbon
bon
bon
Bon! Bon!
Bonbonbon bon
bon
bon! bon !
bon ! Bonbon
bon
bon

und so weiter, fielen die Bonbons – von denen die Schokolade nur teilweise abgeknabbert war – zwischen Sitz und Lehne durch den Zwischenraum auf den Fußboden – unbemerkt von den in atemloser Spannung gehaltenen Ameisen.

Und als das Gewicht der Bonbons nicht mehr mithelfen konnte, den Klappsitz in der Waagrechten zu halten, klappte dieser hoch und schleuderte hunderttausend Ameisen nach hinten. (Wie gesagt, es können auch einige Zehntausend weniger gewesen sein.)

Ein Ameisenregen fiel auf die anderen Zuschauer nieder. Doch da sich die Spannung des Films noch nicht entladen hatte, geschah einstweilen nichts – ausgenommen die Ereignisse auf der Leinwand.

Erst gegen Ende des Films kam Bewegung in die Zuschauerreihen . . .

Kino ist Herr Rinn

Kinder Klappen

Peter Roos

Kino ist Herr Rinn. Borgward ist Herr Rinn. Im Heck der Schatz im Silbersee.

Das Kino ist Herrn Rinn. Der Borgward ist Herrn Rinn. Alles an Herrn Rinn ist grau.

Kino ist Amerika. Vater ist sehr böse. Fernsehen ist Kaugummi. Verklebt den Darm, macht kugelrund, der Mund ist ungesund. Kaugummi ist Zahnarzt, Zahnarzt ist Amerika.

Film ist Sonntagnachmittag. Sonntag ist Familie. Vater, Mutter, Bruder Hans.

Kinokasse Kindergeld. Sonntag 15 Pfennig. Gottesdienst ist Orgelspiel, Jesus Winnetou. Mutter, Vater, Schweinebraten, Vanillepudding mit Quarck. Sonntagskleider werden dreckig, Kino – das ist bäh! Sonntagskleider werden dreckig, schuld dran ist Herr Rinn.

Herr Rinn ist schuld. Schuld ist Herr Rinn. Das geht doch nicht, Herr Rinn.

Herr Rinn ist grau, Herr Rinn ist groß, was ist bloß mit Herrn Kino los!

KINO, hörst Du, Mutter, darf ich. Wann? Halbvier. Darfdarf ich darf. Schuld daran ist Scharlie Schabblin. Sonntagsgeld ist futsch!

Pstpst, da ist Herr Rinn!

Kino ist groß, Kino nichts für Kleine. Die Großen ist Herr Rinn. Vater Mutter Schreiner Graf. Schwester Kindergarten. Metzger Ernst und Pfarrer Schwarz. Elektro Knauber, Tante Mimmi. Hansels Lehrer. Lichterloh.

Besitzer ist Herr Rinn. Schauspieler ist Herr Rinn. Herr Rinn ist grau. Meliert, sagt Mutter, meliert wie Onkel Erich, Mende. Vater Brillantine Pappa Heuss. Borgward-Rhombus Adenauer. Schulausflug juheissassa. Schiesser Unterhose.

Theater gut, Kino bäh! Kaiserslautern Weihnachtsmärchen. Mondfahrt. Peterchens.

Kino ist weitweg.

Kino Kirchheimbolanden. Tante Gerda, Onkel Gerd.

Kinokaugummi. Aus dem Automat. Amerika. Verboten ist verboten.

Kino Kirche Lieber Gott Unrecht heut getan.

Der Nikolaus ist Onkel Helmut. Helmut ist weitweg.

Schund.

Kino nichts für Kinder.

Kindergottesdienst.

Kinokaugummi.

Borgward Isabella.
Borgward ist Herr Rinn.

Die Amis ist da! Die Amis ist da! Straßenrand ist Winken. Schewwigumm Kanonenrohr, Krieg ist wunderschön. Scho.Kokoladé. Kaka-Oh! Oranschenschokolade. Bunte Bombsbombs. Schwarzer Mohr. Struwwelpeter. Sieh Dich vor! Vater ist sehr böse.

Nikolaus ist Weihnachtsmann. Im Kino wird gelogen. Wiking spielen, Fang-den-Hut, Autoquartett. Auto. Ist Borgward. Borgward ist Herr Rinn. Herr Rinn ist Isabella, Isabella Serie 4. Borgward ist 4 *b. d* ist Onkel Helmut, Rekord Olympia. Borgward ist Herr Rinn.

Kino, das ist Kombi; der Kombi, der ist grau. Haare, Locken, Stock und Hut, Anzug, Auto, Socken. Herr Rinn! Herr Rinn!

Kihino weiß gestrichen. Draußen geht die Treppe hoch. Zur Empore, Balustrade. Kinogottesdienst.

Kihino ist Halbstarke. Ellwiss Preßluft, Peter Kraus, packt die Badehose aus.

Kino Ach!, die Schweinerei. Herr Pfarrer, Kino ist Herr Rinn.

Kino, das ist. Die Vitrine. Glas ist durchsichtig.

Schaukasten. Schwarzwaldmädel. Annelie vom Berghof.

Schulfrei, das ist Lehrer tot. Sturm am Wilden Kaiser. Ferien ist Vater, Vater gutgelaunt.

Herr Rinn ist reich. Wir ist arm. Wir ist VW, und Borgward ist Herr Rinn.

Pst! Pst! Da geht Herr Ri

Herr Rinn, Herr Rinn, die Sünderin!

Herr Rinn ist reich. Wo hat Herr Rinn das Geld nur her?

Mutter Mu, ich habe den Herrn Rinn geseh

Geh fort mir mit Herrn Rinn!

Davongekommen ist Herr Rinn!

Kaufhof ist Kino. Morgen fahrn wir in die Stadt. Kino's Ludwigshafen. Mittag Tante Mögling. Onkel Jabocks Jakobs Kaffee. Kaufhof spielt Herr Rinn, Kino ist Vitrine, Glas ist durchsichtig. Schaufenster zu. Hier wird heute de-

koriert, was Sie morgen intressiert. Onkel Theo Tante Martel. Lieber wie Tante Lotte Onkel Horst. Ätepetäte, Mutter sagt. Was hast Du? Einmachgummis. Gummi-Ralle. Engelhorn & Sturm. Buchhandlung Hemmer, Knickerbocker. Bücher ist kein Kino.
Kihino ist dumm.

Los. Was ist mit Rinn? Warum ist der Rinn so grau? Kino ist nicht dumm.
Herr Rinn ist reich! Warum ist Rinn so reich?
Kino ist für Große. Wenn ich groß bin, bin ich Borgward.
Wann bin ich nicht mehr klein?
Kaufen wir an Ostern Borgward! Heißt das Christkind Isabella?
Warum sind wir nicht reich?
Weil wir kein Kino ist?

Stimmt was nicht mit Rinn!

Hast Du schon einmal in der Kirch Herrn Rinn gesehen?

So geht das nicht, Herr Rinn!

Warum sind wir nicht kinoreich?

Rinn. „Rinn", wie Rinnstein.

Der Schaukasten muß weg, Herr Rinn. So geht das nicht, Herr Rinn. Weg mit der Sünderin. Der Abriß droht dem Frauenhaus. Kein Lockvogel der Nacht. Herr Rinn Herr Rinn

Der Pfarrer ist dagegen.

Die Nase von Herrn Rinn. Schau hin!

Zigarre ist Herr Rinn. Grau ist der Rauch. Siehst du, es riecht Herr Rinn.

Im Kombi lag der Silbersee, die runden goldnen Rollen. Die Nase platt am Seitenfenster. Borgward Isabella. Runder Tacho, Kugel Außenspiegel, Bruder groß, Armaturbrettleser, 160 Sachen. Herr Rinn! Zigarrnanzünder. Radio. Herr Rinn raucht einen Kinoschlauch, Herr Rinn liegt auf der Sitzbank, glotzt sich den letzten Streifen an. Lenkrad, Leinwand, Sonnenblende, Sitzbank ohne Spalte. Fünflitermotoreinskommafünf. Autoquartett. Abgas. Das Auto muß ma. Furzen. 60 PS. 60 Pferde. Reiten nach Westen. Raus aus dem Haus. Die Kinotüre Auf! Der Kühlergrill mit Gfängnisgitter, Borgward-Rhombus wie Spalier. Die Hecktür, Hecktür, klappt auf seitlich. Der Weg zum Silbersee.

Hörst Du Herrn Rinn, er riecht.

Schnell weg. Weckweck! Mit so eim spricht man nicht!

Was ist, Herr Rinn!

Auto Nase Windschutzscheibe. Was ist los mit Herrn Rinn

Herr Rinn ist tot Herr Rinn ist tot
die Judensau ist grau

Rolltreppen fahren in Hollywood

Georges Hausemer

1 Na endlich,

sagte mein Freund Biehn, der vor einem Cognac mit zwei riesigen Eiswürfeln saß und mich bereits erwartete. Neben seinem tiefen Sessel, ein Rolltischchen, ein hellblaues Telefon, eine schmale Vase mit dürren Gräsern. Die Serviererin kam und lächelte mir zu. Hier hat sich nichts verändert, sagte Biehn, als ich mich auf die Couch mit dem silbrig schimmernden Kissen setzte, hast du bemerkt, daß die Häuserfassaden dieselben geblieben sind, fragte er, und die hastigen Schritte der vorbeilaufenden Kinder, dieser eisessenden Kinder, und die mit Cola und Campari beschmutzte Schürze der Serviererin und die Bierdeckel und das Urinbecken und die kleinen Schamhärchen auf der Klobrille, oder hast du alles übersehen, fragte mich mein Freund Biehn. Hier kann alles geschehen oder überhaupt nichts, antwortete ich nur, mit der Spitze des Zeigefingers im Cognac rührend. Jaja, sagte Biehn und blickte planlos in die Gegend. Mein Freund Biehn saß ruhig neben mir, dicker war er geworden, mit einem speckigen Gesicht saß er da, und als er mit dem Mittelfinger über den Daumen seiner linken Hand schnippte, worauf die schmalbrüstige Serviererin sogleich angelaufen kam, da glänzten Biehns Mundwinkel als habe er eben erst ein halbes Brathähnchen verspeist. Oder waren es pommes frites gewesen? Oder war es überhaupt nicht mein Freund Biehn, der die Finger aneinanderrieb, oder saß gar einer neben mir, den ich mit Biehn verwechselte? Oder den Biehn an seiner Stelle zu meinem Empfang geschickt hatte? Ja, ein Doppelgänger, dachte ich, eine zu fett und zu speckig geratene Kopie meines Freundes saß neben mir, redete wie Biehn, sah aus wie Biehn, schnippte mit den Fingern wie Biehn. Gut, sagte ich, du bist also mein Freund Biehn, sagte ich zu dem Mann neben mir, aber da war er auch schon verschwunden.

2 Das Fenster
meines Hotelzimmers lag auf der Seite der Edison Street, und nachts, wenn ich die Nachttischlampe gelöscht hatte, warf eine überlebensgroße Coca-Cola-Reklame rote und weiße Bilder über das Bett und den Tisch und den Stuhl und an die Wände, so daß ich erst lange nach Mitternacht einschlafen konnte. Plötzlich stand Biehn neben mir, auf der Höhe des Kopfkissens. Er lächelte zufrieden und fuhr mir mit der flachen Hand über den Kopf, und plötzlich stand Humphrey neben Biehn und plötzlich stand Spencer neben Humphrey und Biehn und plötzlich stand John neben Spencer, Humphrey und Biehn und pfiff durch die Zähne. Pfiff anfangs leise und mit stets wechselnden Melodien, bis schließlich das schrillste aller nur möglichen Geräusche mich aufschrecken und ins Badezimmer eilen ließ. Vor dem Rasierspiegel stehend legte mir Biehn eine Hand auf die Schulter, und auch Humphrey und Spencer und John legten mir eine Hand auf die Schulter, wie Freunde, wie echte Freunde, flüsterte Biehn, doch ich knickte in den Knien ein und Schweißperlen traten mir auf die Stirn. Ich sackte ohnmächtig zusammen, unter der Last der Hände der Freunde auf meiner Schulter.

3 Obwohl
ich bei meiner telefonischen Reservierung ein helles, geräumiges Zimmer verlangt hatte, hatte man mir das kleinste und sicherlich verwahrloseste Zimmer im ganzen Royal Atlantic zugeteilt. Die alte Frau hinter der Theke hatte sich mit roter Salbe eingecremt und mit ihren dunklen, fast schwarz gefärbten Lippen sah sie ziemlich komisch aus. Bei jeder Bewegung schwankten die Brüste der Frau schwer und bedächtig hin und her, nach jedem Atemholen und vor jedem Wort, das sie mir zuröchelte, blähte sich ihr Busen auf und der eingenähte Rand ihres alpenländischen Trachtenkleides drohte aufzuplatzen.

Ich hörte, wie in der Ferne einige junge Mädchen miteinander tuschelten, wie unter den Schritten der Gäste die schmalen Balkone des Royal Atlantic knisterten und Kalk bröckelte und mein Freund Biehn und die anderen näherkamen und mich schließlich wortlos zur Seite schoben und die alte Frau hinter dem Tresen mit Mae anredeten und ihr dabei wie zufällig in den Ausschnitt starrten. Mae, sagte Biehn, nur die Ruhe nicht verlieren, denn schließlich haben vor Jahren schon der Wayne und der Bogart hier übernachtet, sagte er zu der Frau, indem er mich flüchtig anschaute und mit seinen wulstigen Lippen grinste, wobei eine fingerdicke Zahnlücke zum Vorschein kam und bissiger Tabakrauch aus seinem Mund strömte. Sich über die Theke schlich, an allen Wänden empor, sogar auf den Bürgersteig hinaus, wo zwei Mädchen auf einer Treppenstufe hockten und jedes ein Mokkaeis in den Händen hielt. Dort draußen führte ein Dutzend magerer Inder einen Hunger- und Sitzstreik durch, ein Zigeuner kitzelte sich zwischen den Beinen und zwei Einwanderer aus Deutschland stritten sich über Brechts Dramen in einem Band (vor einigen Jahren bei Suhrkamp in Frankfurt am Main erschienen). Sonst war es friedlich und still, nur die Sonne rutschte feuerrot an einem Schrägdach mit Fernsehantennen hinunter, dann mischte einer der Deutschen die Karten, worauf der andere Deutsche sich eine Pfeife ansteckte und kurze Zeit später die Pikdame ausspielte. Und weiter hinten ritt ein schwarzbärtiger Schneckenzüchter durch das Bild.

4 In den Kinos
schaute ich mir die alten Rock'n'Roll-Filme an, die seit über zwanzig Jahren drei- bis viermal täglich hier liefen. Neben mir wurden Kartoffelchips gekaut, Schokoladenpapier raschelte und alle zehn Minuten kam das Fräulein mit der Kühlbox vor dem Bauch und verkaufte Stieleis zu Schleuderpreisen. Später saß ich in der Bar des Hotels vor dem Fernseher, unterhielt mich gestenreich mit jungen Tänzern und weißhaarigen Schauspielern und nahm jeden Tag einige Hamburgers zu mir, die ich mit dunklem Bier aus Pappbechern hinunterspülte. Die Nächte waren warm und von der Straße hörte man noch lange nach Mitternacht die Motorengeräusche der zahllosen gelben Taxis.

5 Die Straßen
waren so angelegt, daß sie symmetrische Quadrate bildeten und aus der Ferne betrachtet wie gefährlich tiefe Gräben aussahen, die die Häuserblocks umgaben. Dennoch fühlte ich mich von den riesigen Werbeschildern, die bunt angemalt waren, nicht eingeengt. Auch nicht von den Schaufenstern, die Tag und Nacht beleuchtet waren. Es gab keine stillen Straßen, wo ich mich hätte länger aufhalten können, so daß ich meistens einfach nur weiterlief. Doch manchmal, da blieb ich ganz verwundert an kleinen Plätzen mit blattlosen und steinigen Grünflächen stehen, schloß die Augen, legte den Kopf nach hinten und atmete ganz angestrengt ein und aus. Die meisten Leute traf ich in den Geschäftsvierteln, wo alles so hektisch war und ich oft tagelang umherirrte. Aber allein das Bewußtsein ihrer Nähe ließ mich ein Gefühl der Zusammengehörigkeit empfinden.

6 Plötzlich
stand mein Freund Biehn erneut neben mir, packte mich, ohne ein Wort zu sagen, am Arm und zog mich mit sich fort. Nach einer Weile kamen wir in beinahe menschenleere Gegenden, wo außer Gerümpel und zerfallenen Gebäuden fast nichts zu sehen war. Nur manchmal liefen uns Kinder mit lehmverschmierten Armen und Beinen über den Weg, gelegentlich kamen Frauen und Männer vorbei, die sich an den Händen hielten oder engumschlungen die Straßen hinunterschlenderten. Über der Eisengitter- und Ruinenlandschaft stand ruhig und erbarmungslos heiß die Sonne. Die Straßen schimmerten wie die spiegelglatte Oberfläche eines Sees. Aus dem Giebelfenster eines noch einigermaßen bewohnbaren Hauses hing eine von der Witterung an den Rändern zerfetzte Fahne, die sich kaum bewegte. An einigen anderen Gebäuden waren leere Fahnenstangen zu sehen. Mein Freund Biehn hatte nur wenig Geduld und forderte mich auf, weiterzugehen. Etwas später kamen wir an jungen Frauen in eleganten Kleidern vorbei. Sie rochen fein, trugen kunstvoll hergerichtete Frisuren, modische Stöckelschuhe, blanke Zahnreihen, die uns entgegenlächelten. In dieser Umgebung wäre ich gerne länger geblieben, doch erneut zog mich mein Freund Biehn mit sich fort. Ich wehrte mich nicht und

folgte ihm, denn ohne Biehn hätte ich mich in dieser Gegend niemals zurechtgefunden.

7 In aller Frühe
machten wir uns auf den Weg, und John und Spencer und all die andern begleiteten uns. Stumm gingen sie neben uns her, und ich sah sie an, sah meinen Freund Biehn an, und alle machten ein ernstes Gesicht. Ohne zu wissen, was mich an diesem Vormittag eigentlich erwartete, begann ich mich zu freuen. Manchmal hatte ich Lust, ganz frei und unbekümmert aufzulachen und durch die Gegend zu hüpfen. Manchmal begann ich ganz unüberlegt drauflloszureden, worauf Biehn und die andern mit einem verständnislosen Schütteln des Kopfes reagierten und mich streng ansahen. Allmählich kamen wir in eine verkehrsreichere Gegend. Unzählige Menschen liefen scheinbar ziellos herum, blieben für wenige Sekunden stehen oder verschwanden hinter hohen Glastüren. Auch wir betraten ein riesiges Geschäft, in dessen Innern Dutzende von Rolltreppen zu erkennen waren. John kaufte Pralinen, die er im Nu aufgegessen hatte. Voller Geduld wühlte Humphrey in einem Stoß bunter Unterwäsche und kaufte am Ende doch kein einziges Stück. Ja, stundenlang spazierten wir kreuz und quer durch das Geschäft, sahen uns alle möglichen Gegenstände und Waren an, blätterten in Zeitungen, in denen berühmte Filmschauspieler und Fotos von schrecklichen Katastrophen abgebildet waren. Doch wir erwarben nichts. Auf der Rolltreppe stehend, die uns ins erste Untergeschoß führte, begannen auch Biehn und Spencer und John und Humphrey und die andern plötzlich laut und wie verrückt geworden aufzulachen. Sie winkten mir zu, eilten voraus und ließen mich sprachlos auf der Rolltreppe zurück. Ja, was war denn nur los, eine Frau kam auf mich zu, zerrte an meiner Kleidung, zog mich heftig stöhnend an den Haaren, was war denn nur geschehen, unzählige Fliegen, Wespen, Hummeln, Bienen, Schmetterlinge, Libellen versammelten sich über meinem Kopf, aus allen Richtungen rannten Rinder, Kälber, Stiere, Hunde, Säue, Katzen, Hühner herbei, eine Frau löste ihr Haartuch und wickelte es um meinen Hals, zerrte und drückte und schob, ihr Keuchen und heftiges Atmen an meinem Ohr, Männer mit Gabeln und Schaufeln und Hacken und Eimern und Besen bildeten um mich

einen Kreis, ein Metallgeklapper, Milchkannengeschepper, Stalltürengeknalle, eine Frau kam mit weit aufgerissenen Augen vor mein Gesicht, im Hintergrund wurde gerufen, geschrien, geflucht, einer faßte mir in den Nacken, drückte mir an den Bauch, was hieß denn das, Hitze und Feuchtigkeit, Schwüle und Nässe, ein Holzkarren, ein Klappmesser, ein Ledergürtel wurden herbeigetragen, in der Ferne mußte es Höhlen, Schlupflöcher, Waldschneisen, Feldengen und Weggabelungen geben, ja, in der Ferne erstreckte sich das Land in eine unendliche Weite, es rasselte und knirschte und krachte, eine Türkette, Augen, Nasenlöcher, Ohrgänge, Mundhöhlen, Stirnwölbungen, nein, unbehindert kamen Menschen in die Stadt, unbeirrt schlüpften sie in die Dunkelheit, Dachrinnen, Dachschrägen, Außenfassaden, auf einer Eisenbahnbrücke löste eine Frau ihre Frisur, was ist denn nur geschehen, ihr Haar, ja ihr Haar schwebte algengleich durch die Lüfte, höher und höher und weiter und weiter in die Mitte dieser unendlichen Stadt hinein.

Ein eigenartiger Film und die Kunst ihn richtig nachzuerzählen

Jan Cornelius

Der ganze Film besteht aus einer einzigen Szene: Ein Mädchen, das auf einer Schaukel sitzt und damit von links nach rechts und von rechts nach links über die ganze Breite der Leinwand schwebt.

Die Schaukel hängt an einer langen Leine, deren Ende irgendwo oben an einem Nagel befestigt ist. Dieser Nagel, wie auch die letzten 15 bis 20 Zentimeter der Leine passen nicht mehr ins Bild, und der daran interessierte Zuschauer muß sie sich selbst vorstellen.

Das Mädchen ist ungefähr sechs Jahre alt, trägt ein hellblaues Kleid mit fast unsichtbaren weißen Streifen und zwei lange Zöpfe. Sie flattern in eine dem Schaukeln entgegengesetzte Richtung. Die Ansicht von diesen Zöpfen mit den sie umschlingenden Schleifen läßt einen an zwei umherirrende Wellensittiche denken.

Im Unterschied zu den Zöpfen gelingt es einem auch bei einer eingehenden Betrachtung des hellblauen Kleides nicht, an etwas anderes zu denken als an dieses hellblaue Kleid.

Der musikalische Hintergrund besteht aus einem kurzen, von dem Mädchen selbst gesungenen Lied. Ihre Stimme klingt ungewöhnlich nasal, was der Zuschauer als skurril auffaßt, auch wenn er nicht schmunzelt.

Aber wie gesagt: Etwas anderes kommt in dem Film nicht vor. Nach genau drei Minuten geht das Licht an, und da, wie üblich, der Preis einer Eintrittskarte nur eine einzige Vorstellung deckt, muß man den Saal verlassen.

„Das war ja was!“ sagt man sich auf der Straße, und nach ein paar Metern bleibt man vor einem Schaufenster stehen, nicht um die darin liegende Ware zu betrachten, sondern um in aller Ruhe über das eben Erlebte nachzudenken. Man starrt eine Kaffeemühle oder einen braunen Schuh an, und man weiß nicht, was man von dem Ganzen halten soll.

Aber zu Hause, beim Teetrinken, gibt es kein Drumherum mehr. Die ganze Familie will es wissen. Wie es denn war.

Also schiebt man alle sich im Wohnzimmer befindenden Möbel in die Küche, läßt die zwei im Käfig sitzenden Wellensittiche frei fliegen, und indem man das hellblaue aus dem großen Schrank herausgenommene Kleid seiner Tochter wie eine Flagge über den Kopf hält, rennt man ständig von der einen Wand zur anderen. Um diese bildhafte Vermittlung zu steigern, erweist es sich als sehr angebracht, wenn man dabei auch singt. Nur darf man nicht vergessen sich an die Nase zu packen und seine Nasenflügel zwischen dem Daumen und Zeigefinger zusammenzupressen, damit die Skurrilität nicht zu kurz kommt.

Die nach Umstellung der Möbel sichtbar gewordenen Staubflocken schafft man mit einem Besen oder Staubsauger aus der Welt.

Nach dem nächsten Kinobesuch kann man die Küche putzen oder das Bad.

Black Power

Michael Tonfeld

Mit etwas Glück erwischen wir ein freies Taxi in der Rue Circulaire. Ein paar Meter weiter steigt ein Ehepaar zu, auf dessen Wunsch wir auf Umwegen Richtung Kino gefahren werden. In der dunklen, unbeleuchteten Nebenstraße springt der Wagen allen Fahrkünsten des Chauffeurs zum Trotz von Schlagloch zu Schlagloch. Das Paar verläßt das Taxi. Über Asphaltstraßen geht es weiter nach Norden. Ich frage dich, was für ein Film läuft. Du zuckst die Schultern. Karate? Du lachst, prustest die Backen auf, drückst meine Hand stärker. Ich weiß, daß du viel kräftiger bist als ich, Asantwaa. Das

Stichwort Karate läßt dir keine Ruhe. Das Weiß deiner Augen blitzt im Dunkel des Wagenfonds. Mir fallen die Schwierigkeiten eines Bekannten ein, der badende Kinder an einem See in Sierra Leone photographieren wollte. Kaum wurden sie der Kamera ansichtig, sprangen alle aus dem Wasser, gingen in Karatestellung. Oder die Bekannte, die in Botswana ins Kino ging: Chinesen-Karate. Die Kopien der Filme müssen absolute Preisbrecher sein. Ein ganzer Erdteil im Karatetaumel.

Der Wagen hält auf der gegenüberliegenden Straßenseite. Während du bei einer Straßenverkäuferin Erdnüsse erstehst, gebe ich dir zu verstehen, ich möchte vorm Betreten des Kinos noch schnell eine Zigarette rauchen. Du siehst mich fragend an. Ich inhaliere, als wäre es die letzte Zigarette meines Lebens.

Die Plakatankündigungen der Streifen: der obligate Handkantenthriller. Sowie ein Hollywoodverschnitt. Heute, am Sonntag, zeigen sie den Amifilm. Niemand vor uns an der mit Maschendraht abgeteilten Kasse. Wir zahlen umgerechnet 2,50 DM pro Person, der dreifache Durchschnittsstundenlohn eines Einheimischen. Der Vorführraum, wider Erwarten groß, faßt bestimmt 400 Zuschauer. Runde 150 halten sich im Innern auf, reden, gestikulieren. Ein kleines Mädchen trägt eine Schale hartgekochter Eier auf dem Kopf, geht von Reihe zu Reihe. Fasziniert sehe ich ihrem Balanceakt zu. Wir nehmen auf den hölzernen Klappstühlen Platz. Betonierte Stufen, mit Kippen übersät. Deinen fragenden Blick beim Anzünden der Zigarette verstehe ich jetzt. Eine Cola für mich, ein Bier für dich. Du sitzt nicht auf dem Klappstuhl, Asantwaa, du thronst, hältst die Bierflasche wie einen Zepter. Dich ansehen oder den Film? Die plötzliche Dunkelheit nimmt mir die Entscheidung ab. Vorfilm? Nein – Werbung! Whisky, Zigaretten, Autos. Die Bedürfnisse eines sogenannten Entwicklungslandes? Nach den letzten Wochen habe ich es aufgegeben, mich zu wundern. Unvermittelt setzt der Film ein, fast übergangslos, als gehöre er zum Werbevorspann. Ich frage dich, ob du etwas verstehst. Du schüttelst deinen Kraushaarkopf, erwiderst, ich müßte doch mittlerweile wissen, daß du kein Französisch sprichst. Hautevolee-Diskotheken, hyperelegante Wohnungen, smarte Typen, lockere Frauen in weiche Pelze gehüllt, Straßenkreuzer und schier endlose Avenuen wechseln einander ab. Da taucht *er* auf: der schwarze Superstar! Seine gehorsame, für alles Verständnis zeigende schwarze Frau. Da es nun mal zur Fabel gehört, vögelt er gleich anfangs ein weißes Superweibchen, läßt sie vollkommen befriedigt, beinahe hörig in ihrem orgastischen Unglück zurück. Eingestreut ein Versuch von Handlung. Ich konzentriere mich auf die hinterherhinkende Synchronisation. Während unser Held in seinem Cadillac minutenlang ein Highway südlich von Los Angeles befährt, wende ich mich dir zu, frage, ob du verstanden hast, worum es geht. Du siehst mich entgeistert an. Ich lache schallend. Immerhin scheint mich der Streifen derart gefesselt zu haben, daß ich dich auf deutsch frage! Wir müssen beide lachen. Während ich ins Pidgin übersetze, erledigt unser Black-James-Bond drei, vier böse Weiße. Überhaupt wirkt er eine ganze Stange intelligenter und stärker, degradiert vorrangig alle Hellhäutigen zu Komparsen. Das FBI zitiert ihn zu sich, er möge sich nicht in ihre Angelegenheiten mischen. Er lacht gekonnt gequält, der Gute. Die unvermeidlichen Handkantenschläge bleiben ebensowenig aus wie die extrem american-way-of-life vollautomatisierte Küche. Ich erinnere mich daran, wie du heute mittag im Freien über der Holzkohle das Essen gekocht hast. – Der – selbstverständlich – weiße Kommisar kommt regelmäßig zu spät, notiert bürokratisch Leichen, gibt sich geschlagen. Ein ganzes Syndikat, auf Rauschgifthandel spezialisiert, zittert vor unserem Star genauso wie die weißen Ladies in den Clubs; die allerdings mehr vor Begierde. Ab und dann die verständige Gattin mit all ihrer Milde. Nun noch schnell fürs Happy-End die MP in den Geigenkasten ...

Spot aus, Licht an. Schnell erheben sich alle von den Sitzen. Verstört sehe ich mich um, rutsche noch tiefer auf meinem Stuhl, sinke fast in mir zusammen, stelle mir vor, alle würden sich auf mich, den einzigen Weißen im Kino stürzen, angestachelt vom Gesehenen.

Die großen Ventilatorpropeller werden ausgeschaltet, der Schweiß tritt auf meine Stirn. Müde erheben wir uns, schlängeln uns durch die Stuhlreihen, treten unbeschadet, ja beinahe unbeachtet ins Freie. Schwüle umgibt uns. Vergeblich halten wir nach einem Taxi Ausschau.

Als wir zu Hause unter der Dusche stehen, muß ich unwillkürlich an den omnipotenten Filmhelden denken ...

James Dean rast gegen den Baum

Jürgen Stelling

Die Einstellung wechseln, doch das Grundmotiv bleibt immer erkennbar: Läuten und Klingeln. Warum sollen wir uns dauernd wiederholen; die Werbung läuft. Hinterher ist sowieso alles gleich, weil wir dann ja müde sind. Die Fenster putzen wir selbst, man kann sich nicht jeden Luxus leisten. Wohin also, diesen Abend? Natürlich ins Kino. Mal sehn, was die Lupe bringt, was zeigen Gloria, City, Palast, Kammer, Atelier oder Bali; ich werde schon unruhig, wir müssen in die Stadt, ohne Wochenschau und Werbung ist mir der Kinoabend verdorben; sicher wird uns das alles ärgern, aber es gehört dazu. Am besten schauen wir einen Film an, den wir kennen, wer mag schon Überraschungen, also zum vierzehnten Male Spiel mir das Lied zum Tod, oder zum fünften Mal Die rote Wüste, oder? Zwei Jahre lang haben wir doch so ziemlich alles gesehen, was auf den Markt kam, unsere Bildergier kannte keine Grenzen, ständig hatten wir rote Augen; kauften wir Platten, dann solche mit Soundtracks, in unserer Wohnung hingen Filmplakate, an der Pinnwand die Programme sämtlicher Kinos der Stadt. Unser Leben als Kinogänger. Zwei Filme am Tag waren das Minimum. Zwischen den Vorstellungen um achtzehn und zwanzig Uhr rasch ein Sandwich. Und zur Spätvorstellung hinaus nach Zehlendorf. In der Strassenbahn, während draußen die Stadt als Film vorbeiläuft, Lichter, Verkehr, letzte Angebote. Die Passanten eilen, etwas anderes kann man nicht von ihnen

(Baby, don't do it)

(Wir lassen uns das patentieren)

(Provinzbilder)

(Kinosterben)

(Only you)

(Maschendraht)

(Der Witz ist ja doch immer wieder derselbe)

(Schöne Stunden)

sagen, ein paar von ihnen wollen ins Kino, das spüre ich. Andere zum Bier. Unser Ziel ist klar. Ob es noch Karten gibt? Mit meinen Gedanken kann ich mich nicht einlassen; so naiv sind wir nämlich nicht, daß wir alles glauben, neinnein. Ob wir jemanden treffen? Für die Einladung war es zu spät, die Zeiten sind hart, die Termine eng. Wir sprechen über das Leben weil sie schon wieder jünger geworden sind, und wie Ihnen dieses Schneiderkostüm steht, also wissen sie. Wir hatten unsere Freiheit, aber damit ist es jetzt vorbei. In den letzten Wochen kamen wir häufiger auf James Dean, das ist der Einfluß des Fernsehens auf uns Cineasten, ich glaube, sechzig Jahre wäre der jetzt (oder fünfzig?) und wir sind immer noch so jung. Früher mochten wir nur italienische Filme, die japanischen waren uns fremd, nun ist uns der junge deutsche Film lieb, aber die japanischen mögen wir immer noch nicht. Erst gestern ging ich über den Platz, auf dem Herzogs Kaspar Hauser in die Öffentlichkeit tritt, jetzt war der Platz zugeparkt, wie erwartet, ist der Film deshalb falsch oder vielleicht unser Leben? Die Augen gehen uns über, wenn das Licht erlischt. Flackern und Brummen. Musik. Die Zeit vergeht, während der Film läuft und der Nachbar mit der Haribotüte raschelt. Es ist kühl, wird aber rasch wärmer, dann stickig. Die Helden sind symphatisch, der Regisseur hat keinen Gag ausgelassen. Manchmal ist uns die Bilderflut zu hoch, wir wollen nicht ertrinken, auch nicht aus

(Neues Filmlexikon)

(Die Bilder)

(Ein langer schmatzender Kuß)

(Wir kommen auch ohne das alles aus)

(Dokumente und Szenen)

(Ich höre Glocken klingen)

(For Adults only)

(Gedanken im Fallen)

(*Gegenüber der Wahrheit*)
(*I am the Walrus*)

(*Vergnügungszwang*)

Versehen. Ich müßte auf die Toilette, traue mich aber nicht, vielleicht verpasse ich die Schlüsselszene. Also unruhig und durstig auf dem Stuhl herumzappeln, weil das Programm noch anhält. Nach verschiedenen Gongs, Lichtspielerein, Vor- und Werbefilmen, nach der Frau mit dem Eiskonfektkörbchen und der Eingangsfanfare, ein Bildergewitter, schöne Schnitte und Kamerafahrten, die Wogen der Musik, die eine Handvoll actors tragen, atemlos in Bunt. Wo führt das hin? Finde ich noch in die Wirklichkeit zurück? Wovor ich mich aber wirklich fürchte, das ist das Ende, wenn alle von mir wissen möchten, wie es mir gefallen hat.

Das Schloß der Schneebraut

Richard Brautigan

. . . was hier fehlt ist viel wichtiger als das, was jetzt kommt, denn das, was hier abgeht, ist der Schluß eines erotischen japanischen Films mit dem Titel *Das Schloß der Schneebraut*. Es war ein phantastisch sinnlicher Film. Ich hatte schon nach ein paar Szenen eine Erektion. Sie war wie die Erektion eines vielleicht fünfzehnjährigen Jungen, heiß und instabil, schimmernd und gleißend wie die Hitze in der Wüste.

Die Schauspielerinnen in dem Film waren das Äußerste, was man sich an Schönheit, Anmut und Gefälligkeit wünschen konnte. Sie machten Dinge, die allmählich immer komplizierter und immer einfallsreicher wurden.

Der Druck meiner Erektion war so gestiegen, daß ich fast aus dem Sitz gehoben und nach hinten geschleudert worden wäre, genau in den Schoß des Kinobesuchers, der hinter mir saß.

Mein ganzer Körper war in einem Sextaumel, er war wie ein Mahlstrom in einem tropischen Meer, und in meinem Kopf gingen die Lichter aus und an als würde dauernd jemand mit einer heißen Tür knallen.

Der Film drang immer tiefer und weiter vor, entwickelte sich zu einer immer komplizierteren und ausschweifenderen sexuellen Phantasmagorie und steuerte auf die sinnlichste Erfahrung zu, die ich je gemacht oder mir vorgestellt hatte. Im Licht dieses Films würden meine bisherigen sexuellen Erfahrungen so aussehen, als hätte ich mein ganzes Leben lang als Buchhalter für eine kleine Ziegelstein- und Mausefallenfabrik in einer Stadt gearbeitet, die so öde und langweilig war, daß sie nichtmal einen Namen hatte. Die Leute in der Stadt hatten die Namengebung seit über hundert Jahren immer wieder aufgeschoben.

„Wir müssen der Stadt nächstes Jahr einen Namen geben" – das war die Art wie sie das Problem angingen, und genau so würde sich mein Sexualleben im Vergleich zum Schluß dieses Films ausnehmen.

Es waren noch zehn Minuten bis zum Ende. Ich wußte das noch vom Aushang im Fenster der Kinokasse. Der Film war um 7.09 zu Ende, und auf der Uhr im Kinosaal war es 7.00. Es würde keine zehn Minuten mehr dauern und mein Sexualleben wäre völlig überholt, ein Ding der Vergangenheit.

Die erotischen Vorgänge, die sich vor mir abspielten, brachten jetzt allmählich die Sitze im Kino zum Dampfen. Es war eine interessante Erfahrung, und es war sehr angenehm zu spüren, wie mein Sitz vor lauter Sinnlichkeit verdampfte.

Dann passierte etwas, das mich zwang, aufzustehen und ins Vestibül zu gehen. Es war eine unglaublich wichtige Angelegenheit. Sie mußte erledigt werden. Sie ließ sich nicht vermeiden. An diesem Punkt wurde alles ein wenig kompliziert, und es ist immer noch nicht klar, was mich eigentlich aufstehen ließ.

Ich bin möglicherweise aufgestanden, um mir eine kalte Limonade zu holen, weil ich dachte, ich hätte noch genug Zeit und könnte vor der Schlußszene wieder zurück sein, oder vielleicht war es auch etwas anderes, das mich aus dem Saal gelockt hat.

Vielleicht mußte ich auch aufs Klo, oder vielleicht mußte ich jemandem einen sehr wichtigen Brief geben, und wir hatten uns im Vestibül verabredet, und als der Film anfing, hatte ich keine Ahnung, daß er zur phantastischsten sexuellen Szene aller Zeiten führen würde.

Jedenfalls erledigte ich im Vestibül, was ich zu erledigen hatte, was immer das war, und hastete in den Saal zurück, wo sich gerade der Vorhang schloß, während man noch die letzte, lange Einstellung sah: ein Schloß im Sonnenuntergang, von Krähen umkreist.

Das Licht ging zur Pause bis zum nächsten Film an, und das Kino war voll von bewußtlosen Männern. Einige lagen in den Gängen. Sie hatten alle einen seligen Ausdruck auf dem Gesicht, als hätte sie der Engel der Lust berührt, während ich draußen erledigt hatte, was immer zu erledigen war.

Es war die letzte Vorstellung an diesem Abend, aber glücklicherweise wurde der Film noch einen Tag länger gezeigt. Ich ging bedröselt und frustriert, mit einem Hölle-auf-Erden-Gefühl nach Hause. Die Nacht verging wie eiskaltes Wasser, das Tropfen um Tropfen auf eine glühend heiße Erektion tröpfelte, die meinen ganzen Schlaf durch anhielt und mir beträchtliche Schmerzen bereitete.

Im Aushang hatte gestanden, daß die erste Vorstellung vom *Schloß der Schneebraut* um 12.01 anfinge. Der Vormittag verging wie ein Affe, der versucht, in einem Eisblock zu tanzen.

Als ich um Viertel vor zwölf zum Kino ging, war es nicht mehr da. Es war spurlos verschwunden. An seiner Stelle war ein kleiner Park, auf dem Kinder spielten und alte Leute auf Bänken saßen und lasen.

Ich wollte mich bei den Leuten nach dem Kino erkundigen, aber niemand sprach Englisch. Als ich schließlich jemanden fand, der Englisch konnte, sagte er mir entschuldigend, daß er bloß ein Tourist aus Osaka sei und zum ersten Mal in Tokio, und daß er nichts von dem Kino wüßte, aber er fand den Park sehr schön. Er gefiel ihm, weil so viele Bäume darinstanden.

Später traf ich einige Leute, die sich gut in japanischen Filmen auskannten. Ich fragte sie nach dem Schloß der Schneebraut. Sie hatten noch nie davon gehört, und war ich wirklich sicher, daß das der richtige Titel war ...?

Ja, ich war sicher. Es konnte nur ein *Schloß der Schneebraut* geben. Es tat ihnen leid, daß sie mir nicht helfen konnten. So ist das eben: Es ist alles hier, außer dem, was abgeht.

Der Adler des Gesetzes

Hugh McIntyre

Sol Steiner arbeitete seit siebzehn Jahren in der Rechtsabteilung des Studios. Er stand im Ruf, bei Vertragsverhandlungen ein harter Verhandlungspartner zu sein. Und Sol Steiner tat alles, um seinem Ruf gerecht zu werden. An dem Vormittag, an dem Ben Grazinski zu ihm ins Büro kam, war er in Hochform.

„Ben, wir müssen diese Sache abschließen. Dein Vertrag läuft Ende des Monats aus, und wir müssen jetzt zu einer Entscheidung kommen. Also, du mußt einfach bloß noch unterschreiben, dann brauchen wir uns keine Gedanken mehr zu machen."

„Sol, ich hab heut morgen einfach zuviel am Hals, um auch nur an meinen neuen Vertrag zu denken ... Sol, ich brauch deine Hilfe."

„Über Hilfe reden wir später, jetzt reden wir übers Unterschreiben."

„Hör zu, Sol, ich hab großen Ärger ... mit meiner Frau."

„Dann solltest du zu einem Eheberater gehen; jetzt gehen wir erstmal den Vertrag durch."

„Verdammt nochmal, Sol, ich brauch deine Hilfe ... Du mußt mit meiner Frau reden ... Bitte, Sol, laß doch jetzt den Vertrag. Du weißt doch sowieso, daß ich ohne einen Anwalt, der meine Interessen wahrnimmt, das Ding nichtmal *lesen* würde. Also hörst du mir jetzt erstmal zu? Ich hab großen Ärger."

„Ärger hast du also? Wer hat denn das nicht? Mein einziger Ärger ist jetzt, daß du nicht unterschreiben willst."

„Sol, in Gottes Namen, kannst du bitte mit meiner Frau reden?"

„OK Ben, du zerreißt mir das Herz. Du weißt, bei wem sich was erreichen läßt, so wie alle anderen auch. Ich bin schon ganz Ohr. Ich bin eben ein sentimentaler Esel, was kann ich schon dagegen machen? Jetzt erzähl mir mal von dieser Geschichte, die noch wichtiger ist als der wunderbare Vertrag, den ich dir geben will und für den du bloß deine Unterschrift aufs Papier setzen mußt."

„Sol, ich hab ganz schlimmen Ärger."

„Das weiß ich schon, das hast du mir jetzt doch schon zehnmal gesagt."

„Bitte hör jetzt mal zu, was ich dir sagen will. Sol, du kennst mich jetzt – wieviel Jahre? – elf. Elf Jahre bin ich hier im Studio ... aber egal, ich will sagen, daß wir jetzt gerade das Billy-the-Kid-Ding abdrehen. Wir sind schon mächtig hintendran damit, stimmts? OK, meine Tiere arbeiten nicht nach denselben Regeln, nach denen überdrehte Regisseure funktionieren, OK? Also, kurz gesagt, eine von den Stuten ist läufig."

Sol beugte sich mit einem Ausdruck der Verblüffung im Gesicht auf seinem Stuhl nach vorn. „Und was ist das Problem?"

„Nein, Sol, ich meine ja... Ich meine, ich weiß auch nicht ... läßt du mich jetzt zu Ende erzählen?“

„Klar. Natürlich, aber sag mir jetzt erstmal, warum ne heiße Stute so ein Riesenproblem sein soll?“

„Die Stute ist ein Grauschimmel. Sie arbeitet im Geschirr. Wir brauchen sie für die Aufnahmen, die wir heute machen, aber wir können sie so wie sie ist nicht vor die Kamera stellen.“

„OK, akzeptiert. Aber was hat denn ein geiles Pferd mit dir und deiner Frau zu tun?“

„Wie ich schon gesagt hab, so wie sie aussieht, kann die Stute nicht vor die Kamera. Ich muß sie herrichten, mit Make-up über sie drübergehen, damit einem die Dinge nicht allzu sehr in die Augen springen.“

Sol beugte sich auf seinem Stuhl nach vorn. „Du mußt also einen Pferdearsch aufpolieren?“

„Sol, das Kinopublikum ist noch nicht so weit, daß es die Tatsachen des Lebens einfach so akzeptiert, voll und ganz und in allen Farben. Nichtmal, wenns dabei um ein Pferd geht.“

„Ich glaub, wir haben jetzt genug über dieses Problem geredet. Warum unterschreibst du denn nicht einfach? Dann haben wir ein ganzes Jahr Zeit, um dein Problem auseinanderzuklamüsern.“

„Hörst du mich jetzt bitte mal zu Ende an? ... Ich muß mich also um dieses Pferd kümmern. Heut morgen Punkt halb fünf bin ich also draußen bei den Ställen mit dem ganzen Make-up und Zeugs, um die Stute herzurichten, und ich fang grade an, als sie nach mir ausschlägt. Verdammt nochmal, Sol, das Vieh hat mich mit dem rechten Hinterhuf erwischt. Hat mir die ganze Haut am Schienbein abgeschrammt. Schau dir das nur mal an.“ Ben zog das rechte Hosenbein hoch. Sol war von der Verletzung ziemlich beeindruckt.

„Du solltest das mal einen Arzt anschauen lassen, Ben.“

„Quatsch, das ist doch nicht der Rede wert.“ Er zog das Hosenbein wieder herunter.

„Laß mich also erzählen. Nachdem ich ein bißchen herumgehüpft bin, bis ich mich an den Schmerz gewöhnt hab, hab ich einfach ein Stück Halfterstrick genommen und ihr das rechte Hinterbein an die Boxenwand gebunden. Ich knie mich wieder hin und mach mich an die Arbeit, und kaum hab ich angefangen, tritt dieses Luder nochmal nach mir. Diesmal mit dem linken Hinterhuf. Voll in die Wamme. Ich muß dir wohl nicht erzählen, wie sich das angefühlt hat."

Sol war jetzt voller Mitgefühl für seinen Freund.

„Als ich wieder Luft gekriegt hab, hab ich ihr linkes Bein auch noch angebunden. Ich knie mich wieder hin und mach weiter. Ich hab ein oder zwei Minuten an ihr rumgetan und war gerade so weit, daß ich dachte, jetzt haste die Sache erledigt, als mir das alte Miststück mit dem Schwanz ins Gesicht schlägt. Naja, Sol, was genug ist, ist genug. Ich lang mir ein Lasso von der Wand und zieh ihren Schwanz hoch bis unter die Dachbalken. Und von dieser ganzen Aufregung undsoweiter mußte ich eben verdammt nochmal pinkeln.

Sol nickte verständnisvoll und wartete darauf, daß Ben weitererzählte.

„Ich hol gerade meinen Piepel aus der Hose, als meine Frau reinkommt ... Sol, bitte Sol, du mußt mit ihr reden ..."

„OK Ben, aber zuerst unterschreiben wir den Vertrag hier."

Blind Man Flash

Carl Weissner

Unterwasserkamera. Die verschleimten Augen des toten Gangsters, der auf dem Grund des East River steht, die Füße in einen Zementblock eingegossen, umwabert von Silberpapier, Präservativen, Bananenschalen und toten Fischen. Im Schlamm eine von Grünspan überzogene Nickelbrille mit kugelsicheren Gläsern.
Soundtrack: Infrasound von Nebelhörnern über dem Hafen von New York. Ein tiefer Sound, knapp an der unteren Hörgrenze, der einem die Eingeweide zerdehnt wie ein Zeitlupenschlag in die Magengrube.
Nahaufnahmen. Seiten aus den geheimen Aufzeichnungen des J. Flash. Vergilbte Fotos und Ansichtskarten, Fetzen von Stadtplänen, Rezepte für Opiumtinktur, Zeitungsausschnitte mit Berichten von Leichenficks, rituellen Lustmorden, usw.; Standaufnahmen aus dem Film *Portrait of a Mobster* (in der Titelrolle Vic Morrow – bekannt aus ‚Saat der Gewalt' – als Dutch Schultz). Die Standaufnahmen geraten in Bewegung, wellen sich, überlagern sich: Filmsets mit heruntergekommenen Stars; Gangster mit vernarbten phosphoreszierenden Visagen, arthritischen Händen, Deformationen; vergreiste Bordellbesitzer, die Socken steif und brüchig von eingetrocknetem Schweiß, Knochenmehl rieselt ihnen aus den Ärmeln in trüben verrauchten Büros; rostige Revolver; fettige Fingerabdrücke auf dem Armaturenbrett eines 57er Plymouth; das seidene Einstecktuch eines tuberkulösen Mafia-Consigliere, gesprenkelt mit hellrotem Blut.
Freeze-Frame. In braunstichiger Tinte auf einem alten linierten Blatt: „Jedes Wort kann das letzte sein. Wer noch etwas sagen will, wenn es nichts mehr zu sagen gibt, muß zum Schweigen gebracht werden. Alles kommt zurück wie in einem Film, der aus der Führung rutscht und durchdreht. Geschwollene zerbissene Lippen. Explodierter Schwanz, auf dem der Saft gerinnt. Live-Übertragung aus dem Elektrischen Stuhl. Glasige Augen kippen aus den Löchern. Dem alten Al bleibt mitten in seinem Vortrag die Luft weg . . ."
Narrator. Die letzte Eintragung bezeugt nach den Worten von Jake Lingle, Crime-Reporter der *Chicago Tribune*, das „schriftstellerische Talent des Jack F." In Wirklichkeit steckt mehr dahinter. Es ist das Bewußtseinsstenogramm, der ‚Hirnfilm' eines Killers, der die hypnotische Präzision, mit der er seine

Aufträge erledigte, aus einem autogenen Training mit *sub-vocal speech* bezog. Psycho-Kürzel, mit denen er sich für jede Aktion programmierte . . .

Flash Card. Das geisterhafte Gesicht des Blind Man Flash mit den dicken, matt schimmernden Brillengläsern vor einem Guckkasten-Kino im Spielerlokal *Aces & Eights* auf der South Side von Chicago. Peek-a-View Pinups, flackernde Sequenzen aus *Little Cesar* mit Edward G. Robinson, überlagert vom Hirnwellen-Spektrum des gealterten syphilitischen Al Capone, der peinlich berührten TV-Reportern in seiner Villa in Miami Beach eine wirre Geschichte von Wahlmanipulationen und politischen Morden erzählt.

Das Ende von Owney Madden. „Spanish Eddie, seit drei Tagen ohne Stoff, der kalte Rotz läuft ihm aus der Nase, und die Connection läßt sich nicht blicken . . . wir hängen ihn bei Shmuel in der Metzgerei an einen Haken, aber er will nicht singen . . . Sal holt eine Ampulle aus der Tasche und hält sie ihm vor die Nase: ‚Ich hätt nicht gedacht, Eddie, daß du mir noch mal einen Tropfen Nitroglyzerin wert bist‘ . . .“

Der alte Consigliere besorgt sich aus dem Archiv des *Joliet Morning Herald* zwei Fotos & schiebt sie auf seinem Schreibtisch hin und her . . . kombiniert Mund-Nase-Partie von Dutch Schultz mit Augen-Stirn-Partie von Owney Madden. ‚Da hat doch mal einer gesagt, der ist schwul, nicht? Also. Und wer war der Kerl, der in Weiberkleidern in Big Jim Colosimo's Luxuskneipe reinkam, an all den Gorillas vorbei, und ihm von der Bühne aus einen reingedrückt hat? . . .‘ Eben. Ein paar vergilbte Zeitungsfotos auf einem Schreibtisch. Der Itaker legt die Zigarre weg und greift zum Telefon.

„Ich sehe noch, wie Owney in der Telefonzelle zusammensackt, seine Pfote um den Hörer gekrallt, hängt da noch irgendwie in der Luft, wie ein Fossil . . . Das Skript für deine Abschiedsvorstellung, Owney, hab ich schon vor zwei Jahren geschrieben . . . das hast du heute beim Frühstück geschluckt, und dann hat es eingerastet in deinem kaputten Hirn. Vorhang. Und der alte Bulle sitzt weiter in seinem Loch & steckt Nadeln in eine Voodoo Doll, er hat schon Spinnweben in den Achselhöhlen . . . kannst deine Voodoo Doll wieder zu Walgren's bringen und gegen Reizwäsche umtauschen, schwule Sau . . .“

Freeze-Frame. Runder Ausschnitt von der Visage des Spaniers, durch den Türspion gesehen wie durch eine leere Quecksilber-Ampulle.
Zwischenruf. Das Verräucherte Hinterzimmer von Sid's Speakeasy an der North Clark Street, Chicago. Jake Lingle, Iceberg Slim, Johnny De Ruse, Murray ‚The Camel' Humphries. „Jack war immer irgendwie weg vom Fenster . . . hat dauernd so vor sich hingemurmelt . . . völlig konfuses Zeug . . ."
Nevada Gas. Zapparty's Büro im Club Egypt. Anwesend sind: Zapparty, Parisi, De Ruse und ein blonder Itaker namens Nicky, der De Ruse ab und zu mit einer Knarre zur Hand geht. Das tut er auch jetzt, und seine Knarre zeigt genau in die Mitte zwischen Zapparty und Parisi.
De Ruse: „Man hat mich in diesem dicken Schlitten durch die Gegend gefahren, Zapparty, und der Trip hat mir überhaupt nicht gefallen. Genauer gesagt, irgendwas hat da drin gestunken wie die Pest. Und ausnahmsweise mal nicht deine Gorillas. Trotzdem mußte ich den beiden einen reindrücken. Sonst wär ich jetzt im Kofferraum am Meditieren . . ."
Zapparty: „Klingt interessant. Und wegen was wolltest du mich sprechen?"
De Ruse: „Wegen deiner Angewohnheit, gewisse Leute in einem Auto spazierenfahren zu lassen, das neben dem Fahrersitz eine Gasflasche hat, von der ein Schlauch durch die Trennwand auf den Rücksitz führt. Und da hinten kann man dummerweise nicht die Fenster runterdrehen, und an den Türen sind innen keine Griffe dran."
Zapparty: „Gasflasche? Versteh ich nicht . . ."
De Ruse: „Ich spreche von dem blauen Lincoln, Kennzeichen 5A6, mit dem Tank voll Nevada Gas vorne drin. Verstehst du jetzt? Das Zeug, mit dem sie in unserem Staat die Killer verheizen. . ."
Parisi macht eine jähe Bewegung mit der rechten Hand. Im gleichen Augenblick sagt der Blonde: „A-ah, Parisi. Lieber nicht . . ." Eine schneidende Stimme unterbricht ihn: „Laß die Knarre fallen, Blondie. Und sag deinem Freund, er soll die Pfoten hochnehmen."
Die Stimme kommt aus der Wand hinter dem Schreibtisch. De Ruse hebt langsam die Arme, dreht den Kopf und sieht eine Öffnung in der Wandtäfelung, die vorher nicht da war. In der Öffnung eine Hand mit einem 45er Colt Automatic.
Brain Movie. Jack F. in einem 57er Plymouth auf der Küstenstraße in der Nähe

von Atlantic City. „Gezinkte Bilder ... *pilot vertigo* ... muß rechts ranfahren ... Fata Morgana blockiert den Highway ... jeder hat mal eine Ahnung & nimmt den Hörer ab: His Master's Voice ... ‚We make you ... hurry up, it's TIME ...' ... alles verschwommen ... ich frage mich, wann er gecheckt hat, wo die Story zu Ende ist ... blättert die Akten durch im Paramount Kommissariat ... der Mord an Redwood nie aufgeklärt ... kann kaum noch sehen ... muß Schluß machen ..."

Anmerkung. Norman Redwood, Business Manager der Compressed Air, Subway & Tunnel Workers Union, wurde in den frühen Abendstunden des 6. Februar 1937 in der Nähe seiner Wohnung am Laurelton Parkway in Teaneck / New Jersey von zwei unbekannten Killern am Steuer seines Wagens erledigt. Den einzigen Hinweis lieferten die beiden Tatwaffen: ein 45er Colt Automatic, der in der Nähe des Tatorts gefunden wurde, und eine Luger, die von Detektiven aus dem Hackensack River gefischt wurde.

Der Colt stammte von einem Waffenhändler in Philadelphia; der Käufer war nicht mehr zu ermitteln – die entsprechenden Unterlagen waren bei der Überschwemmungskatastrophe dieses Jahres vernichtet worden.

Die Fabrikationsnummer der Luger war abgefeilt, konnte aber von zwei Amateurkriminologen aus New Jersey durch Säurebehandlung wieder sichtbar gemacht werden. Als Verkäufer wurde ein Händler in New York ermittelt: Moe („Luger Moe") Saraga, der Polizei bekannt als Waffenlieferant der Dutch Schultz Bande. Moe wurde in Atlantic City verhaftet und gab nach tagelangen Verhören zu, die Waffe einem gewissen ‚Little Davey' verkauft zu haben. Man zeigte ihm Hunderte von Verbrecherfotos, doch sein Erinnerungsvermögen wurde immer schlechter. ‚Little Davey' wurde nie gefunden.

Flackernde Einblendung. L N C (Nummernschild an einem Autowrack in
1 3 Godards „One Plus One")

Wochenschau. Mannequins und Modefotografen am Strand des Eniwetok-Atolls. Machtkämpfe um Zigarettenmärkte. Funkbilder von sezierten Opfern einer rätselhaften Virus-Epidemie (‚Legionärskrankheit') in Atlantic City. Die Überschwemmungskatastrophe von Philadelphia. Pin-ups an speckigen Spindtüren in einer Mannschaftsbaracke der Coast Guard. Stukas durchsto-

ßen eine niedrige Wolkendecke. Berichte über den Stand der Virusforschung im Jahre 1938. Autopsie des Marinus van der Lubbe, die in ein Skalpell-Duell der beteiligten Ärzte ausartet. Was sich ereignet, wird als Nachricht zur Fiktion, die weitere Fiktionen nach sich zieht: Geschichte als *Fiction* . . .
Das Ende von Parisi. Parisi pfeift durch die Zähne, steht auf & geht auf De Ruse zu. Irgendwie erscheint ein Revolver in seiner Hand. Er steckt ihn De Ruse ins Gesicht, tastet ihn ab, findet den Colt und nimmt ihn an sich. Er geht um De Ruse herum, betastet ihn unter den Armen, greift ihm von hinten zwischen die Schenkel & kommt wieder nach vorn. Er geht einen Schritt zurück & schlägt De Ruse mit der flachen Seite des Revolvers ins Gesicht. De Ruse bleibt unbeweglich stehen, nur sein Kopf zuckt unter dem Schlag zur Seite. Parisi grinst und schlägt ihn noch einmal auf die gleiche Stelle. Blut fließt De Ruse über den rechten Backenknochen. Sein Kopf sackt ein wenig zwischen die Schultern, seine Knie geben nach, er geht langsam zu Boden, stützt sich mit der linken Hand auf & schüttelt benommen den Kopf. Dann legt er sich lang. Seine rechte Hand hängt lose neben seinem linken Fuß.
Zapparty: „All right, Mops, steiger dich hier nicht in einen Blutrausch rein. Der Typ muß erst noch singen . . .“
Parisi atmet tief durch, dreht sich um & sagt grinsend: „Mann, auf den Augenblick hab ich lang gewartet . . .“ Als er etwa drei Schritte von De Ruse weg ist, gleitet ein kleiner glitzernder Gegenstand aus dem linken Hosenbein von De Ruse in dessen Hand. Im gleichen Augenblick gibt es am Boden eine kurze scharfe Explosion.
Parisi's Kopf fliegt zurück, ein rundes Loch erscheint unter seinem Kinn & wird augenblicklich groß und rot. Seine Hände öffnen sich, und die beiden Knarren fallen zu Boden. Sein Körper beginnt zu schwanken, er dreht sich halb um die eigene Achse & kippt nach hinten um.
The Last Picture Show. Chemisch Behandelte zerfallen in der Windstille, letzte Wochenschauen, verschärfte Methoden, Selbstmordwelle in Disneyland, KZ-Asthenie dezimiert die Belegschaft eines Rüstungsbetriebs in Santiago de Chile, ein persischer Apotheker entdeckt ein Pflanzengift, das angeblich süchtiger macht als Heroin, die Besatzung des französischen Atom-Unterseeboots ‚Le Pompier‘ wird von radioaktiven Gonokokken befallen, das

Boot läuft im Hafen von Marseille Amok & muß durch Infrasound zerstört werden; dabei geht der größte Teil der Stadt zu Bruch.
Unfallbericht. Küstenstraße in der Nähe von Atlantic City. Grauer, diesiger Nachmittag. Ein leichter Nieselregen hat eingesetzt. Jack F. kommt von der Straße ab, der Wagen überschlägt sich, Jack F. wird herausgeschleudert & bleibt mit gebrochener Wirbelsäule liegen. Er stirbt zwei Stunden später. ‚Das Unfallopfer, ein Mann unbekannter Nationalität, etwa 72 Jahre alt, trug keine Papiere bei sich und konnte bisher nicht identifiziert werden. Ferner bleibt ungeklärt, weshalb der Mann einen Wagen steuerte, obwohl er fast völlig erblindet war. Aus dem Handschuhfach des Wagens (Plymouth, Bj. 57) wurden folgende Gegenstände sichergestellt: Ein Stadtplan von Marseille, eine leere Zigarettenpackung Marke ABDULLAH, ein Zeitungsausschnitt mit einem Bericht über den Absturz einer Super-Constellation in der Nähe von Philadelphia, ein Foto von Howard Hughes und Jane Russell, aufgenommen vor dem Desert Sands Hotel in Las Vegas, und ein Taschenbuch (‚Nevada Gas‘ von Raymond Chandler) mit einer handschriftlichen Mitteilung auf der Innenseite des Umschlags: *Flash Gordon was here . . .*’
Daguerroscope. Argentinische Kleinstädte, von Bullen und Spitzeln verseucht; Heuschreckenschwärme; verdreckte Strände; Macumba-Riten; der CIA-Resident von Montevideo in seinem durchlöcherten Ford. „Ich hab noch einen Koffer in Madrid“, sagt Juan Perón auf dem Flughafen von Buenos Aires. „Man kann diese Gauchos nicht zu ihrem Glück zwingen.“ Schlagzeile: ‚Er malte Suppendosen und wurde Millionär‘. FBI-Agenten stürmen das Mount Palomar Observatorium. Kamerateams, Fotografen und Reporter internationaler Boulevardzeitungen kreisen in Charterflugzeugen über Managua. Die Stadt wird von einem Erdbeben ausradiert. Szenen aus *King of the Rocket Men*, projiziert auf Windschutzscheiben und U-Bahn-Züge während der Rush Hour. Blind Man Flash und Jake Lingle vor einem Blindenheim in Joliet, Illinois. Busse mit Todeskandidaten fahren Amok im Football-Stadion von Houston. Mutierte Ochsenfrösche versperren die Zufahrt zum Kennedy Airport. Überlebende der TITANIC hasten durch die unterirdischen Gänge des Atomforschungszentrums von Oak Ridge. Exotische Masseusen präparieren Sirhan Sirhan, Lieutenant Calley und den Würger von Boston für die nächste Aktion.

Schneegeschichte aus Tokio

Richard Brautigan

Ich bin hier in Tokio einem Laster verfallen, dem ich jetzt beizukommen versuche. Es ist ein kleines Unkraut in meiner Seele, und ich muß es ausrupfen. Es hat letztes Jahr, als ich in Japan war, angefangen, und es ist nur sehr schwer wieder wegzukriegen.

Ich schlafe beim Fernsehen ein.

Ich weiß, das ist in den Bezirken des Lasters nur eine kleine, eindimensionale Angelegenheit verglichen mit einigen Lastern, die vierdimensional sind und uns wie zahnlose Vampire aus den endlosen Knoblauchspiegeln der Ewigkeit entgegenheulen.

Ich drehe den Ton am Fernseher ganz leise, bis die japanischen Stimmen murmeln wie das Meer, wenn die Flut zurückweicht. Ich mag den Klang der japanischen Sprache. Für mich ist das wie Musik, und ich schlafe ein, während Hunderte von Japanern am anderen Ende des Zimmers ganz leise reden.

Jetzt, wo Sie ein bißchen Hintergrundinformation haben, will ich Ihnen sagen, was das Ganze zu einem Laster macht. Irgendwann in der Nacht verschwinden alle Sendungen und Werbespots, und die Stimmen mitternächtlicher Samuraidramen werden zu brummendem Schnee, der mich nach einer Weile mitten in der Nacht aufweckt.

Ich stehe auf, stolpere aus dem Schlaf zum Fernsehapparat hinüber und drehe ihn ab.

Der laute Schnee verschwindet, und ich bin wieder hier in der Regenzeit in Tokio. Ich gehe wieder ins Bett, und es dauert noch eine Weile, bis ich einschlafen kann, und manchmal fühle ich mich einsam, weil mich all die Hunderte von Japanern wieder ganz allein gelassen haben, und ich liege hier in Tokio, mitten in der Nacht, und warte auf den Schlaf wie auf einen Freund, der mich besuchen kommt und mir Gesellschaft leistet.

Und auch jetzt, wo ich das hier schreibe und erkläre, daß ich dieses Laster und Werkzeug der Einsamkeit aufgeben will, weiß ich, daß ich heute nacht wieder einschlafen werde, während Hunderte von Japanern ein paar Meter von meinem Bett entfernt leise reden wie das Meer, bis sie zu Schnee werden.

Die Autoren

Keith Abbott (*1944 in Tacoma/Washington; lebt in Albany/Kalifornien)
Harem Scarem. Aus dem Amerikanischen von Günter Ohnemus. Abbott veröffentlichte unter anderem *Putty; Red Lettuce; What You Know With No Name For It; Gush (A Novel About Unemployment in California); Erase Words; Rhino Ritz: An American Mystery With Ernest Hemingway, Gertrude Stein & Friends).* Wie Ted Berrigan so schön sagt: „Keith Abbott is America's Number One Underground Writer.“ Gespannt sein darf man auf eine demnächst erscheinende Sammlung von Kurzgeschichten und einen neuen Roman: *Mordecai of Monterey.*

Gunter Affholderbach (*2.10.60; lebt in Siegen/Westfalen)
Das Geheimnis der Caroline Bavaud. Erstveröffentlichung aus einem Zyklus skurriler Geschichten des Autors. Autorenstipendium des Berliner Senats 1981. Veröffentlichte *Schlimme Zeiten* (1980) und *Zur Schwelle Zum Traum* (1982).

Richard Brautigan (*1935 in Tacoma/Washington)
Gestern hab ich versucht dich jemandem zu beschreiben; Die Postämter im östlichen Oregon, Partner; Greyhound-Tragödie und *Ein unbegrenzter Vorrat an 35-mm-Film.* Aus *Die Rache des Rasens / Geschichten 1962 – 1970.* Aus dem Amerikanischen von Günter Ohnemus. Copyright © 1978 Verlag Günter Ohnemus.
Hommage für Groucho Marx; Das Schloß der Schneebraut und *Schneegeschichte aus Tokio.* Aus *The Tokyo-Montana Express.* Aus dem Amerikanischen von Günter Ohnemus. Copyright © 1980 Richard Brautigan.
Der Herausgeber des vorliegenden Bandes hat sich um das Werk von Richard Brautigan verdient gemacht, indem er übersetzte und übersetzte. In deutscher Übersetzung liegen vor: *Forellenfischen in Amerika; In Wassermelonen Zucker; Die Abtreibung: Eine histori-*

sche Romanze 1966; Die Rache des Rasens / Geschichten 1962–1970; Ein konföderierter General aus Big Sur; Willard und seine Bowlingtrophäen: Ein perverser Kriminalroman; Die Pille gegen das Grubenunglück von Springhill und 104 andere Gedichte; Träume von Babylon: Ein Detektivroman 1942.
Nach seinem Standort in der amerikanischen Literatur befragt, sagte Richard Brautigan bei einer Lesung in München: „Ich war der erste amerikanische Schriftsteller, der eine elektrische Schreibmaschine benutzt hat.“ Dann war er schon wieder weg.

Hansjürgen Bulkowski (*1938 in Berlin; lebt in Meerbusch bei Düsseldorf)
Kurzfilm. Erstveröffentlichung mit freundlicher Genehmigung des Autors, der unter anderem Herausgeber des literarischen Werks von Theo van Doesburg ist. Selbst veröffentlichte er zuletzt *Die Stimmung des Flusses zu beobachten ist immer reizvoll,* Berlin: Literarisches Colloquium.

Albert Camus (1913–1960)
„In den billigen Kinos ...“ und *„Die kleine Oranierin ...“* Entnommen dem *Tagebuch Mai 1935 – Februar 1942.* Aus dem Französischen von Guido G. Meister. Copyright © 1963 Rowohlt Verlag, Reinbek bei Hamburg.

Raymond Chandler (1888–1959)
„Lieber Hitch ...“ Aus *Selected Letters of Raymond Chandler,* herausgegeben von Frank MacShane in der Columbia University Press, New York. Copyright © 1981 College Trustees Ltd. Die deutsche Erstveröffentlichung erfolgte in *Tintenfaß Nr. 9.* Aus dem Amerikanischen von Alfred Probst. Abdruck mit freundlicher Genehmigung des Diogenes Verlags, Zürich.
Raymond Chandler: „Ich erinnere mich, vor einigen Jahren, als Howard Hawks den Film *The Big Sleep* drehte, stritten er und Bogart sich darüber, ob eine der Figuren ermordet worden war oder Selbstmord begangen hatte. Sie schickten mir ein Telegramm und fragten mich, und, verdammt, ich wußte es auch nicht ...“

Tom Clark (*1941 in Chicago; lebt in Berkeley)
Erfolgsgeschichte. Aus *The Last Gas Station and Other Stories.* Aus dem Amerikanischen von Herbert Bertelsmann. Copyright © 1980 Tom Clark. Abdruck mit freundlicher Genehmigung von Carl Weissner, Mannheim, der die deutschen Rechte vertritt.
Tom Clark arbeitete als Herausgeber von *The Paris Review* und veröffentlichte unter anderem: *The World of Damon Runyon, Champagne and Baloney, No Big Deal, When Things Get Tough on Easy Street, Selected Poems 1963–1978, The Great Naropa Poetry Wars, Who Is Sylvia?*

Jan Cornelius (*1950 in Banat/Rumänien; lebt in Düsseldorf)
Ein eigenartiger Film und die Kunst ihn richtig nachzuerzählen. Erstveröffentlichung mit freundlicher Genehmigung des Autors, der seit 1977 in der Bundesrepublik lebt und als Lehrer für Englisch und Französisch arbeitet.

Christoph Derschau (*1938; lebt in Hamburg)
BusterBuster. Erstveröffentlichung mit freundlicher Genehmigung des Autors. Derschau arbeitete als Hörspiel- und Fernsehspieldramaturg, Journalist und Übersetzer, startete als Autor mit *Den Kopf voll Suff und Kino* (1976), schrieb Texte für Achim Reichels LP *Ungeschminkt*, machte eine eigene LP und veröffentlichte zuletzt Gedichte und Songs unter dem Titel *Monolog in der Küche* (1982).

Joan Didion (*1934 in Sacramento/Kalifornien; lebt in Los Angeles)
Dallas Beardsley – Ein großes Haus am Meer. Aus *Das weiße Album.* Aus dem Amerikanischen von Charlotte Franke. Copyright © 1983 Verlag Kiepenheuer & Witsch, Köln. Abdruck mit freundlicher Genehmigung des Verlags. *John Wayne: Ein Liebeslied.* Aus *Slouching Towards Bethlehem.* Aus dem Amerikanischen von Doris Halter. Copyright © 1965 Joan Didion. Abdruck mit freundlicher Genehmigung der Agentur Anthony Sheil Associates Ltd., London.
Übersetzt wurden: *Das weiße Album, Salvador, Spiel dein Spiel* und *Wie die Vögel unterm Himmel.*

Hugo Dittberner (*1944 in Gieboldehausen bei Duderstadt; lebt in Echte)
Der Sommer im Besonderen. Aus Jens Wilke & Hugo Dittberner *Donnervogel,* (1973). Copyright © 1973 Muwie Verlag. Copyright © 1983 Hugo Dittberner.
Im Kino kommt sich Hugo Dittberner manchmal alt vor („Das Publikum ist zu jung; ich schäme mich, / als es losgeht mit diesen aufgedonnerten Sätzen / voller Gefühle, / bis ich es vergesse, weil sie / von Vivien Leigh gesprochen werden."). Bisher veröffentlichte er unter anderem: *Das Internat, Kurzurlaub, Der Biß ins Gras, Draußen im Dorf, Jacobs Sieg* und *Ruhe hinter Gardinen.*

Ludwig Fels (*1946 in Treuchtlingen; lebt in Wien)
Die Erprobung des Herzstichs. Aus *Kanakenfauna,* (1982). Copyright © 1982 Luchterhand Verlag. Abdruck mit freundlicher Genehmigung des Autors und des Verlags.
Ludwig Fels arbeitete nach einer Malerlehre als Brauereiarbeiter, Hilfsarbeiter, Maschinist und Stanzer. Seit 1973 freier Schriftsteller. Zahlreiche Veröffentlichungen, unter anderem den hervorragenden Roman *Ein Unding der Liebe;* zuletzt *Betonmärchen* (1983) und *Der Anfang der Vergangenheit* (1984). Träger des Förderpreis der Stadt Nürnberg, des

Leonce- und Lena-Preis der Stadt Darmstadt, des Preis des Südwestfunk-Literaturmagazins, des Kulturpreis der Stadt Nürnberg und des Hans Fallada Preis der Stadt Neumünster.

Eberhard Haidegger (*31. Jänner 1940 in Deutenham/Oberösterreich; lebt in Salzburg)
Kribbelnde Spannung. Erstveröffentlichung mit freundlicher Genehmigung des Autors.

Friederike Hassauer (*1951; lebt im Alten Rathaus Zimmern nahe Marktheidenfeld/a.M. und in Siegen)
Die großen Küsse auf der riesigen Leinwand. Erstveröffentlichung mit freundlicher Genehmigung der Autorin, die 33 Jahre nach ihrer Geburt durch die mainfränkische Kinometropole geht und die Lichtburgen ihrer Kindheit nicht mehr findet: im CC ist ein sehr gemischter Supermarkt, im PASSAGE sind vermischte Modeläden, das O-LI gibt es gerade noch, das andere ist umgetauft und noch eines hat sie garnicht mehr entdeckt. Publikationen unter weiteren: *Verrückte Rede – Gibt es eine weibliche Ästhetik; Die Philosophie der Fabel-Tiere; Anna Seghers-Materialienbuch; Penthesileia – Ein Frauenbrevier für männerfeindliche Stunden* samt *Félicien Rops: Der weibliche Körper – Der männliche Blick.*

Georges Hausemer (*1957; lebt in Esch-Alzette/Luxemburg)
Rolltreppenfahren in Hollywood. Erstveröffentlichung mit freundlicher Genehmigung des Autors. Zuletzt erschienen *Schill oder Die Entfernungen* (1982) und *Steine wissen viel* (1984).

Günter Herburger (*1932 in Isny im Allgäu; lebt in München)
Atlantique. Erstveröffentlichung mit freundlicher Genehmigung des Autors. Nach dem Studium von Sanskrit und Philosophie lebte Günter Herburger in verschiedenen Ländern und übte verschiedene Berufe aus. Zahlreiche Publikationen und Filme, zuletzt *Capri* (Erzählung, 1984).

Dale Herd (*1940 in Marcus/Washington)
Elko. Aus Dale Herd *Wild Cherries* (Tombuctu, Bolinas 1980). Aus dem Amerikanischen von Günter Ohnemus. Copyright © 1980 Dale Herd. Übersetzung und Veröffentlichung mit freundlicher Genehmigung des Autors. Veröffentlichte unter anderem *Diamonds; Wild Cherries; Early Morning Wind.*

Franz Hohler (*1943; lebt in Zürich)
Der Granitblock im Kino. Aus Franz Hohler *Wegwerfgeschichten.* Copyright © 1974 Zytglogge Verlag, Bern. Abdruck mit freundlicher Genehmigung des Verlags.

In Amerika I. Aus Franz Hohler *Wo?* Copyright © 1975 Luchterhand Verlag, Darmstadt und Neuwied. Abdruck mit freundlicher Genehmigung des Verlags.
Bücher: *Das verlorene Gähnen; Idyllen; Der Rand von Ostermundigen; Fragen an andere; Wegwerfgeschichten; Die Rückeroberung; Wo?; Tschipo (Kinderroman).*

Gerd Holzheimer (2.5.50 in München; lebt auch dort)
Landwirtschaft in den USA. Erstveröffentlichung mit freundlicher Genehmigung des Autors. Seit 1976 Lehrer und ständiger Kolumnist der Zeitschrift „Die demokratische Schule".

Michael Koetzle (*1953 in Ulm; lebt in München)
Stumme Filme. Erstveröffentlichung mit freundlicher Genehmigung des Autors, der auch das Foto vom „Le Rex" knipste. Michael Koetzle veröffentlichte 1983 seinen literarischen Erstling *Kopfüber ins Glück* im selben Verlag, in dem dieses Kinogeschichtenbuch erschienen ist. 1981 erhielt er ein Aufenthaltsstipendium des Berliner Senats, 1984 ein Förderstipendium der Stadt München.

Franco La Polla (*1943; lebt in Bologna)
Nachtgewächse. Deutsch von Günter Ohnemus. Copyright © 1984 Franco La Polla. Übersetzung und Abdruck mit freundlicher Genehmigung des Autors, welcher als Professor für englische und amerikanische Literatur an der Universität Bologna arbeitet.
Er veröffentlichte unter anderem *Struttura e mito nella narrativa americana del '900; Il nuovo cinema americana: 1967–1975; Sydney Pollack; Un posto nella mente: Il nuovo romanzo americao: 1962-1982.*

Bernhard Lassahn (*15.4.51 in Coswig / Anhalt; lebt in Hamburg)
Monster im Dunkeln. Aus *Liebe in den großen Städten,* (1983). Copyright © 1983 Diogenes Verlag, Zürich. Abdruck mit freundlicher Genehmigung des Autors und des Verlags. Veröffentlichte zuletzt den Roman *Ab in die Tropen* (1984).

Hugh McIntyre (*1943 in Schottland; lebt in Dumfries/Schottland)
Der Adler des Gesetzes. Aus dem Englischen von Günter Ohnemus. Copyright © 1984 Hugh McIntyre, der Übersetzung und Veröffentlichung freundlichst genehmigte.

Alfred Miersch (*1951 in Köln; lebt in Wuppertal)
Mürbes Zelluloid. Erstveröffentlichung mit freundlicher Genehmigung des Autors aus einem Geschichtenband, der schon 1985 den Buchmarkt beleben wird. Nach der kaufmännischen Lehre die üblichen schriftstellerischen Berufe: Aufzugführer, Totengräber,

Putzfrau, Angestellter und Kraftfahrer. Veröffentlichte *Grüße bis der Tod eintritt* (Tonkassette), München/Wuppertal: S-Press-Tonbandverlag 1981 und *Lauter Helden* (Gedichte), Augsburg: Maro Verlag 1981. Im gleichen Jahr Verleihung des Kulturpreises Wuppertaler Bürger.

Günter Ohnemus (*1946 in Passau; lebt in München)
Ein Parkplatz für Johnny Weissmuller. Aus *Zähneputzen in Helsinki.* Copyright © 1982 Maro Verlag, Augsburg. Günter Ohnemus arbeitet als Übersetzer und Verleger und geht nicht mehr so gern auf die Straße und auch nicht mehr so gern ins Kino wie früher („Zu viele Autos"; siehe dazu auch Gore Vidal *Der Fall F. Scott Fitzgerald*).

Peter Roos
erblickte das Langnese-Licht der Kino-Welt exakt zur Mitte des Jahrhunderts, am 30. Juni 1950 um 12 Uhr. Seither Quartallutscher und -kintopper. Daneben als freier Schriftsteller tätig. Lebt auf dem Alten Rathaus Zimmern bei Marktheidenfeld a.M. und auf dem Albrecht-Dürer-Dichter-Dach in Siegen. Für dieses Buch schrieb er *Kino ist Herr Rinn.* Edierte und schrieb u.a. folgende Bücher: *Trau keinem über 30; Kinderwunsch; Kaputte Gespräche; Félicien Rops: Der weibliche Körper – Der männliche Blick; Von der Abschaffung des Tageslichts.* Derzeit schreibt er am Folgeband mit dem Arbeitstitel *Für Dunkelheit im Kino-Saal.*

Gertrude Stein (1874–1946)
Die Holzhäuser in Amerika. Aus dem Amerikanischen von Ilse Ohnemus. Copyright © 1937 Random House, New York. Abdruck mit freundlicher Genehmigung der Literary Agency Mohrbooks, Zürich.
„Sie ist die Mutter von uns allen", sagte Hemingway. Trotzdem sind sie alle über sie hergezogen. Aber die Autorin des berühmten und meistens falsch zitierten *Rose is a rose is a rose is a rose* wußte, daß solche Dinge unvermeidlich sind. Ihr Roman *The Making of Americans* beginnt mit der folgenden Szene: Once an angry man dragged his father along the ground through his own orchard. „Stop!" cried the groaning old man at last, „Stop! I did not drag my father beyond this tree."
In deutscher Übersetzung liegen unter anderem vor: *Drei Leben; Picasso; Die Autobiographie der Alice B. Toklas; Erzählen* und *Steinstücken.*

Jürgen Stelling (*17.1.47 in Berlin; lebt in Stuttgart)
James Dean rast gegen den Baum. Erstveröffentlichung mit freundlicher Genehmigung des Autors, der sich seit 1974 zum Buchhändler und Schriftsteller berufen fühlt. 1980 erhielt er ein Arbeitsstipendium der Landeskunststiftung Baden-Württemberg. Unter anderem veröffentlichte er *Gegenverordnung* (1982) und *Halte dich an die Regeln* (1984).

Außerdem ist Jürgen Stelling Verfasser eines wahrhaft originellen, literarischen Kochbuchs, daß unter dem Titel *Menschenfressende Gäste* im Orte Verlag, Zürich erschienen ist und aus dem wir sein Lieblingsgericht (Pumpernickelsuppe für 2 Personen) sehr empfehlen möchten – auch nach einem Kinobesuch wohl zu genießen.

Michael Tonfeld (*1950; lebt in München)
Black Power. Erstveröffentlichung mit freundlicher Genehmigung des Autors. Veröffentlichte zuletzt *Kesseltreiben* (Wilde Geschichten aus Afrika).

Gore Vidal (*1925 in West Point; lebt in Los Angeles und in Italien)
„Scheiße hat ihre eigene Integrität..." Aus *Matters of Fact and of Fiction,* London: William Heinemann. Copyright © 1977 Gore Vidal.
„Murray holte tief Luft..." Aus *Two Sisters,* London: William Heinemann. Copyright © 1970 Gore Vidal.
Wer macht das Kino? Aus *The Second American Revolution and Other Essays (1976-1982),* New York: Random House. Copyright © 1982 Gore Vidal.
Der Fall F. Scott Fitzgerald. Aus *The Second American Revolution* (s.o.) Abdruck aller Texte von Gore Vidal mit freundlicher Genehmigung der Literarischen Agentur Paul & Peter Fritz AG, Zürich. Allesamt deutsch von Günter Ohnemus. Ein Wort zu den Übersetzungen: Wo es möglich war, sind die Stellen, die Gore Vidal zitiert, vorliegenden deutschen Übersetzungen entnommen. Vor allem Nancy Milfords *Zelda,* Ernest Hemingways *In einem andern Land* und F. Scott Fitzgeralds *Der Große Gatsby* (hier wurden allerdings „die schwarzen Gefilde der Staaten" wieder die „schwarzen Gefilde der Republik"; es ist interessant, daß 1953 – als *The Great Gatsby* übersetzt wurde – das Wort „Republik" anscheinend noch einen so exotischen Klang hatte, daß der Übersetzer Walter Schürenberg sich doch lieber für „die Staaten" entschieden hat).
Von Gore Vidal liegen unter anderem in deutscher Übersetzung vor: *Myra Breckinridge; Washington, D.C.; Julian; Messias; 1876; Burr; Kalki; Betrachtungen auf einem sinkenden Schiff* (Essays) und brandneu *Duluth wie Dallas.*
Weitere Veröffentlichungen: *Williwaw; In a Yellow Wood; A Search for the King; Creation.* Außerdem verfaßte er zahlreiche Essays, Kurzgeschichten *(A Thirsty Evil),* Theaterstücke *(An Evening with Richard Nixon; Weekend; Romulus; Visit to a Small Planet; The Best Man),* Fernsehspiele und Drehbücher für den Film. Unter dem Pseudonym Edgar Box erschienen drei Kriminalromane.

Carl Weissner (*1940 in Karlsruhe; lebt in Mannheim)
Blind Man Flash. Erstveröffentlichung mit freundlicher Genehmigung des Autors, der auch als literarischer Agent und Übersetzer (William Burroughs, Allen Ginsberg, Charles Bukowski, Bob Dylan, Frank Zappa u.a.) arbeitet. Er veröffentlichte *The Braille Film,*

San Francisco: 1970; *Death* TV (mit William Burroughs und Claude Pélieu), San Francisco: 1967 und (mit J. Ploog und J. Hermann) *Cut Up Or Shut Up,* Paris: 1972.

Tom Wolfe (*1933)
Pornogewalt. Aus *Mauve Gloves & Madmen, Clutter & Vine,* New York: Farrar, Straus & Giroux 1976. Copyright © 1976 Tom Wolfe. Übersetzung und Abdruck erfolgt mit freundlicher Genehmigung der Literarischen Agentur Paul & Peter Fritz AG, Zürich. Aus dem Amerikanischen von Elfi Schmidt.
Unter anderem sind in deutscher Übersetzung erschienen: *Das bonbonfarbene tangerinrotgespritzte Stromlinienbaby; Das silikongespritzte Mädchen; Radical Chic und Mau Mau bei der Wohlfahrtsbehörde.* Zudem ist Tom Wolfe Herausgeber der berühmten Anthologie *The New Journalism.*

Bildnachweise

S. 14	aus Volker Corell, *Goodbye America;* Eichborn Verlag
S. 47	Archiv Diogenes Verlag
S. 52	Cecil Beaton Photograph, courtesy of Sotheby's London
S. 54	*Die Beute,* Neue Constantin Film
S. 56	aus *Marilyn Monroe,* Busse Verlag
S. 67	F. Scott Fitzgerald, Archiv Diogenes Verlag
S. 170	dpa / UPI
S. 202	Atlas Film
S. 263	MGM
S. 270	Warner Brothers Inc.
S. 289	Verlag Bärbel Michels

weiterhin Hansjürgen Bulkowski, Franziska Feistle, Peter Halter, Andi Hess, Cornelia Kerkhoff, Michael Koetzle, Michael Krupp und Uwe Möntmann.